Elena Erat ist Arzthelferin, Sekretärin und diplomierte Managementassistentin. Sie arbeitete einige Jahre in Rom und lebt nun in Freiburg/Brsg. Bereits in früher Jugend reiste sie auf eigene Faust allein ins Ausland. Seitdem ist sie immer wieder unterwegs, um Neues zu entdecken. In Nordindien baute die Autorin zusammen mit indischen Freunden eine Dorfschule. Das Projekt der ›Hilfe zur Selbsthilfe‹ wird durch Spenden finanziert, die sie im internationalen Freundeskreis sammelt. Weitere Veröffentlichungen: u.a. in der Zeitschrift »Der Trotter« und als Co-Autorin im »Selbstreise-Handbuch« der Deutschen Zentrale für Globetrotter.

Peter Materne (†) war von Beruf Industriemeister Metall. Sein großes Interesse galt neben der Musik schon immer dem Reisen und anderen Kulturen. Vor der gemeinsamen Fahrradweltreise mit Elena Erat radelte er allein von Karlsruhe aus 6000 km nach Marokko, Tunesien und zurück. Er war auch als Musiker (Gitarre), Bandleader (Peter Pan Band) und Tourneebegleiter für Pop- und Rockgruppen tätig. Peter Materne erlag im Alter von 49 Jahren einem Herzinfarkt.

Die beiden Autoren sind für ihre Fahrradweltreise unter dem Motto ›Für Umweltschutz und Völkerverständigung‹ 1997 als »Globetrotter des Jahres« von der Expertenjury der Firma Globetrotter-Ausrüstung ausgezeichnet worden.

Weitere Informationen im Internet unter
www.elena-erat.de

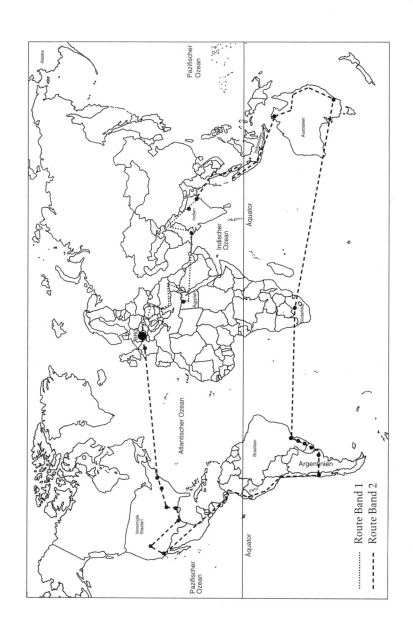

ELENA ERAT / PETER MATERNE

RAD-ABENTEUER WELT

**Band 1:
Vom Schwarzwald
an den Ganges**

FREDERKING & THALER

Bibliografische Information Der Deutschen Bibliothek

Die Deutsche Bibliothek verzeichnet diese Publikation in der
Deutschen Nationalbibliografie; detaillierte bibliografische Daten
sind im Internet über http://dnb.ddb.de abrufbar.

NATIONAL GEOGRAPHIC ADVENTURE PRESS
Reisen · Menschen · Abenteuer
Die Taschenbuch-Reihe von
National Geographic und Frederking & Thaler

3. Auflage Mai 2007
© 2002 Frederking & Thaler Verlag GmbH, München
© 1989 Elena Erat und Peter Materne
erschienen in Der Neue Verlag GmbH
Alle Rechte vorbehalten

Fotos: Peter Materne
Umschlaggestaltung: Atelier Seidel, Altötting,
Dorkenwald Grafik-Design, München
Herstellung: Büro Sieveking, München
Druck und Bindung: Clausen & Bosse, Leck
Printed in Germany

ISBN 978-3-89405-138-9
www.frederking-thaler.de

Das Papier wurde aus chlorfrei gebleichtem Zellstoff hergestellt.

Inhalt

Statt eines Vorworts: Von Rüdiger Nehberg 7

1. Die Sintflut von Baden – Deutschland 11
2. Wenn ein Grenzpolizist schlampt ... –
   Österreich/Slowakei 32
3. Die rasende Wildsau im Forst – Ungarn 40
4. Von Dracula und Bären umgeben – Rumänien 58
5. Wer war Kyrill? – Bulgarien........................ 98
6. Durchs wilde Kurdistan – Türkei.................... 107
7. Zwischen Hornvipern und Hundemeuten – Syrien 165
8. Zur Teezeit bei der Königin – Jordanien 208
9. Zerrissene Seelen – Israel 224
10. »O Tannenbaum« bei 40° C im Schatten – Ägypten.... 255
11. Totenkult im Hindukusch – Pakistan 293
12. Überzeugungen: Bei Mutter Teresa und dem
    Dalai Lama – Indien................................ 340

Danke.. 410
Literaturnachweis 412

Rüdiger Nehberg,
*der bekannte Abenteurer, Reisebuchautor
und Aktionist für Menschenrecht,
hat zu diesem Buch das Vorwort geschrieben.*

Liebe Elena, lieber Peter,
Vorworte haben etwas Formales und Sachliches an sich. Nach dem Lesen Eures Werkes ist mir die Sachlichkeit abhanden gekommen, und Formales war nie mein Ding. Ich gratuliere Euch aus tiefer Überzeugung sowohl zu Eurer gigantischen physischen Leistung als auch zu dem poetisch-liebenswerten Buch! Mit jeder Zeile seid Ihr mir mehr ans Herz gewachsen.

Eure TRANSGLOBE FRIENDSHIP BICYCLE TOUR ist etwas ganz Einmaliges, und ebenso ist es Euer Buch. Ich kann es jedem, der von der großen Welt träumt, aber meint, sie müsse ihm verschlossen bleiben, weil er nicht wohlhabend ist, ans Herz und ins Bett legen als Abend- und Traumlektüre. Zum Pläneschmieden und zum Nachmachen.

Zunächst mal zur Radtour. Beim Lesen habe ich alles nacherlebt, was Ihr vorexerziert habt. Jemand, der ja selbst einige tausend Kilometer unter seine Pedale und den Hintern gebracht hat, kann das sicher besser empfinden, als Pauschaltouristen es je könnten. Ich habe mit Euch gelitten beim Gegenwind und im Regen, beim zeitweiligen Zusammenbruch der Räder und den sturen Behördenmenschen. Ich spürte den angespitzten Schraubenzieher an Elenas Halsschlagader in Panama und die Zähne der Hunde in ihren Schenkeln in Brasilien. Diese und andere Ereignisse sind sicher spektakulär, aber andererseits sind gerade sie es, die diese Reise zu einem echten und unvergeßlichen Abenteuer machen. Sie haben Euch nie bewogen aufzugeben. Ich kann nachvollziehen, daß Elena manchmal »vor Wut über die zeitweise allzu großen Anforderungen« an ihre physische Kräfte »das Rad zerhacken wollte«. Solche Reaktionen sind völlig verständlich. Sie gehören sogar zum »Pflichtprogramm« eines jeden Extremradlers, sonst wäre er ein Übermensch. Doch letztlich sind es Sekunden während einer unendlichen Reise, auf der das Positive überwog, weil Sportsgeist weltweit und in allen Kreisen der Bevölkerung Respekt und Anerkennung bewirkt. Ihr habt es mehr als reichlich er-fahren.

Aber mehr als die spektakulären Ereignisse Eurer Reise hat mich Eure Philosophie beeindruckt: Die umfassenden Reisevorbereitungen als Referenz gegenüber den Bereisten; der hohe Respekt gegenüber diesen andersdenkenden Menschen und anders gearteten Kulturen; der sensible, feine Humor; Euer gesund kritisches Auftreten gegenüber Ungerechtigkeiten; Eure tiefverwurzelte Tierliebe.

Für mich ist Eure Reise Globetrotting par exellence und hochgradig vorbildlich völkerverbindend. Eure Art zu schreiben ist literarisch anspruchsvoll und spiegelt Eure Philosophie wider. Die Schreibe ist heiter, flüssig, interessant, informativ und nie langweilig oder belehrend. Sie ist eine ermutigende Gebrauchsanweisung für jeden, den das Fell juckt, den der Sportsgeist quält, der »süchtig ist nach Herzklopfen« wie Ihr. Ich kann Eure Gedanken nachvollziehen, wenn Ihr schreibt, daß Eure Reiselust und der Wissensdrang während der $2^{1}/_{4}$ Jahre und 45.000 km nicht etwa gestillt, sondern vergrößert wurden. Wenn man das Buch gelesen hat, möchte man sein Rad putzen und losfahren (allerdings würde ich mir 80 kg Gepäck nicht antun! Ihr müßt ja Elefantenschenkel haben).

Ich wünsche Eurem Werk alles erdenklich Gute. Möge es vielen Menschen zur Anregung dienen, auch ihrem Leben eine neue Qualität und Dimension zu bescheren; nicht Raffen und Konsum zur Maxime zu erheben, sondern Verständnis und Toleranz zwischen unterschiedlichen Völkern.

Ich danke Euch für das Buch.

Herzlich, Euer Rüdiger

Aber eines Tages schwamm auf dem Fluß eine Kiste vorbei. Der kleine Bär fischte die Kiste aus dem Wasser, schnupperte und sagte: »Oooh ... Bananen.« Die Kiste roch nämlich nach Bananen. Und was stand auf der Kiste geschrieben?

»Pa-na-ma«, las der kleine Bär. »Die Kiste kommt aus Panama, und Panama riecht nach Bananen. Oh, Panama ist das Land meiner Träume«, sagte der kleine Bär. (1)

1.
Die Sintflut von Baden
DEUTSCHLAND (April 1994)

Peter:
»O Mann, die kommen genau auf uns zu. Meinst du, die haben uns gesehen?«

»Sei leise«, flüstert Elena, »der Mond strahlt uns voll an – klar haben die uns gesehen!«

Hinter uns steht ein dichtes Zuckerrohrfeld. Der Wind läßt die Stengel mit harten, klickenden Geräuschen aneinanderstoßen. Vor uns erstreckt sich ein langer holpriger Acker. Die Büsche am Feldrand werfen im Mondlicht gespenstische Schatten. Wir haben uns mit unserem kleinen grünen Zelt an den Rand des Feldes geklemmt, irgendwo mitten in Pakistan.

»Kannst du was erkennen?« fragt Elena ängstlich.

»Und ob! Es sind drei Männer, bewaffnet mit Knüppeln und Gewehren!«

Wie eine Wand kommen die Kerle auf uns zu. Turbane und Djalabas flattern im Wind, metallbeschlagene Gewehre blitzen im hellen Mondlicht.

»Wenn uns jetzt in Pakistan was passiert, merkt das von unseren Leuten zu Hause lange niemand. Keiner weiß genau, wo wir sind!« Keine Chance zur Flucht. Wir müssen uns stellen und abwarten, was geschehen wird. Die Typen kommen immer näher auf uns zu. Rechts und links vom Acker sehen wir plötzlich noch weitere Männer; alle sind mit Stöcken oder Gewehren bewaffnet …

Aber erzählen wir der Reihe nach:
Also – Pilot wollte ich nie werden. Auch Lokführer oder Löwenbändiger war nie mein Berufsziel, obwohl letzteres grob in die von mir angestrebte Richtung ging. Wurde ich als Vorschulkind gefragt: »Na Kleiner, was willste denn mal werden?«, stand für mich fest: »Urwaldforscher!« Verband ich doch in meiner Vorstellung diese Tätigkeit mit interessanten Reisen in aufregende, fremde Länder und dem Bestehen von gefährlichen Abenteuern. Der Anblick einer Reihe von in die Weite führenden Telegrafenmasten erzeugt in mir bis heute sofort Fernweh. Weil man ja bekanntlich immer nur ganz vernünftige Dinge tun soll und nur selten auf seine innere Stimme hört, wurde ich zunächst einmal Industriemeister, dann Musiker, Taxifahrer, Personaldisponent, Theatermanager und freier Künstler. Ich stellte Lichtobjekte aus Recyclingmaterial her.

Zahlreiche Reisen führten mich quer durch Europa und darüber hinaus. 1991 machte ich eine dreimonatige Fahrradtour, die mich über 6.000 km durch Frankreich, Spanien, Marokko, Tunesien, Italien und die Schweiz führte. Das Südwestfunk-Fernsehen sendete einen Beitrag über meine Nordafrika-Reise mit dem Fahrrad, meine Arbeit an einem Figurentheater und die von mir entworfenen Lichtobjekte. Während der Aufzeichnung im Fernsehstudio lernte ich Elena kennen. Auch sie war in der Vergangenheit viel in der Welt herumgekommen und hatte sich schon immer für fremde Kulturen interessiert. Fünf Jahre lebte und arbeitete sie in Rom, bereiste Nordafrika, Asien und noch ein paar andere Ecken der Welt. Zu Hause war sie als Chefsekretärin tätig.

Natürlich plante ich schon bald, Elena mit mir in die Welt hinauszuziehen, denn schnell spürte ich, daß auch sie von diesem gewissen Reisebazillus befallen war, der zuweilen heftiges ›Fieber‹ erzeugen kann. Diese Neugier, dieses ›nur noch bis zur nächsten Biegung gehen, mal gucken, was da ist‹, war auch bei ihr sehr ausgeprägt. Doch für mein Vorhaben wollte ich Elena einen konkreten Plan vorlegen, den sie unmöglich verwerfen könnte. Einige Zeit benötigte ich, um alle nur denkbaren Schritte zu den Reisevorbereitungen theoretisch zu sondieren. Eines Abends war es dann soweit, Stufe eins begann. Ich präsentierte ihr die wichtigsten Eckpfeiler für die Transglobe Friendship Bicycle Tour. Jetzt war es raus – endlich!

Elena bat sich Bedenkzeit aus.

»Schließlich gibt man nicht so ohne weiteres alle Sicherheiten auf, die man sich in langen Jahren erarbeitet hat«, meinte sie. Aber bereits eine halbe Stunde später stimmte sie zu. Auch bei ihr hatte die Neugier auf das Leben die ›Vernunft‹ überredet. Und was hatten wir auch schon Großes zu verlieren? Natürlich, da war der sichere Arbeitsplatz, da war die Wohnung und das soziale Netz, das uns im Notfall auffangen würde. Aber die Gegenargumente wogen schwer. Ist es wirklich richtig, seine Freizeit hauptsächlich dazu zu verwenden, sich für die Arbeit zu regenerieren? Sollen wir wirklich unsere Lebenszeit ausschließlich in geordnetem, aber eintönigem Kreislauf verbringen? Vielleicht im Alter zurückblicken und verbittert überlegen, warum wir es eigentlich nie riskiert haben, zumindest zeitweise ›auszusteigen‹? Wir waren nicht damit zufrieden, Dokumentarfilme aus dritter Hand im Fernsehen zu bewundern, sondern wollten selbst mit Herzklopfen dabeisein, Abenteuer erleben, Freundschaften schließen mit fremden Menschen aus einem gänzlich anderen Kulturkreis. Wir wollten die intensiven Gerüche auf den Märkten dieser Welt in uns aufnehmen und hören, welche Musik die Menschen fröhlich stimmt. Und wir wollten in einer Zeit des wiederauflebenden Fremdenhasses unseren Teil zum gegenseitigen Verständnis beitragen, indem wir Bericht erstatten über das Erfahrene, hier wie draußen in der Welt. Hinzu kam der Gedanke des Umweltschutzes, der uns sehr am Herzen liegt und für den wir aktiv etwas tun wollten.

Wir sahen uns an und lachten. Stufe zwei wurde gezündet, die Vorbereitungen begannen, das Herzklopfen und die Vorfreude fingen an.

Nach langem Wünschen und Hoffen konnten endlich Nägel mit Köpfen geschmiedet werden. Den Menschen in der fremden Welt da draußen wollten wir in ihre Kochtöpfe gucken, sehen, wie sie arbeiten und leben, hören, was sie zu sagen haben. Es interessierte uns, wie ›unsere Ausländer‹, die in Deutschland leben, sich in ihrem Land verhalten. Ein Stück Freundschaft wollten wir um den blauen Planeten tragen, gegen Fremdenhaß und Rassismus im Bereich unserer Möglichkeiten angehen. Die Fahrräder sind dafür das geeignete Transportmittel, denn sie sind relativ billig, technisch unkompliziert und umweltfreundlich. Wir sind damit schnell genug, um voranzukommen, und langsam genug, um an interessanten Punkten jederzeit halten zu können. Ein weiterer wichtiger Punkt ist, daß wir von den Leuten unterwegs leicht angesprochen werden können. So sind viele Begegnungen möglich. Dazu sind sie leise, brauchen kein Benzin, und man kann auch auf schmalen Wegen fahren. Die vor uns liegenden zwölf Monate waren nun angefüllt mit Arbeit und viel Vorfreude. Die Ausrüstung wurde zusammengestellt, und die Fahrräder mußten für die Weltreise optimiert werden, denn immerhin wollten wir über zwei Jahre auf dem gleichen Rad unterwegs sein. Zudem mußten Sponsoren gefunden werden, weil wir nicht alles selbst finanzieren konnten. Dazu nützten mir einige gute Kontakte zur Ausrüster-Industrie von früheren Touren her. Mehrmals kurvten wir deshalb quer durch Deutschland. Zusätzlich zu diesen ›Kleinigkeiten‹ mußten wir unser Häuschen, in dem wir auf dem Land zur Miete wohnten, räumen, da es verkauft wurde.

War es Schicksal oder Zufall? Überraschend wurde eine kleine, günstige Wohnung frei, die wir schon lange gerne gehabt hätten. Wieder war ein weiterer wichtiger Punkt erreicht nach der Devise: möglichst viel Geld verdienen und sparen, wo immer es geht. Elena war in der Vergangenheit gute Kundin bei zahlreichen Flohmärkten gewesen. Entsprechend umfangreich war das zu bewegende Umzugsgut!

So ganz nebenbei mußten wir natürlich auch noch arbeiten, um das nötige Geld für die Expedition zu beschaffen. Elena saß nach dem Dienst noch bis spät in die Nacht vor dem Computer, um die Reisekasse schwerer zu machen. Ich arbeitete beim Figurentheater, darüber hinaus war ich mit einem Diavortrag über meine vorherige Afrikareise unterwegs.

Für die Reisevorbereitung suchten wir über das Freiburger Goethe-Institut sogenannte ›Tandem-Partner‹. Man trifft sich mit einem Gesprächspartner aus einem anderen Land zum gegenseitigen kostenlosen Sprachunterricht. So lernten wir einen syrischen und einen ägyptischen Arzt kennen, die beide ihre Weiterbildung in Freiburg absolvierten. Auf diese Weise kann der Sprachunterricht sehr lebhaft gestaltet werden. Man informiert sich gegenseitig auch über Dinge, die man als normaler Tourist so ohne weiteres nicht erfährt.

Um möglichst problemfreien Kontakt zur Bevölkerung zu haben, erkundigten wir uns zudem über die Gepflogenheiten in verschiedenen Ländern mittels hierzu erhältlicher Literatur. So lernten wir, daß ich mich als Mann in arabischen und asiatischen Ländern Frauen gegenüber möglichst zurückhalten und etwaige Gespräche mit dem weiblichen Geschlecht besser Elena überlassen sollte. Für uns Europäer normale Verhaltensweisen könnten in diesen Ländern völlig mißdeutet werden und zu unnötigen Komplikationen führen. Ein mitgebrachter Blumenstrauß für die Ehefrau eines Arabers landet wohl im besten Fall im Magen eines Kamels. Man(n) hat sich nicht für die Frau oder Tochter eines anderen Mannes zu interessieren.

Allerdings gibt es auch für Elena als Frau bestimmte Verhaltensregeln. So zum Beispiel sollte sie einem Araber nicht direkt in die Augen sehen, es sei denn, er ist den Kontakt mit Europäern gewöhnt und mißversteht es nicht als Aufforderung. Bei uns in Europa gilt das Augenniederschlagen eher als negativ. Ein flackernder oder verdeckter Blick wird oft als Falschheit gedeutet. Der Blickkontakt könnte in diesen Gebieten der Erde nicht nur sie in Schwierigkeiten bringen, sondern würde auch mich als ihren Mann in ein schlechtes Licht setzen, der Lächerlichkeit preisgeben. Andere Länder, andere Sitten.

Wir hatten uns entschieden, die Reise im Frühjahr zu beginnen, um möglichst weit südlich zu sein, wenn in Europa wieder der Winter einsetzt. Der 2. April 1994, das geplante Abreisedatum, rückte fast zu schnell heran. Jetzt hatten wir genau den Streß, dem wir zu entrinnen versuchten. Wenn wir so richtig erledigt waren, standen wir vor der Weltkarte, die über dem Arbeitsplatz befestigt war, fuhren mit den Fingern Ländergrenzen und Kontinente ab und fabulierten über die ungewissen Abenteuer, die uns da draußen erwarten würden. Für den ungünstigsten Ausgang hinterließen wir ein Testament. Elena besuchte einen Selbstverteidigungskurs für Frauen und zusammen fuhren wir nach Köln, um dort die Seemannstauglichkeitsprüfung abzulegen. Mit dieser Bescheinigung kann man auf Schiffen anheuern und sich so die Überfahrt verdienen. Aufregende Monate! Und doch war es eine wunderbare Zeit, voller Vorfreude, Herzklopfen und Kribbeln im Bauch.

Viele der zuvor noch schier unüberwindbaren Probleme glätteten sich wie die bekannten Wogen nach einem Sturm. Ganz besonders muß dabei die große und entscheidende Mithilfe unserer beiden Schwestern Gissy und Edith sowie unseres lieben Freundes Goody bereits in der heißen Planungsphase betont werden. Die drei übernahmen während unserer Abwesenheit das Management der Tour, kümmerten sich um Post- und Bankangelegenheiten und erfüllten unsere Wünsche und Anfragen bezüglich des Materials, das wir unterwegs brauchten.

Trotz dieses zuverlässigen Teams lagen wir oft viele Stunden in den Nächten wach. Wir überdachten, planten, verwarfen, verbesserten, fingen wieder von vorne an. Wir stellten uns schwierige Situationen vor, die vielleicht auf uns zukommen könnten, und überlegten, wie wir am besten reagieren sollten. War es richtig, was wir taten? Der Abreisetermin rückte immer näher, aber trotz der vielen Arbeit lief alles gut. Da passierte es.

In der Klinik wollte ich mir einen problematischen Weisheitszahn entfernen lassen und war mit dem Fahrrad dorthin unterwegs. Da löste sich plötzlich der Scheinwerfer an meinem Rad und kippte von seiner Befestigung am Vorderradgepäckträger ins Reifenprofil. Das Rad blockierte wie ein Mustang. Ich flog über den Lenker und bremste mit der linken Gesichtshälfte krachend auf dem Asphalt. Blut floß in Strömen, ein großer Hautlappen hing herunter. Der Splitt hatte sich bis auf den Schädelknochen ins Fleisch eingegraben. Die Wunde mußte in der Klinik mehrfach genäht werden. Felge und Gabel meines Bikes sowie meine Brille waren Schrott. Und das fünf Wochen vor dem geplanten Start! Plötzlich schien alles in Frage zu stehen.

Zu allem Unglück hatten wir zwei Tage später einen Fototermin im Studio. Mit meinem zugeschwollenen Gesicht konnte ich diesen Termin unmöglich wahrnehmen. Farbenprächtig wäre es ja gewesen! Dank der ärztlichen Kunst und meiner guten Konstitution konnte man aber schon bald nach der Operation die Fäden ziehen – und der Zahn wurde auch noch extrahiert. Zahlreiche Impftermine folgten, dazwischen gaben wir noch einige Radio- und Zeitungsinterviews zur Reise und suchten Untermieter für die Wohnung. Im nachhinein wundern wir uns manchmal selbst, was wir alles in kurzer Zeit zu Wege brachten, wie wir die Kraft dazu aufbringen konnten.

Die letzte Phase vor dem Start zur »TRANSGLOBE FRIENDSHIP BICYCLE TOUR« begann, die Zeit des Abschiednehmens war gekommen. Viele Freunde und Bekannte luden uns ein, manche gaben uns Adressen von Bekannten im Ausland mit. Meine Schwester Edith veranstaltete ein großes Abschiedsfest, das fast zwei Tage dauerte. Die Räume unserer kleinen Wohnung hallten beängstigend, als wir sie verließen.

Was werden wir alles erlebt haben, wenn wir sie in zwei, drei

Jahren wieder betreten werden? Wie werden wir uns vielleicht verändert haben? Mit gemischten Gefühlen, mit großen Erwartungen, mit Freude, aber auch mit einem etwas beklemmendem Gefühl zogen wir an diesem 2. April die Tür hinter uns zu.

Am Vorabend hatte ich noch zum x-ten Mal die Ortlieb-Satteltaschen ein- und ausgepackt, Unverzichtbares von Entbehrlichem getrennt. Es war eine anstrengende Zeit damals, aber auch eine sehr schöne.

Als wir morgens auf den Rathausplatz radelten, plätscherten die Freiburger ›Bächle‹ wie immer. Doch für uns würde nichts mehr so bleiben, wie es war. Es begann jetzt eine Zeit, die uns größte Anforderungen an Kondition, Mut und Selbstüberwindung abverlangen würde. Zunächst jedoch begann das große Schulterklopfen unserer Freunde. Man küßte, umarmte und drückte uns, dann nochmal und nochmal. Konnte man denn sicher sein, uns je wieder lebend zu sehen? Hier wurde uns etwas Selbstgebackenes oder Geld zugesteckt, dort rollte eine Träne auf den Platz, auf dem wir uns in zwei bis drei Jahren wieder treffen wollten.

Die Presse war da, der »Allgemeine Deutsche Fahrrad Club« hatte einen Informationsstand aufgebaut. Es wurde viel fotografiert, und sehr viele Menschen drängten sich auf dem Platz. Vom Freiburger Oberbürgermeister hatten wir eine Grußbotschaft an seinen Amtskollegen in Cizre in der Osttürkei dabei, deren Übergabe sich später als ziemlich abenteuerlich herausstellte.

Auch vom Donaueschinger Oberbürgermeister führten wir einen schriftlichen Gruß mit, der für die Partnerstadt Vác in Ungarn bestimmt war. Sportamtsdirektor Däschle gab den symbolischen Startschuß, dann hieß es aufsitzen und los ging's.

»Bis bald!« riefen wir den Zurückbleibenden zu und bogen am Rathausplatz rechts ab – erst in Richtung Schwabentor, von dort aus in die weite Welt.

Der Kies knirschte unter den Pneus, als wir auf dem vertrauten Weg am Flüßchen Dreisam entlangfuhren. Die vielen gutgemeinten Worte und Wünsche klangen noch in den Ohren nach. Lange Zeit radelten wir schweigsam und nachdenklich vor uns hin. Erst später machten wir eine erste kurze Rast und umarmten uns.

»Mensch, ich kann es kaum fassen. Wir haben es geschafft!! Jetzt sind wir wirklich unterwegs auf großer Tour«, sage ich zu Elena, die mich glücklich anstrahlt. Eine lange Zeit voll gemeinsamen, intensiven Erlebens liegt vor uns.

Der dunkelgraue, tiefhängende Himmel droht uns jeden Moment auf den Kopf zu fallen, und so suchen wir Schutz unter dem Dach einer Sportvereinshütte, als auch schon Regen und Hagel losprasseln.

»Wo wollt ihr denn hin mit dem ganzen Gepäck?« fragen die Sportler.

»Einmal um die Welt«, ist die knappe Angabe des Reisezieles.

»Na, da habt ihr ja noch was vor, viel Glück!« kommt es lachend zurück.

Bald schieben wir die schweren Räder über den Turner, mit etwa 1.100 m Höhe einer der Hausberge Freiburgs im Schwarzwald. Auf einer Anhöhe mit Blick auf das im Abendlicht liegende Tal schlagen wir das erste Nachtlager dieser Reise auf. Von den Bauernhäusern unten im Tal dringt Hundegebell herauf. Bläulicher Rauch kräuselt sich von irgendwoher in den dunkelblauen Himmel. Sanfte und friedvolle Stille ruht über dem Wald, aber es ist bitterkalt. Wir werden heute nacht in den Wolken schlafen, die tief über der Landschaft hängen. Die Stimmung ist fast wie an Weihnachten. Wie viele Gedanken werden jetzt wohl bei uns sein?

Bei einer Tanne am Waldrand grabe ich mit einer kleinen Klappschaufel ein Loch für ein Plumpsklo mit dem Baumstamm als ›Rückenlehne‹, gebe jedoch schnell auf, als ich feststelle, daß vor mir schon mal jemand diese gloriose Idee hatte …

Auf der Wiese vor dem Zelt lodert das erste Lagerfeuer dieser

Reise. Es sieht schön aus vor dem dunklen Abendhimmel mit den schwarzen Tannen, die sich leise im Wind wiegen, zudem wärmt es.

Der neue Tag beginnt mit einem feudalen Frühstück. Es ist Ostern, und wir haben allerhand Schokoladenhasen, Kuchen und Eier dabei. Dann ist Schieben angesagt. Steil geht es bergauf. Das Wetter macht dem April wirklich alle Ehre. Sonne raus – Sonne rein, Jacken aus – Jacken an, Regen, Schnee, Graupelschauer, frieren, schwitzen. So geht es den ganzen Tag. Anfangs hatten wir einen herrlichen, weiß-blauen Himmel, jetzt kann man vor lauter Regenwänden und kalten Nebelschwaden, die uns entgegenwabern und einhüllen, kaum die verstreut liegenden Höfe der Bergbauern ausmachen. Dann wieder beißt eisiger Wind ins Gesicht, läßt die Augen tränen. Durch Schneeverwehungen, Regen, Kälte und Hagelschauer zerren wir die Räder vorwärts in die milchige Suppe, immer weiter und weiter.

Im Neuschnee wollen die Laufräder die Spur nicht halten und brechen dauernd aus. Mit kräftigem Ruck müssen die etwa 80 kg Gewicht ständig wieder in ihre Bahn zurückgebracht werden. Die Räder allein mit ihren Stahlrahmen, Taschenhalterungen und Transportkorb wiegen bereits 20 kg. In den Wanderschuhen schlittern wir erschöpft durch Matsch und Dreck. Die folgende Nacht verbringen wir auf einer leidlich ebenen Viehweide, wo wir mehr schlecht als recht schlafen. Schon beim ersten Dämmerlicht treibt uns die Kälte vors Zelt. Zwar sind es nur −5° C, aber der kalte Wind und die Nässe setzen uns sehr zu. Mit den gefrorenen Schnürsenkeln kann ich den ›indischen Seiltrick‹ aufführen. Sie stehen von alleine senkrecht in die Höhe, bleiben allerdings auch in der Position, obwohl ich meine Hände ›magisch‹ bewege und dazu ›indische Beschwörungen‹ murmele oder vielmehr das, was ich dafür halte. Die vor Kälte zitternde Elena packt lachend die Sachen zusammen, der neue Tag beginnt fröhlich.

Die Räder mit den Gepäcktaschen vor dem Zelteingang sind

Die erste Nacht während der Fahrrad-Weltreise verbrachten wir im April 1994 bei Eis und Schnee auf dem Freiburger Hausberg namens ›Turner‹ in ca. 1.100 m Höhe.

mit Eis und Schnee überzogen. Das Frühstück fällt aus an diesem Morgen. Es ist kaum noch was zu essen da, und zudem ist es zu ungemütlich. Unter heftigem, nassen Schneetreiben bauen wir das Zelt ab und verstauen die Ausrüstung auf den Stahlrössern. Auf der Landstraße peitscht die schmutzige Gischt der vorbeifahrenden Autos ins Gesicht, die Kälte beißt trotz Schutzkleidung an Zehen und Fingern.

Wegen der Feiertage sind natürlich alle Geschäfte geschlossen. Weil wir unseren gesamten Proviant bereits am ersten Tag verschlungen haben, versuchen wir, in Gasthäusern Brot zu kaufen, werden aber einige Male abgewiesen. Im großen Wirtshaus oben auf dem Turner erklärt uns die Bedienung unwirsch, daß sie kein Brot habe.

Zu unserer Freude verkauft uns der Wirt der ersten Schänke im nächsten Dorf für 3 DM ein paar Scheiben Brot, die er in der

Küche in Aluminiumfolie wickelt. Erst viel später sehen wir beim Auspacken, daß er uns drei total verschimmelte Brotscheiben verkauft hat ...

Alle Gasthäuser, bei denen wir vergeblich nach Brot fragten, hatten draußen am Eingang den Gekreuzigten hängen, wohl zum Zeichen ihrer christlichen Nächstenliebe.

»Was würde wohl mit Maria und Josef passieren, kämen sie heute auf der Suche nach Hilfe zu diesen Menschen?« murmelt Elena verärgert mit knurrendem Magen.

Inzwischen hat sich ein gnadenloser, kalter Dauerregen eingestellt. Die gute Laune liegt auf Eis. Stumm radeln wir verbissen vor uns hin. Es gießt ohne Ende, tropft von Dächern und Bäumen, in die Schuhe und von unseren Nasen. Wir sind naß bis auf die Knochen. Als ich für einen Moment hinter einen Busch muß, hält Elena beide Räder – und fällt mit allem um, direkt in eine Pfütze. Die Situation ist so komisch, daß ich erstmal kräftig lachen muß über Elenas dreckbeschmiertes, verdutztes Gesicht, bevor ich sie aus dem Gewirr von Gepäck, Rahmen und Speichen befreien kann. Sie sieht fast aus wie ein wütendes Erdmännchen in ihrem über und über mit Waldboden ›verzierten‹ Regencape.

Wir fahren auf dem Radweg die Donau entlang. Die Felder stehen infolge der starken Regenfälle total unter Wasser. Vereinzelt waten Störche vornehm in Riesenpfützen herum. Unsere Blicke tasten ständig die finstere Wolkendecke ab auf der Suche nach einem blauen Fleck. Der Fleck bleibt weg, stattdessen klatscht neuer Regen herunter. Ich bin froh, daß Elena bei diesen schlechten Startbedingungen nicht der Mut verläßt. Im Gegenteil. Sie liebt das Geräusch des Regens abends auf dem Zeltdach und lacht mich unter zerzausten, nassen Haaren fröhlich an. Nur mit der Kälte hat sie es nicht so sehr.

»Warum muß es denn so kalt sein? Ich denke, es ist Frühling«, meint sie mit traurigem Blick aus unserem Zelt, das bald einer Tropfsteinhöhle gleicht, denn dicht ist es entgegen der Versprechungen des Herstellers nicht.

Zwei Tage lang hocken wir im deutschen Regenwald bei Riedlingen und sehen zu, wie es von den Blättern tropft und Dunstschleier durch den naßschweren, nach Moder riechenden Wald getrieben werden.

»Ich geh mal etwas für die Pfanne fangen«, rufe ich Elena zu und trabe mit der Angel zur nahen Donau.

Den Fischen regnet es wohl auch zu stark, sie bleiben, wo sie sind, also gibt es wieder Marmeladenbrot. Auch recht. Am Morgen des dritten Tages wird der Regen schwächer und hört endlich ganz auf. Nur einzelne dicke Tropfen rollen noch von den Bäumen ins Moos und suchen den Weg zum Fluß, um von dort, dem ewigen Kreislauf folgend, ins Meer zu fließen. Da wollen auch wir hin, an der Donau entlang ans Schwarze Meer.

»Also los, laß uns schnell abhauen«, rufen wir uns zu und packen die triefenden Klamotten zusammen. Stellenweise schwappt der Fluß über die Ufer, wir müssen Umwege fahren. Egal, wenn wir nur rollen, uns vorwärts bewegen. Weiter, immer weiter! Trotz des Sauwetters behalten wir die gute Laune, lachen viel und freuen uns, so frei zu sein wie Vögel. Die Last der Monate ist vorbei. Vor uns liegt die ganze Welt. Abenteuer, wo seid ihr? Wir kommen!

Elena:
Zunächst rollen wir noch in heimatlichen Gefilden, sozusagen ums Haus herum, zeigt Peters Tacho doch erst wenige hundert Kilometer gefahrene Strecke. Mein teurer Entfernungsmesser hat leider trotz ›Plastiktütenmützchen‹ bereits beim ersten Regenguß jeden weiteren Dienst versagt. Der Donauradwanderweg ist größtenteils gut ausgeschildert. Wir kommen durch einige schöne Dörfchen, an vielen malerischen Kirchen und alten Klöstern vorbei. Jetzt ist ja alles möglich: In den Pausen beißen wir genüßlich in rohe Zwiebeln, Salami und Knoblauch, mit einem Schluck Rotwein wird kräftig nachgespült.

Durch Munderkingen mit seiner malerischen Altstadt und

dem Rathaus von 1563 geht es und weiter durchs Rottenacker Ried nach Erbach, das im Mittelalter der Sitz von Adelsgeschlechtern war. Mit Ulm erreichen wir die erste Großstadt an der Donau. Hier steht der höchste Kirchturm der Welt mit 161 m. Wir schlendern durch das malerische Fischerviertel entlang des Flüßchens Blau.

Unweit hiervon sprang Albrecht Ludwig Berblinger, besser bekannt als der Schneider von Ulm, einer der ersten Flugpioniere, unfreiwillig in die Donau. Hier wurde 1879 Albert Einstein geboren, und auch Ulm hat seinen schiefen ›Metzgerturm‹.

Bei unserem griechischen Freund in Ulm trennen wir uns von weiterem Gepäck, entspannen und waschen die Kleider, bevor wir wieder starten Richtung Ingolstadt. Das Wetter bleibt größtenteils freundlich, wir auch. Die Stadt war schon im Altertum Soldatenstadt. Herzog Ludwig ›der Gebartete‹ baute sich hier im 14. Jahrhundert ein Schloß, das heute noch einen anziehenden Mittelpunkt bildet.

Wir sind in Bayern. Hätten wir es nicht schon gewußt, wären wir spätestens dann drauf gekommen, als wir ein Bett in der Jugendherberge buchen wollen. Nicht sehr freundlich weist uns der Herbergsvater ab, obwohl freie Betten vorhanden sind. Unser Fehler ist, daß wir schon mehr als 26 Jahre alt sind und somit in Bayern keine Aufnahme in den Jugendherbergen finden. Diese Sonderregelung ist einmalig in der Welt, aber es hilft nichts. Ziemlich bedeppert nehmen wir die zu Hause neu erstandenen Jugendherbergsausweise und schleichen uns.

Adernzieher, Knochenbrecher, Wurzelheber und noch so mancherlei martialisch anmutende Gegenstände, die zum Gruseln taugen, sehen wir uns im Medizinisch-Historischen Museum an, während der freundliche Pförtner ein wachsames Auge auf die beladenen Räder hat. So können wir gemeinsam das interessante Museum anschauen, in dem es in Chemikalien eingelegte menschliche Teile gibt, schaurige medizinische Instrumente und viel gänsehauterzeugendes Dokumentationsmaterial. Dann radeln wir quer durch die Stadt. »Ihr habt doch bestimmt Durst! Wollt ihr ein Weizenbier?« ruft eine Frau von einem Balkon herunter. Im Handumdrehen erscheinen zwei Gläser Bier am Geländer, die wir begeistert leeren. Hoffentlich haben noch viele Leute so tolle Ideen wie diese Frau!

Die Fahrt führt direkt am Donauufer entlang. An einer besonders schönen Stelle beschließen wir zu übernachten. Doch Vorsicht ist geboten, denn hier bei Günzing sollten noch vor einer Woche viele Dorfbewohner vor dem Hochwasser evakuiert werden. Zahlreiche Fenster und Türen sind mit Sandsäcken verrammelt. Die Sonne senkt sich in den Wald. Irgendwo auf einem der bereits tiefschwarzen Tannenwipfel sitzt ein Vogel und piept schläfrig vor sich hin.

Peter:
Elena hat Pellkartoffeln mit Salat zubereitet. Die ›Erdäpfel‹ fanden wir am Straßenrand, der Salat wächst als Löwenzahn, Klee und Gras auf der Wiese. Man muß sich nur zu helfen wissen. Unsere Organisation beim morgendlichen Zusammenpacken funktioniert noch nicht so richtig. Obwohl wir um 6 Uhr aufstehen, kommen wir nicht rechtzeitig vom Acker. Bis wir gefrühstückt, Geschirr gespült, alles verpackt und aufgeladen haben, ist es jedesmal fast 9 Uhr. Für morgen haben wir uns belegte Brote vorbereitet und wollen so die Prozedur abkürzen.

Plötzlich wendet auf der Straße mit pfeifenden Reifen ein PKW hinter uns, der uns eben begegnet war. Das Fahrzeug saust vorbei, um ein Stück weiter vorn scharf zu bremsen. Ein großes Mikrofon kommt aus dem Beifahrerfenster zum Vorschein, gehalten von einer Reporterin des Bayerischen Rundfunks, die uns interviewen möchte. Über die bisherige Strecke und die neue Donaubegradigung sollen wir berichten. Wir erzählen von wunderschönen Flußniederungen, schwärmen von wilden Biegungen, von schäumenden klaren Wassern, die über bemooste

Felsen perlen. An den Ufern gibt es Frösche, Reiher und Störche, Teppiche von Schlüsselblumen und wilden Hyazinthen. Natürlich nutzen wir die gebotene Möglichkeit und sprechen auch über die immensen Erdbewegungsarbeiten, die aus den idyllischen Flußwindungen zwischen Ulm und Günzburg einen öden Kanal machen, an dessen zubetonierten Rändern nicht mehr viel Natur existieren kann.

Wir sagen der Reporterin, daß es unserer Meinung nach eines der dümmsten Bauwerke ist seit dem Turmbau zu Babel, zumal es längst erwiesen ist, daß eine derart gewaltige Flußbegradigung auch viele für den Menschen negative Seiten hat. Die absterbenden Kiefernwälder als Folge von fünf Raffinerien sowie Deutschlands ältestes Kernkraftwerk bei Gundremmingen bereiteten auch uns Unbehagen, von den vielen toten Fischen ganz zu schweigen, die am Ufer dümpeln. Die Natur wird der Technik angepaßt und negativ verändert.

Elena:
Am Nachmittag liegen wir am Kiesstrand von Weltenburg. Durch ein Tal von 6 km Länge zwängt sich der Strom, gesäumt von 100 m hohen weißen Felsen, dem Fränkischen Jura. Die idyllische Stimmung, die vom Kloster Weltenburg ausgeht, war nicht immer so. Gegründet im Jahr 1617, ist es die älteste klösterliche Niederlassung Bayerns.

Regensburg. 2.379 Stromkilometer sind wir noch vom Schwarzen Meer entfernt. In den Städten läßt es sich schlecht im Wald zelten, deshalb fahren wir auf einen Campingplatz. Im April ist dort noch nicht viel los, wir sind fast die einzigen Gäste. Kurz nachdem wir unser Zelt aufgestellt haben, rollt ein Biker auf die Wiese.

Der Kanadier Stuart ist auch auf großer Reise. In Mexiko sei er geradelt und käme jetzt gerade aus Rumänien, dort sei er bestohlen worden. Stuart spricht gut Deutsch, Englisch, Italienisch und Französisch, stottert aber stark. Jetzt habe er nur noch 13 DM und wolle nach London zu seiner Freundin. Geld haben wir keines zu verschenken, aber wir geben ihm Tütensuppen und Schokolade.

Seltsam, daß Stuart, abgebrannt, wie er vorgibt zu sein, sich noch einen Campingplatz leistet. Nur 2 km weiter könnte er umsonst im Wald schlafen und das Geld sparen. Für die weite Reise hat er wenig Gepäck dabei auf seinem Rennrad. Und die dünnen Reifen haben alle Strapazen mitgemacht? Im Verlauf unserer Reise werden wir noch mehr über ihn erfahren.

In Regensburg besuchen wir das Münster und gruseln uns im Folterkeller der mittelalterlichen Inquisitoren unter dem Rathaus. Im Quälen und Vernichten ihrer Widersacher waren die Menschen schon immer sehr erfinderisch. Da gab es die Streckbank und Gewichte, die der Verurteilte angehängt bekam, während er selbst nur am Schlüsselbein aufgehängt an der Decke baumelte, und so manche ›Hexe‹ wurde hier zum Sprechen gebracht. Hinter einem Holzgitter im Halbdunkel verborgen saßen die Gerichtsbarkeit und ein Priester, um der grausamen und blutigen ›Wahrheitsfindung‹ beizuwohnen.

»Wo wollt ihr denn hin, mein Gott, soviel Zeuch haben die dabei, Eeerwin, guck doch mal!« schallt es hinter uns in gesundem Rheinländisch.

Eine Busladung Touristen hat uns entdeckt und will wissen, was für ein Teufel uns getrieben hat, so bepackt durch die Gegend zu reisen. Eine Frage, die uns in verschiedenen Varianten später noch viele Male gestellt werden wird. Zum Abschied fotografieren sie uns und rufen »Viel Glück!« hinter uns her, als wir über das alte Kopfsteinpflaster zur Stadt hinaus holpern. Wir können's gebrauchen, einen ganzen Sack voll! Knirschend rollen die Reifen über den Kies des sich friedlich windenden Weges. Die Felder liegen in erdigem Braun oder zartem Grün in die Landschaft verstreut wie ein Flickenteppich. Auf einmal verstummt das Vogelgezwitscher, als fast gleichzeitig ein dunkler Schatten schnell zu Boden fällt.

»Oje, dem ist nicht mehr zu helfen!« murmelt Peter, als wir an der Absturzstelle ankommen. Ein Eichelhäher hat die Oberleitung übersehen, so daß ihm der Draht im Flug glatt den linken Flügel abgerissen hat. Lautlos öffnet er nochmals den Schnabel, dann stirbt der schöngefärbte Flieger in meinen Händen.

Schon von weitem leuchtet sie hoch aus dem Wald heraus, die Nachbildung des Parthenons von Athen, hier ›Walhalla‹ genannt. In Walhalla konnte einziehen, wer »teutscher Zunge sey«, und so kann man dort heute auch Schweizern oder Österreichern ins edelkalkgeweißte Antlitz blicken. Imposant sieht sie schon aus mit ihren 52 Säulen, 358 Stufen und einer Fläche von 2.100 m². Allein die Flügeltüren sind fast 7 m hoch.

Am 18. Oktober 1842 wurde das Kolossaldenkmal nach zwölfjähriger Bauzeit eingeweiht. Den Schweiß haben die Götter bekanntlich vor das Vergnügen gesetzt. Wir müssen uns zu Fuß durch den frühlingslichten Wald den schönen Ausblick über das Donautal erarbeiten. Die Räder warten inzwischen bei einer Bauernfamilie am Fuße des Hügels. Allmählich stabilisiert sich das trockene Wetter, und eines schönen Samstags im Mai liegt Passau vor uns. Es ist schon zu spät, um die Stadt anzusehen, so suchen wir einen passenden Zeltplatz für die Nacht. Es ist ein schöner, ruhiger Abend, und bald stecken wir in den Schlafsäcken, aus denen wir aber nach kurzer Zeit erschreckt hochfahren, als ein Kleintransporter mit scharfem Reifengequietsche auf der Straße um die Kurve rast. Hinten aus dem LKW hören wir einen dumpfen Schlag und dann das entsetzte Gequieke von Schweinen, die es bei jeder Kurve durcheinander wirft.

Der Tee anderntags ist stark und heiß. Wir rappeln uns auf, um die Stadt zu erkunden. Gestern haben wir schon Plakate gesehen, die zum Besuch der ›Maidult‹, einem großen Volksfest, aufrufen. Also nix wie hin!

Unterwegs treffen wir schon auf viele festlich gekleidete Leute mit erwartungsfrohen Gesichtern. Musiker in Trachten sind mit ihren Umzugswagen sogar aus Österreich und der jungen Republik Tschechien angereist, um mit den Bayern zusammen zu feiern. Auch Schwarzwälder sieht man, die von Freiburg im Schwarzwald nach Bayern gezogen sind und hier ihr Brauchtum pflegen.

Bumm! Bumm! und nochmals: Bumm! krachen die Böller über dem ehemaligen Exerzierplatz. Die Rauchfahnen wehen davon, die Gaudi kann beginnen. Plötzlich erscheinen ganze Gruppen fellbehangener Männer, Frauen und Kinder mit Ziegen im Schlepptau. Bärenmenschen, Trommler und Fanfarenbläser sind die nächsten in dem langen Zug. Große Fahnen werden dicht über die Köpfe der Zuschauer geschwungen, Krapfen und ›Würschtel‹ fliegen durch die Luft, dralle Schönheiten lassen die Oberweite und die spitzenbesetzten Unterröcke wippen.

Peter hat schnell herausgefunden, wo der wichtigste Platz ist. So stellt er sich mit dem Pfarrer im Talar in eine Reihe und genießt das gute Bier, das hier ›Freibier‹ heißt und kostenlos verteilt wird. Um uns herum tobt der Umzug mit reichlich Gelächter und vielen Blechinstrumenten. Abwechselnd stromern wir durch die Menge, denn einer muß ja immer bei den Rädern bleiben. Irgendwann neigt sich der Umzug dem Ende entgegen. Um mich haben sich einige ›gstandene Mannsbilder‹ mit Lederhose und Gamsbart am Hut versammelt.

Interessiert betrachten sie die Bikes und hören aufmerksam zu, als ich ihnen von unserem Vorhaben erzähle. Einer kramt eine verzierte Schnupftabakdose hervor und schüttet sich eine Prise auf den Handrücken, um sie mit lauten Pfeifgeräuschen einzuschniefen.

»Wollt's ihr nix schoffn?« fragt er und streicht sich über den beachtlichem Bierbauch.

»Wir haben viele Jahre geschafft«, antworte ich, »jetzt wollen wir erstmal etwas die Welt kennenlernen, bevor wir zu alt zum Reisen sind.«

Der Stämmigste unter ihnen spricht aus, was so mancher seiner Freunde vielleicht auch denkt. Er würde ja eigentlich auch gern so drauflos reisen, aber bisher fehlte ihm vor lauter Hausbauen, Familie und Arbeit die Zeit. Vielleicht fehlt aber auch ein bißchen der Mut.

»Man sollt' wirklich mehr ans Leb'n denken«, murmelt er, »bevor's z'spat is«. Die anderen lachen, doch dieser Mann bleibt ernst.

Da – eben ist der letzte Bierwagen um die Ecke gebogen, gezogen von sechs geschmückten, schweren Brauereipferden. Es wird Zeit, sich aufzumachen zur ›Wiesn‹, denn dort heißt es: »Ozapft is!« Alles, was laufen oder sich wenigstens fortbewegen kann, ist unterwegs. Karussells sausen im Kreis herum, Losverkäufer brüllen mit roten Gesichtern, an den Boxautos dröhnt Discomusik, und in den Bierzelten riecht es nach Kasseler Fleisch, Schweinebraten, Senf und Bier. Bis jetzt war der Spaß noch umsonst gewesen, doch angesichts der Preise rutscht unser Herz etwas tiefer. So kommt es, daß man uns mitten in diesem Trubel nur eine Fischsemmel essen sieht, ein kleines Bier teilen wir uns. Wir brauchen das Geld für Wichtigeres.

Was soll's! Auf uns wartet noch Großes. Der Weg führt weiter durch herrlich rauschende Wälder, durch deren Blätterdach jetzt sogar die Sonne leuchtet. Splitt auf einsamen Feldpfaden knirscht unter den Reifen, und manchmal singen wir lauthals unsere Lebensfreude heraus.

Wenn man wie wir langsam reist, hat man genügend Zeit, seine Umgebung aufmerksam zu betrachten. Vor einem Supermarkt fällt uns eine junge Mutter auf, die sich angeregt mit einer Bekannten unterhält, während sich plötzlich ihr Kinderwagen mit dem Baby selbständig macht und die Straße hinunterrollt. Die Mutter rennt dem Wagen hinterher, fängt ihn ein – und schimpft lautstark mit dem Säugling. Oder der Hund, der an der Leine neben seinem Herrn hergetrottet kommt, sich brav hinsetzt und zitternd wartet, weil ihm das Halsband runtergerutscht ist. Prompt bekommt er dafür einen Klaps.

Auffallend ist das oftmals unfreundliche oder sogar ablehnende Verhalten von Tankstellenpächtern, wenn wir um Trinkwasser bitten oder darum, die Toilette benutzen zu dürfen. Anscheinend sind viele Menschen hier nur noch gegen Bargeld zur Freundlichkeit bereit. Ich ärgere mich darüber und nehme mir vor, diese Tankstellen nach der Radreise, wenn ich wieder mit dem Auto unterwegs bin, zu meiden.

Manchmal fällt es mir schwer, mit Peter mitzuhalten. Er ist einfach größer und stärker und kommt viel leichter mit dem schweren Rad zurecht. Bereits vor der Reise hat er versprochen, auf meine fehlende Kondition Rücksicht zu nehmen. Jetzt freue ich mich, daß er wirklich immer wieder geduldig auf mich wartet und mir Zeit läßt, mein Reisetempo langsam zu steigern. Außerdem ist er ein fröhlicher, optimistischer Mensch, mit dem das Reisen Spaß macht.

Peter:
»Halt an, halt an!« ruft Elena.

»Was ist los, eine Panne?« frage ich erschrocken.

»Nein, hier ist ein kühler Bach. Wir können uns super erfrischen«, klingt es an mein Ohr.

Gesagt, getan. Die Sonne brennt heftig, und so plätschern wir im klaren, kühlen Wasser und bespritzen uns gegenseitig. Eine Köstlichkeit, die wir in fernen Ländern wohl noch vermissen werden. Wie oft haben wir uns solche Momente gewünscht, wenn wir an unseren Arbeitsplätzen in die Hektik des Alltags eingespannt waren.

Termine, Pflichten, Geschwindigkeit. Als Folge des ungesunden Daseins stellten sich Nervosität, Herz- und Magenbeschwerden ein. Jetzt lassen wir erstmal die Seele baumeln und genießen das Leben. Man gönnt sich ja sonst nix …

2.
Wenn ein Grenzpolizist schlampt ...
ÖSTERREICH / SLOWAKEI (Mai 1994)

Elena:
Uraltes Siedlungsgebiet säumt den Weg, der durch rauschende alte Wälder führt. Bei Schlögen stellt sich das Granitgestein der Donau entgegen und zwingt sie so zu einer großen Schlinge. Bis zu 300 m tief grub sie sich in das Gestein und verlangt den Schiffern hier ihr ganzes Können ab. Zwischen Passau und Wien gab es im 12. Jahrhundert nicht weniger als 77 Mautstellen, die teilweise von Mönchen betrieben wurden. Dazu kamen noch häufige Überfälle durch Raubritter. Kein leichter Job als Schiffer. Es wurde vor allem Eisen, Salz und Holz transportiert. Man kannte damals schon Einwegschiffe, die am Zielhafen zum Holzpreis verkauft wurden. Mußten Schiffe stromaufwärts fahren, wurden sie von bis zu 60 Pferden oder Ochsen gezogen. Für uns Radfahrer ist der Uferweg zwischen Wasser und steil abfallenden, bewaldeten Bergen ein wunderbares Erlebnis. Weder Maut noch Mönche oder Raubritter trüben die Stimmung.

Anfangs ist der Weg noch flach, doch am zweiten oder dritten Tag windet sich die nicht mehr blaue Donau zwischen Hügeln und Bergen hindurch. Wir müssen uns die Aussicht von oben tüchtig erarbeiten. Hinter einem verlassenen Haus finden wir einen herrlichen Platz für die Nacht hoch über dem Fluß. Dunkelheit senkt sich über uns und unser olivfarbenes Stoffhaus. Irgendwann ist der Mond aus dem Wald aufgestiegen. Sicher beleuchtet sein fahles Licht die Ufer des alten Stromes – aber da schlafen wir schon.

Wären wir einige Jahrhunderte früher losgezogen, hätten wir

nun Lentia erreicht. Heute ist die Stadt für ihre Kuchen bekannt und heißt Linz. Hier wurde Anton Bruckner, der ›Spielmann Gottes‹, geboren, beendete Johannes Kepler sein astronomisches Hauptwerk, die ›Tabulae Rudolphina‹, Mozart schrieb 1783 die ›Linzer Symphonie‹.

Zwischen 1812 und 1815 lebte auch Beethoven hier. Zum Kennenlernen des Originals leisten wir uns auf dem Marktplatz ein Stück echten Linzer Kuchen. Das muß sein. Das schmalbemessene Stück ist teuer, schmeckt aber gut. Wir radeln weiter und grüßen von weitem das Stift St. Florian, wo wunschgemäß Anton Bruckner unter seiner Orgel begraben liegt.

In Mauthausen besuchen wir die KZ-Gedenkstätte, wo 123.000 Menschen unter nationalsozialistischer Gewaltherrschaft ermordet wurden und wo die sogenannte ›Mühlviertler Hasenjagd‹ stattfand, bei der die meisten Bewohner der umliegenden Häuser 400 entflohene Häftlinge wie Hasen jagten. Viele wurden mit der Axt erschlagen. Drei Bauernfamilien gewährten den acht einzigen Überlebenden Unterschlupf und retteten so ihr Leben.

Ich gehe allein durch die Anlage mit den vielen, niedrigen Räumen, während Peter die Räder bewacht. Hier handelt es sich nicht um eine mittelalterliche Folterkammer, die Grausamkeiten sind noch nicht lange her. Zwar gehöre ich der Nachfolgegeneration an, habe mich aber im Laufe meines Lebens immer für die Geschichte unseres Landes interessiert und mit Entsetzen die Dokumentationen aus der Zeit des damals sogenannten ›Tausendjährigen Reichs‹ verfolgt. Graue, kahle Räume, durch die meine Schritte hallen. Die Gänsehaut verläßt mich nicht. In den Gaskammern dümmliche Inschriften Jugendlicher an den Wänden – ›Andreas, I love you‹. Ausgerechnet hier!

Besucher haben Blumensträuße entlang der Mauern gelegt, die die Anlage umfassen. Auf den beigefügten Karten stehen Namen aus vielen Ländern. Jetzt hätte ich gerne Peter an meiner Seite, um ihm meine Gedanken mitzuteilen. Noch mehr Unbehagen überkommt mich, als plötzlich eine Schulklasse in das

Gelände einfällt. Kichernde und grölende Teenager bevölkern den Hof und die Baracken, und scheinen nicht zu begreifen, wo sie sind. Wurden sie vor ihrem Besuch nicht genügend informiert über das, was hier geschehen ist mit Zigtausenden von unschuldigen Menschen, deren einziger Fehler darin bestand, nicht der geforderten Rasse oder Gesinnung anzugehören? Oder fühlen sie sich zeitlich schon zu weit von den Ereignissen entfernt, denken vielleicht, daß so etwas nicht mehr passieren könnte?

Nach Mauthausen können wir lange Zeit nur schweigen. Das war die Kehrseite des sauberen, gut organisierten Vaterlandes, an dessen ›Wesen die Welt genesen‹ sollte. Fragen spuken mir durch den Kopf: Wie hätten wir uns verhalten damals? Ist so etwas wieder möglich – heute?

Peter:
Vor dem Städtchen Grein blicken wir nach Klam hinüber. Hier erlebte der Dichter August Strindberg seine schwere Nervenkrise. In den Jahren 1893 bis 1897 verschlug es ihn in diese urige Gegend. In den Felsen und knorrigen Wurzeln sah er Hexen und Spukgestalten. Die Sägewerke und Mühlenräder schienen Strindberg ›Räderwerke der Hölle‹ zu sein. Wir kümmern uns nicht weiter darum, sondern steuern den mittelalterlichen Ort Grein an. Auf dem Marktplatz steht das Rathaus, in dem das über 200 Jahre alte Theater untergebracht ist. Einige der 160 Sitze waren an reiche Bürger vermietet, während deren Abwesenheit die Sitzflächen hochgeklappt und verschlossen wurden. Hinter einer Seitenwand befindet sich noch heute eine kleine Nische mit winzigem Fensterchen, durch die – gute Führung vorausgesetzt – ein Sträfling des Stadtgefängnisses die Theateraufführung verfolgen durfte. Das Bühnenbild stammt aus der Gründerzeit 1790, die Bühne wird noch heute bespielt. Das Theater ist reich verziert und wirkt sehr gemütlich und heimelig.

Bis Wien ist es noch eine gute Strecke. Dort wartet bereits Gertrude, eine langjährige Freundin von uns. Sie und ihre Tochter Susi bewohnen am Stadtrand ein schönes Haus mit einem Prachtgarten. Doch vorher müssen wir noch ungeschoren an der Teufelsmühle, einem Fährmannshaus aus dem 16. Jahrhundert, vorbei. Dort soll einst Dr. Faust mit dem Teufel in einer windigen Nacht gepokert haben. Mit dem Wind haben auch wir zu kämpfen, der unsere ›Transporter‹ fast zum Halten bringt, obwohl wir schon stehend in die Pedale treten.

Schließlich müssen wir noch die 1,7-Millionenstadt Wien von West nach Ost durchqueren – und das in der Hauptverkehrszeit.

So ist es ist nicht ganz einfach, zu Gertrude zu gelangen, aber die Mühe wird reichlich belohnt. Nach ersten Umarmungen und Begrüßungen werden wir gleich an einen reich gedeckten Tisch in der guten Stube gebeten. Ich will mir im Bad vorher noch die Hände waschen und fahre bei der Gelegenheit mit dem Kamm durchs Haar.

Mit einem Mal steht Gertrude hinter mir: »A Mann, was is scheener als wie an Aff, is an unneetiger Luxus!« lacht sie und zieht mich zu Tisch.

So verleben wir ein paar schöne Tage, an denen wir in Wien und Umgebung herumgeführt werden. Natürlich sehen wir uns den Prater, den Zentralfriedhof, das Kriminalmuseum und das Hundertwasserhaus an, am letzten Abend gehen wir auch zum Heurigen.

Wieder Abschied nehmend, winkend und mit vielen guten Sachen, die noch eingepackt wurden, damit wir nicht entkräftet vom Rad fallen, rollen wir aus der Metropole. Unterwegs probieren wir die Spezialitäten der österreichischen Imbißbuden, zum Beispiel ›Steckerlfisch‹, ein geräucherter Fisch, der der Länge nach auf einem Holzspieß steckt. Um die guten Kuchen und Torten zu testen, bin besonders ich zuständig. Ich muß sagen: Prädikat ›besonders lecker‹.

Nach einigen Tagen haben wir Hainburg erreicht. Unweit davon liegt die Grenze zur Slowakei. Der Grenzposten ist sehr frostig und tut so, als hätten wir ihm die Wurst vom Brot geklaut, als wir die Pässe zeigen wollen. Unwirsch winkt er uns durch die Sperre.

Es ist noch früher Vormittag, und bald haben wir das Stadtzentrum von Bratislava vor uns. Jetzt prangen riesige Werbeschilder von westlichen Zigarettenmarken und Limonadenherstellern von den Häusern, Straßenbahnen und Bussen. Computerfirmen und japanische Elektronikkonzerne haben bunt blinkende Leuchtreklamen aufgestellt. Bis vor kurzem war das noch nicht so. Tschechien und die Slowakei haben sich erst am 1. Januar 1993 in friedlichem Einvernehmen getrennt und wollen in Zukunft demokratisch regieren – jeder für sich.

Die Spuren des Sozialismus sind noch überall zu sehen. Die Menschen wirken müde und irgendwie freudlos. Alkoholismus und Frust über den Alltag scheinen ein großes Problem zu sein. Viele Einrichtungen wie Parkbänke, Straßenlaternen oder Telefonzellen sind zerstört, auffallend viele zerbrochene Flaschen liegen auf den Straßen.

Bevor sich die Stimmung der Stadt, die schon so viele politische Umwälzungen überlebt hat, auch auf uns niederlegen kann, steuern wir die Bikes raus ins Grüne. Wir lassen halbfertige und schon wieder dem Zerfall preisgegebene Wohnsilos und düstere Fabriken hinter uns und finden direkt am Ufer unserer Begleiterin Donau einen sehr schönen Zeltplatz.

Der ›World Wide Fund for Nature‹ setzt sich gemeinsam mit der Weltbank, EU und UNESCO mit dem Schutzprogramm ›Die grüne Donau‹ für die natürliche Landschaft entlang des Ufers im Rahmen von Modellprojekten ein.

Heute waschen wir uns wieder auf einer nahen Kiesbank am Fluß und fühlen uns frei wie Vögel. Das Wasser ist eisig kalt auf der verschwitzten Haut, aber herrlich frisch.

Bald sehen wir die ersten Straßenschilder, die uns den Weg zur ungarischen Grenze zeigen. Wir radeln bei bestem Wetter und steigenden Temperaturen auf der nagelneuen Straße nahe dem Wald an der Donau entlang, ohne den Strom auch nur einmal zu sehen. Leider steht auf den Schildern nicht, wie weit es bis zur Grenze ist und so erwarten wir sie hinter jeder Biegung. Zäune, Stacheldraht und bewaffnete Soldaten gibt es schon genügend hier.

Wir müssen aber noch gute 20 km fahren, bis wir zu dem winzigen Örtchen Cunovo kommen, in dem wir unsere letzten slowakischen Kronen in einem kleinen Lädchen gegen etwas Brot, Käse, Wurst und Sardinen tauschen. Es ist so billig, daß wir danach immer noch Geld haben. Die freundlichen Einheimischen weisen uns den Weg zur Grenze. Sicher meinen sie es gut, als sie sagen:

»Mußt du hier links, dann da links, und so gerade. Alte Grenze!«

An der Grenze angekommen, ist da sehr wenig Betrieb. Um genau zu sein: Die Grenze ist seit langem geschlossen. Alles dicht, zu, verrammelt. Den Vögeln über uns ist das egal. Sie zirpen, schrauben sich in den blauen Himmel und fliegen herüber und hinüber. Uns ist es auch egal, wir machen erstmal Vesper, packen die kulinarischen Schätze aus und legen mangels Tisch alles auf die Straße. Während Elena Brote schmiert, schmiere ich die Fahrradketten und beobachte die dicken, braunen Raupen, die gemächlich vor sich hinwandern.

Schon von weitem sehen wir die beiden jungen ungarischen Zöllner mit ihrem Schäferhund kommen. Einer der beiden spricht etwas Deutsch und beschreibt mit dem Zeigefinger einen großen Bogen. Wir bedeuten ihnen, daß wir gerne die Abkürzung nehmen würden. Dagegen haben sie anscheinend nichts einzuwenden. Wir danken und bieten ihnen etwas zu essen an, aber sie grüßen nur freundlich und gehen, das Gewehr geschultert, ihren Weg.

Nachdem wir uns ausreichend gestärkt haben, schwingen wir uns auf, um ein neues Land unter die Reifenprofile zu nehmen.

Gerade als wir losfahren wollen, kommt ein Polizeiauto von der slowakischen Seite her angefahren. Ein Grenzsoldat steigt aus und sagt mehrfach: »Njet! Njet!« und noch einiges anderes, was wir nicht verstehen. Aber offensichtlich ist er der Meinung, daß wir hier nicht über die Grenze dürfen. Wir weisen auf die sich entfernenden ungarischen Soldaten, was mit der Bemerkung »Magyar – njet! – Problem!!« abgetan wird. O.K., dann nicht, sind halt einige Kilometer Umweg, verflixt. Grenzgebiete stellen immer problematische Zonen dar.

Wir kommen gerade bis zur nächsten, staubigen Straßenkreuzung, wo wir gleich wieder von zwei slowakischen Soldaten gestoppt werden, die diesmal unsere Pässe sehen wollen. Sie beraten sich auf slowakisch und sagen dann zu uns immer wieder: »Problem, Problem!« Zuerst verstehen wir nicht, was ein Problem sein sollte, doch dann begreifen wir, unterstützt durch die Stempelgeste der Soldaten. Der slowakische Grenzer hatte uns bei der Einreise keinen Stempel in die Pässe gedrückt, und so sind wir eigentlich gar nicht da und wenn doch, dann illegal. Wir geben zu verstehen, daß wir es drauf ankommen lassen wollen, bedanken uns und fahren weiter in Richtung Grenze.

»So ein Mist. Wenn die beiden recht haben, dann kann es jetzt echte Schwierigkeiten geben.«

Zurückfahren kommt nicht in Frage, wir wählen die Flucht nach vorn. An den Wechselstuben wollen wir die verbliebenen, wirklich allerletzten Kronen in ungarische Forint tauschen. In militärisch knapper Form wird mir von einer jungen Frau mitgeteilt, daß hier nur Deutschmark oder US-Dollar getauscht werden. Basta! – Die Slowaken wollen ihr eigenes Geld nicht mehr haben. Während ich so am Schalter stehe und sich Ärger und Frust auch wegen des forschen Tones breitmachen wollen, kommt uns plötzlich ein wohlgesonnener Reisegefährte zu Hilfe namens Zufall in Gestalt eines 50köpfigen Radrennteams.

»Das könnte die Rettung sein«, schießt es mir durch den Kopf.

Aus der Wechselbude herausrennend, rufe ich Elena zu: »Los, denen hinterher!«

Nicht weit entfernt ist der Schlagbaum der Slowaken, der abgesenkt ist, und so gibt es erstmal einen Radler-Stau. Diese Gelegenheit nützen wir, um uns geschickt mitten unter die gestylten Rennfahrer zu mischen. Rundherum rot-, gelb- und grüngekleidete Wochenendsportler, die Schnürsenkel passend zur Brille, die Räder auf Hochglanz gewienert.

Wir mit unseren schwer bepackten Mountainbikes sehen dazwischen aus wie 16-Tonner-Trucks an der Formel 1-Box.

Die Sportskanonen kommen alle von einem Radclub aus Bratislava und wollen mal eben die 100 km bis nach Mosonmagyaróvár abspulen, nur so zum Spaß.

3.
Die rasende Wildsau im Forst
UNGARN (Mai – Juni 1994)

Peter:
Die Schranke wird geöffnet, die bunte Flut der Sportler ergießt sich an den etwas ratlosen slowakischen Zöllnern vorbei. Wir beide immer mitten drin. Gleich dahinter stehen schon die Ungarn. »Wir haben es geschafft, gleich sind wir drin«, jubele ich innerlich.

Zwei ungarische Beamte bekommen rote Flecken ins Gesicht, weil sie kaum nachkommen mit Pässestempeln. Sie sind sicher der Meinung, daß wir irgendwie dazugehören, vielleicht als Versorgungs-, Rettungs-, Werkzeugfahrzeuge oder ähnliches. Jedenfalls knallen sie kommentarlos je einen Stempel in die Pässe – und wir sind in Ungarn.

Froh winken wir der davonstiebenden farbigen Meute der Rennradler hinterher und sehen uns erstmal den Stempel genau an. Ja, diesmal haben wir ihn. Darauf müssen wir in Zukunft immer achten.

Später, im ersten Dörfchen nach der Grenze gibt es einen ›Moneychanger‹, einen Geldwechsler, so kommen wir doch noch zu unseren Forints. Zwar nur wenige, weil die Wechselstube nur Bargeld, aber keine Euro- oder Reiseschecks tauscht, aber für den Moment reicht es, bis wir einen besseren Kurs bekommen. Wir erhalten für 1 DM 60 Forint.

Elena:
Die Straße nach Mosonmagyaróvár geht lange schnurgerade durch Wälder und Felder. Wir haben mit starkem Gegenwind zu

kämpfen. Wie wir uns gerade so plagen, kommt das Rennradteam bereits wieder zurück. Die Champions grüßen fröhlich, und es schnurrt nur so, als sie mit ihren leichten Rädern vorbeiziehen, haben sie doch kräftigen Rückenwind, der uns dafür das Treten erschwert.

Breit, in würdevoller Ruhe, zieht die Donau durch ihr Bett. Der Wald steht still und dunkel da. Begleiten wir den Fluß oder begleitet der Fluß uns? Eine schöne, sonderbare Vertrautheit entwickelt sich zwischen uns und dem Wasser. Ruhig und mächtig strömt die Schöne, die Blaue, Lebensspendende, die Unheimliche mit uns. 2.850 km ist sie lang und damit der zweitlängste Fluß Europas, acht Länder durchquert sie. Manchmal erscheint sie uns kühl und braun, sogar grau, dann wieder schimmern ihre Fluten in dunklem Grün. Sie rauscht, gurgelt, blubbert vor sich hin.

Wieso heißt die Donau eigentlich ›Sie‹, während der Rhein zum Beispiel ein ›Er‹ sein soll? Das Waffengeklirr der Türken hat sie schon vernommen, diese auf ihren vielbesungenen Wellen transportiert. Doch auch französisches und schwedisches Kriegsgeschrei erscholl an ihren Ufern, und viele Leichen färbten das Wasser mit Blut. Heute schwimmen manchmal Baumstämme auf dem Fluß, oft Paddelboote und immer Enten.

Wenn sich aus den Niederungen die Morgennebel aus dem nassen, schweren Gras heben, verströmt sie ihren eigenen Duft. Wir genießen es, früh am Morgen den neuen Tag, der durch die Auen des Altwassers blinzelt, zu begrüßen und den Geruch von nasser Erde und Gras zu inhalieren. Dabei können wir uns gut das Treiben am Fluß in früheren Zeiten vorstellen. Wir hören die Flößer zu den Wäschermädels herüberrufen und deren Lachen als Antwort.

Das Zelt ist bereits aufgebaut und eingerichtet, wir pusseln so vor uns hin. Ein leichter Abendwind streift sanft über die Baumwipfel, vereinzelt blinkt schon mal ein blasser Stern durch das grüne Dach.

»Horch! Da! – eben wieder!« flüstert Peter und hebt die linke Hand zum Zeichen, daß ich still sein soll. Erstarrt, aber die Ohren gespitzt wie Luchse, hocken wir im Zelt und spähen zum Eingang hinaus in die zunehmende Dämmerung.

»Verdammt, da schleicht jemand im nächtlichen Wald herum! Wäre es ein Jäger, würde er sich wohl klar zu erkennen geben.«

Ich luge noch etwas weiter zur Zeltöffnung hinaus – nichts zu hören, nichts zu sehen.

»Wahrscheinlich war es ein Vogel oder eine Ratte«, flüstere ich.

Kaum ausgeflüstert, bricht plötzlich die Hölle los. Äste brechen, Laub wirbelt im Schein unserer Taschenlampen auf, und ein unbeschreibliches Geschrei und Gequieke wie von 20 Teufeln zerbirst die friedliche Stille. Es ist ein Wildschwein, das sich auf seinem Streifgang durch uns so fürchterlich erschreckt hat, daß wir es noch lange Zeit brüllend durchs Unterholz toben hören. Als wir uns von unserem Schrecken erholt haben, lachen wir erlöst. Wir haben Bedenken gehabt, einer wilden Sau zu begegnen. Jetzt hat aber das gefährliche Borstenvieh Angst vor uns!

Sind die Dörfer in Grenznähe sehr armselig, die Straßen ohne Belag und mit tiefen Schlaglöchern, so werden die Häuschen nun, je mehr wir ins Land eintauchen, freundlicher. Da hängen gehäkelte Gardinchen hinter kleinen Fensterscheiben, da sind bunte Blumen in Bauerngärten, auf manchen Dächern brüten Störche. Die Leute grüßen und lächeln uns an, teils belustigt, teils einfach freundlich. Unterwegs kaufen wir an den Marktständen der Bauern Kartoffeln, Tomaten oder Salat.

Wir wollen nach Budapest, doch um dort hinzukommen, müssen wir noch einige Kilometer in die Pedale treten. Täglich wird es jetzt etwas wärmer. Gerne meiden wir die verkehrsreichen Hauptstraßen und fahren kleinere Nebensträßchen, auch wenn dies manchmal ein wenig Umweg bedeutet.

Hühner, Enten, Gänse beleben die Dorfszene sowie zahlreiche

Pferde- und Ochsengespanne. Es ist ein angenehmes Fahren in Ungarn, die Frischwasserbrunnen am Straßenrand bieten herrliche Abkühlung. Wir übergießen uns oft von oben bis unten mit dem kalten Wasser. Bald sind wir wieder getrocknet.

An einem schönen Nachmittag wollen wir etwas früher als sonst üblich zelten. Dazu haben wir uns eine Stelle direkt am Donaustrand vor Komárom ausgesucht. Der Weg führt etwa 1 km lang einen steilen Abhang runter quer durch den Wald. Teilweise müssen wir tiefe Schlammlöcher umfahren, dann liegt ein herrlicher Sand- und Kiesstrand vor uns. Es gibt Sonne und Schatten, flache Stellen zum Baden sowie einen etwas erhöht gelegenen Platz für das Zelt mit genug Holz zum Feuermachen.

Der Wald ist durch die vielen Regenfälle, die auch in Ungarn niedergegangen sind, so feucht, daß bei etwas Vorsicht keine Brandgefahr besteht, zumal wir das Feuer immer mit Steinen umkränzen und so eventuell fliegende Glut auffangen. Kurzum: Ein kleines Paradies nur für uns, an dem wir ein, zwei Tage bleiben wollen. Genügend Vorräte haben wir eingepackt.

Einige stechlustige Schnaken, die in den Tausenden von Wasserlöchern das reinste Dorado finden, sind aber auch da. Wir wollen es uns jetzt gemütlich machen, vielleicht ein erfrischendes Bad nehmen oder etwas angeln. Die blutrünstigen Stecher haben inzwischen noch kräftig Verstärkung aus dem Wald bekommen und wollen mit allem Nachdruck unseren Lebenssaft. Wir schlagen um uns, reiben uns mit verschiedenen Schnakenmitteln ein und halten ihnen die Flasche vor, wie man es mit den Kreuzen bei Vampiren tut. Wir lesen den Etikettentext laut in den Abendwind, der besagt, daß bei Anwendung dieses Mittels die Schnaken nicht stechen.

Sie dagegen grinsen nur hämisch und stoßen ihre Saugrüssel weiterhin wie kleine Degen in die Haut. Freilich erschlagen wir einige, doch für einen gefallenen Kameraden kommen mindestens zehn neue angesurrt. Wir gehen wild um uns schlagend ins

Wasser, wo sie uns aber umso mehr ins Gesicht und in die Ohrmuscheln stechen. Einige ganz Verwegene versuchen es durch die Haare hindurch mit der Kopfhaut. Ich meine sogar, ein paar Schnaken mit Schnorchel zu sehen, die versuchen, uns unter Wasser zu erwischen ... Wir kennen beide die Stechmücken von zu Hause aus den Auenwäldern der Rheinebene, aber was wir hier erleben, stellt alles bisher Dagewesene in den Schatten.

Unter wildem Herumgefuchtel steigen wir aus dem Wasser und ziehen uns schnell an. Die Hemdsärmel heruntergerollt, obwohl es schon sommerlich warm ist, schlüpfen wir in die Regenjacken, zippen Öffnungen und Kapuzen zu und stülpen zusätzlich die Hauben aus Moskitonetz über die Köpfe, deren Einsatz eigentlich erst für die Tropen geplant war. Das hilft zwar, aber in der schweißtreibenden Vermummung macht das Zelten keinen Spaß. Nun haben wir die glänzende Idee, ein qualmendes Feuer zu entfachen, aber die Bestien fliegen sogar durch den heißen Rauch durch. Es sind so viele, daß es laut in den Ohren summt. In Windeseile bauen wir das Zelt auf, werfen alles, was wir brauchen rein, springen hinterher und ziehen schnell den Reißverschluß zu.

Kampfpause.

Im Zelt werden keine Gefangene gemacht. Wir haben alle Mühe, die dortige Schnakenparty aufzulösen. Alles, was einen Rüssel hat und fliegen kann, wird erschlagen – gnadenlos. Da sitzen wir nun in der Stoffbehausung. Wir beide mit Fliegenpatsche und Mückenspray drinnen, der Gegner in tausendfacher Überzahl stachelrasselnd draußen, zwischen uns nichts als ein dünnes Netz. Die Donau plätschert leise, ab und zu springt ein Fisch, das Feuer verglimmt. Ach, es wäre so schön gewesen!

Als die Abendsonne sich in zartem Orange am gegenüberliegenden Ufer in die Wiesen legt, ist die Schlacht entschieden. Die Schnaken haben gewonnen. Wir sind, zahlenmäßig unterlegen, in die Defensive gedrängt. Der Feind stellt Wachen auf. Als ich nächtens den sicheren Unterstand mal verlassen muß, stechen sie mit unverhohlener Grausamkeit zu, ein paar dringen ins Zelt ein. Die Nacht verläuft entsprechend unruhig. Warum geben sich die Schnaken nicht mit unserem Blut zufrieden, sondern spritzen uns auch noch Juckmittel in die Haut, das uns viele Stunden piesackt?

Unser strategischer Plan sieht vor, sehr früh aufzustehen, um den Stechern zuvorzukommen. Als der Wecker klingelt, ist es fast noch Nacht.

Unglaublich: Die verfluchten Viecher haben die ganze Nacht am Moskitonetz gesessen und lauern jetzt darauf, daß wir rauskommen. Bevor wir das Zelt öffnen, packen wir alle Habseligkeiten zusammen. Dann wird ein neuer Schnelligkeitsrekord aufgestellt. Wir kennen inzwischen jeden Handgriff und beladen so die Räder flott und sicher. Mit affenartiger Geschwindigkeit rumpeln wir mit den Rädern bergauf durch den Forst, dabei immer noch dem Schlamm ausweichend, während wir gleichzeitig die kleinen Vampire verscheuchen. Ein Sturz hätte noch gefehlt. Doch es trifft uns auch so ein Schicksalsschlag.

Als wir die Straße erreichen, ist ein Dorn in das Hinterrad von Peters Drahtesel eingedrungen, die eingesperrte Luft flitzt auf und davon. Die Moskitoinvasion ist hier in der morgendlichen Frische nicht ganz so schlimm wie unten am Wasser, so kann er schnell – diverse Verwünschungen ausstoßend – den Schlauch flicken, um schleunigst von hier wegzukommen, während ich die Schnaken mit einer Zeitung vertreibe.

Die TRANSGLOBE FRIENDSHIP BICYCLE TOUR bewegt sich weiter. 70 km vor Budapest erreichen wir das Städtchen Esztergom. Nun ist Ungarn ja eigentlich größtenteils flach, doch am Dom von Esztergom vorbei, der größten Kirche Ungarns, müssen wir ganz schön schieben. Im Gepäck haben wir die Grußbotschaft von Dr. Everke, des Oberbürgermeisters von Donaueschingen, gerichtet an seinen Amtskollegen in Vác. Dort wollen wir hin und vereinbaren mit dem Bürgermeister telefonisch einen Termin.

Das kleine Städtchen Vác liegt auf der anderen Donauseite, und so schippern wir mit einem Fährschiff rüber. Der Bürgermeister freut sich über unseren Besuch und zieht uns gleich in sein geräumiges Büro. Kaum, daß er sich hinter seinen Schreibtisch geklemmt hat, kommt auch schon der Kaffee. In einer gemütlichen Plauderstunde erzählen wir von der Reise und übergeben offiziell die Grüße der Stadt mit der Donauquelle. Der Bürgermeister berichtet nicht ohne Stolz aus der Geschichte von Vác. Die Römer seien hiergewesen, die Mongolen, auch die Türken, und ein Bischof ließ 1764 zum Empfang von Kaiserin Maria Theresia einen Triumphbogen bauen.

Inzwischen ist die zweite Tasse Kaffee ausgetrunken, und ein Reporter des Lokalanzeigers steht auf der Matte. Nach einem Interview werden nochmals vor dem alten Rathaus mit den Rädern Fotos gemacht und Hände geschüttelt, dann ziehen wir weiter. Wir befinden uns im schönsten Abschnitt des 400 km langen ungarischen Donauteils.

Mittlerweile haben wir probiert, was aus Töpfen und Pfannen so auf den Tisch kommt, natürlich auch das Gulasch oder Gulyás, wie man es auf ungarisch schreibt. Meistens mit Kartoffeln, aber auch mit dicken Bohnen in einer sämigen, kräftigen Brühe, dem sogenannten Babgulyás. Spricht man vom Gulyás, meint der Ungar eine dicke Suppe. Das bei uns in Deutschland bekannte Gulasch heißt hier ›Pörkölt‹. Vegetarier können jedoch in den Restaurants glatt verhungern oder zumindest bis auf die Knochen abmagern. Salat und Gemüse sind eher nebensächlich. Vielleicht würde man dem Gemüseliebhaber eine Kohlsuppe oder Palacsinta reichen. Das sind dünne Pfannkuchen mit einer Quark- oder Schokoladenfüllung, eventuell mit Nüssen angereichert. Fleischgerichte gibt es mehr, als wir aufzählen können. Da wäre natürlich noch der vielbesungene Schweinespeck zu erwähnen, doch auch in Ungarn ist man gesundheitsbewußter geworden.

Das Frühstück nimmt am ungarischen Tisch keine große

Rolle ein, am Mittag langt man aber kräftig zu. ›Szegedi halászle‹ zum Beispiel ist eine scharfe Fischsuppe im Paprikasud. Mit ›Csikós tokáni‹ wird geschnetzeltes Schweinefleisch serviert mit Paprikaschoten und Tomaten. Dazu vielleicht ein ›Grauer Mönch‹ oder ein ›Blaustengler‹. Das sind keine seltenen Pilze, sondern feine, trockene Weißweine des Landes.

Nun könnte der ›Tészta‹, der Nachtisch gebracht werden. Ein flambierter Palatschinken mit Äpfeln gefüllt, dazu einen Kaffee. Als Verdauungshelfer käme dann noch ein Aprikosen- oder Pflaumenschnaps dazu.

Jetzt kann man vermutlich nicht mehr radfahren, aber gut ist es! Dabei wurde noch nicht vom in Deutschland wenig bekannten, aber guten ungarischen Bier erzählt und noch nicht vom weltberühmten Tokajer geschwärmt. Wenn dann noch ein Zigeuner seine Geige schluchzen läßt, ist der Abend abgerundet. Öfters liest man in den Restaurants ›Larmáznitilos‹, was bedeutet: ›Lärmen verboten‹, denn die Ungarn singen gern. Ist das Herz durch das Gefiedel getroffen, fließen die Forints aber umso reichlicher.

Peter:
Während der Weiterfahrt stoppen wir an einem Straßenimbiß und testen eine weitere kulinarische Spezialität des Landes: ›Langos‹. Hierbei handelt es sich um eine Teigplatte aus Gerstengrieß, Mehl, Wasser und Salz, die in heißem Fett frittiert und mit zusätzlichem Salz bestreut wird. Obendrauf streicht man mit einem Pinsel aus Entenfedern eine Knoblauchpaste und ißt das Ganze noch heiß. Gekochte Maiskolben oder Sonnenblumenkerne sind ebenso beliebte Snacks. Während wir so kauend zu unseren Rädern zurücklaufen, berichtet mir Elena, daß sie davon überzeugt ist, daß der glutäugige Langobäcker sicherlich keine Feuerstelle braucht, um das Öl zum Sieden zu bringen …

Es ist sehr warm geworden, die Reifen schmatzen auf dem fast geschmolzenen Asphalt. So nähern wir uns Budapest. Doch bevor wir im Zentrum ankommen, müssen wir uns ab dem Ortsschild noch 30 km über die sehr stark frequentierte Schnellstraße kämpfen. Die Luft ist heiß und stickig.

Alles ist am Werden nach dem politischen Umbruch, der um das Jahr 1987 eingeläutet wurde. Die Stadt macht schon einen sehr westlichen Eindruck, die Bewohner wirken selbstbewußt und zuversichtlich. Handys allerorten. Ein Bummel durch die noblen Fußgängermeilen unterscheidet sich von der Art der Geschäfte in nichts mehr von einem in London oder Düsseldorf. Vielleicht sind die Ungarn weniger hektisch – noch. Die Budapester nennen ihre Metropole gern ›Paris des Ostens‹, was sich vor allem auf die eine Hälfte der Stadt, Buda, bezieht. Vielleicht zurecht. Die Juweliere locken mit Edelmetall, die Mädchen mit knappen Röcken, und in den Seitengassen gibt es gemütliche Kneipen für jeden Geschmack.

Touristen aus der ganzen Welt durchfluten Gassen und Straßencafés, besetzen die Ausflugsschiffe der Donau. Was ist nur aus den klaren, sprudelnden Fluten geworden, an deren Gestaden wir so romantisch lagerten und die jetzt die Stadt zweiteilen? Fahl und träge streicht der Fluß an den Ufern von Buda und Pest vorbei, lustlos schwemmt er Dreck in Winkel und Ecken. Öl schillert auf der Brühe.

Die alten Brücken sind mächtige Zeugnisse aus der Zeit der Baukunst, als man noch hauptsächlich aus massivem Stahl baute. Nachts werden sie von vielen Lichtern illuminiert. Kettenbrücke heißt eine von ihnen. Die Selbstmörder aber stürzen sich am liebsten von der mit den Sagenvögeln ›Turul‹ obendrauf. Bezeichnenderweise wird sie Freiheitsbrücke genannt und ist die schönste von allen. Den schönen, alten Westbahnhof hat Gustave Eiffel entworfen, der Herr mit dem Turm. Minarette und Kirchtürme mischen sich zu einem toleranten Gefüge. Budapest ist wieder im Kommen, langsam, aber sicher. Jetzt, da die Unterdrücker abgeschüttelt sind, atmet die Stadt auf. Einige Kilometer außerhalb des Stadtkerns finden wir neben dem Bahnhof einen Campingplatz und lassen uns erstmal häuslich nieder. Auch wenn wir uns jeden Tag in der Donau waschen können, ist so eine heiße Dusche nicht zu verachten. Wir genießen sie ausgiebig.

Das Drogenproblem macht auch vor Ungarn nicht Halt. Vor dem Campingplatz stehen abends Frauen auf der Straße, die sich Plastiktüten vor das Gesicht halten, aus denen sie Klebstoff schnüffeln. Die Dämpfe des Klebers führen zu Bewußtseinsbeeinträchtigungen und Gehirnzerstörung.

Wir ziehen weiter und lassen auch diese große, laute Stadt hinter uns. Bald windet sich die Straße durch sanfte Landschaft mit leuchtenden Mohnblumen und saftigem Grün. Lauschige Bäche mit klarem Wasser, in denen Flußkrebse und große Muscheln leben, geben an ihren Ufern herrliche Zeltplätze ab. Wir stellen fest, daß wir durch das Leben in der ruhigen Natur etwas geräuschempfindlich geworden sind und vermehrt die Stille suchen. An einer besonders schönen Uferstelle beschließen Elena und ich, wieder das Zelt aufzubauen, obwohl wir erst wenige Kilometer gefahren sind. Wir können uns Trödeln leisten, wir sind ja frei. Wann ist das schon möglich im Leben? Es ist hier einfach zu schön, um vorbeizufahren. Die Libellen stehen an den Pflanzen in der Luft, um kurz darauf dicht über der Wasseroberfläche davonzurasen, wo die Frösche und Kröten nachts zum Konzert einladen. Und hier brutzelt meine kleine Elena was ganz Feines: Flußmuscheln in Weinsößchen ...

Um Elenas Geburtstag zu feiern, fahren wir an einen einsam gelegenen See – dachten wir ... Es ist Wochenende, der See Magnet für die umliegenden Anwohner. Und von wegen ruhig!

Zwei Luftkissenrennboote kann man samt Fahrer mieten. So rasen die Bewohner der umliegenden Dörfer den ganzen lieben langen Tag vor unserer Nase über das Wasser und die Uferböschung wie mit einem Rasenmäher. Und so hört es sich auch an. Ich habe eine Flasche Sekt besorgt, die trotz der Seewasserkühlung natürlich zu warm ist, süß ist der Schampus noch dazu. Unsere Geburtstage werden auf dieser Expedition natürlich nicht so schön gefeiert wie zu Hause. Wir können uns nur Sachen schenken, die man auf der Tour gebrauchen kann oder am besten gleich Dinge, die man sofort ißt oder trinkt.

Die Frage, die uns seit Tagen beschäftigt, lautet: Wo ist sie? Wer ist wo? Na, die Puszta natürlich. Dieses riesige, flache Weidegebiet, wo man am Mittwoch schon sehen kann, wer am Sonntag zu Besuch kommt. Wir machen eine Gegend in der Nähe von Debrecen aus und lassen die Bikes hinrollen. Die Donau nimmt nun den Weg durch das ehemalige Jugoslawien, der Fluß und wir gehen ein Stück weit getrennte Wege, weil wir nicht als relativ wohlhabende Touristen das Gebiet durchqueren wollen, in dem kürzlich noch Krieg herrschte.

Die Puszta gehört zu Ungarn wie der Eiffelturm zu Paris, wie Vanillesoße zu Roter Grütze, wie ... Was haben wir nicht schon alles für Geschichten gehört von stolzen Reitern, wilden Pferden, Zigeunerromantik und Lagerfeuer.

Als wir uns einige Tage später auf der langen und windigen geraden Straße nach Hortobágy befinden, fahren viele große Reisebusse aus halb Europa an uns vorbei. Wir haben schon üble Vorstellungen von Hotelkomplexen und Touristenrummel. Dem ist zum Glück nicht so.

Als wir den Ortskern direkt an der berühmten, neunbögigen Brücke erreicht haben, sehen wir einige Verkaufsstände, an denen Einheimische Andenken verkaufen. Es gibt ein neugestaltetes Restaurant von 1843, das früher als Pferdestation gedient hatte und ›Csárdás‹ heißt. Um den alten Ortskern herum haben sich zwar einige Neubauten angesiedelt, ein Campingplatz gehört auch dazu. Aber ansonsten ist nichts als die pure Puszta um uns herum.

Zuerst erkunden wir mal den Ort und suchen etwas zu essen. Am besten und am billigsten ist das ja meistens da, wo die Einheimischen hingehen. Im Dorfladen ist das Angebot für uns verwöhnte Westler allerdings etwas dürftig. Das wenige Obst und Gemüse ist alt und verschimmelt, alles macht einen etwas schmuddeligen Eindruck. Lachen müssen wir, als wir ein Glas Pulverkaffee in der Wurstkühltheke stehen sehen, die Wurst aber aufgeschnitten und grau im Regal vor sich hinwest. Anscheinend hat jemand auf dem Kaffee-Etikett gelesen, daß er gefriergetrocknet ist und so entschieden, daß der Kaffee in die Kühltheke gehört. Auf der Wurst stand wohl nix davon, was ihr den Platz im Regal bescherte. In der Dorfkneipe bekommen wir für wenig Geld eine große, dampfende Steingutschale voll mit dickem, leckerem Gulyás, dazu frisches Brot und Bier. In der Kneipe verkehren die Bauern aus der Umgebung, es geht einfach und unkompliziert zu. Die Bedienung hört man schon von weitem heranschlurfen.

Nach einem zweistündigen Mahl – wir testen auch das Schnitzelangebot – fühlen wir uns stark genug, auf dem Campingplatz das Zelt aufzubauen. Es ist eine schöne, saubere Anlage mit großen Bäumen, die angenehmen Schatten spenden. Die Duschen und Toiletten sind nicht luxuriös, aber sauber und in Ordnung. Am Rande des Terrains gibt es eine warme, schwefelhaltige Quelle, eingefaßt in ein stark veralgtes Betonbecken. Der an faule Eier erinnernde Schwefelgeruch ist gewöhnungsbedürftig. Das ganze Gebiet, die sogenannte Pusztamáter, bietet für alle Leute, die gerne in der Natur sind, einen hohen Erholungswert. An den Seen kann man sehr schön spazierengehen und Vögel beobachten. Baden sollte man dort allerdings nicht, weil die Bauern die Tanks, mit denen sie Pestizide auf ihre Felder sprühen, dort ausspülen und die Giftbrühe in die Seen kippen, mitten im Naturschutzgebiet. Zahlreiche tote Fische dümpeln faulend am Ufer vor sich hin.

Wir radeln in die Weite der schier unendlichen Grassteppe und sehen den tollkühnen Reitern zu, wie sie große Herden von Graurindern und Pferden zusammentreiben. Das Getrappel von

400 Pferdehufen dringt schon von weitem ans Ohr. Wenn dann die vitalen braunen Tiere wie eine große Meeresbrandung aus der Prärie heranpreschen und in die Stallungen kommen, ist das schon ein erhebender Moment. Die Mähnen und Schweife wehen im Wind, die Fohlen, dicht bei ihren Müttern, galoppieren schon mit, so gut sie können. Der aufgewirbelte Staub steht noch eine Weile im Abendlicht. Der warme Geruch und die Geräusche eines Pferdestalls haben eine ganz eigene Atmosphäre. Und dann der Anblick der verwegenen Reiter in kornblumenblauen Blusen, schwarzen Hosen und Stiefeln wie Ofenrohre. Sie halten oft vier bis sechs Pferde gleichzeitig am Zügel, während sie in der Mitte auf einem Braunen ohne Sattel im Stehen einherstieben.

Aber auch Vogelfreunde werden hier kaum das Fernglas von den Augen nehmen können. Ein Schweizer Ehepaar zeigt uns ein paar der fliegenden Sänger und nennt uns deren Namen. In den Büschen lauert ein Fernsehteam mit riesigen Objektiven, um einen Naturfilm zu drehen. Im Frühling und im Herbst machen hier im Nationalpark Millionen von Zugvögeln Station. Im Winter sieht man sogar noch Seeadler. In den Sümpfen planschen Otter und Biber; Füchse und Wildkatzen pirschen durchs Gelände.

Unser Bekannter Stuart, der Fernradler aus Regensburg, taucht wieder auf, und zwar in den Erzählungen des englischen Radfahrerpärchens Linda und Allan, die wir auch auf dem Campingplatz kennenlernen. Die beiden haben mehrere europäische Länder durchradelt, wobei sie den Kanadier in Griechenland getroffen haben. Er hat ihnen eine ganz ähnliche Story aufgetischt wie uns. Voller Mitleid für seine mißliche finanzielle Lage lieh ihm Linda 100 englische Pfund und kaufte ihm eine Zugfahrkarte. Stuart versprach, alles sofort zurückzuzahlen, aber Linda wartet bis heute auf das Geld. Wir werden später im Verlauf unserer Reise nochmals von ihm hören. Eine weitere unliebsame Erfahrung mußte Linda machen, als sie auf der Straße in Hortobágy von einer Zigeunerin gestoppt und aggressiv um Geld angebettelt wurde. Linda verweigerte dies und wurde daraufhin mit einem Messer bedroht. Sie konnte sich nur durch eiligste Flucht dem Straßenraub entziehen. Die Frau rannte der Radlerin noch ein Stück hinterher, wild mit dem Messer in der Hand fuchtelnd.

Wir fahren runter in den Süden des Landes nach Szeged und bleiben von solcher Mißbill verschont. Im Gegenteil, die Leute auf den Straßen lachen uns fröhlich zu, wenn wir unter einem der vielen Lindenbäume stehenbleiben, um tief den starken Duft der Blüten zu inhalieren. So strampeln wir gutgelaunt durch das Land, das jetzt bereits in sommerlicher Pracht steht. Der Wind streicht rauschend durch die hellgelben Getreidefelder, Grillen zirpen laut, und am Abend zeigen die Mauersegler ihre Flugkünste. Ein friedliches Land. Jetzt – doch das war auch schon anders. Im Vergleich zu anderen europäischen Völkern ist das Land der Magyaren noch fast jung. Magyar bedeutet in der Sprache der Alten ein ›zu klarer Sprache fähiger Mensch‹. Nach Jahren des kommunistischen Systems ist Ungarn nun seit 1989 Republik, im Frühjahr 1990 wurden die ersten freien Wahlen abgehalten. Seitdem befindet sich das knapp 11 Millionen Einwohner zählende Land im kapitalistischen Aufwärtstrend.

Die Universitätsstadt Szeged besitzt eine neue, verkehrsberuhigte Fußgängerzone mit modernen Geschäften, Kaufhäusern, in denen es an nichts fehlt, und vielen Buchläden. Die Stadt strahlt eine freundliche Atmosphäre aus. Pärchen sitzen wie anderswo in der Welt auch im Park, ein Straßenmusiker musiziert versonnen mehr für sich selbst an einer Ecke.

Eine junge Frau ist uns beim Postabholen im Postamt sehr behilflich. Sie studiert Deutsch und gibt uns ihre Telefonnummer für den Fall, daß wir Probleme oder Fragen haben. Auf die Touristen, besonders um den Plattensee herum, wären die Ungarn nicht so gut zu sprechen, erzählt sie. Sie treiben die Preise hoch, weil sie alles, was gefordert wird, kritiklos bezahlen nach dem Motto: Ach, es ist ja alles so billig – und im Urlaub will ich nicht sparen. Die Touris gehen – die Preise bleiben oben, auch für die Einheimischen, deren Leben dadurch immer teurer wird. Die ausländischen Besucher verderben sich durch ihr ungezügeltes Konsumverhalten die Preise selbst. Wenn im nächsten Jahr alles teurer ist, schimpfen sie oder bleiben weg.

Wir finden in Szeged auf der anderen Seite der Theis, die die Stadt durchfließt, einen großen Campingplatz mit mehreren Schwimmbecken, teilweise mit warmem Schwefelwasser. Kleine Bungalows kann man mieten, und Platz gibt es genug. Bis jetzt habe ich die Gitarre auf dem Fahrrad mitgeschleppt, um unterwegs spielen zu können. Jetzt ist sie mir unhandlich geworden, und eigentlich wäre ich sie gerne los. Aber wie? Da kommt uns wieder ein glücklicher Zufall zu Hilfe. Wir lernen ein deutschungarisches Ehepaar aus Karlsruhe kennen. Mit ihrem Wohnmobil verbringen sie hier ihren Urlaub und erklären sich bereit, die Klampfe mit nach Karlsruhe zu nehmen. Bei Bekannten soll sie bis zu unserer Rückkehr deponiert werden.

Zwei Tage später sind wir auf der Straße, die zur rumänischen Grenze führt. Vor uns fahren eine Frau und ein Mann, beide mittleren Alters, auf sehr klapprigen Rädern. Besonders der langhaarige, blondzerzauste Mann ist guter Laune und singt lauthals so, wie man eben singt, wenn man einige Bierchen intus hat. Aber auch die Frau lacht dauernd laut und keckernd vor sich hin. Als die beiden unserer ansichtig werden, stimmen sie ein großes Hallo an und fahren neben uns her. Ihre Fahrräder bestehen aus nicht viel mehr Teilen, als unbedingt notwendig sind, um noch von einem Fahrrad sprechen zu können. Jedoch allen physikalischen Gesetzen zum Trotz bewegen sie sich doch.

Rasselnd und scheppernd ziehen wir im Vierertroß in das nächste kleine Dorf ein und lassen uns überreden, mit ihnen unter der lauschigen Pergola einer Kneipe etwas zu trinken. Die beiden sind dort gut bekannt. Der Mann, der auch Peter heißt, bestellt etwas auf ungarisch. Und wenn Peter ›etwas‹ bestellt, dann meint er Bier. Viel Bier. Wir sind vier Personen, aber es kommen acht Halbliterkrüge an. Hier sind wir wohl ins Zentrum der Schluckspechte geraten.

Wir lachen, wehren ab, kauderwelschen in Englisch und Deutsch, gestikulieren ›zuviel, wir dann betrunken, nix gut‹ usw. Peters Frau lacht daraufhin noch mehr und bietet uns sehenswerte Einblicke in die Fragmente ihres Gebisses, das an Dresden nach dem Krieg erinnert, während ihr Mann mich dauernd umarmt und küsst und mir dann anbietet – unter Gelächter, versteht sich –, meinem Bike die Reifen zu durchstechen, wenn ich nicht willens bin, das Hopfengebräu auszutrinken. Es ist sehr lustig, vor allem als ich ihm klarmache, daß ich dann mit ihm das gleiche machen werde.

Elena und ich haben längst das verabredete geheime Zeichen für ›Vorsicht! Gefahr!‹ ausgetauscht und natürlich schnell bemerkt, wie der Hase hier läuft. Beide wollen uns unbedingt zum Schlafen in ihr Haus einladen, und es kostet viel Mühe, uns aus dieser so heftigen Gastfreundschaft zu befreien. Wir verweisen auf einen dringenden Termin mit einem Freund und reißen uns los.

In Wirklichkeit schlagen wir uns aber in der Nähe in die Felder und campen hinter einem großen Bauernhaus. Die Hunde am Hof melden ohne Unterlaß Alarm, bis endlich der Bauer kommt und uns hinterm Stroh findet. Erst guckt er mißtrauisch, doch als er Elena sieht und wir mit ihm sprechen, so gut es geht, ist er beruhigt. Eine Frau kann manche Situation auf so einer Reise allein durch ihre Anwesenheit entschärfen. Es kann aber auch genau das Gegenteil eintreten, wie sich an anderer Stelle noch zeigen wird.

Es wird Nacht, wir zippen die Schlafsäcke zu. So gegen 23 Uhr ist es wohl, als wir durch den Zeltstoff einen bewegten Lichtstrahl und Schritte wahrnehmen. Wie die Stehaufmännchen sitzen wir im Zelt, mucksmäuschenstill. Elenas Hand umkrampft das Fahrtenmesser. Was ist los?

Der Bauer, schon in Hausschuhen und Unterhemd, erkundigt sich, ob wir vielleicht noch etwas brauchen oder ob wir ins Haus kommen wollen. Es gäbe Milch, Bier und Brot etc. Wir bedanken uns recht herzlich, doch können wir das Zelt nicht sich selbst überlassen mitten in der Nacht mit all unserem Gepäck und den Rädern. Und alleine will auch keiner von uns gehen. Zudem haben wir schon geschlafen und absolut keine Lust zum Feiern.

Anderntags beim Schlafsackzusammenrollen sehen wir sie plötzlich: Punkte. Kleine, braune Punkte. Und wie schnell sie sind! Boing, boing, boing springen sie auf dem violetten Inlett der Schlafsäcke herum. Unser bierseliger Zechkumpan von gestern abend hat uns bei seiner stürmischen Umarmung Flöhe vermacht!! Wir schimpfen, aber es hilft nichts. Die Springer hopsen weiterhin herum, sind auch im Haar und auf der Haut. Die Laken und das Zelt schütteln wir im Wind kräftig aus und legen alles anschließend auf das Stroh in die Sonne. Was noch auf uns unterwegs ist, wird liquidiert, wenn möglich zwischen den beiden Daumennägeln.

In der Nacht hat es leicht geregnet. Der Weg, der vorher nur staubig war, klebt nun in dicken, zähen Schichten an Sohlen und Reifen. Wir müssen schieben, doch bald quietscht der Dreck durch die Bremsen, durch die Gabel, schiebt sich unter die Schutzbleche, blockiert die Kette. Mit Stöckchen stochern wir dauernd die Laufräder frei, während wir beim Gehen immer größer werden, weil der Lehm zentimeterdick an den Schuhsohlen haftet. Mühsam arbeiten wir uns Stück für Stück voran und erreichen schwitzend endlich die Straße, wo eine Tankstelle ist mit dem rettenden Wasserschlauch. Zuerst säubere ich die Räder, während Elena sich im Waschraum entfloht und durch viel Seife ungenießbar macht. Dann bin ich dran und reibe mich von oben bis unten mit Seife ein.

»Die klauen euch die Räder samt Gepäck, die schlagen euch zusammen, überfallen, brennen, meucheln, fressen euch und legen

Unwegsames Gelände erschwerte uns oft das Weiterkommen.

Elena in Ketten. Es kommt noch schlimmer. Es gibt nur Sardinen und Kekse zu essen und und und …«.

Die vielen Warnungen unserer Freunde zu Hause vor Rumänien gehen uns durch den Kopf, und je mehr wir uns der rumänischen Grenze nähern, mehren sich die Warnungen auch seitens der ungarischen Bevölkerung. Der Himmel ist dunkelgrau und hängt ungefähr zehn Zentimeter über uns.

Kilometerlang rollen wir an stehenden LKWs vorbei, die auf die Zollabfertigung warten. Sie kommen aus Armenien, Georgien, aus Griechenland und aus Bulgarien, einige auch aus Deutschland. Dunkelbärtige, übernächtigte Männer warten vor den Trucks, kochen Tee, rauchen. Ein paar Moslems haben ihren Gebetsteppich ausgerollt.

Was werden wir in diesem Land wohl alles zu erwarten haben? Die Menschen sind arm. Was bedeutet das für uns? Mit den Rädern sind wir ziemlich schutzlos, wenn es darum gehen soll, schnell das Weite zu suchen. Na, wir werden ja sehen.

4.
Von Dracula und Bären umgeben
RUMÄNIEN (Juni – Juli 1994)

Peter:
Die Frau am Geldwechselschalter hat das Format eines zweitürigen Kleiderschranks, was durch ihre Schaumgummi-Schulterpolster optisch noch verstärkt wird. Die Zollbude macht einen improvisierten Eindruck. Auf dem Kanonenöfchen köchelt im verbeulten Aluminiumpott ein Rest Milchkaffee.

Über die Gültigkeitsdauer des Visums, die man von einem Zollbeamten in den Paß gestempelt bekommt, entscheidet vor allem das persönliche Erscheinungsbild, das Auftreten und der Grund der Einreise. Das ist ein Job für meine Elena! Der mürrische Zöllner will ihr zunächst nur eine Woche Transitvisum gewähren.

Mit dem aufregendsten Augenaufschlag, den sie an diesem Morgen zustandebringt, flötet sie etwas von ›wunderschönem Land, sehr interessant, mit Fahrrad mehr Zeit nötig‹ durch die Sprechluke des Zollhäuschens. Der Zöllner lächelt über seine Brille hinweg Elena an und erkundigt sich listig, ob sie nicht Begleitschutz braucht und streicht sich wohlgefällig über seine Uniformknöpfe.

»Es ist doch gefährlich für eine junge Frau so allein auf den rumänischen Straßen!« grinst der falsche Fuffziger.

»Vielen Dank, aber ich habe mir bereits Begleitschutz mitgebracht. Sie können also beruhigt drei Monate Visum eintragen!«

Der Mann im Schalterhäuschen grinst frech, schiebt sich die Uniformmütze in den Nacken und drückt uns endlich drei Monate Visumdauer zwischen die Pappdeckel unserer Reisepässe. Wir bedanken uns und sind froh, daß es so einfach für uns war.

Viele LKW-Fahrer lassen bei der Zollabfertigung schon mal ein paar Schachteln amerikanischer Zigaretten am Schalter liegen, die sofort kommentarlos im Häuschen verschwinden, oder es liegt wie zufällig etwas Geld im Paß, wenn sie ihn über den Schalter schieben. Ein paar Fahrer berichten uns, daß das notwendig ist, um Schwierigkeiten zu vermeiden. Was für Schwierigkeiten auftauchen, wollen sie nicht erzählen. Wir denken uns unseren Teil.

Elena:
Rumänien – was ist das für ein Land? Im Altertum hatten hier Türken, Griechen, Ungarn und Russen regiert. Erste Fürstentümer entstanden im 14. Jahrhundert, das Königreich Karls von Hohenzollern-Sigmaringen brachte 1881 die staatsrechtliche Unabhängigkeit. Mit den Jahren stellte sich langsam eine Verwestlichung ein, bis nach dem Zweiten Weltkrieg das Land zur kommunistischen Volksrepublik wurde.

Als Nicolaie Ceaușescu der sogenannte Conducator, ›Titan der Titanen‹, die Regierung im Jahr 1965 übernahm, führte er 24 Jahre lang eine barbarische Diktatur. Ab 1980 wurden fast alle Lebensmittel exportiert, um die immense Staatsverschuldung abzubauen. Die Versorgung mit technischen Gütern und Energie brach vor allem in den Städten gänzlich zusammen.

Auch die Landbevölkerung blieb nicht verschont. Ein irrwitziger Plan sah vor, alle Dörfer mit weniger als 1.000 Einwohnern dem Erdboden gleich und Ackerland aus den Grundstücken zu machen. Zwar konnte diese Maßnahme nicht mehr ganz durchgeführt werden, für Zigtausende brachte sie dennoch großes Leid. Alte Bäuerlein, die Jahr und Tag ihre Scholle bestellten, sollten nun plötzlich in einer anonymen Stadtwohnung leben. Viele Familien wurden zerrissen.

Für 8.000 DM wurden ausreisewillige Rumänendeutsche an

die Bundesrepublik verkauft, und um das rein rumänische Volk zu vermehren, wurde Frauen eine Zuchtfunktion verordnet. Obwohl die medizinische Versorgung völlig unzureichend war, sollten sie ein dem Herrscher würdiges Volk gebären. Die Wende kam, als ein ungarischstämmiger Pastor während seiner Predigt in der Kathedrale von Timişoara verhaftet und ausgewiesen werden sollte. Es gab Tumulte, Schüsse fielen, und die Revolte gegen die Regierung begann.

Aufständische Studenten und Arbeiter wurden ermordet. Zwischen dem 16. und 20. Dezember 1989 schwappten die Unruhen auf alle großen Städte des Landes über. Die Angriffe der Geheimpolizei ›Securitate‹ wurden von der Bevölkerung blutig niedergeschlagen.

Nicolaie und Elena Ceauşescu wollten flüchten, wurden aber gefangengenommen und von einem Schnellgericht erschossen. Die Revolution war zu Ende. Inzwischen arbeitet die Regierung an einem Modell nach Schweizer Vorbild, um eine funktionierende Verfassung zu erstellen. Aber das braucht noch Zeit.

Wir stehen auf dem Zollgelände, als ein leiser Regen beginnt, alles einzunässen. Und das mir, der ich Hitze, Staub und Steigungen eher ertrage, als naß zu werden.

Gegenüber steht ein Pferdetransporter mit Anhänger, darin ungefähr 40 Pferde. Plötzlich kracht es laut in dem Transporter. Ein Pferd ist umgefallen, schlägt mit hervorquellenden, rot umränderten Augen hilflos mit den Hufen um sich und tritt die anderen Pferde, die unruhig werden. Es ist ein ungarischer LKW. Die italienischen Fahrer sitzen im Führerhaus. Als ich ihnen sage, daß eines der Tiere umgefallen ist, kommen die beiden Männer raus.

Einer nimmt einen großen Hammer aus der Werkzeugkiste und schlägt auf die Eisenteile des Transporters. Das Hämmern soll das gestürzte Pferd so erschrecken, daß es aufsteht. Es bemüht sich auch unter Aufbieten der letzten Kräfte, aber es kommt nicht auf die Beine. Die Pferde kommen aus Bulgarien und werden nach Bari in Süditalien gebracht. Bis dahin werden sie zirka 10 bis 14 Tage unterwegs gewesen sein, nur, um dort verwurstet zu werden, falls sie dann noch leben.

Ohne Wasser und Futter karrt man diese sensiblen Tiere tausende Kilometer quer durch Europa. Die Käfige sind verplombt und dürfen nicht geöffnet werden, erklären die Fahrer. Ich versuche, sie bei ihrer Ehre und Moral zu packen.

»Als Italiener seid ihr doch sicherlich gute Katholiken, oder? Und sonntags geht ihr in die Kirche?« Beide Fragen werden mit einem eifrigen »Sí, sí« beantwortet.

»Und dann könnt ihr so eine Arbeit machen und Tiere quälen für Geld? Könnt ihr das mit eurem christlichen Gewissen vereinbaren?«

Die beiden schauen betreten auf ihre Schuhspitzen, bleiben aber dabei, daß sie sich nicht um die Tiere kümmern dürften. Ich versuche, dem zusammengebrochenen Pferd mit einer Plastikflasche Wasser zu geben. Es trinkt ein bißchen, ist aber schon zu schwach, um viel aufzunehmen.

Die anderen Pferde versuchen durstig, mit langer Zunge die Regentropfen von den Gitterstäben zu lecken. Die beiden Italiener versprechen, gleich nach Abwicklung der Grenzformalitäten die Pferde zu versorgen und hierfür die Plomben zu öffnen im Beisein eines der Beamten. Deprimiert und wütend fahren wir weiter. Der Viehtransporter verschwindet im Regenschleier.

Der ohnehin schon schlechte Straßenbelag ist immer wieder unterbrochen durch aufgeweichte Erde. Bald kommen wir in ein Dorf und kaufen ein. Man bekommt entschieden mehr als Sardinen und Kekse, wenngleich der Dorfladen auch klein ist. Die amerikanische Zigaretten- und Getränkeindustrie ist mit ihrer vollen Produktpalette vertreten. Es gibt Marmelade und Toastbrot, das einem zwar in der Hand zerfällt, aber immerhin Brot ist, sowie verschiedene Konserven. Neben dem Laden ist ein kleines, verräuchertes Café zwischen den Häusern eingeklemmt, mit Fensterscheiben, die so blind sind wie der Fernseher, der in der Ecke vor sich hinflimmert.

Der Regen hat aufgehört und große, erdfarbene Schlammpfützen zurückgelassen. Wir verstauen den eingekauften Proviant im Gepäck und ziehen weiter. Als wir durch das Dorf fahren, stehen da viele mehr oder weniger zerfallene Bauernhäuser. Einige sind scheinbar schon lange unbewohnt, die Dächer eingestürzt, die Gärten verwildert. Was mag wohl mit den einstigen Bewohnern passiert sein, fragen wir uns. Sind sie tot oder weggezogen und warum? Vielen Häusern sieht man die Spuren, die die Zeit an ihnen hinterlassen hat, deutlich an. Ein paar sind aber auch hergerichtet worden, so gut es die Umstände und Möglichkeiten zulassen. Mit Farbe und Stoff, mit Blumen und Phantasie hat sich mancher Bewohner ein freundliches Heim geschaffen. Oft sieht man im Hof Sandhaufen und Baumaterial. Man ist dabei, anzubauen, aufzustocken oder eine Garage zu bauen. Enten und Gänse gründeln in den Pfützen herum, Hunde kläffen und rennen ein Stück mit. Einige Rinder trotten durch die Dorfgassen auf dem Weg zu ihrem Stall. Eine friedliche Dorfidylle.

Wir rollen auf der Hauptstraße dahin und passen auf die vielen großen und kleinen Schlaglöcher auf, die nun heimtückisch mit Wasser gefüllt und schlecht sichtbar sind. Abseits der Straße gibt es nur noch aufgerissene Erde, durch die sich Pferdefuhrwerke durcharbeiten. Irgendwann wird vielleicht einmal eine richtige Straße gebaut werden, wenn das Baumaterial noch daliegt, das vor langer Zeit dort hingekippt wurde. In den Straßenlampen gibt es schon lange keine Birnen mehr. Drähte und Installationen sind herausgerissen, die Telefonhörer an den öffentlichen Telefonen sind angekettet. Einige kleine Zigeuner-Planwagen kommen uns auf der Allee, die von alten Maulbeerbäumen gesäumt ist, entgegen. Eine rostige Stallaterne baumelt neben der Deichsel, vor die ein dünnes Pferdchen gespannt ist.

Im Wagen liegen Heu oder Hausrat, oder er ist voller Frauen und Kinder, von denen einige nur zum Vergnügen immer wie-

Beim Anblick dieses Notfallkastens in einem rumänischen Laden waren wir dankbar für unsere zähe Gesundheit ...

der vorne abspringen, um hinten wieder hineinzuklettern. Barfuß, schmutzig und braungebrannt rennen sie oft auf uns zu und wollen Zigaretten, Geld oder etwas von unserer Ausrüstung. Dann treten wir in die Pedale, bevor sie an unseren Sachen zerren. Bei der Fahrt durch manche Dörfer rennen Jungen und Mädchen, kaum daß sie uns erspäht haben, von beiden Straßenseiten auf uns zu und versuchen, uns die Fahrradtaschen wegzureißen. Wir sehen zu, daß wir davonkommen.

In manchen Läden wundere ich mich beim Einkaufen über das auffallend rüde Verhalten der Verkäufer mir gegenüber. Erst nach einer Weile fällt mir ein, daß ich ja auch schwarze Haare habe und eine dunklere Hautfarbe, obwohl ich deutscher Abstammung bin. Ob die Verkäufer wohl Angst haben, daß ich nur zum Stehlen in ihr Geschäft gekommen bin? Aber es stehlen doch nicht alle Zigeuner! Ich muß das rüpelhafte Verhalten ertragen und kann mich nicht dagegen wehren. In einem Geschäft werde ich auf meinem Gang durch die Regale von einem Verkäufer verfolgt, der ständig dicht hinter mir ist und mich beim Einkauf beobachtet. Schließlich rempelt er mich bewußt mit der Schulter an. Ich fliege fast zwischen die Tütensuppen und kann mich gerade noch am Regal festhalten. Der Mann im weißen Kittel steht mit strengem Gesicht daneben. Auf meine Frage, warum er sich so verhält, bekomme ich keine Antwort. Irgendwie kann ich ihn auch verstehen. Wir haben selbst miterlebt, wie eine Gruppe junger Zigeuner in ein Geschäft ging und sich bereits beim Eingang auf die Warengänge aufteilte. Ein Junge lenkte die Verkäuferin ab, indem er Eis auspackte und ›versehentlich‹ auf den Boden warf, während die anderen schnell Waren in der Kleidung verschwinden ließen.

Arad ist eine düstergraubraune, schmutzige Stadt. Halbfertige Neubauten zerfallen, Bäume und Gras wachsen aus leeren Fensteröffnungen. Eine uralte, schrottreife Straßenbahn quietscht in Zeitlupe um ein Rondell, weil die Gleise locker sind und sich unter den Rädern schon deutlich bewegen. Die Türen sind verrostet oder fehlen ganz.

Wir wollen einen Bekannten besuchen, der uns eingeladen hat, bei ihm zu übernachten. Unser Gastgeber wohnt in einem großen, roten Backsteinhaus, das teilweise mit Efeu überwachsen ist. Ein kleiner Garten säumt schüchtern efeuumrankt die Mauern. Unser vorheriges Anrufen blieb erfolglos, so stehen wir nun vor der Haustür. Nach längerem Klopfen und Rufen öffnet der Hausbesitzer in Wickelunterhose und Schlafanzugjacke. Er hat das Telefon nicht abgenommen, weil er seine Telefonleitung mit mehreren anderen teilen muß und ständig fremde Anrufe kommen. Aber das ist normal in Rumänien. Boris bittet uns freundlich herein.

Die Wohnung ist sehr groß, mit echtem Stuck an Decken und Wänden, alles aber reparaturbedürftig und sehr verdreckt. Während im oberen Stockwerk ein Lehrerehepaar wohnt, lebt unser Boris im Hochparterre allein, seit vor zwanzig Jahren seine Mutter gestorben ist. Bevor er Rentner wurde, war er Hals-Nasen-Ohren-Arzt. Boris könnte man einen Eigenbrötler oder auch einen komischen Kauz nennen. Eigentlich bewohnt er nur einen Raum. Die anderen Zimmer sind abgedunkelt und angefüllt mit Gerümpel, Stapeln von alten Zeitungen und Möbeln.

Aufgeregt über den ungewohnten Besuch, rennt er immer noch in seiner sehenswerten Wäsche hin und her und meint, das Chaos erklären zu müssen. In seiner Küche ist das Gas ausgegangen, in dem unbeschreiblichen Durcheinander von seit langem verschmutzten Küchengeräten findet man nichts mehr. Er läßt es sich aber nicht nehmen, uns mit einer heißen Suppe von dem Ehepaar über ihm ein Abendbrot zu servieren.

Dann kramt Boris von irgendwoher selbstgebrannten Schnaps hervor, den man nicht einmal als Kühlerfrostschutzmittel verwenden könnte aus Angst vor Motorschäden.

»Schnaps muß guut sein und stark. Weißt du, manchmal schenken mir Leite Schnaps, aber ist immer zu schwach. So ich nähme alle Flaschen zusammen und destilliere in Keller mit Alkohol von Industrie, Zucker und Wasser.«

Na prost! Was vor uns steht, ist ein kerosinähnliches Gebräu und vermutlich hochexplosiv. Nach einem kurzen Versuch kippe ich das ätzende Feuerwasser aus dem Glas heimlich in den Ausguß, um Boris nicht zu beleidigen.

Boris erzählt Geschichten aus der Zeit, als er mit seinem Vorkriegsauto von Rumänien nach Finnland wollte. Das Fahrzeug war vollgeladen mit Schnaps, weil er mangels Geld diesen unterwegs für Benzin eintauschen wollte. Irgendwie hat das dann aber doch nicht geklappt, und er kam wieder zurück. Den Schnaps hat er mit einem Tankwart getrunken. Eine andere Story ist, daß er sich mit seinem Bruder nicht sehr gut versteht. Um diesem nach seinem Tod nicht zur Last zu fallen, hat er sich schon mal einen Sarg gekauft, »früher, als alles noch billiger war.« Als er uns seine letzte Ruhestätte, die er im Keller unter Decken aufbewahrt, zeigt, ist das in der feuchten, nur schummrig beleuchteten Umgebung eine Szene wie bei Dracula in der guten Stube.

Irgendwann lud er diesen Sarg einmal auf sein Auto, dazu wieder einige Liter seines hochprozentigen Gebräus und fuhr damit zur Grenze. Ziel: das Nordkap. Boris wollte sich die Ausreise erpressen, die damals unter dem kommunistischen Regime sehr erschwert war. Er drohte, sich hier und jetzt vor den Zöllnern mit Schnaps zu übergießen und anzuzünden, den Sarg habe er schon dabei. Aber, man ahnt es schon, auch dies hat irgendwie nicht geklappt.

Seine neueste Idee ist, mit einem Klapprad nach Freiburg in Süddeutschland zu fahren, wo er noch eine Verwandte hat und weiter illegal in die Schweiz. In besseren Tagen hat er dort etwas Geld gebunkert, das er nicht versteuern will, und bittet uns, ihn nachts über die Grenze zu schmuggeln.

Ach, jetzt verstehen wir! Boris hat sich ausgerechnet, daß er für die Reise nach Deutschland vierzehn Tage benötigt. Pro Tag hat er ein Brot und eine Dose Gulasch als Wegzehrung kalkuliert, so daß er entsprechend viele Brote und Dosen mit sich führen will. Für das Rad hat er sich einen schmalen Gepäckkorb bauen lassen, in den gerade ein Baguette reinpaßt. Der wurde extra in einer Schlosserei gefertigt. Leider geriet er zu klein, dafür aber massiv und schwer. Unser Boris hat abstruse Vorstellungen über Radreisen und deren Vorbereitung. Es ist nicht möglich, ihn von der Undurchführbarkeit zu überzeugen. Nachdenklich betrachtet der über 70jährige unsere Gepäcktaschen.

Wir lassen ihm seinen Traum. Vermutlich startet er ja nie. Sicherheitshalber erzählen wir ihm nochmals, daß wir die nächsten Jahre irgendwo in der Welt unterwegs sind, ihn aber auch nicht in die Schweiz schmuggeln würden, wenn wir zu Hause wären. Warum er nicht offiziell einreisen darf, erzählt er nicht.

Die Nacht ist schlimm. Es ist heiß und stickig, das alte Eisenbett eng und hart. Irgendetwas beißt und piekst in der Matratze. Draußen vor dem Haus zanken sich lange Zeit Betrunkene.

Am nächsten Vormittag begleitet Boris uns mit seinem knackenden Rad zur Stadtgrenze.

»Ihr werdet es sehen – ich schaffe es noch zum Nordkap!« ruft er uns hinterher.

»Und in die Schweiz auch!!« Viel Glück, Boris!

Wir kommen nach Timişoara oder ›Temeschwar‹, wie die Leute dort sagen. Die Eltern eines Freundes wollen wir in einem kleinen Dorf in der Nähe besuchen, er selbst wird später aus Deutschland nachkommen. Für heute ist es aber schon zu spät, um noch die 60 km zum Dorf zu fahren. Von einem anderen Bekannten in Deutschland haben wir eine Adresse in Timişoara bekommen, die wir nun telefonisch zu erreichen versuchen. Doch wir bekommen jedesmal einen ganz anderen Teilnehmer an den Hörer. Und jedesmal wird uns erklärt, daß man sich hier die Leitungen teilt und wir es noch ein paarmal versuchen sollen.

Irgendwann hätten wir vielleicht den richtigen Gesprächspartner. Oder halt auch nicht. Wie wir da so ratlos über die Lage diskutieren, spricht uns ein Mann freundlich auf deutsch an und fragt, ob er uns behilflich sein könnte.

Wir schildern ihm unsere Lage, und er versucht, etwas über die Auskunft zu erreichen, doch ohne Erfolg. Da hat er die zündende Idee: »Kommt einfach mit zu mir! Ich habe ein kleines Häuschen.«

Nach 15 Minuten zu Fuß stehen wir in einer Seitengasse vor einigen verschachtelten kleinen Häusern mit winzigen Innenhöfchen, in denen fröhliche Leute sitzen und gemeinsam mit Kartenspiel, Strickzeug und Rotwein den Tag ausklingen lassen. Unsere Schlafstätte ist in einem von zwei ebenerdigen Räumen, die als Lager für einen türkischen Lebensmittelhändler in der Nähe dienen. Wir bedanken uns herzlich und laden unseren

Dachgeber zum Essen in ein Restaurant ein. Er erzählt viel über die Entwicklung Rumäniens und die revolutionären Ereignisse der letzten Jahre. Nun ist das Land erneut im Umbruch. Die Privatwirtschaft setzt sich immer mehr durch, Eigeninitiative kommt auf.

Diese Nacht verbringen wir zwischen Puddingpulver und Kaugummi. Die alte Couch ist irgendwo gebrochen und fällt ziemlich schräg zur Seite hin ab. So rolle ich in der Nacht ständig auf Peter, und er rollt in Richtung Wand. Dennoch sind wir froh, so unverhofft eine Bleibe gefunden zu haben.

Am anderen Morgen ist es regnerisch. Wir hinterlegen den Schlüssel wie vereinbart und ziehen los. Im Park gegenüber der Kathedrale warten wir unter großen Bäumen erstmal ein Gewitter ab, dann sehen wir uns abwechselnd die berühmte alte Kirche an, in der gerade ein romanisch-orthodoxer Gottesdienst stattfindet. Mehrere Priester singen abwechselnd die Gebete, so daß es herrlich in der prunkvollen Kuppel widerhallt. Wir werden ganz still. Einige vorn am Altar kniende Frauen erhaschen den Rocksaum des Priesters und küssen ihn andächtig, wie auch die Heiligenfiguren, von deren Hände und Lippen bereits die Farbe abgeblättert ist. Viele Leute gehen vor oder während ihrer Alltagsgeschäfte mal eben schnell in die Kirche, um zu beten.

Hier in die Kathedrale flüchteten sich im Dezember 1989 die Aufständischen vor der Miliz, viele wurden dennoch in der Kirche und auf dem Platz davor erschossen. Die Unruhen sind beendet, die Regierung wurde gewechselt, die Wirtschaft befindet sich im Wiederaufbau. Heute zeigt Timişoara alle Anzeichen einer modernen Stadt mit Fußgängerzone, teuren Geschäften, Straßencafés und der berühmten Oper.

Am Nachmittag erreichen wir das Dörfchen Belint, in dem die Eltern unseres Freundes uns schon mit Spannung erwarten. Unsere Gastgeber sind ältere Bauersleute. Sie freuen sich, Freunde ihres Sohnes empfangen zu können, und tischen entsprechend auf. Obwohl wir eigentlich gar nicht verhungert aussehen, werden wir immer wieder zum Essen ermuntert. Olaf und Sonja wohnen allein in dem großen Bauernhof, seit ihre beiden Söhne aus dem Haus sind.

Die Wände der Räume sind liebevoll mit Rosen und allerlei Ornamenten vielfarbig bemalt. Dazwischen hängen alte Familienfotos, auf denen Männer Trachten tragen mit langen, weißen Röcken und einer bunten Schärpe um die Taille. Die engen, schwarzen Hosen stecken in hohen Stiefeln. Das bestickte Paradekissen ist mit Zeitungspapier gefüllt und akkurat aufgestellt. Die Nachbarn kommen im Laufe des Tages zum Wasserholen, denn im Hof gibt es einen sehr tiefen Brunnen mit stark schwefelhaltigem Wasser. Nur wenige Häuser im Dorf haben eigene Brunnen, eine gemeinsame Wasserleitung gibt es nicht. So gehen die Leute mit Krügen oder Kanistern Wasser holen und halten dabei ihr Schwätzchen.

Neben dem Brunnen liegt Fiorica an einer Kette, die kleine, schwarzweiße Hündin. Sie weiß genau, wer wann zum Wasserholen kommt, und schlägt sofort Alarm, wenn Fremde den Hof betreten. Ab und an kommt Nachbars schwarzweiße Katze zu Besuch, läßt sich kurz streicheln oder fängt mal eben eine Maus.

Im Garten hinter dem Haus wächst viel Gemüse, das oft roh gegessen wird. Die Leute haben nicht viel Geld und pflanzen vieles selber an. Im Kaufmannsladen gibt es nur Dinge, die man selber nicht anbauen kann wie Klebstoff, Kaffee, Zucker, Kaugummi, Limonade und Hufeisen etc. Bis ins hohe Alter arbeitet man hier noch mit auf dem Acker oder hilft zumindest im Haus, kümmert sich um das Geflügel oder geht mit der Kuh spazieren. Was man erübrigen kann, wird mittwochs auf dem Bauernmarkt in Lugoj verkauft. Von dort kommen die Bauern nachmittags mit herrlichem Schafskäse in der Tasche nach Hause zurück.

Von einigen Dorfbewohnern wird der Weggang der ›Volksdeutschen‹ bedauert. Wir hören, daß sie ›zivilisierend‹ gewirkt hätten im Ort. Als die Deutschen noch hier waren, wäre vieles besser organisiert gewesen.

Peter:
»Mit dem Fahrrad aus Deutschland, bis hierher?«
So richtig glauben können sie es nicht. Als Sonja das hört, macht sie sofort das Kreuzzeichen über der Brust und ruft erschrocken: »Jessuss Maria!!«
Der Direktor der Volksschule spricht Deutsch und lädt uns ein, das von ihm gegründete Museum des 650 Jahre alten Örtchens, das 1.300 Einwohner hat, zu besichtigen. Viele alte Stiche und Folianten hat er zur Dorfgeschichte gesammelt.

Auch dem Priester werden wir vorgestellt, der erst Kiwisirup serviert und uns dann für die Weiterfahrt segnet. Damit auch wirklich nichts passiert, bekommen Elena und ich ein Heiligenbildchen mit auf den Weg.

Der nette Schuldirektor begleitet uns wieder zu unseren Gastgebern zurück, vorbei an der einzigen Jugendstätte im Dorf. Es ist eine Bar, aus der den ganzen Tag Musik aus dem Fernseher über die Straße schallt. Ein paar Jugendliche sitzen auf Barhockern, trinken eine Limo oder ein Bier und gucken ›cool‹ in die Gegend.

Im Dorf gibt es einige Brunnen mit steinernen Trögen. Wie vor Urzeiten fördern Mädchen und Frauen mit zerbeulten Eimern Wasser. Halbwüchsige Jungs reißen ihre Witze, was unter Schreien und Quietschen mit Wasserfontänen quittiert wird. Heute wie früher bandelt man hier erste Kontakte an. Wieviele Ehen mögen diese alten Zisternen wohl schon gestiftet haben? Enten und Gänse kommen schnatternd angeschaukelt. Mit langen Hälsen schlürfen sie die kühle Erfrischung aus den Pfützen rund um die Wasserstelle. Tagsüber ist es nun schon richtig heiß.

Auf der sandigen Dorfstraße liegen große Kuhfladen, für die sich die dicken blaugrünen Brummer interessieren. Die Erzeuger traben schwerfällig an den Trog, um Unmengen von Wasser in sich hineinzusaugen. Wäsche wird dort gewaschen und der Dorfklatsch abgehalten. Die Wasserstellen haben eine wichtige Funktion für das soziale Gefüge des Dorfes.

Abends sitzen die Leute auf dem Bretterbänkchen vor dem Haus. Irgend jemand wird schon vorbeikommen, um ein Schwätzchen zu halten. Waghalsig und fiepsend rasen die Mauersegler zwischen den Häusern umher, nur für Sekunden verschwinden sie im Dachgebälk. Es ist recht unterhaltsam, vor allem wenn man bedenkt, daß wir nicht Rumänisch, die freundlichen Leute aber auch kein Deutsch verstehen. Nun spricht Elena ja Italienisch, und Rumänisch ist auch eine romanische Sprache, die auf Latein basiert. Über diesen Umweg gelingt etwas Kommunikation. Wir lernen aber auch bald etwas von der Landessprache. Die Leute wetteifern darin, uns ein paar Brocken Rumänisch beizubringen, und freuen sich, wenn wir uns am nächsten Tag noch an das neugelernte Wort erinnern.
Lachen ist international, und das tun wir ausgiebig, als in dieser beschaulichen Szene eine Kuh auftritt, die offensichtlich ihren Besitzer an einem Strick ausführt. Es ist lustig, wie das Hornvieh den armen Mann mal links, mal rechts hinter sich herzieht und ihn zwingt, ständig im Galopp die Straßenseite zu wechseln, wobei sie ihn jedesmal fast in den Straßengraben wirft. Dazwischen rasen die LKWs mit hoher Geschwindigkeit durchs Dorf, und der Kuhbesitzer hat zu tun, den Graben gegenüber zu erreichen unter dem Gelächter der Dörfler.

Bis unser Freund aus Deutschland kommt, vergehen noch einige Tage, während derer wir ein bißchen von Rumänien kennenlernen wollen. Mit der Bahn soll es eine kleine Rundreise ohne Fahrräder abseits unserer Tour sein, um anschließend an unseren Ausgangspunkt zurückzukommen. Rucksack und Zelt sind gepackt, die Fahrkarten sind besorgt. Früh um 6 Uhr stehen wir schon mit Arbeitern und Marktfrauen an den Gleisen.

Der junge Bahnhofsvorsteher hilft uns, die Reise nach Sibiu zu organisieren. Beim Abschied bittet er um Ansichtskarten aus fernen Ländern. Als wir wieder so vor dem Bahnhof stehen, zupft eine alte Bauersfrau an Elenas rechtem Ärmel. Aus zahnlosem Mund lächelt sie freundlich, hebt Elena die Hand wie zur Begrüßung entgegen und fragt mehrmals: »Kopi? Kopi?«

Elena und ich tauschen fragende Blicke aus und denken an Fotokopien. Erst nach einiger Zeit verstehen wir, daß sie wissen will, ob wir Kinder haben. Fotokopien heißen in Rumänien ›Xerox‹ – und klar, eine ›Kopi‹ ist ein Abbild, in dem Fall von einem selbst! Als wir verneinen, schüttelt sie mitleidig den Kopf, schenkt uns einen Apfel und geht weiter.

Der Zug kommt pünktlich fauchend und quietschend zum Stehen. Die Fahrgäste springen von den hohen Waggons raus auf die Gleise, andere werden hoch- und reingedrückt. Einen Bahnsteig gibt es nicht. Zugenähte Säcke voller Äpfel folgen, Körbe mit Himbeeren oder selbstgemachtem Käse. Die meisten Frauen tragen gemusterte Kopftücher und Strickjacken. Man sieht ihnen an, daß sie schwer arbeiten müssen. Sie wie auch die Männer in Kordhosen und schweren Schuhen haben oft rauhe, aufgesprungene Hände. Rotbackig und braungebrannt, die Gesichter voller Falten lächeln sie uns freundlich zu, jemand schenkt uns einfach so ein Stück Käse. Ein freundliches Völkchen sind die Rumänen.

Erst des Bahnhofvorstehers schrille Trillerpfeife, dann der Pfiff der Lok – mit einem Ruck gehts los. Wer keinen Platz findet, rumpelt mit Kartoffelsäcken oder Ellenbogen zusammen. Die Zugtüren bleiben während der Fahrt offen. Wo mal Feuerlöscher waren, schlenkern jetzt nur noch die nutzlos gewordenen Halteriemen im Takt. Man spuckt gern um sich, auch im Zug. Ob das Fenster zu oder offen sein soll, ist nicht wichtig. Es ist sowieso meist keine Scheibe drin. Das nächste Städtchen ist Lugoj. Die Kirchen sind pompös ausgestattet und mit Gold und Silber geschmückt. Immer wieder hören wir gern die gregorianischen

Gesänge der Priester. In großen Kirchen wechseln sie sich beim Gesang ab und treten nacheinander vor den Altar. In den Straßen, an Brücken und am Flußufer liegen schlafende oder betrunkene Zigeunergruppen. Zerlumpte Kinder betteln Passanten an, die kleineren Geschwister huckepack auf dem Rücken tragend. Im Rinnstein sitzend, stillt eine Mutter in aller Ruhe ihr Jüngstes.

Die osteuropäischen Roma bezeichnen sich selbst mit Stolz als ›Zigeuner‹. Die Gruppe der mitteleuropäischen Sinti empfindet diese Bezeichnung dagegen als diskriminierend. Im 15. Jahrhundert kamen sie ursprünglich aus Indien. Einer Schätzung zufolge leben heute in Rumänien etwa 2 bis 3 Millionen Zigeuner, die sich in verschiedene Stämme aufteilen: die Tsiganii (Zigeuner), die Roma, Rudari und Boiasch. Bevorzugte Gebiete dieser Volksgruppen im Osten sind Rumänien, Bulgarien, das ehemalige Jugoslawien und Ungarn. Sie haben keine einheitliche Sprache, keine Mutternation und keine gemeinsame Kultur und werden deswegen als Nation nicht anerkannt. Diese Menschen sind in der ganzen Welt verstreut und haben keine leitende, gemeinsame Organisation, die ihre Rechte generell vertreten würde.

In einigen Ländern bestehen Unterorganisationen, zum Beispiel die ›Internationale Roma-Union‹, die sich aber oftmals darauf beschränken, die Interessen eines Stammes zu vertreten. In den verschiedenen Zigeunersprachen finden sich Lehnwörter aus mehreren Ländern, vermischt bilden sie eine interessante Sprache. Zigeunerstämme, die seßhaft wurden, wohnen oft aus Geldmangel in heruntergekommenen Slums. Viele Kinder bevölkern die Siedlungen. Ein Großteil der Rumänen, mit denen wir sprachen, war überzeugt davon, daß ›die Zigeuner‹ Kriminelle sind, schmutzig und arbeitsscheu. Das Verhältnis ist problembeladen, sicher gibt es auf beiden Seiten begründete Zurückhaltung. Wurden sie zu Kriegszeiten grausam verfolgt und ermordet mit dem Ziel der endgültigen Ausrottung, räumte Ceaușescu ihnen Vorteile gegenüber der seßhaften Bevölkerung ein und begünstigte ihre Ausbreitung. Heute haben die Zigeuner einen Sitz im Parlament. Einige von ihnen treffen wir in Sibiu. Sie sind freundlich, aber auch etwas distanziert und tragen eine schöne Tracht mit besonderen Hüten, weißen Blusen, schwarzen Pumphosen und einer roten Schärpe um die Hüfte. Diese Leute sind oft im Kupferhandel oder im Bankgeschäft tätig. Sie führen ein eigenes Wappen, das im unteren Teil eine grüne Grasfläche zeigt, oben ist es blau wie der Himmel, ein Wagenrad steht in der Mitte und verbindet beides miteinander. Mit den zerlumpten nomadisierenden Zigeunern will dieser stolze Stamm hier nichts zu tun haben. Wir hören, daß das fahrende Volk aus Ausgestoßenen der einzelnen Stämme besteht, die sich so recht und schlecht durchs Leben schlagen.

Vor jedem Bahnhof steht ein Bahnangestellter an den Gleisen und winkt mit einer orangefarbenen Flagge. Der Winker steht neben den Schienen hinter einem Drahtverhau zu seiner eigenen Sicherheit, denn die Reisenden entsorgen Bierflaschen, Essensreste, Konservendosen sowie volle Babywindeln gern durchs offene Fenster des Zuges. Auch abgesandte Spucke segelt eine halbe Wagenlänge weiter, dort manchmal in den nächsten Waggon wieder hinein. Pech für den, der gerade aus dem offenen Fenster guckt …

Schöne Landschaften, Pferde- und Ochsengespanne oder Esel mit Ladung huschen vorüber. Ganz plötzlich ist es sturzfinster. Wir passieren einen der vielen Tunnel. Beleuchtung gibt es im Zug schon lange nicht mehr. Jemand hat alle Neonröhren entfernt. Vereinzelt glimmt weit oben an der Decke ein schüchternes Birnchen, wie wir es nur von Autoscheinwerfern her kennen. Pünktlich um 14.30 Uhr kommen wir in Sibiu an.

Am Bahnhof erwartet uns Marja, die Cousine einer Bekannten in Deutschland. Mit einem klapprigen Taxi fahren wir zu ihrem Haus, wo sie mit ihrem Mann, dem kleinen Sohn, ihrer Mutter und der 93jährigen Oma lebt. Alle sprechen Deutsch, und wir verstehen uns sofort gut. Für zwei Tage sind wir ihre Gäste. Marja ist Lehrerin für Mathematik, ihr Mann Mirko Fernsehtechniker.

Andertags gehen wir über das alte Kopfsteinpflaster der Stadt. Sie wurde im 12. Jahrhundert gegründet und ist der Mittelpunkt Siebenbürgens. Viele Deutschstämmige leben hier, die uns auf dem Marktplatz freudig empfangen. Wie jedes Jahr feiern sie ein rumänisch-deutsches Volksfest im Bierzelt. Es gibt Bratwurst, Sauerkraut und rumänische Spezialitäten.

Alte Wachtürme, enge Gassen und malerische Häuser mit begrüntem Innenhof zeichnen das Stadtbild. In einer Wechselstube tauschen wir einen Travellerscheck. Der Schalter ist etwa in Halshöhe angebracht und veranlaßt die Kundschaft zu gymnastischen Streckübungen.

Ein Bummel durch das größte Kaufhaus am Ort ist nichts für Konsumverwöhnte. Einige Abteilungen sind mit Stricken abgesperrt. An den anderen, noch offenen Tresen hocken Verkäuferinnen zusammen. Manche lesen Groschenromane, andere unterhalten sich miteinander und lassen sich nur ungern stören. Auskünfte gibt man nur mürrisch, bedient wird auf Anfrage kühl und knapp. Die Gehälter werden nur unregelmäßig ausbezahlt, entsprechend ist das Engagement der Angestellten. Als Kunde hat man in Rumänien oftmals das Gefühl, man müsse sich bei den Verkäuferinnen für die unerwünschte Störung entschuldigen. Einige Abteilungen gleichen ›Regalläden‹, denn außer leeren Regalen gibt es dort nichts zu sehen. In der Tiefkühltruhe liegen Hähnchenteile offen herum, einige sind mit aufgetauter Eiskrem verschmiert, gefrorenes Blut klebt an den Wänden der Truhe. Draußen ist es wegen eines Gewitters dunkel, drinnen, weil auch hier viele Leuchtröhren fehlen.

Als wir den Konsumtempel verlassen, ist die Fußgängerunterführung unpassierbar geworden. Kniehoch steht braune Brühe zwischen den gekachelten Wänden, Abfälle dümpeln darin herum. Auf den Straßen sind tiefe Pfützen, durch die die Autos zügig fahren und den Fußgängern am Straßenrand zu unfreiwilligen Duschen verhelfen. Aber keiner beklagt sich laut.

Als wir wieder mit Marja und Mirko am Tisch sitzen, erzählen sie uns von früher und jetzt. Den Müll müssen sie selbst im Garten verbrennen, weil die Müllabfuhr seit Wochen streikt. Vorgestern starb ein Nachbar auf der Intensivstation im Krankenhaus. Bei 30° C blieb der Mann zehn Stunden lang im Krankenzimmer liegen zwischen den acht anderen Patienten. Das Personal kümmerte sich nicht um ihn. Als Marjas Vater starb, mußte ihn ihr Mann damals auf den Schultern selbst zum Auto tragen und nach Hause fahren. Es gab weder Bahren noch Särge.

»Heute ist es besser«, sagt Marja, »zumindest ein wenig.«

Elena:
Früh am nächsten Morgen stehen wir wieder auf dem Bahnhof.

»Nach Brasov, bitte«, sage ich durch das winzige, aber sehr massive Gitter. Der Schalterbeamte muß bissig sein, sonst hätten sie ihn wohl nicht in das kleine, vergitterte Kabuff eingesperrt. Man sieht nur seine Fingerspitzen beim Geldreinholen oder wenn er die Fahrkarte rausschiebt. Das Loch im Gitter ist etwa auf Bauchhöhe. Der ganze obere Teil des Schalters ist mit einer verstaubten Milchglasscheibe hinter Gittern verdeckt. Eine Hand kommt aus dem finsteren Loch und zieht die abgezählten Lei ein. Wortlos erscheinen die Fahrkarten.

Mit 40minütiger Verspätung kommen wir in Brasov an, das schon mal Kronstadt hieß. Im Hotel Aro ist die Touristeninformation untergebracht. Wir fragen nach einem Campingplatz, aber leider kennen die Angestellten keinen und verweisen uns an die Telefonauskunft. Tatsächlich weiß das Fräulein vom Amt zwei entsprechende Rufnummern. Nachforschungen ergeben, daß es nur einen Zeltplatz gibt, der aber sehr weit außerhalb der Stadt liegt und nicht per Bus erreichbar ist. Ohne Räder fehlt uns irgendwie etwas. So entscheiden wir uns dafür, wild zu campen und fahren mit einem Bus hoch in die Karpaten Richtung Bran, wo auch das berühmte Dracula-Schloß von Transsylvanien liegt. Geheimnisvoll versteckt es sich hinter Bäumen. Während der Fahrt beschließen wir, erst mal bis zur Endstation zu fahren, wo immer das auch ist. Auf alten Straßen rumpeln wir durch die Berge, vorbei an Marterln und scheckigen Rindern auf saftigen Wiesen.

Bei Moieciu, einem kleinen Dorf, ist Endstation. Vor einem Häuschen sitzt eine schrumpelige alte Frau und spinnt Schafwolle auf einem Stock zu einem dicken Wollfaden. Geschickt geht ihr die Arbeit von der Hand. Die kleine Enkeltochter rutscht hippelig auf einem Stuhl herum. In Rumänien und ganz besonders in den Bergen sind viele alte Handwerkstechniken noch erhalten. Die Menschen sind arm und stellen oftmals Haushaltsartikel oder Kleidungsstücke selber her.

Noch weiter hoch in die Berge soll es gehen. Ein Geschäftsmann für Büromaschinen nimmt uns mit seinem klapprigen Dacia mit. Er spricht Englisch und fährt ziemlich rasant eine steile Straße runter. Plötzlich fällt das Bremspedal durch.

»Das macht nichts. Ich kenn das schon«, versucht er, unsere flatternden Nerven zu beruhigen.

Die Finger krallen sich in die Polster, das Herz rast wie wild. Durch heftiges Runterschalten und Ziehen der Handbremse kommt der Wagen endlich zum Stehen. O Mann ...! Der Fahrer lacht nur und fingert in der Motorhaube herum. Nach einer Abkühlpause funktionieren die Bremsen angeblich wieder. Ein Stück fahren wir noch mit, aber in Dimbovicioara steigen wir aus. Zu Fuß ist es doch sicherer. Die Ausrüstung geschultert, laufen wir durch das Dorf und gehen einem klaren Bach entgegen, der aus den Bergen kommt.

Die Schotterstraße ist mit großen Steinen und tiefen Löchern übersät und sieht eigentlich mehr wie ein trockenes Flußbett aus. Irgendwo in dieser wilden Gegend wollen wir zelten, aber das ist leichter gesagt als getan. Links und rechts ragen 100 m hohe Felswände empor, dazwischen liegen Weg und Bach. Also weiter – wir werden etwas finden.

Verkrüppelte Nadelbäume ducken sich in Felsnischen. Wir haben keine Ahnung, wo uns der Weg hinführt, er ist in der Karte nicht eingezeichnet. Der Bach rauscht und plätschert, der Kies knirscht unter den Wanderschuhen bei jedem Schritt. Wir genießen die Einsamkeit und Ruhe des hereinbrechenden Abends.

Als wir uns umdrehen, machen wir von Ferne eine Staubwolke aus, die beim Näherkommen einen kleinen Fiat enthüllt, der scharf neben uns bremst. Der Fahrer paßt kaum in das kleine Auto und sieht aus wie eingebaut.

»Die nächste Zeltmöglichkeit gibt es erst in 9 km. Bis dahin sind rechts und links die Felsen. Sie können mitfahren.«

Nun sitzen wir also zu dritt in dem Wagen, und Holterdipolter geht es los. Die Fahrt hat etwas von einem Kamelritt durchs wilde Kurdistan. Wir können uns eigentlich kaum vorstellen, daß in dieser verlassenen Gegend ein Campingplatz sein soll, und doch kommt nach zahlreichen Kurven am Ende des Tals ein Holzhaus in Sicht. Wir pellen uns aus dem Auto, bedanken uns, und schon braust der Fahrer wieder winkend zurück. Offensichtlich war er nur gekommen, um uns herzubringen!

Das Haus erinnert an eine Postreiterstation im Wilden Westen. Jeden Moment könnte ›Wyatt Earp‹, der berühmte Westernheld, im Türrahmen erscheinen, und tatsächlich steht da auch ein bärtiger Mann und bittet uns herein.

Der rußgeschwärzte Innenraum der Gaststätte erinnert an Texas im Jahre 1832. Halfter hängen an den Wänden und vergilbte Fotos von Pferdeausflügen.

Heute gibt es Schnitzel mit selbstgeschnitzten Pommes frites, reichlich und gut, dazu warmes Bier für zusammen etwa zehn

Mark. Das Gras um die Hütte herum ist von vielen Tierhufen durchgepflügt worden. So nehmen wir uns eines der kleinen Zimmer für 3,50 DM im angrenzenden Flachbau. Zwei Betten stehen darin mit rotweißkariertem Bettzeug, ein Ofen ohne Holz und ein kleiner Tisch. Das Plumpsklo ist im Freien hinter der Gaststube. Das Bad ist nur etwa 1,50 m breit, dafür ein paar Kilometer lang mit Grasboden – man wäscht sich recht und schlecht am eiskalten Bach. Das Wasser tut gut, auch wenn die Kälte im Moment wie ein Schock trifft.

Am Abend werden wir von einer Gruppe junger Rumänen eingeladen mitzufeiern, die hier ihr Wochenende verbringen. Es gibt Schnaps in rauhen Mengen. Bevor alle endgültig betrunken sind, gehen wir ins Bett und kommen auch nicht mehr raus, als ein paar der Burschen gegen die Tür hämmern, um uns zum Weiterfeiern aufzumuntern.

Am nächsten Morgen stehen schwere Nebelschwaden zwischen den Felswänden. Der tiefhängende Himmel verspricht nichts Gutes. Hier in dieser einsamen Bergwelt auf 1.500 m Höhe wollen wir nicht vom Regen eingeschlossen sein. Wahrscheinlich verwandelt sich dann der Weg wirklich in ein Flußbett, und wer weiß, wie wir dann wieder zurückkommen. Nach dem Frühstück prüfen wir nochmals die Wolkenformationen. Es ist wohl besser, sofort loszuziehen und eventuell naß zu werden, als hier das Unwetter abzuwarten.

Während wir durch die langgezogene Schlucht wandern, hellt sich die graue Bahn über uns auf, später dringt sogar Blau durch. Bis Dimbovicioara sind es 12 km über Felsen und ausgespülte Querrinnen.

Bald schließen sich uns zwei große Mischlingshunde an, ein Rüde und seine Freundin. Sie laufen neben uns oder springen ausgelassen voraus und warten dann erwartungsvoll. Solche Gefährten machen Spaß. Im Bach erfrischen wir uns alle, und die Zeit des Wanderns vergeht schnell. Bevor wir ins Dorf kommen, wollen wir unsere Begleiter zurückschicken, weil wir befürchten, daß sie auf der Straße überfahren werden könnten, doch sie haben offenbar beschlossen, bei uns zu bleiben. Alle Versuche, die Hunde wegzuscheuchen, schlagen fehl. Sie empfinden es als Spiel und tollen immer begeisterter um uns herum. Schwanzwedelnd stehen sie in zirka 10 m Entfernung da, wie durch einen unsichtbaren Faden mit uns verbunden. Gehen wir vor, sprinten sie voraus, gehen wir zurück, übernehmen sie sofort die neue Richtung. Als wir schon im Dorf sind, kommt ein PKW, den wir anhalten. Schnell ist die Lage erklärt, der Fahrer lacht verständnisvoll und nimmt uns ein Stück mit. Durch die Heckscheibe blicken wir in vier braune, tieftraurige Hundeaugen. Wir wären gern mit den beiden weitergewandert.

Die Leute auf der Dorfstraße sagen, daß der Bus nach Bran vielleicht um 13 Uhr kommt – oder um 14 Uhr – und wenn nicht, dann um 15 Uhr. Alles klar? Wir haben Glück, eine halbe Stunde später sitzen wir schon drin. Ein in der Gegend lebender Künstler hat große, strahlend weiße Skulpturen in die Landschaft neben der Straße gestellt. Interessant und fremdartig stehen sie zwischen Bergakazien und Kiefern. Der Tatra-Bus bringt uns zu Schloß Bran.

Weiß und schön ist es, mit Wendeltreppchen und Türmen unter roten Spitzdächern. Einen hellen und freundlichen Eindruck vermittelt das verschachtelte Gemäuer, und wir sind ein wenig enttäuscht, daß es nicht so alt und gruselig aussieht, wie wir das aus Filmen kennen. Auf dem Parkplatz vor dem Schloß werden dicke Pullover und Andenken verkauft. Nichts, aber auch gar nichts deutet auf Dracula hin.

Die Rumänen stehen dem Vampirrummel eher ablehnend gegenüber. Knoblauch und Holzpflock muß man demnach selbst mitbringen. Nur im Keller des Schlosses stehen Steintröge, die mit etwas Phantasie die gruselige Geschichte lebendig werden lassen.

Im 15. Jahrhundert war es, als Fürst Vlad Tepeş in der Walachei lebte, der sich gern mit den Türken prügelte, genau wie sein

Vater Graf Vlad Dracul. Dieser Tepeş also, so wird berichtet, hatte eine Vorliebe. Er pfählte seine Feinde, zerschnitt sie und ließ die Häuser mit ihrem Blut beschmieren. Vlad Tepeş wurde im Kampf gegen die Türken erschlagen. Sein abgetrenntes Haupt erhielt Sultan Mohammed II. in Istanbul – in Honig konserviert. Der Körper aber soll im Kloster Snagov bei Bukarest eingegraben worden sein und zwar genau vor dem Altar. Doch als Archäologen 1933 die Gruft öffneten, war sie leer. Auf diesem geschichtlichen Hintergrund basiert die Erzählung, die der Ire Bram Stoker 1897 schrieb und damit den Stoff für viele Filme und spannende Geschichten am Lagerfeuer schuf. Stoker selbst war jedoch nie in Rumänien gewesen.

Im Dorf kaufen wir bei einer Bäuerin einen Käse und Brot, Zwiebeln bekommen wir gratis dazu. Hinter dem Ort schlängelt sich gurgelnd die Birsa als schmales Bächlein durch die Felder. Zwischen den dichten Büschen neben dem Bach zelten wir. Ich bin sehr müde und verabschiede mich bald für heute. Peter entfacht noch ein Feuer und röstet sich auf erhitzten Steinen einige Scheiben Brot, während er Tagebuch schreibt. Obwohl es noch hell ist, schlafe ich sofort ein.

Peter:
Elena schläft schon tief, als die Nacht über die Landschaft zieht. Sterne blinken, das Massiv der Karpaten hebt sich mächtig und dunkel vom samtblauen Nachthimmel ab. Davor erahnt man die Umrisse des Schlosses. Mit leisem Rauschen streift der Wind durch die Gräser und Büsche, über denen ein kalter Mond steht. Ich sitze noch lange vor dem Zelt und lasse die Stimmung der Nacht auf mich wirken. Die Gedanken gehen auf Wanderschaft und lassen die Erinnerung an die Erlebnisse der letzten Zeit Revue passieren.

Am anderen Morgen erwachen wir durch metallische Schleifgeräusche. Auf den Feldern stehen Männer in Reihen und mähen mit Sensen das Getreide. Mit breitbeinigem, gleichmäßigem

Schritt bewegen sich die Feldarbeiter fort. Von Zeit zu Zeit dreht einer die Sense um und schärft die Schneide. Der Wetzstein steckt in einem Rinderhorn am Gürtel.

Nach dem Frühstück packen wir zusammen und pilgern vor zur Straße, um nach Brasov zurückzutrampen. Bei einem alten Jeep steigen wir hinten ein, japsen aber schon bald nach Sauerstoff. In der Karosserie sind diverse Löcher, im Auspuff auch, die Dieselabgase strömen ungefiltert ins Gehäuse, wo wir eingezwängt hocken. Erleichtert steigen wir in Brasov aus und beschließen, mit der Seilbahn auf die Timpa-Zinne zu fahren. Der Hausberg Brasovs ist ein beliebtes Ausflugsziel. Vielleicht können wir da oben die Nacht verbringen.

Als wir vor dem Kartenschalter für die Seilbahn stehen, gibt es da für verschiedene Nationalitäten unterschiedliche Preise.

Rumänen zahlen umgerechnet 1,20 DM für 2 Minuten Fahrt, Deutsche sollen 6 DM bezahlen, Amerikaner noch mehr. Sehr schön finden wir das nicht. Den größten Teil der Weltumradelung haben wir noch vor uns und müssen die Kohle zusammenhalten. Nicht alle Deutschen sind reich, entgegen rumänischer Ansicht. Vielleicht finden wir aber auch schon einen schönen Platz fürs Zelt noch vor dem Gipfel. So marschieren wir los. Der Rucksack drückt schwer und der Einkauf, den Elena noch besorgt hat, wiegt auch einige Pfunde.

Die 1,5 Stunden Fußweg werden lang. In Serpentinen arbeiten wir uns den Hügel hoch. Viele Schweißtropfen später haben wir es geschafft und liegen entspannt auf einer Wiese, als Spaziergänger aus dem Wald kommen und aufgeregt von der Begegnung mit einem ausgewachsenen Braunbären berichten. Hier im Naturschutzgebiet gibt es tatsächlich noch diese pelzigen Burschen, die aber nach Möglichkeit den Menschen ausweichen. Der Abschuß kostet 20.000 DM, wie in einem Touristenprospekt zu lesen ist, der ausgerechnet mit den vom Aussterben bedrohten Tierarten in Rumänien wirbt.

Viele Leute liegen auf den Wiesen, aber als die Sonne sinkt, leert sich das Gelände rasch. Bald sind wir allein. Im Restaurant ›Panoramic‹ bei der Seilbahn gibt es tatsächlich richtiges Mineralwasser. Ein paar deutsche Touristen schenken uns zwei Seilbahntickets von einem Paar, das bereits zu Fuß den Berg runtergestiegen ist. Dann fahren auch die letzten Besucher mit der schaukelnden Gondel runter ins Tal. Wir ahnen noch nicht, daß wir die Tickets bald gut gebrauchen können!

Bereits als wir noch auf der Wiese lagen, fühlten wir uns von einem Mann beobachtet, der ständig in unserer Nähe war. Seit unserem Restaurantbesuch haben wir ihn aus den Augen verloren. Elena und ich streifen durch den dunkler werdenden Wald auf der Suche nach einem Zeltplatz und werden bald fündig. Eine Mulde polstern wir gerade mit Gras und Blättern aus, die Sonne ist fast verschwunden, da kommt dieser Typ plötzlich wieder, steht in ein paar Metern Entfernung und nestelt an seinen Schuhen herum. Es ist schwer zu beschreiben, warum uns beide plötzlich ein sehr komisches Gefühl befällt. Elena spricht es als erste aus:

»Ich glaube, ich will hier nicht bleiben. Der Mann benimmt sich seltsam. Irgendwie fühle ich mich belauert. Außerdem haben die Leute überall ihren Abfall im Wald verstreut. Es ist eine Frage der Zeit, wann die Bären kommen!«

Sie hat recht. Das könnte ziemlich ungesund werden. Spontan packen wir wieder zusammen, rennen zur Station zurück und fahren mit der letzten Bahn erleichtert nach unten. Vielleicht wäre alles ganz harmlos gewesen, beim Reisen durch die Welt lernten wir jedoch, auf die innere Stimme zu achten, die zur Vorsicht mahnt. Mit einem Bus geht es raus an den Stadtrand. Vielleicht finden wir ja doch noch einen Platz.

»Gleich an der nächsten Haltestelle ist ein Campingplatz«, berichten zwei Mädchen, die wissen wollen, woher wir kommen. Wir steigen aus, der Bus rauscht davon – und wir sind mitten in einer Wohngegend. Weit und breit kein Campingplatz zu sehen. Ein junges Paar, das mit uns aussteigt, hört, wie wir uns beratschlagen. Plötzlich dreht sich die Frau um und macht uns auf Deutsch ein großzügiges Angebot:

»Hier gibt es nirgendwo einen Campingplatz. Aber wenn ihr wollt, könnt ihr bei uns im Garten das Zelt aufschlagen. Wir freuen uns, Besuch zu haben!«

Klar wollen wir! Eine halbe Stunde später sitzen wir mit Diana, ihrem Freund, der Mutter und Oma am gedeckten Tisch, vor uns einen dampfenden Teller Suppe. Das Zelt wird im Garten vom Hofhund bewacht. Diana erzählt, daß sie Computerprogrammiererin gelernt hat, aber hier in Rumänien keine berufliche Zukunft für sich sieht. Sie plant seit langem, nach Kanada auszuwandern, und hofft dort auf bessere Arbeitsmöglichkeiten.

Mutter und Oma sprechen ausschließlich Rumänisch, doch wir verstehen uns trotzdem prächtig, und der Abend wird lang. Am nächsten Morgen steht ein Frühstück auf dem Tisch mit allem drum und dran, und zum Schluß steckt uns Dianas Mutter noch ein dickes Paket zu mit Würsten, Bouletten und anderen feinen Sachen. Mit einem herzlichen Abschied werden wir zum Bus begleitet. »Schreibt mal, wie es euch ergeht!« Dann biegt der Tatra um die Ecke.

Mit dem Zug geht es weiter nach Bukarest. Am Bahnhof in Brasov erbitten wir bei einem Bahnangestellten Informationen über die Zugverbindung. Er ist aber nur für Geld auskunftsbereit und hält auch gleich die offene Hand hin. Elena lächelt freundlich und drückt sie ihm.

Verdutzt gibt er ihr die gewünschte Auskunft – kostenlos. Der Kartenschalter wird erst zwanzig Minuten vor Abfahrt des Zuges geöffnet. Knuffen, Puffen und Drängeln ist die Folge, dann sind wir endlich Fahrkartenbesitzer. Doch der Nahkampf war umsonst, der Zug hat achtzig Minuten Verspätung, schrillt es aus dem Lautsprecher. Na, wir haben ja Zeit.

Das Schienenfahrzeug kommt blitzsauber aus Ungarn angebraust. Die Fahrkartenkontrolle wird von einem uniformierten Schaffner durchgeführt, der wiederum wird von drei Männern in Zivil bei der Arbeit kontrolliert. Es sind zwar immer dieselben Fahrkarten derselben Leute, aber so haben immerhin vier Mann Arbeit mit einem Job – und sicher ist sicher.

Nachmittags rollen wir in den Sackbahnhof București ein. Zerlumpte Männer, Frauen und Kinder liegen in der Halle auf dem nackten Betonboden. Ceaușescus Regierungsprogramm hat nicht geklappt.

»Früher, als das Lachen verboten war«, erzählen uns die Leute, »haben wir oft gelacht. Heute, wo es erlaubt ist, haben wir nichts mehr zu lachen!«

Vor dem Bahnhof ist heute Waschtag. Im großen Brunnen auf dem Platz planschen braungebrannte Zigeunerkinder und seifen sich gegenseitig ein. Junge Männer waschen Wäsche, während dicke Frauen im schattigen Gras liegen. Das Pferdchen mit dem Pritschenwagen ist an einem Baum angebunden, die Autos fahren ohne zu hupen drumherum. Es sieht irgendwie gemütlich aus.

Sonntag. Mit einem Bus lassen wir uns in die Nähe des Flughafens bringen, wieder einmal auf der Suche nach einem Campingplatz. Es seien schon einige Flüge storniert worden, weil der Treibstoff fehle, erzählt man im Bus.

Lange suchen Elena und ich den Zeltplatz, doch was wir an der uns bezeichneten Stelle finden, ist ein Waldstück, in dem die Bukarester Familien picknicken. Man versteht zu feiern und lacht gerne in Rumänien. Leider bleiben alle Abfälle im Wald zurück, so sieht es denn halt aus wie auf einer Müllhalde. Kein Quadratmeter ist ohne Abfall.

Neben dem Wäldchen ist der Zoo. Ein stark verhaltensgestörter Elefant ist mit einem Bein an eine extrem kurze Kette am Eingang angebunden und schaukelt permanent mit dem gesamten Körper hin und her. Ein trauriges Bild.

Einige Spaziergänger weisen uns freundlich verschiedene Wege zum Campingplatz. Genau den Wegbeschreibungen folgend, laufen wir einige Kilometer im Kreis herum – ohne Erfolg. Auch die Taxifahrer können uns nicht helfen. An der Imbißbude will Elena über die Telefonauskunft mehr erfahren. Dies scheitert, weil es keine Telefonbücher gibt und niemand die Nummer der Auskunft weiß. Mitten im Müll zelten wir nicht gern. Also weiter.

Frustriert marschieren wir an ummauerten, mit Stacheldraht eingezäunten und von vielen Soldaten streng bewachten Fabrikgebäuden vorbei. Endlich kommen wir raus aus der Stadt. Am Rand eines abgemähten Getreidefeldes stellen wir das Zelt auf. Kurze Zeit später setzt sich ein Ziegenhirte schweigend und ohne uns eines Blickes zu würdigen direkt neben uns und verharrt dort fast eine Stunde, ohne auch nur ein Wort zu sagen oder uns auch nur zu beachten. Dann zieht er mit seiner Herde weiter und läßt uns verwundert zurück. Mit etwas Brot und Käse beschließen wir den Abend. Die Nacht in Bukarest ist sternenlos. Den Horizont säumen qualmende Schlote.

Am Morgen fahren wir mit dem Bus ins Zentrum, wollen einen Stadtplan kaufen und bei American Express in der städtischen Touristeninformation unsere Post holen. Fehlanzeige – die Beschäftigten schütteln nur die Köpfe auf unsere Frage. Noch letzte Woche wurde uns diese Adresse am Telefon bestätigt und gesagt, daß dort auf uns Post warte. Mehr durch Zufall erfahren wir später von einer Angestellten, daß American Express tatsächlich hier war, aber seit drei Wochen eine neue Adresse hat. Wir hätten gerne noch einige Informationen über Bukarest – aber bitteschön, alles da. Man legt uns einen Prospekt über Rumänien vor. Es ist der einzige hier in der großen Touristeninformation und nur zur Ansicht. Leider ist das Druckwerk mit einer Heftklammer fest zusammengetackert, blättern kann man nicht. Schon etwas mutloser geworden, fragen wir nach einem Stadtplan, der etwas unwillig aus dem Tresor geholt wird. Wir dürfen ihn unter Aufsicht kurz ansehen, dann wird er wieder diebstahlsicher verschlossen.

Nach 30 Minuten Fußmarsch erreichen wir das Hotel, in dem jetzt American Express untergebracht ist. Ein amerikanisches Unternehmen, doch die Dame spricht leider kein Wort Englisch. Die Chefin wird geholt, und wir bitten die Frau um unsere Post. Sie spricht Englisch – und wie! Lautstark und frech erklärt sie, daß unsere Post sie nichts anginge. Travellerschecks werden hier auch nicht getauscht. Elena fragt, wozu das Büro denn dann gut wäre. »Das geht Sie gar nichts an«, schreit es hinter dem Schreibtisch vor. Wütend und ohne unsere Post verlassen wir das Büro. Mehrere wichtige Briefe sind uns hier verlorengegangen, erfahren wir später. Entsprechende Beschwerdebriefe an die Zentrale in Frankfurt bleiben ohne Resonanz.

Im Dimbovita, einem Kanal, der Bukarest durchquert, schwimmt ein großer, toter Hund. Das jetzt leerstehende Gebäude des gefürchteten Geheimdienstes ›Securitate‹ hat viele Einschußlöcher. Um die ›Casa Republicii‹ zu errichten, wurde zuerst ein Teil der Bukarester Altstadt abgerissen, dann schüttete man einen riesigen künstlichen Hügel auf, auf den der Palast gestellt wurde. Er ist nach dem Pentagon in den USA das zweitgrößte Gebäude seiner Art. 450.000 m^2 Wohn- und Bürofläche und 7.000 Zimmer wurden beansprucht, 3,5 Milliarden Dollar hat der Bau gekostet. Unter dem Palast gibt es ein Bunkersystem und sogar einen unterirdischen Spazierweg für den Diktator.

An der Uranus, der breiten Prachtstraße, stehen einige Springbrunnen, es fehlt nur das Wasser. Das gibt es aber in den Wohnungen und Hotels bestenfalls auch nur bis zum dritten Stock. Große Häuser säumen den Boulevard. Schön sind sie vielleicht nicht, aber gewaltig. Wir haben genug von dieser Stadt und fahren mit dem Bus zum Bahnhof.

Es ist später Nachmittag, und erst um 23.40 Uhr soll unser Zug nach Hunedoara fahren. Wie schon bei der Ankunft ist die Halle mit Bettlern, Krüppeln und Kindern bevölkert. Ein Mann hat sein verletztes Bein mit Plastikfolie und Schnur umwickelt, ein anderer liegt bäuchlings auf einem Kinderdreirad und kurbelt das Vorderrad mit den Händen, um sich fortzubewegen. Manche Menschen hier haben keine Beine und schleppen sich nur mit den Händen voran, die sie zum Schutz mit alten Lappen umwickelt haben. Kinder, dreckig, zerlumpt, manche fast nackt, betteln um Zigaretten. Rauchend kauern sie in zugigen Nischen, oft erst vier, fünf Jahre alt, andere schnüffeln Leim aus Plastiktüten. Die Flasche Rum kostet 500 Lei, also 0,50 DM, billiger als Limonade. Mineralwasser kriegen wir schon lange nicht mehr. Eine Frau liegt vor der Toilette. Sie ist betrunken und hat sich in die Hose gemacht. Ein Bahnangestellter schubst sie mit dem Fuß weg.

Endlich rollt der Zug ein. Eigentlich sind wir ziemlich müde, die schummrige Beleuchtung und das gleichmäßige Geräusch des fahrenden Zuges machen zusätzlich schläfrig. Abwechselnd halten wir Wache, denn Überfälle in der Bahn sind keine Seltenheit. Einige Fahrgäste geben dem müden Schaffner, der mit einer matten Taschenlampe die Billets abknipst, ein paar Lei, damit er auf sie aufpaßt. Die Nacht wird lang.

Am frühen Morgen kreischen die Bremsen im Bahnhof von Calan. Der Bus nach Hunedoara ist eine rollende Sauna. Wir messen über 30° C, der Schweiß läuft in Rinnsalen die Haut entlang. Einige Leute haben uns bereits auf der Fahrt von der Umweltverpestung in Hunedoara erzählt, aber was wir dort sehen, ist schwer zu beschreiben. Dicker Rauch in schwarz, rot, rosa, weiß und grau aus zig Kaminen quillt in den Himmel über der Stadt. Hier stehen die Hochöfen der größten Eisenhütten Rumäniens. Umweltverschmutzung pur! Auf Autos, Bäume und Dächer legt sich der Dreck und in die Lungen der Menschen.

Überdies rauchen die Rumänen noch sehr stark – ist wohl auch schon egal.

Die Arbeiter sterben jung, oft schon mit 45 Jahren, aber alle haben Angst, den Job zu verlieren, und so schweigen sie und beklagen sich nicht.

Das Himmelblau über uns kann man nur erahnen. Mit dem Bus gelangt man an einen See in den Bergen oberhalb der Stadt. Von hier aus plätschert ein klarer Bach runter nach Hunedoara, der, bis er dort angekommen ist, die Farbe von Milchkaffee hat. Der See liegt reizvoll in einem kleinen Tal, umgeben von Wiesen und Wald, einem Kiosk und zwei Plumpsklos.

Der Platz wird von vielen jungen Pärchen besucht. Wir zelten am Wasser und freuen uns auf ein erfrischendes Bad. Bereits am Ufer liegen viele zerbrochene Flaschen, beim Schwimmen verfängt man sich in Plastiktüten. Eintönig hämmernde Discomusik dröhnt über den Platz. Die immer gleiche Musikcassette donnert die Rhythmen 24 Stunden lang Nonstop in unsere Ohren. Während unsere Gehörmuscheln sich gequält zu kräuseln beginnen, wirken die rumänischen Campinggäste völlig entspannt.

Viele junge Männer mit breiten Firmenlogos wie ›Mercedes Benz‹ oder ›Marlboro‹ auf dem T-Shirt fahren einen Dacia mit Ralleystreifen oder einen Wartburg, mit dem sie unter den bewundernden Blicken ihrer Angebeteten immer wieder Runden drehen. Die stark geschminkten Frauen in neonfarbenen Bikinis räkeln sich in den aufwirbelnden Staubwolken dekorativ auf den Decken.

Am nächsten Morgen ziehen wir weiter und besuchen die Ritterburg Hunedoaras, ein interessantes, düsteres Gemäuer mit Zinnen, Brücken, Erkern und Türmchen. Verliese und Grabkammern gilt es zu entdecken. Auf uralten Holzresten scheint der Staub der Jahrhunderte zu lagern. Alles erinnert hier viel mehr an Dracula als in Schloß Bran. Durch die Dachluken aus dem 15.

Jahrhundert blickt man auf die bedrohlich qualmenden Zeugnisse der Neuzeit. Ein befremdlicher Kontrast.

Mit der Eisenbahn geht es zurück Richtung Belint. Während der Fahrt kommt plötzlich ein Hundebaby ins Abteil gestolpert und begrüßt uns stürmisch wie alte Freunde. Als wir es zu seinen Leuten zurückbringen wollen, stellt sich heraus, daß keinem unserer Mitreisenden der Hund gehört. Der Schaffner weiß Rat:
»Die Leute setzen oft Hunde und Katzen im Zug aus. Schmeißt den Köter einfach aus dem Fenster!«
Entgeistert blicken wir den Mann an, der sich lachend umdreht und geht. Natürlich behalten wir den kleinen, dreckigen Zausel, der uns so freundlich adoptieren will, bis zur nächsten Station. Es ist ein kleines Dorf, in dem sich eine wäscheaufhängende Frau in einem Fabrikgelände bereit erklärt, den kleinen Kerl zu nehmen. Sein Jaulen, als wir uns entfernen, klingt uns noch lange in den Ohren. Aber wir können doch keinen Hund mitnehmen auf so eine große Reise. Für uns, aber auch für das kleine Kerlchen, wäre es eine fürchterliche Strapaze.

Zurück in Belint, hören wir schon vom Bahnhofsvorsteher, daß unser Freund mit seiner Lebensgefährtin aus Deutschland gekommen ist. Als wir bei unseren Gastleuten ankommen, sind fast alle Nachbarn im Hof versammelt und begrüßen unseren Freund stürmisch. Besuch aus Deutschland ist in diesem kleinen Nest etwas Besonderes, zumal er meist Gutes für das Dorf bedeutet. Unser Freund läßt sich zudem nicht lumpen und hat schon so manche Verbesserung, wie zum Beispiel den geteerten Weg zum Friedhof, aus eigener Tasche bezahlt.
Wenige Tage später haben wir wieder die Straße unter den Fahrrädern, die uns in Richtung Schwarzmeer führen soll. Doch bis dahin sind noch einige Kilometerchen zu radeln. Das Wetter bleibt gut, der Straßenbelag verschwindet manchmal und verwandelt sich in eine Schotterpiste. Einmal befahren wir eine

wellige Asphaltstraße voller Löcher, an deren Seiten Kühe und Schafe grasen, sogar in der Mitte der Straße trotten gemütlich einige Rindviecher umher. Dies wäre an sich nicht besonders erwähnenswert, wenn es sich nicht gerade um die Autobahn handeln würde, auf die in vielen Ländern auch Radfahrer etc. dürfen. Eine Geschwindigkeitsbegrenzung erledigt sich von selbst, denn bei jeder Bodenwelle drohen die Wartburgs und Trabbis abzuheben.

Besonders spannend wird es aber bei Nacht. Da kommen einem riesige Ungetüme entgegen, manche haben Langholz- oder Brückenteile geladen. Oft holpern sie ohne Licht und mit defekten Bremsen durch die Dunkelheit.

Klapprige Wagen aus Holz, gezogen von einem müden Pferd, rattern uns auf der Landstraße entgegen. Auf der Pritsche hockt ein Bauer und wippt ab und zu mit der Peitsche. Man muß Zeit haben in Rumänien. Das Landleben ist hier noch ziemlich ursprünglich, die Menschen sind freundlich. Es ist ein angenehmes Reisen, wenngleich wir auch öfters schieben müssen. Wenn wir in den Dörfern um Wasser bitten, schenken uns die Bauern Tomaten, Äpfel oder Kartoffeln dazu. In der Ebene bei Braila treffen wir unsere alte Freundin Donau wieder. Sie heißt jetzt Dunárea, ist ganz schön in die Breite gegangen und hat inzwischen noch einen Teil Ungarns, das frühere Jugoslawien und einen Großteil Rumäniens durchflossen. Was mag der alte Fluß, den wir ja noch von seiner Quelle her kennen, wohl alles erlebt haben. Blut von Kriegsopfern führt sie mit sich – wieder einmal. Diesmal ist es aus Jugoslawien. Nur noch ein kurzes Stück wird die Donau in ihrem Bett bleiben müssen, dann verströmt sie sich über ein Delta in das Schwarze Meer, geht ein in den ewigen Kreislauf der Natur. Ihr Bett ist ihr sowieso schon viel zu klein geworden. Durch viele Nebenarme, Rinnsale und zahlreiche Verschlingungen sucht sie sich ihren Weg und hinterläßt sumpfige, fruchtbare Landschaft und eines der letzten Paradiese für Tiere.

Aus drei Armen spendet der Strom hier Wasser für den Lebensraum von zahlreichen, zum Teil seltenen Tierarten und Pflanzen. Reiher stehen im säumenden Schilf, Enten und Schwäne bevölkern die Seitenarme. Über 300 verschiedene Vogelarten beleben das Feuchtbiotop. Die Heimat von Wölfen, Marderhunden, Bibern, Wildkatzen und Ottern ist ein einziger Wasserdschungel.

Fast hundert Arten von Fischen locken Angler. Schwimmende Inseln, Schilf und Sumpf bilden einen Großteil der 4.500 km² des Deltas.

Dieser Landstrich ist ständiger Veränderung unterworfen. Jährlich wächst das Delta um 40 m ins Meer hinaus und wird durch Baggerschiffe wieder verkürzt.

Wir erreichen das 80.000 Einwohner zählende Städtchen Tulcea. Unweit davon teilt sich ein Donauarm in den Bratul Sfintu-Gheorghe und den Bratul Sulina. Der Chilia-Arm im Norden ist mit 100 km der längste. 5.000 m³ Wasser führt er pro Sekunde ins Meer. Durch seine vielen Verschlingungen ist er für die Schiffahrt nicht geeignet. In seiner Mitte verläuft die Grenze zur Ukraine.

Räder und Gepäck sind in einem Jugendcamp untergebracht, wo wir ein Holzhüttchen gemietet haben. Vom Wasserbahnhof Navron in Tulcea aus fahren wir mit dem Schiff nach Sulina, das schon im 9. Jahrhundert von den Byzantinern besiedelt wurde. Dort wollen wir uns von der Donau verabschieden. Das Wetter ist denkbar schlecht. Schon seit Tagen donnert und rumpelt es in den regengesättigten Wolken. Während der Schiffahrt kracht das Gewitter los. Dicke Wasserströme laufen die Fensterscheiben des Schiffes herunter, die Welt um uns ist in dunkles Grau gehüllt.

Eineinhalb Stunden später erreichen wir Sulina. Der Ort hat 5.000 Einwohner, die hauptsächlich vom Fischfang leben. Gegenüber der alten Schiffswerft rosten ein paar Ozeanriesen vor sich hin. Alles, was die Donau auf ihrer Reise über 2.850 km an Schlamm und Abfall mit sich führt, entläßt sie hier ins Marea

Neagrá, das Schwarze Meer. Sulina wirkt wie ausgestorben. Außer uns ist kein Mensch unterwegs.

Zurück in Tulcea kaufen wir Brot, Käse und Wein und machen es uns in der Camphütte gemütlich. Ein streunender Hund hat sich unter dem Bett verkrochen. Zusammengerollt blinzelt er uns schläfrig unter struppigen Brauen an, zufrieden, daß wir ihn nicht vertreiben. Sturm heult ums Haus und rüttelt am alten Holzdach. Eine Gewitterfront jagt die andere. In der Nacht regnet es prompt auf Elenas Matratze.

Verschlafen radeln wir in der Frühe los Richtung Constanta. Tulcea liegt in einem Tal. Viele Häuser und Gärten stehen durch die monsunartigen Regenfälle der Nacht unter Wasser, brauner Schlamm bedeckt die Straßen. Überall arbeiten die Bewohner mit Schaufeln, Besen und Eimern, um der Schlammflut Herr zu werden.

Bei der Durchfahrt durch ein kleines Dorf wirft uns eine Gruppe betrunkener Erwachsener Steine hinterher. Elena wird von einem Stein an der Stirn getroffen. Wir halten an und schimpfen, doch da prasselt ein ganzer Steinhagel auf uns nieder. Bleibt nur die Flucht. Unter wüsten Beschimpfungen radeln wir zügig davon. Warum die Männer so reagieren, wissen wir nicht. Vielleicht haben sie schlechte Erfahrungen mit Touristen gemacht.

So oft wie möglich benutzen wir kleine Nebenstrecken und Pfade abseits der Hauptverkehrsstraßen. Schildkröten queren den Weg, und die einzigen freilebenden Pelikane Europas. Das Land ist sehr flach. Abends will der Wind uns fast das Zelt aus der Hand reißen. Nur mit großer Mühe verankern wir es fest am Boden und schaufeln es an den Rändern mit Sand und Erde zu, um dem Sturm die Möglichkeit zu nehmen, darunter zu greifen. Die Elemente heulen, fauchen und zerren am dünnen Stoff, doch drinnen ist es gemütlich. Der nächste Morgen empfängt uns mit kaltem Pieselwetter.

Heute ist nicht unser Tag! Elena muß mal ins Gebüsch, das etwas abschüssig liegt. Auf dem Rückweg klettert sie die kleine Steigung hoch – und zuckt plötzlich mit einem Schmerzensschrei zusammen. In der rechten Wade breitet sich ein Muskelkrampf aus, der sich nicht mehr lösen will. Massage bringt keine Linderung. Es tut sehr weh, Elena kann nicht mehr laufen. An Radfahren ist nicht zu denken.

Wir sind mitten in einer verlassenen Landschaft am ›Ende der Welt‹, wie wir kurz zuvor noch aus Jux auf einen bleichen Kuhschädel am Wegesrand geschrieben haben. Aber hier können wir auch nicht bleiben. Elena versucht, mit einem Bein auf dem Rad zu fahren. Es geht nur mühsam vorwärts und unter großen Schmerzen.

Nach einiger Zeit knattert ein Traktor heran, der einen großen Bauwagen hinter sich herzieht – der örtliche Bus. Zwei Männer helfen mir, Elena und die Räder in den Bauwagen zu bugsieren, in dem einige Sitzbänke aus Holz stehen. Stroh und Erde liegen auf dem Boden, ein junges Schwein stöbert interessiert zwischen den Sitzreihen herum. Ein kurzes Stück können wir mitfahren, dann biegt der Bus ab, und wir müssen raus.

Elena hat große Schmerzen, ihr Bein ist immer noch total verkrampft. Sie hat sich eine Venensalbe auf die Wade geschmiert, das einzige, was wir für solche Fälle in unserer Reiseapotheke dabei haben. Um das Bein nicht zu bewegen, hat sie sich einen Verband umgewickelt und strampelt nun einbeinig mühselig vor sich hin. So erreichen wir den Campingplatz vor Constanta, wo ich gegen Abend das Zelt auf einem schönen Sandstrand direkt am Schwarzen Meer aufbaue.

Weil Elenas Wade sich heiß anfühlt und offensichtlich entzündet ist, kühle ich es mit Wasser. Aber alles nützt nichts – der Wadenkrampf dauert weiter an. Morgen früh muß sie zu einem Arzt.

Am Abend bietet ein junger Mann aus dem Nachbarzelt seine Hilfe an. Er hat gesehen, daß Elena humpelt und offensichtlich Schmerzen hat.

Früh am nächsten Morgen fahren die beiden im Auto des Rumänen zur Poliklinik in Constanta. Die resolute, stämmige Arzthelferin sieht sich mit fachfraulichem Blick die Bescherung an.

»Sie chaben Muskelanriß in Wade, Väne ist entzündet. Damit keine Thrombose kommt, ich gäbe jetzt ein Rezept. Mindestens drei Wochen in Bett liegen! Natürlich Sie können warten, bis Doktor kommt in drei Stunden. Dann kostet gleiche Diagnose doppelt …« Entschlossen unterschreibt die Helferin das Rezept und händigt es Elena aus.

In der Apotheke gibt es wieder einmal nicht genügend Kleingeld zum Wechseln. Stattdessen bekommt sie ein paar einzelne Tabletten vom Pharmazeuten in die Hand gedrückt. Ohne Beipackzettel oder Ablaufdatum …

Elena guckt ihn erstaunt an. »Keine Sorgen. Nur tief und lange schlafen.«

Elena:
Da haben wir den Salat. Starke Medikamente, Bettruhe und mindestens drei Wochen absolute Schonung des Beines. Zwangspause. Tagsüber sind es 52° C in der Sonne und 32° C im Zelt. Mit dem Rad fährt Peter ins nahe Constanta und sieht sich den Ortskern an, während ich im Zelt liege und viel Obst und Süßigkeiten esse, die mir die netten Campnachbarn rundum vorbeibringen. Gern bin ich zum Ausgleich bereit, auf ihre Zelte aufzupassen, während sie im Wasser plantschen.

Hier gibt es schon die ersten Moscheen. Das Glockengeläut der Kirchen wird durch den Ruf des Muezzins abgelöst. Nach einer Woche ist mein Bein so weit wieder in Ordnung, daß wir langsam weiterfahren können. An wunderschönen Stränden mit feinen, weißen Sanddünen führt der Weg vorbei, dann durch Constanta und über den Donau-Schwarzmeer-Kanal. Oft legen wir Pausen ein, weil mich das Radfahren noch sehr anstrengt, doch der bulgarische Schlagbaum rückt dennoch schnell näher.

Peters Geburtstag verbringen wir noch am Meer kurz vor der Grenze. Leider kann ich wegen der Venenentzündung keine Geschenke besorgen wie sonst. Das Bein muß geschont werden, sonst ist die Weltreise bald zu Ende. Mein armer Peter begnügt sich mit einer Flasche Wein, die er sich auch noch selbst kaufen muß. Statt Wechselgeld kriegt er Bonbons. Gegen Abend kommen zwei Soldaten vom nahen Stützpunkt, kontrollieren die Pässe und fragen nach dem Woher und Wohin. Mit ein paar Zigaretten ziehen sie zufrieden wieder ab. Am nächsten Tag kommen daraufhin noch mehr Soldaten, die jetzt alle die Pässe sehen wollen …

Wir ziehen weiter und stehen bald hinter Vama Veche an der Grenze zu Bulgarien. Über 3.600 km liegen jetzt schon hinter uns. Wenn sich die Schranke öffnet, werden immer nur drei bis vier Fahrzeuge zur Zollabwicklung gelassen, dann senken bewaffnete Soldaten den Schlagbaum wieder. Ein Mann in Zivil neben einem Soldaten in Uniform fordert Peter in herrischem Ton auf, ihm Geld, Paß und Visum zu zeigen.

Im Moment läßt Peter sich beeindrucken und öffnet den Geldbeutel. Sofort hat der Mensch seine Finger darin und versucht, die Scheine herauszuziehen.

Ich schalte mich energisch ein und haue ihm auf die Pfoten. Es zeigt sich, daß es sich um einen dreisten, illegalen Geldtauscher handelt, der jetzt auch noch frech grinsend einen miserablen Dollarkurs anbietet. Ohne eine Miene zu verziehen, beobachtet uns der Soldat.

Bei der Ausreise aus Rumänien fordert eine junge Angestellte in fließendem Englisch mit forschem Ton, daß wir etwas für den Umweltschutz im Land geben sollen. Dieses Stichwort hätte sie besser nicht geben sollen. Die Sache ist nämlich die, daß sich auf unserem Weg quer durchs Land niemand um den herumliegenden Abfall gekümmert hat, außer uns. Und hinzu kommt, daß man die Landeswährung Lei nicht ausführen darf. Wenn man also nun an der rumänischen Grenze zur Ausreise steht, darf man eigentlich von rechts wegen kein rumänisches Geld mehr besitzen. Es wird hier versucht, das Restgeld, das der Tourist eventuell noch mit sich führt, einfach einzuziehen.

An der Umweltsituation, wie wir sie erlebt haben, ändert sich dadurch nichts. In Rumänien scheint niemand einen Gedanken an die Natur zu verschwenden – und hier wollen sie Geld dafür? Selbst an der Grenzstation und direkt neben der Frau liegt überall Abfall. Soll sie ihn doch erstmal aufheben und entsorgen, wie wir das als Touristen in ihrem Land immer wieder gemacht haben. Den Abfall anderer Leute tragen wir oft in Plastiktüten zum nächsten Dorf. Das ist aktiver Umweltschutz. Während die ›Umweltschützerin‹ nachdenklich den Unrat zu ihren Füßen betrachtet, radeln wir weiter.

5.
Wer war Kyrill?
BULGARIEN (Juli 1994)

Elena:
Frostige Beamte an der bulgarischen Grenze antworten auf Fragen nur sporadisch und auch nur dann, wenn sie Lust dazu haben. Meist haben sie keine, und auch heute scheint nicht gerade ihr lustigster Tag zu sein. Sie ignorieren uns wie Wanzen. Am Wechselschalter tausche ich bei der Kassiererin drei Travellerschecks und muß dafür 15 US-Dollar bezahlen! Das erfahre ich aber erst, als ich mich wegen des fehlenden Betrages beklage. Aber selbst, wenn ich die hohe Scheckgebühr einkalkuliere, stimmt die Rechnung doch nicht. Es fehlt immer noch ein Dollar. Die Frau wird mit einem Mal richtig sauer und schiebt mir grantig den Dollar zu. Es hätte sie vor mir noch niemand gefragt, wofür er 15 Dollar bezahlen soll. Das wäre hier halt so üblich! Für 1 DM gibt es 33,5 Leva.

Das 30-Tage-Visum kostet satte 67 US-Dollar pro Nase! Eine andere Währung wird nicht angenommen, schon gar nicht die eigene ... Wir schlucken hart, bezahlen und fahren weiter. Dreißig Tage dürfen wir nur im Land des Bauern- und Hirtenvolkes bleiben. Besucher scheinen nur begrenzt beliebt zu sein. Jede Übernachtung muß vom Hotelier auf einer Karte vermerkt werden, die mit dem Einreisestempel ausgehändigt wird. Freies Zelten ist verboten und wird durch die Meldepflicht erschwert.

Die Straße hat breite Risse und Löcher, durch die uralte Autos poltern. Mein Bein schmerzt und ist wieder blaubraun geschwollen. Weit und breit kein Campingplatz oder Hotel zu sehen. So sind wir gezwungen, doch irgendwo in der Botanik an einem kleinen See zu zelten. Was soll's. Während ich das Essen zubereite, flickt Peter einen Hinterreifen und stellt die Bremsen nach. Zur Verdauung liest mir mein Weg- und Lebensgefährte einiges über Bulgarien vor, wobei er den trockenen Reiseführertext mit kessen Erläuterungen seinerseits würzt und einzelne Szenen anschaulich vorführt. Vor lauter Lachen vergesse ich alle Strapazen und genieße seinen Geschichtsunterricht.

Also, schon 100.000 v. Chr. stolperten hier, wo wir nun sitzen, Sammler und Jäger herum. Höhlenfunde aus der mittleren Altsteinzeit belegen das. Immer noch vor Christus, im 8. bis 6. Jahrhundert, kamen erst die Thraker, dann übernahmen die Griechen die Herrschaft. Die Römer kamen im 3. Jh. v. Chr. allmählich zum Zug und erst 680 nach der Zeitenwende tauchen die Altbulgaren auf. Damals sind sie von der Wolga hier herübergekommen. Sie gründeten einen bulgarischen Staat mit der Hauptstadt Pliska. Als man das Jahr 1018 n. Chr. schrieb, fiel das noch junge Land an die Byzantiner. Kreuzzüge und Kriege folgten. Zar Assen I. gründete einen zweiten bulgarischen Staat, doch nach 500 Jahren türkischen Regiments zerfiel das Land wieder. In dieser Zeit entstand eine seltsame Steuer. Jeder Bulgare mußte durchreisenden Türken Obdach, Speis und Trank bieten. Als Entschädigung für die Abnutzung des Gastgebisses war eine nicht gerade kleinliche Steuer zu entrichten.

Na, das ist ja wohl vorbei. Heute ist Bulgarien eine Volksrepublik. Die Straßen und Häuser hier an der Küste sind in relativ gutem Zustand, die Menschen besser genährt, die Pferde nicht ganz so klapprig wie oft in Rumänien, und in den Geschäften findet man mehr Waren. Am Straßenrand liegen nur vereinzelt rumänische Zigarettenpackungen. Sonst stört kein Abfall den Blick in die schöne Natur.

Am darauffolgenden Tag bringen uns die schweren Drahtesel nach Granevo. Von Šabla aus fahren wir an sehr schönen Stränden vorbei und nehmen uns die Zeit für eine Abkühlung im Meer. Man kann sich Liegestühle mieten, es gibt die üblichen Andenkenläden und Shops für Badeartikel. Die Strände sind kilometerlang und über 200 m breit. Puderzuckerfein häuft sich goldfarbener Sand zu weichen Dünen, obenauf strecken einzelne Strandgrasbüschel ihre Spitzen in die heiße Luft.

Auf einer Anhöhe links der Straße fällt uns ein kleines Restaurant auf. Es wird von einer Deutschen und ihrem bulgarischen Mann geführt. Bald stehen mit Schafskäse gefüllte Weinblätter vor uns und ein Gläschen Wein. So läßt es sich leben.

Für 150 Leva, etwa 5 DM, mieten wir uns bei einer rundlichen Hausfrau in der Nähe ein. Es ist ratsam, gleich zu duschen, denn ab 20 Uhr gibt es kein Wasser mehr. Der Strom fällt schon jetzt dauernd aus. Als der Ehemann unserer Wirtin nach Hause kommt, gibt er uns Anmeldezettel, die wir ausfüllen sollen.

Wir gucken verdutzt auf die Fragen in kyrillischer Schrift und lachen. Diese Art zu schreiben wurde übrigens von dem Mönch und Philosophen Kyrill ins Leben gerufen. Er übersetzte als erster im Jahr 852 das Johannes-Evangelium in die neue Schrift. ›Iskoni bease slova‹ – am Anfang war das Wort. So einen Kyrill könnten wir jetzt brauchen, weil wir nix bulgarisch! So gut wir können, füllen wir die leeren Zeilen aus. Möglich, daß ich nun Arbon heiße und Peter Karlsruhe.

Erst nach längeren Diskussionen akzeptieren unsere Vermieter, daß wir bereits morgen früh schon weiterreisen wollen. Den Polizeistempel gibt es erst morgen abend, behaupten sie beharrlich. Sie hätten vorher keine Zeit, zur Polizei zu gehen. Nach einigen Diskussionen sind sie endlich doch bereit, gleich den amtlichen Stempelabdruck abzuholen. So können wir am nächsten Morgen weiterradeln.

Unterwegs will Peter an einer Tankstelle die Reifen aufpumpen, doch wie so oft hat der Kompressor keinen Schlauch. Wegen des schweren Gepäcks müssen die Reifen stärker aufgepumpt werden, als man mit einer Luftpumpe von Hand erreichen kann, sonst wird der Mantel an den Seiten von der Felgenkante aufgeschnitten. Genau da liegt das Problem, denn an vielen Tankstellen gibt es entweder gar keinen Kompressor, oder der Schlauch fehlt, das Meßgerät ist kaputt – oder man findet den ganzen Apparat einfach nicht mehr. Dabei wäre das Aufpumpen durch das Autoventil an unseren Reifen so einfach. Lustig ist es, wenn wir ganz professionell mit unseren Bikes vor einer Zapfsäule vorfahren, der Tankwart sich nachdenklich am Kopf kratzt und sichtlich überlegt, wo er das Benzin einfüllen soll.

»Super bitte, 1 Liter.« Wir halten ihm die Aluminiumflasche vom Kocher hin. Grinsend wird die Pulle gefüllt. Also doch Fahrräder!

»Nein, die Scheiben brauchen Sie heute nicht zu waschen …«.

In vielen Ländern laufen an den Tankstellen bei solchen Aktionen die Mechaniker zusammen. Oft stehen sie erst eine Weile um uns herum und überlegen, bis sich schließlich einer zu fragen traut, wo denn nun der Motor dieser Fahrzeuge sei. Das seien doch keine Fahrräder, mit dem vielen Gepäck! Dann bekommen wir von den freundlichen Zapfern ein Erfrischungsgetränk, Tee, Kuchen oder eine Dusche spendiert. Alles ist immer hochwillkommen. Natürlich müssen wir dann jedesmal von der Expedition erzählen, erfahren so aber auch viel über das jeweilige Land und erhalten Tips für die nächste Strecke beziehungsweise den kommenden Grenzübergang.

Kurz vor Obzor lenkt Peter sein Rad nach links in Richtung Meer, ich flitze hinterher. Ein großer Campingplatz liegt vor uns und ein paar Tage Entspannung.

Zu unserer Überraschung begrüßen uns deutsche Camper begeistert mit kühlem Mineralwasser und Sekt am Strand. Wir werden gefilmt, fotografiert und geben Autogramme. Der Platz ist angenehm, sauber und schattig. In einem kleinen Laden kann man Lebensmittel kaufen, im Strandcafé gibt es Getränke, Backfisch und frisch gepflückte Miesmuscheln mit kleinen Perlchen drin. Unter einem großen Baum schlagen wir das Zelt auf. Am Abend hilft Peter den Fischern, ein schweres Netz voller Fische an Land zu ziehen. Hier kann man schön die Seele baumeln lassen.

»Wie sehen denn die Eier aus?« wundere ich mich beim Frühstück. »Die Dotter sind ja ganz weißlich-gelb und sehen krank aus.« Beim nächsten Einkauf erklärt die Verkäuferin, daß in Bulgarien alle Eier so aussähen.

»Ich war letztes Jahr bei meiner Schwägerin in Deutschland. Da gab es auch Eier, aber die waren schon alt. Die Dotter waren ganz gelb!«

Die Grundnahrungsmittel sind hier für uns sehr billig. So kostet ein Brot weniger als 1 DM, 1 kg Bananen 1,50 DM, Tomaten 0,80 DM.

Im Laufe der nächsten Tage lernen wir neben den beiden Campern Gitta und Günther noch andere Familien aus Deutschland auf dem Platz kennen. Interessanterweise bilden sich hier sozusagen kleine Völkergruppen. Die großen Familien der Rumänen bleiben ebenso untereinander, wie die Bulgaren und die Deutschen.

Wir haben unser Zeltchen zwischen den Bulgaren und den Deutschen aufgebaut, die sich mit ihren Wohnwagen direkt in die Sonne gestellt haben. Man merkt die klimatischen Unterschiede der einzelnen Länder am Verhalten der Besucher. Bulgaren und Rumänen suchen mehr den schattigen Hintergrund unter Bäumen. Fernseher, Mikrowelle, Grill und allerlei sonstiges Gerät füllt die riesigen Zelte, in denen die gesamte Verwandtschaft gemeinsam glücklich den Urlaub verbringt.

Verena mit ihren beiden Söhnen Janusz und Michalis kommt aus dem Schwarzwald. In den großen Ferien durchwandern sie Bulgarien. Eine Familie kommt aus Zwickau und berichtet vom Leben in der früheren DDR, von ihren Erfahrungen im westlichen Deutschland und dem beruflichen Neuaufbau. Gitta und

Günther erzählen von ihrer Arbeit für die internationale Organisation ›Emmaus‹, die sich mit Hilfe zur Selbsthilfe, unter anderem durch Secondhand-Verkauf und Unterstützung bei der Arbeitssuche sowie eigenen Zeitungen für die Reintegration von Obdachlosen in die Gesellschaft einsetzt.

»Am Strand vorne wurden zwei Delphine angeschwemmt. Einer davon ist noch am Leben und wird von den Fischern in ein Bassin gelegt.«

Janusz und Michalis berichten aufgeregt, daß die großen Meeressäuger schwere Verletzungen an den Flanken haben, und wir überlegen, ob sie wohl mit einem Schiff kollidiert sind. Kurze Zeit später stirbt auch der zweite Delphin. Auf einem verwilderten Grundstück vor Obzor hat sich eine Gruppe Zigeuner niedergelassen. Ein traurig blickender Tanzbär ist für die Kinder in Bulgarien eine Attraktion. Mit Maulkorb tapst er, in Ketten gelegt, im Kreis herum.

In den nächsten Tagen reisen unsere neuen Freunde ab, und wir versprechen, uns von unterwegs bei ihnen zu melden. Sie möchten gerne wissen, wie es bei uns weitergeht. Damit wir auch wirklich von uns hören lassen, drücken uns die Zwickauer trotz Protest einen großzügigen Reisebeitrag in die Hand.

»Fürs Porto, damit ihr auch wirklich schreibt!«

Mit Gitta und Günther entwickelt sich gleichfalls eine Freundschaft. Sie unterstützen uns fortan während der Tour mehrfach und halten Kontakt.

»Ihr macht die Weltreise schließlich nicht für euch allein, sondern auch für Leute wie mich, die keine Zeit dazu haben oder denen einfach der Mut fehlt,« lacht Günther zum Abschied.

Die anderen müssen alle nach Hause, wir aber radeln weiter und weiter. Wenn diese Leute im nächsten Jahr wieder Urlaub machen, werden wir immer noch unterwegs sein, wer weiß wo. Als wir an der Campingrezeption bezahlen, stellen wir fest, daß über Nacht die Preise erhöht wurden. Die Strecke bis Obzor ist noch flach, doch für den Rest des Tages legen wir uns ordentlich ins Zeug, um die Bikes über die Berge zu schieben. 20 km weit geht es steil bergauf in scharfen Serpentinen. Die Luft flimmert vor Hitze. Der Schweiß rinnt selbst im Schatten aus allen Poren. Zu allem Übel platzt auch noch Peters Vorderreifen, den wir mangels Kompressor nicht genügend aufpumpen konnten. Wieder einmal ist die Mantelseite von der Felge aufgeschlitzt worden. In einer stillgelegten Kolchose darf Peter somit erstmal unter dem fachmännischem Blick eines streunenden Esels flicken, der dicht neben ihm interessiert zugckt. Doch es gibt auch immer wieder interessante Ruhepausen. Ein kleiner Plausch mit Bauern beim Wasserholen im Dorf oder wie in Sozopol, als wir spontan von Fischern zum Muschelessen eingeladen werden, damit sie in Ruhe die Räder betrachten können. Sozopol ist wie Nessebar eine alte Siedlung, deren Gründung in die Zeit der griechischen Besatzerzeit fällt. 610 v. Chr. nannten die Altvorderen die Stadt Apollonia, zu Ehren Apollos. Will man die 13 m hohe Statue, die damals errichtet wurde, heute besichtigen, muß man sich nach Italien begeben. Den Römern gefiel sie nämlich auch gut, und so fuhr der Götterbote Apoll 72 n. Chr. mit dem Schiff nach Rom. Heute ist Sozopol ein malerisches Fischereizentrum und zählt 4.000 Einwohner.

In Carenova treffen wir eine Campingbekanntschaft wieder. Verena mit ihren beiden Söhnen Janusz und Michalis steht genauso verdutzt vor dem Zeltplatz in Carenova wie wir und sieht sich die Preistafeln an. Für Ausländer sind die Preise gleich in harten US-Dollar angegeben, bulgarische Leva werden nicht angenommen. Umgerechnet 30 DM sollen wir zwei für unser kleines Stoffhaus bezahlen. So zelten wir mit Verena und den Jungs ein paar Kilometer weiter auf einer Klippe mit herrlichem Blick auf das Schwarze Meer. Umsonst und viel schöner.

Mein Bein schmerzt vor allem gegen Abend nach der Tagesanstrengung noch immer. Da genieße ich solche Ruhepausen sehr.

In einer felsigen Bucht finden wir Muscheln, allerdings auch Seeschlangen. Verhält man sich einige Zeit ruhig, strecken sie ihre Hälse neugierig aus dem Wasser, plötzlich sind sie wieder im niedrigen Pflanzengewirr verschwunden. Für den Menschen gefährliche Seeschlangen gibt es vor allem an der Pazifik-Küste zwischen Kalifornien und Ecuador. Sie sind braun bis schwarz mit einer gelben Unterseite und ungefähr 1 m lang. Diese hier sind klein, grünlich-braun und sehr scheu. Sie verstecken sich in den Algen der herrlichen, natürlichen Badewanne voll glasklaren Wassers. An Land lebt vereinzelt die giftige europäische Viper oder Kreuzotter mit dem gezackten Streifen auf dem Rücken. Mit ihrer graubraunen bis olivgelblichen Farbe ist diese Schlange nur schwer im Gelände zu erkennen. Gern liegt sie an schattigen Hängen, in Mooren und in Abfallhaufen. Nur selten ereignen sich Todesfälle durch einen Biß, aber es kommt vor. In anderen Ländern sollen wir noch häufiger auf diese interessanten Tieren treffen. Zu Hause in Freiburg habe ich früher bereits mehrfach intensiven Kontakt mit großen Landschlangen gehabt. Wenn Not am Mann war, half ich vertretungsweise in ›Heras Tiershow‹ und führte die schweren, muskulösen Tiere dem staunenden Publikum vor. Ich berühre gern die kühlglatte, schuppige Haut der Schlangen.

Morgens um 8 Uhr ist es jetzt schon richtig heiß. Wir verabschieden uns von Verena, Janusz und Michalis und radeln weiter gen Süden. 245 Höhenmeter dürfen wir mit den schweren Mountainbikes als erstes überwinden, 18 km lang. Hoch geht es auf kurvenreicher Strecke über langgezogene Steigungen durch ein großes Waldgebiet, das von unendlich vielen Fruchtfliegen besiedelt ist. Die haben anscheinend nichts Besseres zu tun, als uns ständig in Mund, Nase und Augen zu fliegen, bis wir letztlich ein Räucherstäbchen am Lenker befestigen, um auf diese Weise unsere ›Fans‹ wenigstens vom Gesicht abzuhalten. Aber die Biester sind flexibel. Nach einer Weile haben sie sich an den fremden Geruch gewöhnt und zeigen uns, wie toll sie uns trotzdem noch finden. Für mich ist das eine große Geduldsprobe, Peter trägt es mit Fassung. Er läuft einfach schneller, um es hinter sich zu bringen, dazu reicht meine Kraft aber nicht mehr aus. Erst als wir eine Zigarette anzünden, halten sie sich wenigstens nur hinter uns auf. Uff!

Seltsam – es scheint hier keine anderen Tiere als diese Fliegen zu geben. Kein Vogel piept im ganzen Wald, keine Spinne webt ihr Netz, kein Käfer krabbelt am Straßenrand. Was ist geschehen? Soweit uns bekannt ist, gibt es keinerlei Industrie in der Gegend, auch fällt uns kein chemischer Geruch oder ähnliches auf. Und doch ist es totenstill, wie leblos. Es ist unheimlich!

6.
Durchs wilde Kurdistan
TÜRKEI (Juli – Oktober 1994)

Peter:
In einer langen Autoschlange müssen wir in der Sonne 1,5 Stunden ausharren, weil die bulgarischen Zöllner gerade Mittagspause machen. Wer sich in die Nähe des Zollhäuschens in den einzigen Schatten stellen will, wird von den Beamten barsch in die Schlange zurückgescheucht. Endlich wird die mit Abfall übersäte Zollhalle geöffnet. Langsam und schleppend geht die Ausreiseprozedur vonstatten. Die Übernachtungskarten will niemand sehen.

Ganz anders ist es dagegen auf der türkischen Seite. Offen, freundlich und sauber ist dort der Grenzübergang. Die sowieso zügige Abfertigung der freundlichen Zöllner wird noch durch einen türkischen Pop-Videoclip in einem aufgehängten Fernsehapparat verkürzt. Während der Beamte die Pässe stempelt, strahlt er uns freundlich an und meint: »Hosgeldiniz!« – Herzlich willkommen! Da macht sich Urlaubsstimmung breit.

Die Kornkammer der Türkei fängt gleich hinter der Grenze an. Riesige Weizenfelder, eines neben dem anderen, geben der Landschaft einen goldfarbenen Anstrich. Mit Höhenunterschieden bis zu 500 m durchradeln wir das fruchtbare Gebiet auf und ab, vorbei an interessanten Felsformationen, die die Straße säumen. Dahinter Weizen, Weizen, Weizen, soweit das Auge reicht. Den Trinkwasservorrat füllen wir an Tankstellen auf unter den beifälligen Blicken uniformierter Tankstellenwärter mit weißem Hemd, Krawatte und Jackett. So etwas haben wir bislang noch nicht gesehen. Die meisten Autofahrer hupen uns begeistert zu und winken heftig. Sie hören erst auf zu hupen, wenn wir zurückwinken und zu erkennen geben, daß wir sie gesehen haben. Wir werden von vielen Autofahrern überholt auf unserem Weg ...

Endlich erreichen wir die Vororte der riesigen Stadt Istanbul. 175 km lang erstreckt sich mittlerweile das frühere Konstantinopel beziehungsweise Byzanz. Durch viele Zuwanderer aus dem armen Anatolien ist es bis jetzt auf geschätzte 20 Millionen Einwohner angewachsen. So ganz genau weiß das niemand, denn täglich kommen neue Menschen, vor allem aus Anatolien, hinzu. Grautraurige Vororte säumen die Durchgangsstraße. In den Außenbezirken der Stadt entstanden nach und nach sogenannte Geçekondu, primitive Siedlungen, die über Nacht auf Niemandsland erbaut wurden.

Ein chaotischer Verkehr verpestet die Luft, wir kämpfen uns unter der braungelben Dunstglocke durch. Stellenweise weht eine frische Meeresbrise den Geruch von See und Fisch in unsere Nasen.

Es wird Abend, aber wir haben lange noch nicht das Zentrum erreicht. Weit und breit ist kein Hotel in Sicht. In einem Lebensmittelladen fragen wir, wo man in der Nähe übernachten kann. Als Antwort kratzt sich der alte Händler nachdenklich am Kopf, geht vor den Laden und betrachtet still die Räder. Als er wieder reinkommt, sagt er auf deutsch: »Hier!«

Es stellt sich heraus, daß er bis vor kurzem in Deutschland gelebt hat, von seinem Ersparten gerade die Wohnung über seinem Geschäft renoviert und uns erlaubt, dort eine Nacht zu bleiben. Geld will er keines, und die einzige Bedingung ist, daß wir früh am nächsten Morgen wieder abreisen, weil dann die Handwerker kommen. Wir freuen uns riesig, eine Bleibe gefunden zu haben. Sogar die Dusche funktioniert. Das ist doch wieder mal was anderes als die Katzenwäsche mit den Trinkflaschen.

Istanbul liegt im Schutz der theodosianischen Festungswerke. Der Name der Stadt kommt aus dem Griechischen. ›Istan polis‹ heißt: In die Stadt.

Eigentlich ist dieses hügelige Häusermeer eine Mischung aus Alt und Neu. Der Kulturinteressierte kommt genauso zum Zuge wie der märktesuchende Tourist oder der Disco-Freak. Es gibt moderne Einkaufsstraßen, aber uns interessieren die kleinen Bazare mehr, wo man von Schuhcreme über Lakritze, von funkelndem Schmuck, exotischen Früchten bis zu totem und lebendem Getier alles findet, was das Herz begehrt. Das Entgelt wird oft nach einer fast rituellen Preisverhandlungszeremonie festgelegt.

Oberstes Gebot ist hierbei, die Ware, die man kaufen möchte, nicht schlecht zu machen, um den Preis zu drücken. Man feilscht zwar um den Preis miteinander, sollte aber niemals unhöflich und unfreundlich werden. Von vornherein ist klar, daß der Händler zuviel verlangt. Man gibt zu verstehen, daß man die Ware für die Hälfte des Preises gern nehmen würde – und einigt sich in der Mitte. So kommt man zu einem für beide Verhandlungspartner zufriedenstellenden Preis.

Elena ist dabei recht erfolgreich und bekommt oft noch eine Kleinigkeit dazu geschenkt. Zumindest bei größeren Anschaffungen wie Kleidung oder größeren Geräten laden die Verkäufer ihre Kunden zu einem Gläschen Tee ein, dem sogenannten Çay, ohne den nichts geht. Das kann sogar an einem Obststand passieren, wenn gerade nicht soviel Andrang herrscht. In dieser großen Stadt nimmt man sich gern Zeit für ein Gespräch. Die Verkaufsverhandlung macht so einfach mehr Spaß. Weil die Leute hier alle so nett sind, gehe ich sehr gerne einkaufen. Trotz sprachlicher Barrieren ist es lustig, mit den Verkäufern zu kauderwelschen, und beim Verlassen der Läden hat man das Gefühl, gute neue Bekannte zu haben. Und tatsächlich: Bereits beim zweiten Besuch werde ich persönlich vom Ladeninhaber begrüßt.

Gemütlich einen Döner kauend, den wir für 15.000 TL, etwa 0,75 DM, in einem Imbiß gekauft haben, lehnen wir an einer Straßenecke und betrachten das Gewusel um uns herum. Überall in den Straßen und kleinen Gassen sieht man, wie die Leute mehrmals am Tag vor den Häusern und Geschäften fegen. Viele städtische Straßenkehrer versehen zudem eifrig ihren Dienst und kümmern sich um das kleinste Schnitzelchen Papier, das ihren Ordnungssinn stört. In so einer großen Stadt, in der viel Abfall anfällt, ist das sehr angenehm.

Sehr steil hoch geht es in den Stadtteil Feriköy, wo ein Freund von uns wohnt, der 30 Jahre in Deutschland gelebt hat und hier nach dem Tod seines Schwagers dessen Sanitärgeschäft übernahm. Hani empfängt uns mit offenen Armen und bringt uns erstmal in seine Wohnung, wo sich Elena mit einem befreiendem Seufzer auf die Couch legt. Die Venenentzündung in ihrem rechten Bein hat sich durch die Anstrengungen der letzten Zeit verschlimmert. Erneut ist die Wade dunkelbraun und blau verfärbt und dick geschwollen. Wir sind gezwungen, wieder ein Krankenhaus aufzusuchen. Ein paar Brocken Türkisch haben wir uns unterwegs zwar angeeignet, aber sie reichen nicht für die Konsultation bei einem türkischen Arzt. Deshalb gehen wir ins italienische Krankenhaus, das deutsche wird gerade renoviert.

Der südländische Doktor blickt streng, als er Elenas Bein untersucht.

»Warum haben sie sich denn nicht mehr geschont?« fragt er, verschreibt erneut Medikamente und absolute Bettruhe.

»Wo hätte ich mich denn schonen können? Auf einer Fahrrad-Weltreise ist das nicht so einfach!«

»Aber wenn Sie dem Bein jetzt nicht Ruhe gönnen, laufen Sie Gefahr, eine Thrombose zu bekommen. Sie gehören ins Bett!«

Mit einem Taxi fahren wir zurück nach Feriköy. Resignierend nimmt Elena kurze Zeit darauf Hanis Sofa in Beschlag, der uns sofort seine Gastfreundschaft anbietet für die ganze Zeit, die

Elena zur Regeneration braucht. Die ersten Exkursionen in die quirlige Stadt mache ich alleine, während Elena in Hanis Wohnung liest, die Post erledigt, Tagebuch schreibt und kocht.

Herrlich liegt der Bosporus im Sonnenlicht, zwischen Goldenem Horn und Marmarameer. Das Wasser sieht wie flüssiges Silber aus und trennt Asien von Europa. Es ist schon beeindruckend, am Ufer zu stehen und hinüber auf die asiatische Seite zu blicken. Asien – schon jetzt bin ich auf den neuen Kontinent gespannt. Von tausend Kuppeln und Minaretten umgeben, stehe ich da und staune. Diese Metropole ist wohl einzigartig auf der Welt.

Der Blick vom Galataturm auf die Stadt zählt zum touristischen Muß. Hier bekommt man einen ersten Überblick, bevor man sich in das Getümmel der kleinen Gassen mit ihren unzähligen winzigen Lädchen stürzt.

Wir haben schon viele Weltstädte gesehen, aber keine hat uns bisher so beeindruckt wie Istanbul, die osmanische, christliche, islamische und byzantinische Weltstadt. Viele schöne, uralte Holzhäuser kann man in der Altstadt Istanbuls bestaunen, die die vielen Erdbeben und Brände im 17. und 18. Jahrhundert überstanden haben. Kriege mit Rußland und Österreich sowie interne Machtkämpfe machten dem Osmanischen Reich schwer zu schaffen. Im Ersten Weltkrieg kämpften die osmanischen Truppen an der Seite der Mittelmächte Deutschland, Österreich und Italien, die Alliierten besetzten daraufhin bis 1923 Istanbul.

Mustafa Kemal Pascha, bekannt als Atatürk, gründete damals die türkische Republik, schaffte die Sultanate ab, und Ankara wurde die neue Hauptstadt des Landes. Er lebte bis 1938 und brachte viele Reformen ins Land. Unter anderem verlangte er, daß Frauen und Mädchen nicht mehr mit Kopfbedeckung zur Schule kommen, was aber bei den Mädels zum Aufstand und zum sogenannten ›Kopftuch-Streit‹ führte. Atatürk wollte mit seiner Neuerung die Trennung von Religion und Bildung herbeiführen. Die Frauen waren aber der Ansicht, daß man beides nicht trennen könne und protestierten dagegen.

Für die Durchführung seiner Reformen wird Atatürk dennoch als Volksheld gefeiert. Er war es auch, der den gregorianischen Kalender in der Türkei einführte und somit die islamische Zeitrechnung ablöste. Seine Rechtsprechung basierte auf Schweizer Vorbild und nicht mehr auf dem Koran wie bisher. Auch die Einführung der lateinischen Schrift und das Frauenwahlrecht sind sein Verdienst. Nach seinem Tod beutelten steigende Inflationsraten und Arbeitslosigkeit, Proteste gegen die Regierung und Terroranschläge das Land. Der Zypernkonflikt, das Kurdenproblem und Grenzschwierigkeiten mit dem griechischen Nachbarn beschäftigen die Türkei bis heute.

Am Ufer des Goldenen Horns bekommt man für 1 DM frisch gefangene, gegrillte Makrelen auf einem Brötchen von den Fischern in die Hand gedrückt. Gleich daneben verkaufen junge Burschen Fruchtsäfte und eingelegtes Obst in dicken Gläsern, die im Sonnenlicht ein schönes Farbenspiel entfalten.

Das vielleicht momentan größte Problem der Stadt ist der Trinkwassermangel. Viele der alten Leitungssysteme, die ursprünglich nur für eine Stadt mit 2 Millionen Einwohnern angelegt wurden, sind mittlerweile undicht geworden. Eine Reparatur ist sehr teuer und durch die dichte Bebauung manchmal fast unmöglich. So kommt es, daß die mittlerweile fast 20 Millionen Einwohner nur stundenweise am Tag Wasser aus den Leitungen erhalten, das als dünnes Rinnsal stundenlang in bereitgestellte Plastiktanks läuft und dort für die Zeiten ohne Wasser aufbewahrt wird. Hierzu gibt es einen genauen Zeitplan für jedes Viertel, der in der Zeitung veröffentlicht wird. Es handelt sich beileibe nicht um Trinkwasser! Duschen kann eine Familie nur im Eil- und Sparverfahren, denn die Wassermenge ist limitiert.

Cholera! – Das Wort geistert durch die Millionenstadt und durch die Schlagzeilen der Tageszeitungen. Die Verbreitung erfolgt durch Wasser und Nahrungsmittel, die durch menschliche Ausscheidungen verunreinigt wurden. Wie den Zeitungen zu entnehmen ist, soll die Infektionsgefahr durch das verschmutzte Leitungswasser aber nur eine bösartige Erfindung der italienischen ›Touristenmafia‹ sein, um der Türkei die Urlauber abspenstig zu machen ... Hier gäbe es einfach keinen einzigen Cholera-Fall! Nur wenige Blätter haben den Mut, Krankheitsfälle zu melden. Trotz heftiger Dementis sind bereits einige Kinder und Alte an den Folgen der Infektion gestorben. Die Istanbuler Bevölkerung ist schon seit langem auf öffentliche ›Trinkwassertankstellen‹ angewiesen. In Kanistern und großen Flaschen schleppt man mühselig das gekaufte Trinkwasser nach Hause.

Zu unserer großen Freude nutzen unsere beiden Schwestern den Istanbul-Aufenthalt zu einem kleinen Besuch. Wozu wir viele Wochen gebraucht haben, benötigen sie per Düse nur wenige Stunden. Sie müssen geglaubt haben, wir wären am Verhungern, denn sie bringen viele leckere Sachen mit. Vom Vollkornbrot bis zu Gummibärchen haben die beiden an alles gedacht. Staunend stehen wir vor einem reich gedeckten Gabentisch wie Kinder an Weihnachten.

Unser Freund Hani ist ein großzügiger Gastgeber. Damit Elena trotz ihres Beines die Stadt sehen kann, fährt er uns mit seinem Auto herum und lädt in ein Fischlokal in der Altstadt ein. Nachts ist Istanbuls Zentrum mit zahllosen bunten Lichtern hell erleuchtet. Die malerisch bunten Obststände sind bis spät nachts geöffnet. Auf Fischerbooten schaukeln Gasfunzeln, im Halbdunkel spielen ein paar alte Männer Karten, deren interessant gefurchte Gesichter von bewegten, langen Leben erzählen. Kehliges Lachen schallt an den Kaimauern des alten Bosporus entlang. Elegante Discotheken gibt es, und im Künstlerviertel finden sich viele Straßencafés, in denen man sich zum Brettspiel trifft oder einfach nur seinen Tee trinkt und guckt, wer vorbeiflaniert.

Rufende Schmuckverkäufer und nach frisch Frittiertem riechende Imbißbuden beleben das Bild. Maler stellen ihre neuesten Werke in den engen Gassen zum Verkauf aus. So ganz harmlos ist die geschäftige Kulisse aber nicht. Schwer bewaffnete Sicherheitspolizisten beobachten, an dicke Motorräder gelehnt, das Geschehen. Immer wieder hört man von Bombenanschlägen der Kurden auf Touristengebiete – und somit auf den sensibelsten Nerv einer jeden Regierung.

Es ist unmöglich, alle Sehenswürdigkeiten aufzuzählen, die diese lebendige Stadt bietet. Im Schatten vieler Moscheen kann man das Treiben in den Straßen gut beobachten. Im Inneren der mächtigen Bauten ist es angenehm kühl und meditativ still. Graubärtige Männer in den Nischen lesen versunken im Koran oder diskutieren mit gedämpfter Stimme. Der Topkapi-Palast beherbergt unersetzliche Schätze aus vergangener Zeit. Unter anderem sind ein Zahn Mohammeds und ein Barthaar dort zu sehen, unter einer Lupe aufbewahrt.

Beim Anblick der Basare kommen einem die Erzählungen von 1001 Nacht in den Sinn. Geht da drüben nicht gerade Abu Szaber, der Vater der Geduld? – Und neben ihm, natürlich, das ist Ali Baba – diesmal ohne seine Räuber ...

Die Tageszeitung ›Hürriyet‹ möchte ein Interview. Ein Reporter und ein Fotograf kommen, um uns auf der Straße zu Reiseerlebnissen zu befragen und ein paar ›Actionfotos‹ zu machen. Leider hat der Reporter weder an Schreibpapier noch an ein Tonbandgerät gedacht und versucht nun, sich durch ständige Wiederholungen unsere Antworten einzuprägen. Wir hoffen, daß der Fotograf wenigsten einen Film in seine Knipsschachtel eingelegt hat. Die sprachliche Verständigung ist zudem auch nicht einfach. Der Journalist versteht neben Türkisch nur ein paar Brocken Französisch. Es reicht aber nicht für ein ganzes Interview. Letztlich erklärt sich ein Passant bereit, unsere Antworten ins Türkische zu übersetzen. Der Artikel wird kurz, weil sich der Reporter an nicht allzuviel erinnern konnte.

Unser Aufenthalt in Istanbul spricht sich herum, und so meldet sich auch die andere große Zeitung namens ›Cumhuriyet‹. Hier spricht die Journalistin ziemlich fließend Deutsch und Englisch. Im Verlauf des Interviews kommt das Gespräch auf die weitere Reiseroute und die Grußbotschaft, die wir dem Bürgermeister von Cizre nahe der syrischen Grenze überbringen wollen. Als wir erzählen, daß unser Weg nach Cizre führt, also ins Kurdengebiet, wird die Journalistin merklich unruhig. Und als sie auch noch hört, daß wir zur Völkerfreundschaft beitragen wollen, bekommt sie vor Aufregung rote Flecken im Gesicht.

»In Deutschland wird viel Unsinn über das Verhältnis der Türken zu den Kurden geschrieben. Die deutschen Touristen und besonders Journalisten sind ein großes Problem in der Türkei, weil sie viel Unwahres erzählen. Fahren Sie lieber nicht dorthin, weil man Ihnen dort Dinge erzählen wird, die nicht wahr sind!«

»Wir haben nicht vor, irgendwelche Lügengeschichten zu übernehmen und zu verbreiten. Auch wollen wir nicht Partei ergreifen. Wir wollen einfach nur selbst sehen, wie die Menschen in der Osttürkei leben,« antworten wir ihr, spüren aber gleichzeitig die Distanz, die plötzlich zwischen uns getreten ist. Das anfangs große Interesse der Journalistin ist schlagartig verloschen. Mit ein paar Fotos wird das Interview abrupt beendet. Unser Bericht wird nie in der Cumhuriyet gedruckt. Aber das ist immer noch besser, als daß man unsere Aussagen verfälscht, wie es in anderen Ländern geschehen ist, wo die Reporter unsere Antworten im Sinne der Regierung veränderten.

Saddam Hussein rasselt zur Zeit wieder einmal an der kuwaitischen Grenze mit den Waffen. Eigentlich hatten wir vor, quer durch den Iran zu fahren. Diese Route ist aber zum momentanen Zeitpunkt zu gefährlich, der letzte Golfkrieg noch zu lebendig in Erinnerung. So beschließen wir, durch Syrien nach Jordanien zu radeln. Als Einreiseort für Syrien geben wir den kleinen Grenzübergang Nusaybin an in der Nähe von Cizre. Im Tausch gegen das Visum für Syrien besorgen wir für 20 DM eine Note der Deutschen Botschaft, die bestätigt, daß nichts gegen uns vorliegt.

Nach einiger Zeit der Entspannung geht es Elena wieder besser, wir können weiterradeln. Mit der Fähre setzen wir über nach Bandirma. Dann geht es auf den Drahteseln weiter – bei 41° C! Getreidefelder und Kiefernlandschaften säumen den bergigen Weg über Biga und Sevketiye. Çanakkale, die alte Keramikstadt, liegt bald zurück. Was uns brennend interessiert, ist Troja. Ziemlich das erste, was man beim Näherkommen durch die Baumwollfelder von Troja oder Truva, wie es hier heißt, sieht, ist das große, hölzerne Pferd, das an die geschichtlichen Überlieferungen erinnern soll. Hier fand im 12. Jh. v. Chr. der von Homer vielbesungene Krieg zwischen Griechen und Trojanern statt. Bis in die heutige Zeit ranken sich um Troja viele Geschichten.
Ein gewisser Heinrich Schliemann, geboren 1822 in Mecklenburg, ist daran nicht ganz unschuldig. In seiner Arbeitshütte dürfen wir heute kostenlos übernachten. Als Sohn eines Landpfarrers will er bereits im zarten Alter von acht Jahren beschlossen haben, Troja vom Staub der Jahrtausende zu befreien. Und genau das gelang ihm auch viele Jahre später. Zunächst wurde der junge Heinrich jedoch Krämergehilfe. Bald kam er aber zu Geld, spekulierte, handelte mit Salpeter und Gold und hatte Glück. Nebenbei erlernte er zwölf Sprachen. Im Jahre 1850 war Schliemann in den USA im Bankgeschäft erfolgreich.
Mit der Wahrheit nahm es der Mecklenburger nicht immer so

genau, und deshalb gibt es neben der Troja-Legende eben auch eine ›Schliemann-Legende‹. Wollte ihm das Leben Begebenheiten vorenthalten, die ihn interessant gemacht hätten, erfand der Tausendsassa eben selbst welche. Ein Treffen mit dem US-Präsidenten ist ebenso geschwindelt wie der Doktortitel der Philosophie. Ehrgeiz und Hartnäckigkeit, vielleicht auch der Wunsch, Großes zu schaffen, mögen der Antrieb für seine Leistungen gewesen sein.

Im Sommer des Jahres 1868 traf Schliemann mit dem Engländer Frank Calvert zusammen. Calvert besaß die Grabungsrechte für einen Hügel bei dem Dorf Hissarlik in den Dardanellen, unter dem er – genau wie Schliemann – die Reste des alten Trojas vermutete. Zwei Jahre später begannen die Grabungen.

Niemand aus der Fachwelt glaubte an den Erfolg des Hobby-Archäologen Schliemann, dessen Leitmotiv die Überlieferungen Homers waren. Schliemann wollte Gold finden – alte Keramik interessierte ihn nicht. Irgendein spektakulärer Schatz mußte gefunden werden! Er ließ mehrere tiefe Gräben ziehen, wobei sehr viele archäologisch wertvolle Gegenstände zerstört wurden.

Schliemann ging es in erster Linie um Reichtum, Macht und internationale Anerkennung. Der Glücksritter war erfolgreich und beschrieb den Tag seines legendären Fundes später so: »Beim weiteren Ausgraben dieser Mauer … stieß ich auf einen großen Kupfergegenstand von einer äußerst bemerkenswerten Form, die meine Aufmerksamkeit umso mehr erregte, als ich dachte, daß ich Gold dahinter sah. Oben auf dem Kupfergegenstand lag eine Schicht aus rotem und kalziniertem Schutt und Asche, so hart wie Stein, und darüber lag wieder die oben erwähnte Befestigungsmauer … Um den Schatz der Habgier meiner Arbeiter zu entziehen und ihn für die Archäologie zu retten, mußte ich äußerst schnell sein, und obwohl es noch keine Frühstückszeit war, hatte ich sofort ›Paidos‹ gerufen. Während die Männer Pause machten und aßen, entfernte ich den Schatz mit einem großen Messer, was ohne sehr große Anstrengung unmöglich war und schreckliche Gefahr für mein Leben war, wegen der großen Befestigungsmauer, unterhalb derer ich zu graben hatte und die jeden Moment auf mich herunterzufallen drohte. Aber der Anblick so vieler Gegenstände, jeder von ihnen von unschätzbarem Wert für die Archäologie, machte mich verwegen, und ich dachte überhaupt nicht an irgendwelche Gefahr. Es wäre für mich unmöglich gewesen, den Schatz ohne die Hilfe meiner lieben Frau fortzuschaffen, die bei mir stand und bereit war, die Dinge, die ich ausgrub, in ihr Umhängetuch zu packen und fortzutragen. Den ersten Gegenstand, den ich fand, war ein großer Kupferschild ... Danach folgte eine kugelförmige Flasche aus purstem Gold ... Dann kam eine Tasse, ebenfalls aus purstem Gold. Als nächstes kam eine weitere Tasse aus purstem Gold ...«. (2)

Der Schatz wurde zunächst nach Athen in das Haus Schliemanns gebracht. Von dort unternahmen die wertvollen Gegenstände eine Reise, die man nur als abenteuerlich bezeichnen kann. Über allerhand Irrwege landeten sie endlich in Berlin.

In den letzten Tagen des Zweiten Weltkrieges saß der dortige Museumsdirektor während eines Bombenangriffs höchstpersönlich auf den Kisten mit den Goldschätzen, um sie zu bewachen. Am 2. Mai 1945 dann übernahmen russische Offiziere die Kunstwerke. Der Streit um die rechtmäßigen Besitzansprüche ist bis heute nicht entschieden. Am 16. April 1996 wurde im Puschkin-Museum Moskaus ein Großteil der 4000 Jahre alten Trojaschätze ausgestellt. Das sagenhafte Troja ist immer noch lebendig und fasziniert nach wie vor Geschichtsinteressierte in aller Welt. Zur Zeit wird von einem internationalen Archäologenteam wieder an den bislang neun freigelegten Trojaschichten gegraben.

Die Sonne brannte zu Zeiten des alten Homer bestimmt genauso heiß, wie sie es jetzt tut. Immer wieder suchen wir den

Schatten. Wie mag das Leben hier wohl ausgesehen haben, als diese mächtigen Mauern errichtet wurden?

Elena:
Das Verhalten der Türken Fremden gegenüber ist bemerkenswert. Wenn Peter einkauft, bewache ich Räder und Gepäck. Sehr oft kommen die Besitzer des Geschäftes oder des Hauses, vor dem ich stehe, heraus und bringen mir einen Stuhl, manchmal sogar ein Glas Tee. Wo gibt es sowas noch, außer hier?

Im nächsten Ort Ezine ist Jahrmarkt mit Karussell und großem Zelt, vor dem ein Marktschreier steht und zum Eintreten auffordert. Zu unserem Erstaunen sitzen drinnen einige Nachfolger Mohammeds vor einer Bühne, auf der drei junge Mädchen in Miniröcken und Hotpants zu überlauter westlicher Discomusik tanzen. Die Männer toben vor Begeisterung.

12 Prozent Steigung steht in der Karte, 450 Höhenmeter. Wir messen noch mehr und kommen auf 485 m vom Meeresspiegel an. Da kommt Freude auf mit 80 kg Gepäck! Vor allem dann, wenn man immer wieder auf 0 Höhenmeter steil runterfährt, um kurz darauf wieder hochzuschieben.

Wieder einmal erweist sich Peter als der reinste Muntermacher. Während ich genervt vor mich hinbruddele, lacht er mich fröhlich an und meint: »Stell dir doch nur die Abfahrt vor, die uns erwartet. Bei der Höhe wird das ein Erlebnis!«

Der Gedanke gibt mir Auftrieb. Brav ächze und schiebe ich weiter das dicke Rad bergauf. Oben werde ich mit einer schönen Aussicht über das Land belohnt. Dann geht es jauchzend wieder steil runter.

Unter einer kleinen Brücke ist das Wasser des Flüßchens fast vertrocknet. Eine total verdreckte Pfütze blieb bislang noch übrig, voller Abfall und Chemikalien, die schmierig schillernd die Wasseroberfläche bedecken. Mit einem Mal sehen wir, daß sich aber wider alle Logik in diesem Pfuhl Leben regt. Kleine, dunkelbraune Köpfchen tauchen auf und ab – Wasserschildkröten, die zwischen fauligen Tomaten und Motorenöl ihr Dasein fristen.

Eines der schönen Dinge für Radfahrer in der Türkei sind die über das Land verteilten Trinkwasserbrunnen am Straßenrand. Wie die Kinder bespritzen wir uns von oben bis unten. Eine Wohltat, wenn Straßenstaub und Schweiß auf der Haut jucken. In wenigen Minuten sind wir durch den heißen Wind wieder trocken.

Gegen Abend habe ich die gloriose Idee, das Zelt direkt am Meer aufzuschlagen und den Sonnenuntergang am Horizont mit einem schönen Schluck Wein zu begießen. Da passiert das Unglück: Der Feldweg, der zu der versteckten Stelle am Wasser führt, ist voll mit kugelrunden Samen, die auf jeder Seite kleine, aber sehr harte und spitze Dornen haben. Sie erinnern in ihrer Form an einen winzigen, mittelalterlichen Morgenstern. Wegen ihrer Sandfarbe haben wir sie nicht gesehen und sind mit unseren Pneus voll reingefahren. Binnen weniger Sekunden stehen beide Räder platt auf den Felgen. Aus ist es mit dem romantischen Plan, direkt am Wasser zu übernachten. Wir dürfen uns gleich hier am Straßenrand einen Platz für das Zelt suchen. Zudem kommen auch noch zwei Bauern und warnen uns mit Zeichensprache und Bellen vor einer großen Hundemeute, die die Gegend unsicher macht. Die Männer raten uns zu langen Holzstöcken und Steinen, machen das Zeichen für einen schnappenden Hund und ziehen freundlich grüßend weiter. Na fein!

Die Sonne sinkt bereits zügig dem Horizont entgegen. Um uns herum liegt nur frisch aufgeworfene Erde in Olivenhainen. Da können wir unmöglich das Zelt aufbauen. Ich hüte die Räder, während Peter sich aufmacht, ein einigermaßen ebenes Plätzchen für das Zelt zu finden, auf dem man uns vom Weg her nicht sofort sieht. 200 m weiter wird er unter einem großen Olivenbaum fündig, und nun schleppen wir das gesamte Gepäck und die Räder huckepack auf den Acker.

Während ich das Zelt aufbaue, zählt Peter in seinem Vorderrad 30 Dornen, hinten 65, bei mir vorne 15 und hinten 45. Der nächste Tag vergeht hauptsächlich mit Reifenflicken, weil die Flickstücke nicht gut halten. Bei 43°C im Schatten trocknet die Gummilösung schneller, als man sie auftragen kann. Hinzu kommt, daß wir auf einen solchen ›Reifen-GAU‹ nicht gefaßt waren. Um alle Löcher im Schlauch zu schließen, müssen die Flicken auch noch geteilt werden, weil wir nicht genügend mitgenommen haben. Improvisationsgeist ist gefragt! Und dabei warten die Ersatzschläuche bereits in Antalya auf uns. Ein Übel kommt selten allein. Als wir endlich weiterradeln können, erschwert ein starker Gegenwind die Fahrt. Himmel, da braucht man Geduld!

Die türkischen LKW-Fahrer machen sich gerne ein Späßchen, indem sie mit voller Geschwindigkeit auf uns zubrettern, um haarscharf an uns vorbeizurasen. Dazu ziehen sie beim Entgegenkommen manchmal sogar den ganzen Laster quer über die Fahrbahn, um uns einen Schrecken einzujagen. Mensch, wir sind doch keine Adrenalin-Junkies! Die lachenden Fahrer denken nicht daran, daß allein ihr Fahrtwind uns schon den Abhang neben der Straße runterpusten kann. Mühsam halten wir in der Staubwolke das Gleichgewicht.

Aber die hiesige Gastfreundschaft macht vieles wieder wett. Ständig werden wir von Leuten auf der Straße angehalten und eingeladen, uns zu ihnen zu setzen. Viele sprechen unsere Sprache, weil sie früher in Deutschland gearbeitet und sich jetzt in ihrer Heimat zur Ruhe gesetzt oder selbständig gemacht haben. Wo die gemeinsame Sprache fehlt, reicht man uns einfach lachend ein Glas Mineralwasser oder einen gesüßten Tee. Während wir trinken, werden kopfschüttelnd die Räder betrachtet. Das passiert hier so oft, daß wir beschließen, uns seltener einladen zu lassen, weil wir sonst überhaupt nicht vorwärtskommen. Aber Spaß macht es natürlich auch, auf soviel interessiertes Entgegenkommen zu stoßen.

Peter fährt ein gutes Stück vor mir, als wir einen bewaldeten Abschnitt passieren. Ein junger Mofafahrer hat mich vor ein paar Minuten überholt – jetzt steht er am Waldrand auf einer Anhöhe neben der Straße. Es ist ein Exhibitionist, der mir Angst einjagen will. Ich erschrecke, weil ich im ersten Moment mit einem Angriff rechne, was diesen Kerl sichtlich freut. Grinsend rennt er auf mich zu, steigt dann aber auf sein Mofa und fährt laut lachend knatternd davon. Als ich Peter einhole und ihm von dem Vorfall berichte, beschließen wir, nicht mehr so große Abstände zwischen uns zu lassen.

Weit unterhalb der Küstenstraße liegt Olympos. Die Piste führt 21 km steil bergab auf einer sehr alten Straße mit Schlaglöchern von zum Teil 1 m Tiefe, die nur durch zwei Steine an den Rändern gekennzeichnet sind. Zudem neigt sich die gesamte Straße nach rechts zum Abgrund hin. Die alte Via Appia Antica in Rom ist dagegen von der Qualität her die reinste Schnellstraße. An den Aufstieg wollen wir jetzt noch nicht denken, und auch nicht an die vielen Schweißtropfen, die er uns kosten wird.

Stattdessen genießen wir den Ausblick auf die imposante Landschaft. Unten am Meer weisen einige Ruinen aus dem 2. Jh. n. Chr. auf einen Tempel, ein römisches Theater, eine Nekropole mit seltsamen Stollengräbern und eine byzantinische Basilika hin. Viele Überreste der einstigen Siedlung sind unter wild wuchernden Pflanzen begraben. Das ständig brennende Erdgasfeuer ›Yanar‹ kann nur über einen 7 km langen Fußweg oder mit dem Boot erreicht werden. Die Flammen wurden früher ›Chimaira‹ genannt und sind vor allem bei Dunkelheit zu erkennen. Früher waren sie größer und auch tagsüber weithin sichtbar. Der Platz bei den Flammen wurde als Kultstätte benutzt.

Wir mieten eine der kleinen Holzhütten auf Stelzen, die in Verbindung mit einfachen Gasthäusern, in denen junge Leute kochen, den Touristen zur Verfügung stehen. Die Hütten sind mit phantasiereichen Namen gekennzeichnet wie ›Honeymoon Suite‹, ›Harem‹, ›Moondream‹ oder ›Princess Suite‹ und über Holzleitern erreichbar. Als Tür dienen Plastikplanen oder Säcke. Der einzige Innenraum ist leer. Für etwa 3 DM erhält man in den interessant eingerichteten Restaurants eine große Portion Tintenfisch mit Pilzen, Paprika und Petersilie oder Köfte, die türkischen Hackfleischbällchen, mit gut gewürztem Reis. Olympos ist ein ertragreicher Touristentreffpunkt geworden. Allerdings braucht man für eine Übernachtung gute Nerven, vor allem, wenn man mehrfach in der Nacht durch viele spät heimkehrende Gäste geweckt wird, die lautstark ihre Hütten suchen – und dort vielleicht noch weiterfeiern.

»Halt, Verkehrskontrolle! Wo wollen Sie hin?«
»Nach Deutschland.«
Die beiden Polizisten vor dem Straßenposten grinsen.
»Das ist aber ein bißchen die falsche Richtung!«
»Ich weiß. Aber wir haben uns gedacht, daß wir einmal um die Welt radeln, bevor wir wieder nach Deutschland fahren. Insofern stimmt die Richtung genau.«

Die zwei bieten an, unseren Wasservorrat in der Polizeistation aufzufrischen und im Schatten vor dem Haus eine Pause einzulegen. Einer der beiden möchte mit Peters Rad eine Runde drehen. Aus der Runde wird eine wacklige Gerade von 3 m, dann kippt er um und wird gerade noch von Peter aufgefangen. Der andere geht mit mir ins Haus, um mir den Wasserhahn zu zeigen. Als der Mann es sich nicht verkneifen kann, mir an den Po zu fassen, haue ich ihm auf die Finger und stürme wütend raus zu Peter. Verärgert verlassen wir die beiden Staatsschützer.

Auf dem nahen Zeltplatz ›Caravan‹ unterhalb der Akropolis genehmigen wir uns den Luxus eines ausgiebigen Bades im großen Pool und springen samt den <u>selbstaufblasbaren Luftmatratzen</u> begeistert ins kühle Wasser.

Ankunft in Olympos / Türkei.

Hier können wir endlich prüfen, wo die Luft aus den Matratzen nachts so heimtückisch entweicht. Viele kleine Löcher längs der Nahtstellen werden mit Kleber repariert, aber man müßte wahrscheinlich alle Nähte von oben bis unten abdichten. Die Matratzen sind auch nach der Reparatur ein paar Stunden später platt wie eine Briefmarke. Wie bisher auch, liegen wir erneut morgens auf dem harten Boden.

Im Laufe der nächsten Tage registriert Peter, wie ganz langsam und leise immer mehr Luft aus winzigen Löchern im Vorderreifen entweicht. Da fällt ihm ein alter Trick ein, um den Schaden zu beheben, ohne den Schlauch abzumontieren. Hierfür hat er sich Milch besorgt. Im Schatten einer Tankstelle läßt er erst mal die restliche Luft ins Freie, was den dabeistehenden Tankwart stutzen läßt. Die Tüte wird geöffnet, und Peter füllt die Milch in einem dünnen Rinnsal in die Ventilöffnung des Schlauches. Der Tankwart ist nun völlig von den Socken. Fassungslos schaut er Peter zu, und man kann richtig sehen, wie es denkt ...

Um größeren Schaden von dem guten Mann abzuwenden, klärt Peter ihn auf, indem er das Ventil reinschraubt und den Schlauch mit Preßluft füllt. Durch die Umdrehung beim Fahren wird die fettige Milch im Schlauch verteilt und verstopft dadurch kleinere Löcher. Den Tankwart begeistert diese einfache Notlösung derart, daß er uns für die gute Idee sofort einen Tee spendiert.

Über Edremit geht es mit 30 km/h leicht bergab in Richtung Izmir. Bei einer Kaffeepause kommen wir auf deutsch mit dem türkischen Tischnachbarn ins Gespräch, der uns dringend davor warnt, Fragen über die Kurdenpartei PKK zu stellen. Wir würden uns damit verdächtig machen als eventuelle Sympathisanten der Kurden und könnten vielleicht Probleme bekommen. Sogar den rotgelbgrünen Kugelschreiber soll Peter besser verschwinden lassen, weil dies die Farben der kurdischen Arbeiterpartei seien. Wie recht er mit seinen Bedenken hat, wird sich noch herausstellen.

Das Meer bei der Einfahrt nach Izmir ist unbeschreiblich. Man möchte sagen: »Is mir übel«. Es handelt sich um eine dunkelbraune, entsetzlich stinkende Brühe, bei der man deutlich sieht, daß die Kanalisation der Stadt direkt am Ufer ins Wasser geleitet wird. Nicht weit davon entfernt baden Leute. Wir fahren schnell weiter, das Taschentuch vor die Nase gebunden. Erst an der Promenade im Zentrum der Stadt wird das Wasser besser. Ein Autofahrer findet es besonders witzig, direkt hinter mir eine Vollbremsung mit quietschenden Reifen hinzulegen, und kugelt sich fast vor Lachen, als ich ins Schleudern komme und nur mit Mühe das Rad halten kann. Laut hupende Autokarawanen überholen uns mit fröhlich singenden und musizierenden Menschen, die sich aus den Fenstern beugen und bunte Bänder schwingen, winken oder oben aus dem Dach lugen.

Einige Beschneidungsfeste finden zur Zeit statt, ein Ritus, dem sich jeder moslemische Junge unterziehen muß und der den Beginn seines Mannseins bedeutet. Oft wird das Kind bereits im Säuglingsalter beschnitten, manchmal aber auch erst im 12. Lebensjahr. Es ist selbstverständlich, daß der Knabe zu diesem Anlaß mit Geschenken und Bargeld reich belohnt wird.

Abgesehen von der religiösen, hat die Beschneidung der Penisvorhaut auch ihre rein hygienische und somit praktische Bedeutung in den heißen Ländern des Islam. Über 95 Prozent der Bevölkerung bekennt sich hier zu dieser Religion, obwohl sie nicht mehr Staatsreligion ist. Unter oft großen finanziellen Opfern feiern die Familien zu Hause oder in Restaurants dieses Fest. Der kleine Held in weißer Phantasieuniform mit Schwert sitzt auf einer Art Thron, während ihm zu Ehren getanzt wird. Mittanzen kann er meist aus verständlichen Gründen nicht ... Manchmal trägt die Familie auch das ganze Ehebett mit dem kleinen, blassen Kind darin mitten ins Restaurant, in dem die Feier stattfindet. Jeder soll sehen, daß der Junge sich anschickt, ein ›ganzer Mann‹ zu werden.

Schon vor unserer Reise haben wir uns über den Islam etwas informiert. Islam bedeutet ›Ergebung in den Willen Gottes‹. Angefangen hat alles, als im Jahre 570 n. Chr. in der Stadt Mekka im heutigen Saudi-Arabien ein Junge geboren wurde, den seine Eltern Mohammed nannten. Die Familie war arm, der Sohn wuchs heran, wie viele andere Jungs dieser Zeit. Als der junge Mohammed größer wurde, arbeitete er im Laden seines Onkels Abu-Talip mit, zunächst als Gehilfe, später als Kaufmann. Die Jahre vergingen, aus dem Jungen wurde ein Mann. Zunächst heiratete er die reiche Kadijah. Als sie gestorben war, verehelichte er sich mit seiner zweiten Frau Chadidscha, mit der Mohammed vier Töchter hatte. Die jüngste davon hieß Fatima und heiratete später den Kalifen Ali. Der Adoptiv- und Schwiegersohn Ali wird als einziger Nachfolger Mohammeds anerkannt. Die aus dieser Ehe hervorgehenden Söhne Hassin und Hussein bildeten das erste islamische Adelsgeschlecht und gelten heute als Heilige.

Mohammed war zu Größerem berufen, als Zeit seines Lebens Krämer zu bleiben. Der Überlieferung nach empfing er die Offenbarungen des ›einzigen wahren Gottes Allah‹ im Jahr 607 n. Chr. durch die Erscheinung des Erzengels Gabriel. Abu Bekr war der Schwiegervater Mohammeds, in dessen Auftrag die Aussprüche Mohammeds gesammelt und später um 653 n. Chr. im Jemen-Dialekt in 114 Suren im Koran niedergeschrieben wurden. Mohammed verstand sich selbst weder als Gott noch als Gottes Sohn, sondern als Überbringer von dessen Lehre. Nach Adam, Noah, Abraham, Moses und Jesus sah er sich als der letzte von sechs Propheten. Die Grundsätze des Islam enthalten einfache Richtlinien für das Leben in der Gemeinschaft. Die Araber der damaligen Zeit waren Nomaden, Karawanenführer oder Viehzüchter. Für sie mußten nachvollziehbare praktische Gesetze geschaffen werden. Weil der starke Schnaps, gewonnen aus dem gegorenen Saft der Dattelpalme, für die Menschen nicht zuträglich war, wurde der Alkoholgenuß verboten. Um das Alkoholproblem deutlich zu machen, erzählt ein Moslem folgende Geschichte:

»In der Frühzeit des Islam überfielen zwei Heiden einen zum Islam Übergetretenen und drohten ihm, sie würden ihn töten, wenn er nicht eines von zwei Dingen tun würde: Entweder eine Flasche Palmwein trinken oder den heiligen Mann des Ortes töten. Der Moslem willigte ein, das, was ihm das geringere Übel schien, zu tun und trank den Schnaps, mit dem Erfolg, daß er auch den heiligen Mann umbrachte.« (3)

Mohammed ist als Kaufmann mit den Karawanen viel herumgekommen. Von den vorangegangenen Religionen, aus dem Juden- und Christentum, übernahm er einiges in seine neue Glaubenslehre.

Allerdings wird Jesus von den Moslems nicht als Gottes

Sohn, sondern nur als sein Prophet anerkannt. Dennoch ließ Mohammed in seiner eigenen Grabkammer in der Moschee von Medina ein Grab für Christus errichten, um beim Jüngsten Gericht zusammen mit Jesus aufzuerstehen. Als der Religionsstifter damals anfing, in Mekka zu predigen, wurde er bald von den heidnischen Einwohnern verfolgt. Das Jahr der Flucht 622 n. Chr. nach Medina ist auch der Beginn der mohammedanischen Zeitrechnung. Den endgültigen Durchbruch des Islam erlebte Mohammed nicht mehr. Er starb am 8. Juni 632 n. Chr. im Alter von 62 Jahren. Die neue Religion verbreitete sich schnell über den gesamten Orient. 500 Jahre lang war der Islam Staatsreligion im osmanischen Reich und prägte stark die Landespolitik. Das endete erst mit der Abschaffung der ›Sharia‹, des islamischen Rechts, in den zwanziger Jahren. Viele strenggläubige Moslems sind damit allerdings bis heute nicht einverstanden. Der Koran verspricht einerseits die Religionsfreiheit. Das betrifft die Wahl der Religion und ihre Ausübung. Andererseits werden Anhänger anderer Religionen als ›Ungläubige‹ bezeichnet. Es besteht die Verpflichtung zum Dialog mit Andersgläubigen, wobei dieser auf die beste Art und Weise geführt werden sollte, unter Hochschätzung der Werte anderer.

Die Moslems sollen fünfmal täglich beten (Salat), sich zu Allah bekennen (Schahada), den Armen geben (Sakat), dürfen im Fastenmonat Ramadan von Sonnenaufgang bis Sonnenuntergang weder Speise noch Trank zu sich nehmen und nicht rauchen. Sex fällt auch aus in der Zeit. Einmal mindestens in ihrem Leben sollten sie eine Pilgerfahrt nach Mekka machen (Hadsch). Wem das nicht möglich ist, der kann sich durch einen anderen vertreten lassen.

Die Gebetsregelungen setzen dem Müßiggang und der Trägheit Bewegung entgegen. Schon das Morgengebet erfordert zeitiges Aufstehen vor Sonnenaufgang. Die weiteren auf den Tag verteilten vier Gebete halten den Gläubigen von zu langem Sitzen ab. Uns fällt die körperliche Beweglichkeit selbst älterer

Menschen auf, die im Gegensatz zu uns mit geschmeidigen Bewegungen vom Boden aufstehen. Die Beschneidungen der Jungen dienen im wasserarmen, heißen Land der besseren Hygiene. Und die Pflicht, Almosen zu geben, sorgt für die Armen. Wir können uns der eigentümlichen Faszination des Muezzins nicht entziehen, der vom Minarett herunter die Gläubigen zum Gebet ruft (Ezan). Heutzutage geschieht das in vielen Orten über ein Mikrofon.

»Allah uakhbar. La illaha illallah!« schallt es weit ins Land – Allah ist größer, er ist einzigartig.

Freitags soll das Gebet in der Moschee stattfinden. An allen anderen Wochentagen darf der gläubige Moslem beten, wo er gerade steht und geht. Dazu rollt er seinen kleinen Gebetsteppich aus bei Sonnenaufgang, um die Mittagszeit, am Nachmittag, bei Sonnenuntergang und am späten Abend. Ladenbesitzer hängen dann eine Schnur quer vor den Eingang ihres Geschäftes oder befestigen ein Schild: ›Geschlossen wegen Gebet – zurück in 20 Minuten‹. Manchmal beten sie auch in ihrem Laden, vor oder hinter der Theke. Als Kunde wartet man dann höflich und zurückhaltend, bis der Betende fertig ist. Vor dem Gebet müssen sich die Gläubigen an Händen, Gesicht, Unterarmen und Füßen waschen. In den Moscheen gibt es hierfür Brunnen oder zumindest Wasserhähne.

Der Imam in der Moschee, der die Predigt hält, steht der ›Quibla‹-Wand gegenüber, die nach Mekka und somit in die Gebetsrichtung zeigt.

In dieser nach außen hin reinen Männergesellschaft, in der eine Frau allein kein Caféhaus aufsuchen sollte, regieren die Frauen innerhalb des Haushaltes. Hier hat die Mutter – nach dem Vater – die größte Autorität und bestimmt das Geschehen, auch den Schwiegertöchtern gegenüber. Noch heute gibt es in vielen türkischen Haushalten separate Zimmer, die nur den männlichen Hausbewohnern und ihren Gästen vorbehalten sind. So vermeidet man den Kontakt zwischen den Frauen des Hauses und männlichen Besuchern. Im Bus setzt sich ein Mann nicht neben eine ihm unbekannte Frau. In einigen islamischen Ländern sitzen die Frauen vorne beim Busfahrer. Der ist zwar auch ein Mann, aber wohl über alle Zweifel erhaben. Der hintere Teil des Fahrzeugs ist den Männern vorbehalten. Für alleinreisende Frauen und Familien gibt es in Teehäusern extra Familienecken, in denen sie vor neugierigen Blicken geschützt sind.

Atatürk hat die Vielehe verboten und die Gleichberechtigung der Geschlechter eingeführt, die auch die Scheidungsregelung einschließt. Aber bis heute achten viele auf eine jungfräuliche Eheschließung mit absoluter Treue der Frau. In vielen Fällen hat der Spaß für Witwen und Geschiedene ein Ende. Diese Frauen haben kaum eine Chance, einen neuen Partner zu finden. Gegen die bisher übliche Ehevermittlung durch die Familien wird allerdings in letzter Zeit aufgemuckt. Man sieht zumindest in größeren Städten vielerorts Liebespärchen, die sich nicht vorschreiben lassen wollen, mit wem sie den Rest ihres Lebens zu verbringen haben.

Auch die Sache mit dem vom Bräutigam in Gold zu zahlenden Brautpreis wird oft als überkommene Tradition angesehen. Manchmal hilft allerdings nur der ›Vollzug‹ der Ehe, um die Eltern von der Richtigkeit des von den Kindern ausgesuchten Partners zu überzeugen. Damit die Familienehre wieder hergestellt wird, müssen sie der Verbindung gezwungenermaßen zustimmen. Ziviltrauungen sind seit Atatürk Pflicht. Eine Ehe, die nur vor dem Imam geschlossen wurde, gilt als nicht rechtskräftig. Bedingt durch die verschlechterte Wirtschaftslage und die Landflucht sind viele Frauen heute gezwungen, dazuzuverdienen. Die zusätzliche Belastung durch den Haushalt und die Kinder wird durch die Großfamilie, die heute noch oft zusammenlebt, aufgefangen.

Die Beziehung der türkischen Bevölkerung zu den Tieren, vor allem auf dem Land, ist hauptsächlich zweckbestimmt. So manchem ausgesetzten Hundekind begegnen wir auf unserer Fahrt, meist weit entfernt von jeder menschlichen Behausung. Man kann nur hoffen, daß die Tiere auch von anderen Reisenden etwas zu essen und zu trinken bekommen. Die Leute hier sind der Meinung, daß es sich um ›Raubtiere‹ handelt, die sich allein in der freien Natur ihr Futter erjagen. Daß so ein Hundebaby nicht den blassesten Schimmer hat, wie man ein Kaninchen erlegt, und wohl elendiglich verhungert oder überfahren wird, wollen die Bauern nicht hören. Sie haben meist schon einen Hund, dessen einzige Daseinsberechtigung darin besteht, als lebende Alarmanlage seine Besitzer oder eine Herde zu beschützen. Eine Kastration oder Sterilisation kostet Geld und wird zudem als unnatürlich verachtet. Da bringt man den unerwünschten Nachwuchs lieber weit weg ›aufs Land‹.

Später sitzt ein gestreiftes Katzenkind zitternd am Bordstein. Seine Augen sind stark entzündet, das ganze Tier ist total von Blut und Schmutz verklebt. Staksig kommt es auf uns zu, und wir stellen fest, daß es einen Hüftschaden hat. Wir sehen uns das Kätzchen näher an, zur Belustigung der Umstehenden, die lachend erklären, daß es bereits seit einigen Tagen am Trottoir sitzt und maunzt. Sehr wahrscheinlich wurde es angefahren und schwer verletzt. Zum Glück ist in der Nähe ein Tierarzt, der bereit ist, die Katze kostenlos zu behandeln, wenn wir die Medikamente zahlen. Die Untersuchung ergibt ein gebrochenes Becken, vermutlich sind zudem noch innere Organe beschädigt worden. Auf Anraten des Arztes wird die Katze eingeschläfert. Ihr Leiden hat endlich ein Ende.

Izmir verlassen wir zügig und radeln weiter auf der Landstraße in Richtung Süden. Mir graust vor den vielen Baustellen unterwegs. Vorhin habe ich wegen der Hitze meinen Helm nicht getragen. Als wir an einen Bauabschnitt voller Schottersteine kamen, flog mir prompt in einer Staubwolke ein Stein an den Kopf, der von einem der vorüberrasenden Laster hochgespritzt wurde. Jetzt trage ich den Deckel wieder freiwillig und ertrage den Schweiß, der mir in die Augen läuft und brennt.

Bei einer kleinen Tankstelle mit Getränkeausschank machen wir Pause. Für 25.000 TL hole ich beim Tankwart ein Bier, das Peter und ich uns brüderlich teilen. Aber die Hitze ist einfach zu groß – Peter hat Lust, ein weiteres Bier für sich ganz allein zu trinken und marschiert auch in die Tankstelle. Interessanterweise muß er für das gleiche Bier 30.000 TL bezahlen. Als er erfährt, daß ich weniger bezahlt habe, ärgert er sich: »Das ist doch mal wieder typisch. Frauen haben es da einfach besser als Männer.« Tja –.

In einem kleinen Dörfchen spricht uns ein Mann auf türkisch an. Lachend deutet er auf die Räder und legt die gefalteten Hände unter seinen schräg gelegten Kopf. Wir verstehen, daß er uns fragen will, wo wir denn schlafen werden. Auf den Zeltsack klopfend, deuten wir auf den Wald vor uns. »No, no, no,« kommt es zurück. Der Mann stellt sich als Imet vor und macht die Geste des Mitkommens, wobei er den Arm ausstreckt und mit der geraden Hand nach unten wedelt.

Wir lassen uns auf das Abenteuer ein und gehen ein paar Straßen weiter mit ihm mit, bis wir vor einem kleinen Haus stehen, aus dem eine ungefähr 30 Jahre alte hübsche Frau herauskommt. Sie legt sich schnell ein Tuch über den Kopf, als sie Peter sieht, lacht uns freundlich an und hört ihrem Mann zu, der ihr etwas erklärt und dabei immer wieder auf uns zeigt. Zwei Kinder halten sich an der weiten Hose der Mutter fest. Auf dem Land tragen die Frauen oft weite Baumwollhosen, die bei der Feldarbeit angenehm sind. Es ist zu riskant, die Räder samt Gepäck allein vor dem Haus stehen zu lassen. Die beiden verstehen unsere besorgten Blicke sofort, und so setzen wir uns alle vor dem Haus auf herausgelegte Bodenmatten und trinken erstmal Tee.

Eines der Kinder wird zum Nachbarn geschickt, der etwas Englisch sprechen kann. Es ist ein ehrwürdiger älterer Imam mit grauschwarzem Bart, der immer wieder mißbilligend meinen unbedeckten Scheitel betrachtet. Die Haare einer Frau werden in der islamischen Kultur als erotisches Lockmittel für den Mann betrachtet. Eine anständige Frau hält ihren Kopf bedeckt. Wir berichten von der Weltreise, und der Imam übersetzt unsere Worte ins Türkische. Die Bauersleute sind begeistert von unserem Mut, und als Peter noch einige Zauberkunststücke zeigt und die Kinder vor Freude quietschen, steht es fest: Wir dürfen nicht vor morgen weiterfahren und müssen unbedingt bei den Leuten übernachten. Weitere Nachbarn kommen, um die Ausländer auf Rädern zu bestaunen, fragen, ob sie unsere Waden anfassen dürfen, und wundern sich über mein schwarzes Haar.

»Sind denn nicht alle Deutschen blond?«

Peter:
Nach einer Weile verschwinden die Frauen kichernd mit Elena in der winzigen Küche und fangen an zu kochen. Die Leute scheinen nicht sehr wohlhabend zu sein. Ein alter Fernseher im Wohnzimmer ist der einzige Luxus, ansonsten ist die Einrichtung sehr spartanisch. Das ganze Häuschen besteht nur aus zwei kleinen Zimmern, einer noch kleineren Waschküche und der Miniküche mit einem rauhen Spülstein als einziger Einrichtung. Wasser holt man vom Brunnen im Hof, das dortige stockfinstere Plumpsklo teilt man sich mit den Nachbarn aus den umliegenden Häusern. Trotzdem wird eines der Kinder mit etwas Geld losgeschickt und kommt mit einem Hühnchen zurück, das sofort in der Küche angebraten wird. Unser Angebot, wenigstens das Essen zu bezahlen, wird energisch abgelehnt.

Bevor wir uns alle in einer Runde auf den Boden im Wohnzimmer setzen, sagt der Imam etwas sehr Schönes und Weises in Bezug auf unsere Verständigungsprobleme und verschiedenen Zivilisationen:

»Wir sind alle Allahs Kinder, und unsere Religionen sind nicht so weit voneinander entfernt. Wenn wir auch nicht miteinander sprechen können, so wollen wir doch in Frieden miteinander essen.«

Alles Gepäck wird in das kleine Schlafzimmer gebracht, die Räder vor dem Haus angekettet. Der Fernseher wird eingeschaltet, und extra für uns sucht Imet das Programm der Deutschen Welle, damit wir die deutschen Nachrichten sehen können. Das gebratene Huhn schmeckt wunderbar. Es liegt auf einem runden Drehtablett, zusammen mit Fladenbrot und mehreren Gemüsesorten. Als Dessert gibt es eisgekühlte Melonenstücke, die von einem Nachbarn geholt werden, der einen Kühlschrank hat. Als wir erneut versuchen, wenigstens das Essen zu begleichen, werden wir energisch auf die türkische Ehre und Gastfreundschaft hingewiesen, die das verbietet. Wenn ein Türke zu uns nach Deutschland kommt, sollen wir ihm dafür die gleiche Gastfreundschaft gewähren.

Nach dem Essen verabschiedet sich der alte Imam. Jetzt müssen wir alle unsere ganze Phantasie einsetzen, um uns mittels Wortfetzen, Fotos und Zeichensprache miteinander zu verständigen. Hier erweist sich wieder einmal unsere Mappe als wichtig, in der wir unter anderem Fotos von unserer Heimat, von Deutschland allgemein und von unseren Familien haben. Aber trotz der fehlenden gemeinsamen Sprache wird es ein lustiger Abend, und erst spät sind unsere Gastgeber bereit, uns ins Bett zu entlassen. Sie bestehen darauf, mit den Kindern auf dem Fußboden im Wohnzimmer zu schlafen, und beziehen für uns ihr Ehebett im Schlafzimmer mit der selbstbestickten Wäsche, die sie zur Hochzeit bekamen. Bevor wir schlafengehen, betrachtet die Hausfrau nachdenklich Elenas enge Jeans und schenkt ihr ein paar weite, selbstgenähte Baumwollhosen.

Früh am nächsten Morgen stehen wir auf. Mürrüryet hat bereits das Frühstück hingestellt, Tomaten- und Schafskäsestücke, dazu Oliven und Fladenbrot. Imet ist fertig angezogen und will zur Arbeit gehen. Wir schenken den Kindern ein paar Kleinigkeiten, die wir für solche Fälle immer dabei haben und über die sie sich sehr freuen. Imet macht mit unserer Polaroid-Kamera einige Fotos zur Erinnerung, die er gleich auf den Fernseher im Wohnzimmer stellt, und die Geste des Schreibens. Ja, wir werden ihnen schreiben und von überall her berichten, was wir erlebt haben!

Achsenbruch! An meinem Hinterrad ist die Achse gebrochen! Tja, Glück muß man haben! – Als der Radler-Horror passiert, fahren wir gerade an einem Fahrradladen in Torbali vorbei. Der Händler hat vieles, was das Radlerherz begehrt. Während wir die kaputte Achse reparieren lassen, bittet er uns herein und serviert Tee und Pide, die türkische Pizza, Wasser und Kaffee. Er geht jedes Jahr zur Radmesse nach Deutschland, um sich über den letzten Stand der Technik zu informieren. Interessiert inspiziert er das automatische Kettenschmiersystem, das wir für die Firma Rohloff testen. Derweil sehen wir uns im Verkaufsraum um. Bis hoch zur Decke ist er mit allerlei Fahrrad- und Motorradzubehör vollgestopft, trotzdem finden die sachkundigen Verkäufer alles schnell. Sollte jemand dort in der Nähe sein und eine gutbestückte und kompetente Fahrradwerkstatt benötigen, können wir diese hier sehr empfehlen.

Langsam, aber sicher leidet das Material unter der ständigen Extrembeanspruchung auf der Reise. Auch der Benzinkocher gibt allmählich den Geist auf, die Brennstoffleitung ist hoffnungslos verstopft. In eine leere Getränkedose fülle ich Essig, lege die Leitung rein zum Reinigen und befestige die Dose an meinem Rad. Ohne Erfolg. Bisher haben wir uns immer wieder mal etwas Heimatliches gekocht und somit Abwechslung in den Speisezettel gebracht. Damit ist jetzt erstmal Schluß. Das passende Ersatzteil muß erst noch gefunden werden.

Der Weg führt direkt am Meer vorbei. In großen Bergen häuft sich blendendweißes Salz, das hier gewonnen wird. Kurz vor Kusadasi liegen rechts der Straße die Reste von Ephesos. Die Geschichte der Stadt geht bis ins 11. Jahrhundert zurück. Die verschiedenen Machtwechsel und damit verbundene Kriege hinterließen ihre Spuren. Das Christentum kam im Jahre 53 durch einen Mittelsmann nach Ephesos, der es aus erster Hand kennen mußte. Es war der Jünger Paulus. Über zwei Jahre lebte er zwischen den Mauern der Stadt und verbreitete den neuen Glauben. Bis dahin glaubte man an Götter wie zum Beispiel Jupiter und Merkurius, denn die Römer regierten das Gebiet.

Natürlich ging auch dieser Religionswechsel nicht so einfach vonstatten. Der Überlieferung nach wurde von den Silberschmieden ein Aufstand gegen den neuen Glauben entfacht. Sie stellten den dortigen Artemistempel, der der Schwester von Apollon geweiht war, in einer Miniaturausgabe zum Verkauf her und befürchteten finanzielle Einbußen. Der Tempel in Ephesos war das bedeutendste Bauwerk seiner Zeit. Man kann sich zwischen den Mauern und Säulen gut vorstellen, wie damals plötzlich der Tumult losbrach. Vereinzelt gab es schon seit geraumer Zeit aufmüpfige Stimmen im Volk. Einige waren neugierig auf das, was dieser bärtige Apostel auf Plätzen und in den Trinkstuben so erzählte, andere reagierten dagegen strikt ablehnend. Götter hatte man schließlich schon genügend. Von einem Jesus Christus war in der neuen Lehre die Rede und von wundersamen Taten, die er vollbracht haben soll.

Eines Tages brach sich der Volkszorn Bahn. Mehrere Bürger murrten, taten sich auf der Agora, dem Marktplatz, und bei den Brunnen zusammen. Auch in den Thermen wurde über die neue Lehre, die da eingeführt werden sollte, diskutiert. Ein rundlicher Mann mit einem schwarzen, wollenen Mantel trat auf den Platz und rief: »Groß ist die Artemis der Epheser!«

Seine Anhänger und Freunde fielen in den Ruf mit ein, und schnell kamen mehr und mehr aufgebrachte Menschen aus den Straßen und Häusern zusammen.

»Greift den Paulus!« schrie die Menge. Einige machten sich

auf, ihn zu suchen, und fanden ihn. Paulus wurde unter Schlägen und Beschimpfungen des Volkes ins Theater gezerrt. Versuche seinerseits, die aufgebrachten Leute zu beruhigen, schlugen fehl. Sie hörten ihn gar nicht an. Es gelang ihm, mit der Hilfe seiner Gefolgsleute zu fliehen. Er sollte noch elf Jahre zu leben haben, bevor er 64 n. Chr. vor den Stadtmauern Roms geköpft wurde.

Zur gleichen Zeit wie Paulus hat sich auch der Apostel Johannes in Ephesos aufgehalten. Er hatte die Mutter von Jesus dabei, welche dieser ihm kurz vor seiner Kreuzigung anvertraut hatte. Die wachsende Gemeinde des neuen Christentums ernannte Johannes zum Kirchenführer. Auch er mußte flüchten, wurde aber ergriffen, gefoltert und verbannt.

Später – der römische Kaiser Domitian wurde zwischenzeitlich von einem Diener ermordet – kehrte Johannes zurück, schrieb das Johannesevangelium und die Apokalypse, die Weissagung. Auf seinem Grab wurde die Johannesbasilika gebaut. Auch Maria soll in Ephesos begraben sein. Wo, weiß niemand mehr genau. Der kirchliche Geschichtsschreiber Gregor von Tours (538–594) berichtet von einer Kapelle auf einem Berg bei Ephesos, dem Nachtigallenberg. Die Bauern des Dorfes Meryemana unternehmen jedes Jahr am Himmelfahrtstag eine Wallfahrt zu dem 17 km entfernten Häuschen auf dem Berg.

»Von hier aus ist die heilige Frau gen Himmel gefahren«, weiß eine alte Frau vor der Kapelle.

»I love you – Mister, hallo Mister! I love you!« Eine Horde von etwa zwölfjährigen Jungs rennt fröhlich lachend hinter und neben uns her. Sie packen ihren ganzen englischen Wortschatz aus, der vermutlich aus amerikanischen TV-Seifenopern stammt. Einer hat eine Blechdose an einem Stock angebunden, die er laut scheppernd hinter sich herzieht. Hier draußen auf dem Dorf sind Videospiele noch weitgehend unbekannt. Die Kinder basteln ihre Spielzeuge selbst aus altem Blech oder Gummireifen, die sie mit einem Stock vor sich hertreiben. Unsere Begleiter sind sehr lebendig und versuchen, sich beim Lärmen und Rennen gegenseitig zu übertreffen. Die meisten der kleinen Achmeds oder Mohammeds arbeiten schon in der Familie mit. Hier gibt es noch viel Kinderarbeit. Manchmal fragen die Kleinen uns nach Geld oder Kugelschreibern. Für solche Gelegenheiten haben wir immer Luftballons dabei, Geld verschenken wir grundsätzlich nicht an Kinder. Der Vater muß für die Türkische Lira schwer arbeiten, da soll der kleine Mehmet nicht durch Betteln mehr verdienen.

Der Wind macht uns arg zu schaffen. Einige Male kommen wir nur so langsam vorwärts, daß wir locker neben uns herlaufen könnten, dann fällt das Schieben leichter als Fahren. Oft schrauben sich die langgezogenen Steigungen über etliche Kilometer einen Berg hoch. Vor jeder Biegung der Straße hofft man auf eine Abfahrt. Der Schweiß läuft in Strömen die staubige Haut entlang, die Sonne heizt im Überfluß.

Der Campingplatz in Fethiye ist keiner. Stattdessen finden wir eine kleine, einfache Pension im ansonsten relativ teuren Touristenort Fethiye für ganze 7,50 DM. Bei Einbruch der Dämmerung fährt ein Desinfektions-LKW dicht vor den Fenstern vorbei. Um der Schnakenplage Herr zu werden, wird Fethiye abends mit Unmengen von Desinfektionsmitteln besprüht. Wenn es zuviele Moskitos gibt, kommen die Touristen nicht mehr her. Immense weiße Pulverwolken hinter sich versprühend, stinkt der Laster die Straße entlang.

Die Lykier, ein Volksstamm, der vermutlich um 600 v. Chr. von der griechischen Insel Kreta kam, siedelten sich in der Gegend zwischen Fethiye und Antalya an. Entlang dieser Strecke findet man zahlreiche, sehr interessante Felsengräber und Steinsarkophage. Eine der früheren Städte hieß Telmessos und war wegen einer Seherschule berühmt. Viele der damaligen Könige suchten den Rat der ›Schlangenmänner‹, wie Herodot sie nannte. Ein Erdbeben im Jahre 1850 und ein weiteres 1957 zerstörte, was die

Zeit von Telmessos bis dahin übriggelassen hatte. Auf den Ruinen wurde der Fischerort Fethiye gebaut.

    Mächtige Säulen mit prächtigen, imitierten Portalen vermitteln den Eindruck tempelartiger Räume, die sich dahinter verbergen. Doch die eigentlichen Grabkammern sind klein. Im Inneren der Gruften befand sich oft ein kleiner Teich, seitlich dann die Nischen, in die die Toten gelegt wurden. Der Haupteingang wurde durch einen Steinriegel verschlossen. Vor manchen Gräbern steht eine Eingangshalle, die als Sonnenschutz für die Verstorbenen gedacht war. Ganz oben haben die Lebenden heute Fernsehantennen installiert – praktische Geschichte, sozusagen. Oft findet man Reliefs, die mythologische Szenen, Tiere oder Kriegsdarstellungen zeigen, oder kleine Statuen mit persischen oder griechischen Merkmalen. Die steinernen Sarkophage stehen auf mehrere Meter hohen Steinsockeln und haben die Form von Häusern mit Dächern und Eingangstüren. Eidechsen huschen in den alten Totenstädten umher und verschwinden bei unserem Näherkommen blitzschnell in den Ritzen der Steine. Das Licht der Abendsonne vergoldet die Gräber und zieht die Schatten der Sarkophage lang über den Weg.

    In Xanthos und Kalkan sowie in der Umgebung von Antalya finden wir viele Zeugnisse vergangener Kulturen. Mitte des 2. Jh. v. Chr. gründete König Attalos II. von Pergamon die Stadt, die damals Attaleia hieß. Heute ist Antalya wie auch Fethiye ein Touristenmagnet.

Elena setzt sich unter schattige Bäume in der Nähe der Altstadt. Währenddessen fahre ich allein ohne Gepäck los, um ein Fahrradgeschäft zu suchen, denn durch mehrere Speichenbrüche ist das Hinterrad zu einer ›8‹ deformiert. Bei einem Ampelstop frage ich einen jungen Mann nach einer Werkstatt. Er spricht etwas Englisch und bringt mich direkt zu einem Fahrradhändler. Während der Mechaniker das Hinterrad meines Bikes justiert, stellt sich der junge Mann vor.

»Ich heiße Yetkin und arbeite für einen Fernsehsender. Für die Nachrichten morgen würde ich gern einen Filmbeitrag mit euch drehen.«

»O.k., kannst du haben«, antworte ich ihm.

Yetkin freut sich und läßt es sich nicht nehmen, mit mir zurück zu Elena zu fahren, wo wir uns mit ihm für den Nachmittag verabreden. Inzwischen forschen wir herum, wo heute unser Schlafplatz sein wird. Der Campingplatz in Antalya kostet 20 DM und liegt weit außerhalb der Stadt, so mieten wir uns im ›Hotel Izmir‹ ein, einer einfachen Herberge beim Busbahnhof. In schnellem Singsang schallen die Rufe der Fahrer herüber, die den Reisenden ihre Zielorte bekanntgeben:

»Pamukkaleeee – Çanakkaleeee« oder »Fetiye-Fetiye-Fetiye – Marmariiiis!« Zwischen eilig hin- und hergetragenen Gepäckstücken sitzen in aller Gemütsruhe zwei alte Männer beim Tee und freuen sich über den Trubel, der auf dem Platz herrscht. Belegte Brote, Obst, Popcorn, Süßigkeiten, allerlei Getränke und Tabak werden an mobilen Ständen verkauft, dazwischen suchen streunende Hunde nach heruntergefallenen Leckerbissen. Kinderhände verkrampfen sich in die langen Röcke der Mütter, Koffer fliegen auf Busdächer – und manchmal geradewegs auf der anderen Seite wieder runter. Irgendwo dröhnt lautstark Michael Jackson aus einem tragbaren Radiogerät, dicht daneben türkische Folkloremusik. Dicke Dieselwolken wabern über den Platz, auf dem ein ohrenbetäubender Lärm herrscht. Das brüllende Leben sozusagen.

Yetkin kommt pünktlich mit seinem Filmteam, zwei Fotografen und einer Reporterin. Wir werden von allen Seiten abgelichtet, mit und ohne Räder. Zum Schluß dreht er einige Fahraufnahmen im Straßenverkehr, bei denen er mit der Kamera einmal vor uns herrennt, dann wieder auf dem Bordstein kniet und sich überholen läßt. Begeistert radelt ein älterer Mann immer wieder ins Bild und winkt. Film und Fotos werden morgen im türkischen Fernsehen und in der Presse erscheinen. Noch ein

Interview der vor Müdigkeit schon stotternden Elena auf Englisch vor laufender Kamera, dann ist alles im Kasten. Inzwischen ist es fast dunkel geworden. Begeistert lädt uns Yetkin ein:

»O.k., für heute habt ihr schon ein Hotel, aber morgen kommt ihr mit zu mir. Meine Familie wird sich freuen, euch kennenzulernen.«

Tags darauf holt uns Yetkin ab und begleitet uns zu sich nach Hause. Yetkins Eltern sind Christen. Sie heißen uns freundlich willkommen. Die Räder mit dem ganzen Gepäck werden mit vereinten Kräften in den zweiten Stock gewuchtet und auf dem Balkon geparkt. Yetkins Mutter bekommt große Augen, als sie erfährt, wie und woher wir kommen. Später am Abend kommen Freunde der Eltern zu Besuch, die uns ›Exoten‹ kennenlernen wollen. Ein schönes, weiches Bett wird hergerichtet, und bald schlafen wir selig. Was brauchen wir uns denn Sorgen zu machen, so lange es noch so gute Menschen gibt?

Früh am Morgen gehen wir zum Hauptpostamt, um unsere Post und die zwei Ersatzreifen aus Deutschland abzuholen. Die Briefe bekommen wir problemlos, aber das Paket mit den Reifen sollen wir in einem anderen Raum bei der Inspektorin holen. Im zweiten Stock betreten wir eine Art Lagerraum mit Regalen, in denen viele Pakete und Päckchen auf ihre Abholer warten. Wir nennen unsere Namen, daraufhin geht ein Mann zu einem der Regale, sieht nach und stellt fest, daß das Paket tatsächlich angekommen ist. Er darf es uns aber nicht aushändigen. Stattdessen werden wir zu einer Frau gebracht, die hinter einem Berg Papiere an einem winzigen Schreibtisch sitzt.

»Leider müssen wir Ihr Paket nach Deutschland zurückschicken, weil es als ›zollfrei‹ deklariert ist. Das ist aber nur bei Geschenken erlaubt.«

«Das ist ein Geschenk von unserem Sponsor in Deutschland!«

»Man schenkt aber keine Reifen!«

»Natürlich schenkt man sich Reifen in Deutschland. Wir haben die Reifen geschenkt bekommen!«

»Tut mir leid, aber Reifen stehen nicht auf meiner Geschenkeliste. Wäre es eine Fahrradklingel oder ein Lenker zum Beispiel, wäre es etwas anderes. Das steht auf meiner Liste. Reifen nicht!«

Ich verlange nach dem Chef und erfahre, daß wir bereits vor dem Chef sitzen. Die Dame ist Zollinspektorin.

»Ach, sieh mal an. Ein Fahrradlenker ist also ein Geschenk.«

»Tja, so ist das nun mal in der Türkei,« meint sie und klopft mit spitzem Finger auf ihre Liste.

Nicht, daß mein Weib und ich uns sonst wesentlich uneinig wären, doch hier scheint in besonderem Maße Solidarität erforderlich zu sein. Wir berichten von unserer Reise – Frau Zolloberinspektorin bleibt eisern. Von Dornen und Löchern jammern wir – nichts zu machen. Die guten deutsch-türkischen Beziehungen werfen wir auch noch in die Waagschale, doch nur ein »Sorry« hat unsere Widersacherin für uns übrig. Dabei ist Frau Zollinspektorin nicht unsympathisch, wenn doch nur diese vertrackte Liste nicht wäre. Das Paket wird gebracht und erneut innen und außen begutachtet. Es gibt überhaupt keinen Zweifel, es sind tatsächlich immer noch dieselben Fahrradreifen darin, und keine Klingel.

Da hilft nichts – Stufe zwei muß gezündet werden! Dazu benötigt es unsererseits keine große Absprache. Mit finsterer Miene erklärt Elena, daß wir uns ohne die Reifen nicht von der Stelle bewegen. Demonstrativ räkeln wir uns beide bequem in den Stühlen zurecht. Um die Sitzblockade noch zu untermauern, öffnet meine resolute Lebensgefährtin ihre Handtasche und entnimmt ihr einen länglichen Gegenstand, mit dem sie nun vor der Beamtin herumfuchtelt. Das überzeugt! Als die Inspektorin Elenas Zahnbürste vor ihrer Nase durch die Luft flitzen sieht, kann sie ein Lächeln nicht mehr unterdrücken. Es erfolgt eine kurze Beratung mit den Mitarbeitern, ein Schmunzeln, dann ein Seufzer, es wird radiert und geschrieben. Elena und ich unterzeichnen kommentarlos den Empfang eines ›Fahrradkataloges‹, bedanken uns grinsend und gehen, Reifen und Zahnbürste fest in der Hand. Es ist doch so einfach!

Abenteuer machen hungrig, so gehen wir erstmal ›Sebzeli Köfte‹ essen. Das sind feine, gebratene Hackfleischbällchen mit Auberginen, Tomaten und Kartoffeln, oft in Verbindung mit stets gut gewürztem Reis und frischen Salaten, aber auch kalt mit Brot schmecken sie sehr gut. Dazu ›Ayran‹, ein Erfrischungsgetränk, das man fast an jeder Ecke angeboten bekommt. Es besteht aus mit Wasser verdünntem Joghurt, der leicht gesalzen und eiskalt ist. Gemütlich lesen wir beim Essen in unseren Briefen, was sich in der Zeit unserer Abwesenheit zu Hause alles ergeben hat. Das ist immer ein ganz besonderes Vergnügen, selbst wenn es sich nur um belanglose Informationen handelt. Wenn man weit und lange von zu Hause entfernt ist, interessiert man sich für alles, was dort geschieht.

Die nächsten Tage radeln wir entlang der herrlichen Küste und nutzen zahlreiche Zwischenstops für ein kurzes Bad. Einmal entdecken wir im Sand die Spur eines Insekts und nehmen die Verfolgung auf. Am Ende der Spur strampelt eine dicke Wanderheuschrecke vor sich hin, die sich wohl verflogen hat.

Die Leute hier haben eine für uns sehr witzige Art, absolute Verneinung oder Ablehnung auszudrücken. Fragt man zum Beispiel in einem Restaurant nach einem Gericht auf der Speisekarte, das gerade ausgegangen ist, wirft der Kellner brüsk den Kopf leicht schräg in den Nacken, schiebt dabei das Kinn vor und läßt die Zungenspitze am Gaumen schnalzen. Diese Gebärde begegnet uns des öfteren und wird immer dann angewandt, wenn etwas absolut nicht, aber auch gar nicht gut oder da ist. Besonders witzig wirkt es bei einem Steppke von vielleicht fünf Jahren, den wir fragen, ob es in dieser Straße einen Laden gibt. Todernst, mit wichtiger Miene schnalzt er mit der Zunge, schleudert den Kopf energisch nach hinten und weist mit der Hand in eine andere Straße zu unserer Rechten. Nur mühsam verkneifen wir uns das Lachen.

Ein älterer Mann spricht uns auf der Straße in gebrochenem Deutsch an und erzählt, daß er am Krieg teilgenommen hat und 1944 in Deutschland gewesen ist. Er bittet um Postkarten von unterwegs, scheitert allerdings bei dem Versuch, seine Adresse aufzuschreiben. Er ist Analphabet und hatte nie die Möglichkeit, eine Schule zu besuchen. So schreiben wir uns seine Anschrift nach dem Gehör auf, strahlend verabschiedet er sich von uns. Ob ihn unsere Ansichtskarte wohl je erreicht hat?

Zwar liegt die Straße am Meer, doch die unbeschreiblich schönen Ausblicke müssen durch Schieben und Schwitzen redlich erarbeitet werden. Und dennoch: Es lohnt sich! Die Teepausen in den kleinen, alten Dörfern sind für uns mittlerweile eine angenehme Gewohnheit geworden. Unter dem schattenspendenden Blätterdach aus Wein oder Feigen ruhen wir Leib und Seele aus und lassen die Eindrücke auf uns wirken. Schnauzbärtige Männer beobachten uns aus schwarzen Augen interessiert. Besonders Elena ist für sie ein Blickfang. Sie reden über uns, während der Wirt den Tisch abwischt. Die Wahl der Getränke fällt leicht. Es gibt nur Tee, die Cola ist mangels Kühlschrank ungenießbar warm. Ein paar der Männer kennen uns aus Zeitungsberichten. Der eine oder andere nickt mir freundlich zu, und oft werden wir dann an ihren Tisch gebeten. Der Tee wird stets in kleinen Gläsern mit Goldrand gebracht, mit viel Zucker darin. Fliegen laufen über den Tisch und laben sich. Irgendwo schreit ein Esel in die träge, bleierne Mittagshitze.

Gegenüber der Teestube sitzen Frauen und Mädchen im Kreis auf dem Boden und fädeln Tabakblätter auf eine Schnur oder schnippeln Gemüse. Verstohlen blitzen ihre Augen immer mal wieder zu uns herüber, begleitet von lustigem Lachen und Kichern. Die Mädchen halten sich dabei die Schürze vor den Mund. Einige der Bauern wissen von einem, der schon in Deutschland war, oder sie kennen unser Land aus eigener Erfahrung. Weil sie oft keine Ahnung haben, wo Freiburg liegt, sagen wir auf die Frage: »Stuttgart« oder »Frankfurt«. Das ist ihnen immer ein Begriff. Dann freuen sie sich, gelbe Zahnreihen kommen zum Vorschein, und deutsche Namen schwirren durch den verrauchten Raum. »Beckenbauer«, sagen die Alten, »Rummenigge« oder »Helmut Kohl« wissen andere einzuwerfen. Unangenehm ist es, wenn mit anerkennender Miene dann auch Hitler genannt wird.

Wir können uns gut vorstellen, wie so ein Bergbauer bei uns in Deutschland an seine Heimat denkt. Keine Ziegen und Schafe ziehen durch unsere Großstädte, keine vertrauten Nachbarn, mit denen man auf der Straße sitzt, kein Plausch im Schatten der kühlen Moschee. Nur arbeiten und Geld verdienen, so schnell und so viel wie möglich, damit man bald nach Hause kann und es der Familie besser geht. Wir können froh sein, aus dem Grund nicht unsere Heimat verlassen zu müssen. Meistens sehen wir doch bei uns nur die erfolgreichen Türken, die mit dem Kebab-Stand oder dem Lebensmittelgeschäft. Die zerrütteten Ehen, die Traurigkeit in den Herzen der im fernen Anatolien lebenden Frauen und Kinder, Väter, die nur im Urlaub nach Hause kommen, zerrissen sind zwischen moderner Welt in Deutschland und den Traditionen in ihrem Dorf, sehen wir nicht. Die, die nach einiger Zeit in Deutschland wieder nach Hause zurückkommen, sind gut angesehen und wohlhabender als die anderen. Aber oft auch sind sie durch die lange Abwesenheit Fremde im eigenen Land geworden. Man könnte wohl vieles ändern, müßte aber im Großen anfangen, wozu auch das Bildungssystem gehört. Wenn die Menschen nicht die Chance haben, sich auszubilden, gibt es auch im modernen Wirtschaftsleben für sie wenig Möglichkeiten, beruflich voranzukommen.

Wir sind auf dem Weg nach Cizre, unweit der Grenzen zu Syrien, Irak und Iran. Die Meinungen unserer Gesprächspartner entlang der Strecke sind sehr geteilt, was unser Ziel angeht. Die einen sagen, es gäbe eine Menge Spitzbuben dort hinten, die anderen sehen diese mehr in Ankara in der Regierung sitzen. Schon seit einiger Zeit versuchen wir in Gesprächen etwas über die kurdische Arbeiterpartei PKK herauszufinden. Aber es ist schwierig, darüber etwas zu erfahren. Man ist sehr zurückhaltend und fürchtet wohl, daß die Aussagen bekannt werden.

Der Student und Bauernsohn Abdullah Öcalan hat vor ungefähr 18 Jahren die kurdische Arbeiterpartei gegründet. Zum Ziel setzte er sich die Errichtung eines sozialistischen Staates nach sowjetischem Vorbild. Dabei gehen er und seine Leute nicht gerade zimperlich vor. Politiker werden ermordet, Überläufer aufgehängt.

Die türkische Regierung antwortet auf jeden Anschlag mit Feuer und Flamme. Bisher wurden mehr als tausend kurdische Siedlungen beschossen, verbrannt, die Bewohner gefoltert und umgebracht. Die Spirale der Gewalt hat bisher auf beiden Seiten viele tausend Tote gefordert. Nicht nur in den verdorrten Bergregionen wird gekämpft, sondern auch in Großstädten und Touristenorten. Kurz bevor wir in Fethiye eintrafen, explodierte dort am 21.6.94 im Hafen eine Bombe. Es gab Tote und Verletzte, einem Touristen wurde ein Bein abgerissen.

Bis nach Deutschland schwappt die Gewaltwelle. Die Kurden beklagen den Einsatz deutscher Waffen und Fahrzeuge in der Türkei gegen sie. Die BRD hat dies lange bestritten. Wir haben die Militär-LKWs aus ostdeutscher Produktion selbst gesehen. Schußwaffen im Wert von einigen Milliarden DM schenkte die Bundesrepublik der türkischen Armee bisher. Von der Kalaschnikow bis zum Panzer ist alles dabei, einschließlich der passenden Munition. Kein Wunder, daß der Krieg zwischen Türken und Kurden somit auch auf deutschem Boden ausgetragen wird.

Anlaß zu den kriegerischen Handlungen ist die Forderung der Kurden nach einem eigenen Staat, in dem sie ihre eigene Sprache sprechen und ihre eigene Kultur ungehindert pflegen können. Dies will ihnen aber die türkische Regierung nicht zugestehen, die die Kurden zu ›Bergtürken‹ degradiert und ihre Sprache verbietet. Es käme einem Gebietsverlust gleich. Im Gespräch mit Türken fällt auf, daß sich keiner direkt gegen die Kurden ausspricht. Viele kennen Kurden sowieso nur aus den Medien. Die Gewalttaten werden allgemein kritisiert, doch die finden auf beiden Seiten statt. Die Bauern in der Osttürkei sind bitterarm. Es wird gemunkelt, daß sie 100 Millionen Türkische Lira verdienen können, wenn sie die PKK in ihrem Kampf gegen die Regierung unterstützen. So kommt es, daß im Keller unter manchem kleinen Bauernhäuschen plötzlich ein großes Waffenlager entdeckt wird. Aber nur wenige Bauern sind aktiv an den Kämpfen beteiligt, unter denen sie letztlich am meisten zu leiden haben. Oft sind es Armenier ohne Land, die hier versuchen, möglichst nahe ihrer alten Heimat ein neues Leben aufzubauen. Daß sie Armenier sind, erfährt man erst, wenn man ihr Vertrauen gewonnen hat. Armenien gibt es offiziell nicht mehr. Ursprünglich kamen die Vorfahren der Kurden aus dem damaligen Persien. Im 7. Jh. v. Chr. zogen sie nach Westen und vermischten sich mit den ansässigen Stämmen. Schon 1515 wurde mit den Osmanen ein Handel abgeschlossen, der dem kurdischen Volk Selbständigkeit garantieren sollte. Für die nächsten 300 Jahre funktionierte das auch einigermaßen. Nach dem Ersten Weltkrieg brach das Osmanische Reich zusammen. Ein weiteres Abkommen, nämlich der Vertrag von Sèvres 1920, versprach den Kurden erneut Autonomie. Doch nur drei Jahre danach kam Kemal Atatürk an die Macht, und alle diesbezüglichen Absprachen waren null und nichtig.

Nun hieß es, daß Türken und Kurden ein gemeinsames Volk bilden sollten mit denselben Sitten und dem gleichen Glauben. Atatürk verbot den Kurden, kurdisch zu sprechen, und versuchte, ihnen ihre nationale Identität zu nehmen. Selbst das Wort ›Kurde‹ war strafbar. Endlich wurde 1946 unter Stalin im besetzten Teil des damaligen Persiens im Nordwesten eine kurdische Republik ausgerufen bei der Stadt Mahabad, doch der Schah löste den jungen Staat noch im selben Jahr wieder auf, kaum daß der letzte Russe Persien verlassen hatte. 1979 gabe es eine Revolte iranischer Kurden gegen Ajatollah Chomeini, die gnadenlos und blutig niedergeschlagen wurde, 1988 wurden weitere 5.000 Männer, Frauen und Kinder durch einen Giftgasangriff grausam ermordet. Im Golfkrieg 1991 sympathisierten die Kurden im Irak mit den mächtigen USA – und mußten es bitter büßen. Sie wurden nun auch noch von den Killerkommandos Saddam Husseins verfolgt. ›Die Kurden haben keine Freunde‹ sagt ein altes Sprichwort – und es scheint recht zu haben.

Die Straße wird immer staubiger, langweilig gerade ist sie schon seit langem. Vereinzelt stehen halbzerfallene Häuser mit blinden Fenstern am Wegrand, die sich manchmal zu einem Dörfchen vereinen. Vor Birecik überqueren wir den Euphrat. Schon vom zirka 20 km zurückliegenden Städtchen Nizip aus hätten wir nach Syrien einreisen können, doch wir wollen weiter bis kurz vor die Grenze zum Irak. Wasser besorgen wir uns aus alten Ziehbrunnen oder von Bauern. Die Orte sehen schon sehr arabisch aus. Was hier nüchterner Alltag ist, wirkt auf uns exotisch und anziehend. Frauen im Djador, dem langen, wallenden Gewand, halten beim Gemüsehändler ein Schwätzchen, Männer treiben bepackte Esel durch den hupenden Autoverkehr. Blechern schallt der Ruf des Muezzins aus Lautsprechern über die Dächer. In früheren Zeiten stand der Rufer zum Gebet noch auf den Umläufen des Minaretts, das zu jeder Moschee gehört. Doch seit der Erfindung der Elektrotechnik kommt die Stimme meist vom Tonband.

Die Hitze ist fast unerträglich und Schatten so rar wie Zähne bei einem Frosch. Doch keiner von uns beklagt sich ernsthaft. Wir sind losgezogen, um etwas von der Welt zu sehen. Dafür ist jeder auch bereit, Mühen, Schweiß und Entbehrungen auf sich zu nehmen. Elena schiebt sehr tapfer ihr schweres Rad, macht Pausen – schiebt weiter. »Eine tolle Frau«, denke ich oft.

Elena:
In Sanli Urfa gibt es einen Fischteich, an dem schon Abraham sich gelabt haben soll, als er auf dem Weg nach Kanaan war. Im Teich tummeln sich massenhaft Karpfen. Sie gelten als heilig, und die Legende droht jedem, der einen von ihnen verzehrt, mit Erblindung. Die Gegend ist nicht gerade dicht besiedelt. Oft liegen weite Abstände zwischen den Wasserstellen, die nun noch größer werden. Zu den fünf Wasserflaschen an den Rädern werden noch zusätzlich Limonadenflaschen gefüllt. Das Warenangebot der spärlichen Dorfläden gibt nicht mehr viel her. Die Landschaft wird zunehmend sandig, öde, einsam. Aus einer braunen Staubwolke vor uns schält sich beim Näherkommen eine Schafherde heraus. Würziger Geruch liegt in der Luft. Nur mühsam teilt sich die Herde, um uns passieren zu lassen. Selbst meine laute Hupe bringt die wolligen Tiere nicht in Trab. Der Hirte nickt uns zu, als wir ihn grüßen, und lacht, als er die Hupe hört. Abenteuerlich beladene LKWs kommen uns ächzend und schwankend entgegen. Die winkenden Fahrer tragen oft ein rotweiß-kariertes Kopftuch – und fast immer einen schwarzen Bart. »Böööööhhhhhhh«, blökt das tiefe Laster-Horn, wenn sie uns rasant passieren. Besonders ›lustig‹ ist es, wenn sie von hinten kommen und beim haarscharfen Überholen hupen, dann hebt es uns vor Schreck fast vom Sattel. Immer noch hustend, reiben wir den aufwirbelnden Staub aus den Augen, während die ›Ritter der Landstraße‹ schon weit entfernt sind. Links der staubigen Straße erheben sich in etwa 1 km Entfernung braunbeige Berge, rechts breitet sich das flache Land aus.

Wir haben Knatsch miteinander. Angefangen hat alles damit, daß Peter meiner Meinung nach viel zu weit in der Straßenmitte fährt. Als ich ihm sage, daß er weiter rechts fahren soll, wird er wütend und faucht: «Es ist weit und breit kein einziges Auto zu sehen. Laß mich gefälligst fahren, wo ich will!»

»Du läßt dir überhaupt nichts sagen!«, gifte ich zurück. Trotzig radelt er fast in der Mitte der Straße vor sich hin. Mit einem Mal kommt ein Pkw dahergeprescht. Peter zieht in letzter Sekunde scharf rechts rüber, das Auto rast hupend an uns vorbei.

»Blödmann,« zischt Peter nur, bleibt jetzt aber wenigstens rechts. Als wir wenig später einen Hügel hochfahren, vergesse ich wieder einmal, rechtzeitig zu schalten. Ratschend überspringe ich einige Gänge und trete dazu munter in die Pedale.

»Das ist ja nicht zum Aushalten, wie du mit der Gangschaltung umgehst! Wenn du so weitermachst, hast du sie bald erledigt!«

»Das ist immer noch weniger schlimm, als wenn du von einem Auto umgenietet wirst!«

Wütend stehen wir uns wie zwei Kampfhähne gegenüber. Plötzlich wird uns die Situation bewußt. Peter fängt als erster an zu lachen, dann kann auch ich nicht anders.

In einer Teestube lernen wir Yousif kennen. Der junge, türkische Soldat spricht fließend Deutsch, ein Teil seiner Familie lebt in Deutschland. Natürlich wundert er sich über uns, besonders in dieser Gegend. Er meint, es sei ziemlich gefährlich auf der weiteren Strecke. Auf keinen Fall dürften wir bei Nacht fahren.

»Die Patrouillen und die Sicherheitspolizei schießen auf alles, was sich bewegt«, warnt er uns.

Mit Zelten ist jetzt erstmal Schluß. Ganz wohl war uns schon die ganze Zeit nicht mehr dabei. Die Deckung wurde immer spärlicher, und nun gibt es nur noch schroffe Berge und Ebenen. In den Bergen haben sich die kurdischen Partisanen versteckt, auf den Straßen kontrollieren die Türken. Die Frage stellt sich, was gefährlicher ist.

»Wir werden auf uns aufpassen«, versprechen wir und fahren weiter.

Vor Nusaybin spricht uns ein Bauer auf der Straße an. Er berührt mit seiner rechten Hand erst die Stirn über den Augen, dann führt er sie zu seinem Herz. Dies ist der traditionelle Gruß der Kurden: »Willkommen bei Auge und Herz.«

Der Bauer fragt nach unserem Reiseziel. Als er hört, daß wir nach Cizre wollen, fängt er an zu erzählen.

»Du Journaliste, ich wissen! Türkisch Regierung gibt nix Geld, weil Erde is nix gut. Kein Ernte, kein Industrie – kein Geld von Ankara. Kurdisch Menschen sehr, sehr arm. Nur Stein hier. Kein Zeitung, niemand weiß von kurdisch Problem. Weiter da, früher viel Wald. Türkisch Soldat alles brennen, uuhh«, macht er mit einer abwertenden Handbewegung.

»Wenn suruck in Alemannia, du sagen zu deine Leute, wie is hier!«

Im folgenden erfahren wir von seinem Sohn, der dazukommt und gut Deutsch spricht, einiges Interessante über sein Volk. »Die meisten Kurden sind sunnitische Moslems, doch von den Türken werden wir oft für ›Ungläubige‹ gehalten, und deswegen werden auch unsere Moscheen zerbombt. Arabische Geschichtsschreiber verbreiteten sogar, daß wir Kurden von bösen Geistern abstammen sollen. In den Bergen Kurdistans leben noch heute Stammesführer mit manchmal 3.000 Familien, denen sie Herrscher, Schlichter und Gesetzgeber sind. Dort, wo die Peschmerga, die tapferen Freiheitskämpfer, herkommen. Unsere Frauen werden besonders respektiert, im Unterschied zu den anderen islamischen Ländern. Weil so viele Männer getötet wurden, sind sie es oft, die die Häuser bauen und die Familien ernähren. Der Boden des Landes birgt Öl, Kupfer, Erz und viel Wasser. Leider fehlt jedoch die Technologie und das Geld zur Förderung.«

Sein Kurdistan oben in den Bergen sei eigentlich reich, meint der alte Mann mit leuchtenden Augen. Bergwiesen mit Blumen, Kräutern und Olivenbäumen gibt es, auch wenn es selten frisches Gemüse zu kaufen gibt. Die Datteln kommen aus Bagdad, der beste Tabak der Welt sei jedoch aus Kurdistan.

»Aber Gewehre und Patronen gibt es auch immer«, wirft sein Sohn ein.

Die Worte des Bauern gehen uns unter die Haut. Sie machen die Ernsthaftigkeit der Lage überdeutlich. Weil er der Meinung ist, daß es für uns zu gefährlich sei, da draußen zu übernachten, läßt er uns notgedrungen in seinem Holzschuppen schlafen, darauf hoffend, daß nicht gerade heute Nacht eine Militärkontrolle kommt.

Am Morgen fahren wir schon mit dem ersten Tageslicht und dem Ruf des Muezzins los. Für unseren mutigen Gastgeber lassen wir von dem bißchen, was wir haben, eine Dose Wurst und etwas Obst zurück. Nur wenige Autos sind auf der Straße unterwegs. Kaum haben wir den Ortsrand erreicht, da kommt uns ein großer Militärjeep entgegen. Drei türkische Soldaten sitzen darin. Sie blicken zu uns herüber und fahren weiter, biegen an der Kreuzung ab. Doch nein – das Fahrzeug wendet und fährt mit großer Geschwindigkeit auf uns zu, überholt und stoppt scharf direkt vor uns! Ein im Fond sitzender Uniformierter springt mit einem Satz aus dem Wagen, seine beiden Kameraden folgen. Alle drei tragen schwere Pistolen am Gürtel, der erste hat ein Gewehr in der linken Hand. Wir halten hinter dem Auto an und grüßen die Männer freundlich. Kritisch werden wir von oben bis unten gemustert. Einer sagt barsch: »Paßport!«

Während Peter ihm unsere Pässe rüberreicht, gehen die anderen um unsere Räder herum, der eine klopft mit dem Gewehrlauf auf die Packtaschen. Nach eingehender Prüfung der Pässe erhält Peter sie wieder zurück. Die drei beraten sich und gucken dabei immer wieder auf uns und die beladenen Räder. Mit einem Gemisch aus Türkisch und Englisch werden wir gefragt, wohin wir wollen. Als wir in die Richtung vor uns zeigen und ›Cizre‹ sagen, reden alle drei gestikulierend auf uns ein. Wir bemühen uns, möglichst freundlich und harmlos zu lächeln, die Soldaten beraten sich erneut.

Jetzt kommt einer auf die Idee, unsere Taschen zu kontrollieren, und klopft mit der Hand auf Peters Lenkertasche. Ausgerechnet die will er sehen! Peter zeigt ihm den Inhalt – Fotoapparat, Objektiv, Filme und ein Tonbandgerät. Prompt kommt die Frage: »Gazeteci?« Der Gedanke rast mir durch den Kopf, ob es nun gut oder schlecht für uns ist, als Journalisten gehandelt zu werden. Reporter sind hier nicht unbedingt beliebt. Erst vor kurzem hat ein türkischer Journalist das Polizeiverhör nicht überlebt. Ein deutsches Fernsehteam der ARD wurde inhaftiert, seine Ausrüstung beschlagnahmt. Erst durch Intervention der Bundesregierung kamen sie wieder auf freien Fuß. Peter gelingt es, die Frage offen zu lassen, indem er auf die Landkarte zeigt. Dabei sagt er Worte wie ›Turist‹, ›Tur dünja ile bisikletli‹, ›Alemannia-Turkye‹ und zeigt auf den Aufkleber mit unserem Logo, der an der Tasche klebt. Fassungslose Gesichter blicken uns an. Weltreise per Fahrrad, aus Deutschland bis hierher?

Einer geht zum Jeep ans Funkgerät. Nach einer kurzen Weile kommt er zurück und redet erregt in türkisch auf uns ein. Das einzige, was wir verstehen, ist ›Otobüs‹. Er meint wohl, daß wir mit dem Bus fahren sollen. Fragt sich nur, in welche Richtung! Zurück wollen wir auf keinen Fall, dann wäre ja die ganze Mühe und Strampelei der letzten Tage völlig umsonst gewesen.

Wir lachen laut und zeigen auf die Räder. Wie soll man das alles in einen der klapprigen Busse kriegen? Da stehen wir nun und haben keine Ahnung, wie es weitergeht. Um die Situation zu entspannen, bietet Peter Zigaretten an, die er speziell für solche Gelegenheiten gekauft hat. Amerikanische sind besonders beliebt, so auch jetzt.

Als alle am Rauchen sind, entsteht so etwas wie eine Unterhaltung zwischen uns Fernradlern und der türkischen Staatsmacht. Von unserer Tour und den bisher bereisten Ländern erzählen wir. Ungläubig grinsen uns die jungen Männer an. Die Wartezeit vergeht nur tröpfelnd, doch nach einer weiteren Zigarettenlänge kommt der ›Otobüs‹ in Sicht. Die Soldaten stellen sich auf die Fahrbahn und halten ihn an. Als der Fahrer die Tür öffnet, bekommt er einige Instruktionen und wir die Aufforderung, die Räder einzuladen – oder umzudrehen! Schnell nehmen Peter und ich die Taschen ab und verstauen sie im Gepäckraum des Busses. Die Räder werden mit Hilfe des Fahrers in den Innenraum zwischen die Fahrgäste bugsiert. Na gut, wenn's nicht anders geht, fahren wir eben mit dem Bus. Hauptsache, es geht weiter. Bis Cizre sind es etwa 100 km.

Nur wenige Leute fahren mit uns. Sechs Männer und vier Frauen blicken ausdruckslos vor sich hin, die Gestänge unserer Fahrräder und die verstaubten Ortliebtaschen dicht vor den Augen. Schon nach kurzer Zeit stoppen wir an einem weiteren Militärposten. Neben der Straße steht ein flacher Betonklotz, der als Büro dient. Ihm gegenüber sind Sandsäcke zu einer Barrikade aufgetürmt, aus deren Öffnungen Gewehrläufe ragen, die in unsere Richtung zeigen. Sehr wohl ist uns nicht bei diesem Anblick.

Peter:
Die Soldaten vor dem Schlagbaum halten die Gewehre schußbereit. Einer betritt den Bus und kontrolliert die Ausweise der Insassen. Im Bus ist es totenstill. Niemand spricht ein Wort. Der Fahrer hat den Motor abgestellt. Das einzige Geräusch kommt vom Scharren der Soldatenstiefel und dem Umblättern der Ausweispapiere. Der Wind kräuselt leise Papier und Plastikbecher über den Sand neben der Straße. Sowie die Paßkontrolle beendet ist, müssen alle Männer den Bus verlassen und sich in einer Reihe daneben aufstellen. Elena blickt durchs Fenster angstvoll zu mir her. Aus dem Betonklotz kommen noch mehr Bewaffnete.

Halb im Kampfanzug, mit staubigen Stiefeln, um Kopf und Hals haben sie die rotweißen Tücher gewickelt, so daß nur ein Sehschlitz freibleibt. Drei Vermummte stellen sich vor die Reihe und richten ihre Gewehre aus Hüfthöhe genau auf uns, während ein Vierter jeden von uns nach Waffen abtastet. Die Finger liegen am Abzug. Man kann die Spannung in der Luft fast fühlen. Die geringste Nervosität genügt, und es knallt. Was werden die mit uns machen?

Von einem abseits stehenden Soldaten kommt ein Wink: alles wieder einsteigen. Die Frauen dürfen von den Soldaten nicht kontrolliert werden, obwohl sie unter den langen Röcken leicht Waffen transportieren könnten.

Als der Bus sich wieder in Bewegung setzt, atmen alle auf. Neben der Straße stehen die zerschossenen Ruinen ehemaliger Geschäfte. Zerbombt, beschossen und ausgebrannt ragen die verkohlten Balken in den blauen Himmel. Die schroffen Berge und die wie tot daliegende Ebene unterstreichen noch die Schwere, die über dem Landstrich liegt. Zwischen dem zugezogenen Fenstervorhang gelingt es mir, heimlich einige Fotos zu machen. Nach ungefähr zehnminütiger Fahrt ist schon wieder der nächste Stop.

Betonklotz, Sandsäcke, Gewehre. Alles wie gehabt. Die Straßensperren sind aus Öltonnen und Nagelleisten errichtet. Hier sind einige der Leute durch Tücher unkenntlich gemacht, wie man es aus Westernfilmen kennt. Zwei tragen über dem Oberkörper gekreuzte, volle Patronengürtel. Ein Lastwagen und ein Panzer stehen abseits der Straße. Im Panzer sitzt ein Soldat und sucht mit einem Fernglas das Gelände ab. Die türkische Armee befindet sich im Kriegszustand. Zwar sollen nach eigenen Angaben 30.000 kurdische Kämpfer an den Waffen stehen, diesen gegenüber hat die Türkei aber bis zu 400.000 Mann im Einsatz mit modernstem Gerät. Nach zwei weiteren Kontrollen, die ähnlich verlaufen, hält der Bus, und wir sind in Cizre.

Unser Gepäck laden wir unter den gespannten Blicken einiger Jugendlicher um uns herum aus. Es sind nicht die üblichen Jungs. Diese hier halten Kalaschnikows in den Händen. Soeben sind die Räder fahrbereit, als ein Militärlaster daherpoltert. Von der Ladefläche springen fünf schwerbewaffnete junge Männer in Jeans, bunten Hemden und Turnschuhen. Wir sind einigermaßen überrascht über den Empfang.

Aus dem Führerhaus steigen noch zwei Männer in ähnlicher Kleidung. Auch sie tragen schwere, automatische Pistolen am Gürtel. Einige lachen uns an, jemand bringt zwei Limonaden für uns. Wir sehen uns fragend an. Was sollen wir denn davon halten?

Die Leute reden alle durcheinander, Funksprechgeräte kreischen dazwischen, dazu nebelt der wieder abfahrende Bus alles mit einer schwarzen Dieselwolke ein. Unsere Ausweise werden verlangt. Wir zögern, den wie Räubern aussehenden Typen die Papiere zu geben, doch sie sagen: »No problem! Policia!«

Alles sollen wir liegenlassen und mitkommen. Kommt ja nicht in die Tüte! Wir weigern uns, die Räder und alles, was wir besitzen, mit einer Horde Halbwüchsiger alleine zu lassen. Der Anführer sagt im Stakkato »O.k., o.k., o.k.« und läßt von der Forderung ab. Uns scheint, daß sich die Rambos ziemlich wichtig machen.

Die kleine Elena stellt sich breitbeinig vor die Kerle, stemmt die Hände in die Hüften und fordert ihrerseits erstmal die Ausweise der Burschen. Die blicken verdutzt. So etwas kennen sie nicht, schon gar nicht von einer Frau. Aber sie zeigen lachend brav ihre Dienstausweise, erst dann rücken wir die Pässe raus. Im selben Moment biegt ein schrottreifer weißer PKW in den Hof. Vier Männer in Zivil, ebenfalls bewaffnet, steigen aus. Noch nie vorher haben wir in so viele Gewehrläufe geblickt. Die Begrüßung ist knapp, aber nicht unfreundlich. Einer der Truppe, später erfahren wir, daß er Kabir heißt, spricht etwas Englisch, und so können wir erklären, wer wir sind, daß wir eine Weltreise mit dem Fahrrad machen und dem hiesigen Bürgermeister einen Brief überbringen wollen.

»Ich habe euch im Fernsehen gesehen in Ankara, und in der Zeitung stand es auch!« grinst der schnauzbärtige Schimansky-Verschnitt.

Das macht Eindruck. Alles Gesagte wird nun wortreich und mit vielen Gesten dem Chef übersetzt. Die Köpfe der zahlreichen Zuschauer bewegen sich wie beim Tennisspiel hin und her. Der Vorgesetzte läßt uns ausrichten, daß er für unsere Sicherheit nicht garantieren könne.

»Fahren Sie mit dem nächsten Bus sofort wieder zurück. Hier können Sie nicht bleiben!«

»Oh doch. Wir sind extra den weiten Weg hierher gekommen, um Ihrem Bürgermeister ein Grußschreiben zu überbringen. Und bevor das nicht erledigt ist, gehen wir auch nicht weg. Punkt.«

Die vier sind von der Geheimpolizei und grinsen über die energischen Worte. Kabir bekommt den Auftrag, sich um uns zu kümmern. Er ist groß und kräftig, hat einen Blick wie Omar Sharif in seinen besten Tagen und ist sich seiner Wirkung voll bewußt. Morgen holt uns unser Gorilla ab, dann gehen wir zum Bürgermeister. Jetzt werden wir erstmal in das Touristenhotel zwangseingewiesen. Im Konvoi begleitet man uns in die Stadtmitte. Vorneweg der weiße PKW mit den geheimen Polizisten, dann Elena und ich auf den Rädern, hinter uns der LKW. Dann stehen wir vor dem weißen Hotelgebäude. Kabir und seine Leute sprechen mit dem Hotelier, dann checken wir ein.

Der Chef der Geheimpolizei glaubt wohl nicht so recht an unsere Harmlosigkeit, jedenfalls will er die Videokassette mit unserem Filmbeitrag in seinem Büro ansehen und beschlagnahmt sie kurzerhand, während seine Mannen in unseren Taschen wühlen. Mit Nachdruck bestehen wir hartnäckig darauf, die Grußbotschaft dem Bürgermeister persönlich auszuhändigen. Seufzend willigt der Polizeichef ein und beauftragt Kabir, uns morgen im Auto hinzubringen.

Später, als wir in unserem Zimmer sind, atmen wir erstmal durch. Junge, Junge, das ist ja ein Ding – und wir mitten drin! In den Schranktüren des Zimmers sind Einschußlöcher, desgleichen in der Klimaanlage und dem Bild über dem Bett. Auch im Flur und in der Halle entdecken wir zahlreiche Einschüsse, von den Deckenleuchten existiert nur noch eine, an den anderen hängen Glasscherben am Gewinde.

Als wir abends essen gehen wollen, erinnern wir uns an Kabir. Er hat uns mit allem Nachdruck Ausgangssperre verhängt, so schleichen wir nur ins Restaurant nebenan. Vor der Tür parkt ein Panzer mit sechs dicken Rädern. Drinnen hocken ungefähr zehn oder zwölf Männer um einen langen Tisch. An den Stuhllehnen hängen Maschinengewehre wie anderswo Regenschirme. Ein Polizist hat eine MG mit Stativ auf dem Schoß. Man kennt uns bereits, einige grüßen per Handzeichen. Sie sehen wirklich abenteuerlich aus mit den gekreuzten Patronengurten über der Brust, bärtig und etwas abgerissen. Es sind freiwillige Helfer, die gegen die PKK eingesetzt und über Nacht zu Polizisten erklärt werden. Manche sind noch keine 20 Jahre alt.

Die Europastraße E 90 führt durch Cizre und von dort direkt nach Bagdad. Bis zur irakischen Grenze sind es gerade mal knappe 60 km. Vom Hotelfenster aus beobachte ich LKWs, die einen riesigen Zusatztank unter der Ladefläche haben für 500–600 l Diesel. Damit tanken sie im Irak spottbilligen Treibstoff, der in der Türkei teurer verkauft wird. Die Iraker erzielen so einige Einkünfte unter Umgehung des von den USA verhängten Handelsembargos.

Wie versprochen, holen uns Kabir und sein Kollege am anderen Vormittag ab und fahren mit uns durch die Stadt. Auf der Ablage hinter dem Rücksitz liegen mehrere volle Magazine für Maschinengewehre, zwischen den Vordersitzen ragt ein schweres Automatikgewehr heraus. Kabir tätschelt das Gewehr und sagt:

»Die liebe ich mehr als meine Mutter!«

Cizre ist ein kleines, schmutzig-braunes, armseliges Städtchen. Die Durchgangsstraße hat keinen Belag und ist voller tiefer Löcher. Hochbeladene, schwere LKWs und Pferdefuhrwerke begegnen uns. Auf einachsigen Pritschenwagen, die meist von einem schmutzigen Esel gezogen werden, hocken ganze Familien. Fast keine einzige Fensterscheibe ist unbeschädigt. Mit Klebestreifen, Holz oder Pappe werden sie notdürftig repariert. Viele Fensteröffnungen sind gänzlich mit Brettern vernagelt. Die Menschen auf den Straßen sind ärmlich gekleidet. Die Männer tragen zerrissene Sakkos und Schuhe. Die Kleider der Frauen und Kinder sind oft nur noch Fetzen. Armut starrt aus jeder Ecke. Außer ausgemergelten Pferden und Eseln scheint es keine Tiere zu geben. Dafür umso mehr Militärfahrzeuge und Soldaten, die mit strengem Gesichtsausdruck an den Ecken herumstehen.

Kabir hält an einer von Einschüssen übersäten weißen Mauer. »Seht ihr da die Einschüsse? Hier hat die PKK zehn türkische Soldaten erschossen!«

Dieselbe Mauer wird Elena später von einem Kurden gezeigt, mit dem Hinweis, daß dort zehn unschuldige Kurden von der türkischen Polizei hingerichtet wurden. Viele Geschäfte sind geschlossen, es gibt hier keine einzige Zeitung zu kaufen, keine Fernsehantenne ist zu sehen und nirgendwo plärrt wie sonst ein Radio. Panzerspähwagen und Soldaten patrouillieren überall durch die Straßen. Am Fenster des Hotels zeigt ein rotes Plakat den Anführer der PKK, Abdullah Öcalan, wie er lächelnd auf zerfetzte Kinderleichen blickt. Eine plumpe Fotomontage, bei der die Fotos der ermordeten Kinder nachträglich in seine Blickrichtung geklebt wurden.

Überschrift: »Das freut den Anführer«

In einer Bank wollen wir einen Reisescheck tauschen, doch es ist nicht möglich. Der Angestellte verweist uns nach Mardin, das sind 140 km zurück. Als wir endlich zum Bürgermeisteramt kommen, werden wir von schwerstbewaffneten, teilweise vermummten Männern unterschiedlichen Alters empfangen. Sie tragen keine Uniform oder nur einen Teil davon. Unter dicken Augenbrauen hervor fixieren uns ernste Blicke. Kabir wechselt einige Worte mit den Leuten, dann gehen wir ins Haus. Auch auf der Treppe zum Büro des Bürgermeisters stehen Bewacher, bis zu den Ohren hoch voller Patronengürtel, Pistolen und Magazinen.

Ein Polizist geht vor und meldet dem Chef, daß wir da sind. Nach einer kurzen Wartezeit werden wir hereingebeten. Der Stadtoberste heißt Kamil Atag und sitzt hinter einem schweren, dunklen Schreibtisch. Auch er trägt einen Revolver am Gürtel, der reich mit Perlmutt verziert ist. Sein buschiger Schnauzbart hebt sich, als er uns lächelnd die Hand reicht und uns willkommen heißt. Das Büro mit der schweren Ledergarnitur ist nun voller waffenstarrender Männer. Plötzlich geht die Tür auf. Ein jüngerer Mann in einem modischen Anzug betritt den Raum. Alle, einschließlich des Bürgermeisters, erheben sich von ihren Plätzen. Atag stellt uns den jungen Mann als Landrat vor, der uns auf deutsch begrüßt.

Ich übergebe dem Bürgermeister die offizielle Grußbotschaft der Stadt Freiburg. »Und das ist alles?« fragt Atag mit hochgezogenen Augenbrauen. Er hat wohl noch mehr finanzielle Unterstützung erwartet. Der Stadtrat von Freiburg hatte vor einiger Zeit im Zuge der Dritte-Welt-Initiative 25.000 DM für die Errichtung einer Krankenstation in Cizre gespendet. Weitere 25.000 DM sollten für die Inneneinrichtung verwendet werden, liegen aber bis heute wegen der angespannten politischen Lage in Cizre auf Eis. Fotos werden gemacht, während wir Tee trinken und von unserer Heimatstadt erzählen, der langen Reise bis hierher und unseren Motiven dazu. Interessiert hört der Landrat zu, was Elena und ich berichten. Einiges übersetzt er dem Bürgermeister, der immer wieder Fragen zu dem Report hat. Mit einem kurzen Telefonanruf löst der Landrat kurzerhand unsere Bankprobleme.

»Sie brauchen nur nochmals hinzugehen und Ihren Scheck einzutauschen. Es ist alles für Sie geregelt. Außerdem lade ich Sie heute mittag zum Essen ein.«

Auf der Bank, wohin wir anschließend von unserem Schatten Kabir gefahren werden, dauert das Scheckeintauschen zwar ganze zweieinhalb Stunden, doch wir sitzen beim Tee und erfahren viele interessante Zusammenhänge zu dem bestehenden Konflikt. Zumindest aus der Sicht eines türkischen Geheimpolizisten. Nach dem Essen mit dem Landrat fährt uns Kabir ins Hotel zurück. Die Fahrt führt an der von Freiburg finanzierten Krankenstation vorbei, die verlassen auf einem umzäunten, verwilderten Grundstück liegt.

»Deutschland schickt kein Geld mehr, um das Personal zu bezahlen. So kann die Krankenstation nicht in Betrieb genommen werden.«

»Aber von eurer Seite muß doch auch etwas kommen! Deutschland hat schon das Gebäude und die Einrichtung bezahlt. Dann müssen halt eure Leute für wenig Geld oder umsonst arbeiten. Es ist ja für euer Wohl.«

»Hier wird nicht gearbeitet, wenn Deutschland nicht zahlt!«

Na denn! Vor unserem Hotel setzen wir uns in den Schatten und schreiben Tagebuch. Kabir und sein Kollege haben sich bis morgen verabschiedet. In aller Frühe wollen sie uns abholen, um sicherzugehen, daß wir die Stadt per Bus verlassen und nicht womöglich auf den Rädern. Ein weiterer Aufenthalt in Cizre wird nicht gestattet. Am Nachmittag marschieren wir auf eigene Faust trotz Ausgangssperre in die Stadt. Kabir warnte uns vor Heckenschützen, die uns mit Freuden abknallen würden. Aber viele Leute auf den Straßen grüßen uns freundlich. Anders als sonst in der Türkei ergibt sich in Cizre aber kein näherer Kontakt mit der Bevölkerung. Das Gespräch suchen die Menschen hier nicht, zumindest nicht öffentlich. Mehrmals werden unsere Pässe von Straßenpatrouillen kontrolliert. Dazu drängt man uns jedesmal schnell in einen Hauseingang, weg von der Straße. Kabir hat uns seinen Titel und die Telefonnummer seines Büros notiert für den Fall, daß uns etwas passiert. Diesen Zettel zeigen wir bei den Kontrollposten und dürfen ungehindert passieren. Wir werden für Journalisten gehalten, denn hierher ans Ende der Türkei kommen keine normalen Touristen. Das Verhältnis zur Presse ist gespannt.

»Einerseits brauchen wir sie«, erzählt uns ein türkischer Polizist, »um aufzuklären, welchen Kampf wir gegen die Terrorgruppe der PKK führen. Andererseits schreiben die westlichen Zeitungen viel Unsinn über angebliche Menschenrechtsverletzungen in der Türkei.«

Elena und ich geben zu bedenken, daß sich die internationale Presse sowie Menschenrechts-Organisationen die einschlägigen Berichte nicht aus den Fingern saugen. Von den Opfern ganz zu schweigen.

»Alles Propaganda gegen unser Land«, zischt er.

»Von nix kommt nix. Und Druckerschwärze ist auf Dauer wirkungsvoller als Schießpulver«, halten wir dagegen.

Später gehen wir am Postamt vorbei und fragen, wann sie schließen. Ich sage: »When do you close this office?« über den Schalter.

»Nix Klaus!« kommt es von dem Postler kopfschüttelnd zurück.

Lachend gehen wir aus der Post – und werden sofort wieder kontrolliert. Im Hotel schreibt Elena einen Brief und macht die Videocassette versandfertig, die wir vom Polizeichef zurückbekommen haben.

Während ich vom Hotelzimmer aus heimlich Fotos von den LKWs mit den riesigen Tanks und den Panzern mache, geht Elena zur nahen Post. Kurz darauf kommt sie schon wieder zurück in Begleitung der Polizei. Die hat der Postbeamte sofort alarmiert, als Elena die Videokassette nach Deutschland schicken wollte. Nun durchsuchen Kabir und sein Kollege, der wie ein Schatten ständig um ihn herum ist, unser Zimmer und die Toilette. Er hat den Verdacht, wir hätten das Videoband in der Kassette inzwischen ausgetauscht und würden nun diffamierendes Material über die Türkei außer Landes bringen wollen. Die Jungs haben scheinbar einiges zu verbergen.

Unsere Tagebücher werden durchgeblättert in der Hoffnung, die Abkürzung PKK zu finden. Dabei fällt aus Elenas Buch ein Foto heraus, das ein dickes, gesundes Hausschwein zeigt. Voller Abscheu, als hätte er dem Leibhaftigen ins Antlitz geblickt, legt der Polizist das Buch weg. Als Moslem will er noch nicht einmal an ein Schwein denken, geschweige denn eines sehen – igitt!! Sie suchen nach irgendwelchen Eintragungen, die auf die PKK schließen lassen, doch ich habe vermieden, das Kürzel zu schreiben, und Elena ist zum Glück mit ihren Eintragungen im Rückstand. Den harmlosen Brief eines Kurden, der uns helfen wollte, hier in der Gegend eine Unterkunft bei seinem Onkel zu finden, habe ich kurz vorher verbrannt und die Toilette runtergespült. Glück gehabt. Kabir und sein Schatten gehen, die höchstverdächtige Videokassette nehmen sie bis morgen wieder mit. Na denn, viel Spaß beim erneuten Anschauen unseres Films!

Elena:
Als ich zur Post unterwegs bin, spricht mich diskret ein junger Mann an.
»Ich weiß, daß Sie Journalistin sind und über uns berichten wollen. Wir haben keinerlei Kontakt nach draußen,« raunt er mir leise auf Englisch zu.
»Wir haben keine Chance, der Welt etwas über das Schicksal der kurdischen Familien mitzuteilen. Viele von uns wurden nachts erschossen, auch Frauen und Kinder. Es ist furchtbar. Wir können uns nicht wehren!«
Ich verhalte mich neutral und erkläre ihm, daß wir lediglich

Touristen sind, die eine Weltreise auf Fahrrädern machen. Er könnte auch ein Spitzel sein. Außerdem werfen auch die Kurden Bomben, und wir sind nicht in der Lage, ein Urteil zu fällen, wer Recht oder Unrecht hat.

»Bitte schreiben Sie das in Ihrer Zeitung zu Hause!« antwortet er stattdessen mit beschwörendem Blick. Dann dreht er sich abrupt um und verschwindet in einer der kleinen Gassen.

Peter:
Um 8 Uhr wollte Kabir da sein, um 9 kommt er schließlich. Nach wie vor bestehen wir darauf, daß die Videokassette zur Post gebracht wird. Wir wollen sie nicht noch länger durch Hitze und Staub mitschleppen. Kabir schimpft wie ein Rohrspatz, aber wir bleiben stur. Schließlich gibt er nach und rast mit mir im PKW zum Postamt. Hölleneile ist angesagt – er hat den Auftrag, uns in den Bus zu setzen, der jeden Moment losfahren wird. Cizre verlassen wir wieder im Konvoi. PKW vorne, wir auf den Rädern in der Mitte, PKW hinten, bis zur Bushaltestelle wie gehabt.

Wieder werden wir gezwungen, mit dem Bus zu fahren, wieder werde ich mehrmals auf Waffen durchgecheckt. Erst an der nächsten Haltestelle in Nusaybin, dem Grenzort zu Syrien, dürfen wir aussteigen. Ohne uns eines Blickes zu würdigen, lädt der Busfahrer unser Gepäck aus, befreit die Passagiere von den breiten Rädern und braust wieder los.

Weit und breit kein Hinweis, wo es nach Syrien geht. Nur durch Zufall entdecken wir in einer Seitenstraße die rote Flagge mit dem weißen Halbmond und den türkischen Grenzposten für die Ausreise.

7.
Zwischen Hornvipern und Hundemeuten
SYRIEN (Oktober – November 1994)

Peter:
Als die Amtshandlungen erledigt sind, geht es nach Syrien. Aber wo? Vor uns ist nur ein langer Zaun aus Maschendraht mit einer schmalen Gittertür. Das soll die Grenze sein? Ungläubig und mit fragendem Blick schaue ich zum türkischen Zöllner.

»Evet, evet«, lacht der und winkt nach vorne. Na denn!

Ein Mann jenseits des Zauns kommt mit einem dicken Schlüsselbund rasselnd an. Das große, rostige Vorhängeschloß knarzt auf, doch die Türöffnung ist so schmal, daß die Räder mit den Taschen fast nicht durchpassen. Kaum haben wir uns hineingezwängt, – rumms – knallt auch schon das Türchen wieder zu. Das alte Schloß wird vom syrischen Beamten in Turban und Kaftan mit strengem Blick hinüber zu den Türken energisch wieder abgeschlossen. Daß mir da ja keine Türken reinkommen! …

Ein großes, sandiges Areal, umrandet von flachen Holzhütten, liegt vor uns. Überall warten Menschen, Gepäckstücke und Eselskarren. Aus einem Büro kommt ein dicker, hemdsärmeliger Mann, der seine Hose breiten Hosenträgern anvertraut. »Passaporte«, verlangt er. Nö, da könnte ja jeder kommen! Eine Uniform trägt hier wohl niemand, aber alle sind ›Chefe‹ und haben etwas zu sagen.

Inzwischen hat sich eine Gruppe von ungefähr zehn Männern und Kindern um uns geschart, sie nicken uns freundlich zu.

»Marhaba«, ruft ein alter Mann, der sich zu der Gruppe ge-

Gleich nach der Grenze in Nordsyrien nahm uns die Bevölkerung begeistert in Empfang.

sellt. Wir bedanken uns mit »Shukran« für diesen Willkommensgruß. Die Männer zeigen auf den Dicken, lachen und sagen »Passaporte, Passaporte!« Also gut, dann scheint der doch der Zollbeamte zu sein. Elena und ich händigen unsere Pässe aus. Anschließend schickt uns der Dicke heftig gestikulierend in die Hütte gegenüber. Vor vielen winkenden und rufenden Leuten geht es zur zweiten Paßkontrolle. Begeistert schreien alle durcheinander. Im zweiten Häuschen beantworten wir Fragen nach dem Woher und Wohin und dem Zweck der Reise auf einer vorgedruckten Karte. Die Vornamen der Väter und Mütter sind gefragt, und auch die Namen von ›Vaters Vater und Mutters Vater‹ finden reges Interesse. Der Zöllner nimmt die Pässe mit in seine Bude und peng! peng! – Stempel rein.

Anschließend wird ein Gesundheitscheck verlangt. Ein kleines Holzhaus mit Veranda birgt den Praxisraum des Arztes, der prüfen soll, ob wir vielleicht die in Indien grassierende Pest einschleppen. Daß wir noch nie in Indien waren, stört nicht weiter. Das ganze, einzige kleine Zimmer ist voller – richtig! – Männer. Raunen und Räuspern geht durch die Reihen, ein paar Burschen kichern erwartungsfroh.

Von draußen sind weitere Schaulustige dazugekommen, die Hütte ist jetzt rappelvoll mit Zuschauern. So etwas hat man schließlich nicht jeden Tag. Einer der Typen will zur Untersuchung schreiten und hundert große Augen warten darauf, daß hier gleich die Peepshow losgeht. Aber doch nicht mit meiner Elena! Energisch verlangt sie zu wissen, wer hier eigentlich der Arzt ist. Es meldet sich ein junger Mann hinten in der Ecke, den man vor lauter Menschen kaum sieht.

»Und was machen all die anderen hier?«

Der Arzt lacht und meint schulterzuckend: »Freunde und Verwandte von mir!«

Wir lachen auch und teilen ihm mit, daß keine Untersuchung stattfinden wird, solange hier mehr Leute als notwendig sind. Der Medizinmann hat ein Einsehen und schmeißt alle raus, das heißt fast alle, denn etwa acht Personen sind trotz der Auslese ›unverzichtbar wichtig‹ und müssen der Untersuchungszeremonie beiwohnen. So, jetzt kann's losgehen. Der Doktor hört über der Kleidung die Lungen ab und drückt jedem von uns in die Achselhöhlen und Lenden, was mich zum Kichern bringt, weil ich kitzlig bin. Draußen an der Tür hängen seine Freunde und schielen durchs Fenster.

Untersuchung beendet – aus, Schluß. Wir haben keine Pest! Jeder europäische Arzt würde vor soviel Hellsichtigkeit erblassen. Jetzt geht es zur dritten Paßkontrolle, ein paar Meter weiter zur vierten. Sicher ist sicher! Alles geschieht freundlich und entspannt. Kein Tisch, Stuhl oder Fensterbrett, wo nicht mindestens ein Glas Tee steht. Der Himmel ist blau, die Sonne strahlt, und wir sind gesund. Auf nach Syrien!

Gleich nach der Grenze stößt man auf das Örtchen Al-Qamichliye. Zwei, drei Biegungen, und wir stehen auf der Hauptstraße. Schlagartig ist es sehr arabisch um uns herum. Männer in Djalabas, den arabischen Langhemden, und völlig verschleierte Frauen mit schwarzen Stoffgittern vor den Augen schreiten über die Straße. Wenige Autos sind unterwegs, jedoch um so mehr Pferde- und Eselkarren. Milchkaffeefarbene Häuser teilen sich die Plätze zwischen Abfallhaufen. Zum Weiterfahren ist es heute schon zu spät. Es ist fast 17 Uhr. Um 17.30 Uhr wird die Sonne untergehen, gleich darauf ist es finster. Während ich auf die Räder aufpasse, geht Elena in ein Hotel vis á vis, um nach dem Zimmerpreis zu fragen. Kaum ist sie weg, sammeln sich um mich herum zirka 70 Leute. Alle lachen freundlich und zeigen sich gegenseitig die Länderaufkleber auf den Schutzblechen der Räder. Ein paar Mädchen kichern verlegen, als ich sie ansehe, und ziehen schnell ihren Schleier vors Gesicht. Jungs und Männer klopfen mir anerkennend auf die Schultern.

»What's your name?« schreien mir ein paar von ihnen ihren gesamten englischen Wortschatz entgegen. Als ich meinen Namen nenne, tönt es immer wieder:

»What's your name?« Und dann: »America?«

»Ana almani«, gebe ich Auskunft auf die Frage nach meiner Nationalität.

Hup-hup, klingel-klingel – alles wird ausprobiert. Wieder und wieder muß ich mit den Fingern die Anzahl der Gänge zeigen. Als Elena zurückkommt, ist die Menge nochmals erstaunt. Eine Frau kann Fahrrad fahren?

»Das macht unfruchtbar, das ist gar nicht gut für eine Frau!« wispert mir ein älterer Mann mit strengem Blick auf englisch zu, der es gut mit uns meint.

Viele der Syrer hier fallen uns wegen ihrer feuerroten Haare und blassen Gesichtsfarbe auf, manche wirken regelrecht irisch. Sogar Sommersprossen haben sie auf der Nase.

Die Sache mit dem Hotel war erfolglos, weil der Hotelier Elena als Frau einfach keine Antwort gab.

»Der spricht nicht mit mir, guckt mich nicht mal an,« berichtet Elena entrüstet über ihren Besuch im Hotel.

So gehe ich hin, um zu erfahren, daß ein Doppelzimmer in der Bruchbude 30 US-Dollar kostet, vorausgesetzt, wir sind verheiratet und können das belegen. Der Gute braucht wohl keine Gäste. Für das Geld kriegen wir ein super Zimmer in Amerika.

Als ich auf die Straße zurückkomme, muß ich Elena aus dem Pulk Menschen befreien. Johlend ziehen alle mit uns, eine Bank zu suchen, die ein paar Dollars tauschen kann. Den Kurs wissen wir ja. Für 1 DM müßten wir etwa 28 syrische Pfund erhalten. Pustekuchen! Die Bank hat bereits geschlossen, und morgen ist Feiertag. Na fein! Der ganze Troß Leute bringt uns begeistert zu einem weiteren Hotel, wo ich wieder frage. Auch hier wird ein völlig überhöhter Preis verlangt. Während ich mit dem Zimmervermieter verhandele, bohrt der ganz verzückt in seiner großen Nase und schmiert den Fund hinter die Stuhllehne. Ein Telefon bräuchten wir auch, heute wäre wieder eine Reportage für einen deutschen Radiosender fällig. Aber der Apparat hier funktioniert schon lange nicht mehr.

Inzwischen hat sich uns ein ruhiger, junger Mann angeschlossen.

»Mein Name ist Isam. Willkommen in meinem Land! Wenn Sie möchten, können Sie die heutige Nacht bei mir und meiner Familie verbringen,« bietet er in fließendem Englisch an und schickt die anderen Leute nach Hause. »Ich studiere Anglistik an der Universität und würde mich freuen, wenn Sie sich mit mir in Englisch unterhalten würden.«

Nach einer halben Stunde Fußweg sind wir drei am Ortsrand, wo Isam mit seinen Eltern und Geschwistern eines der braunen, flachen Gebäude aus rohen Lehmziegeln bewohnt. Seine Eltern empfangen uns freundlich. Der Vater hat in der Stadt ein kleines Textilgeschäft. Das Innere des Hauses ist einfach und schmucklos. In den drei Zimmern stehen kaum Möbel, die nötigen Gegenstände sind in ein paar Holztruhen untergebracht. In der Küche fließt kaltes Wasser aus der Leitung. Vor den Türöffnungen hängen Stoffbahnen, die Toilettentür ist ein Kartoffelsack. Die Lehmfußböden sind mit Decken, Matten aus Palmfasern und Teppichen belegt. Der bunte Kalender und ein Foto aus Mekka sind die einzigen Farbkleckse an der Wand. Alle nehmen auf dem Boden Platz. Ein erfrischender Wind weht durch die Fensteröffnungen. Die Schuhe haben wir vor der Tür gelassen, wie es im Orient üblich ist. Wir berichten Isam von unserem Telefonproblem, aber auch dafür hat er eine Lösung. Zwar gibt es im Haus ein schnurloses Telefon, doch leider ist mal wieder der Strom ausgefallen und der Akku ist leer. So holt er das Funktelefon vom Nachbarn. Ganz kurz geben wir dem Sender in Deutschland die Nummer für den Anruf durch.

Isams großer Bruder möchte nach Deutschland gehen, um Geschäfte zu machen. Elena schreibt ihm einen Brief für das Goethe-Institut, um Unterlagen für einen Sprachkurs zu erbitten, und einen weiteren an die Botschaft, um die Einreisebedingungen zu erfahren. Plötzlich klingelt das Telefon – der Anruf aus der Heimat! Alle blicken uns gespannt an. Die komische Sprache, die wir sprechen, amüsiert sie, und während ich einen Bericht über den bisherigen Tourenverlauf ins ferne Deutschland gebe, gibt die Mutter dem Jüngsten die Brust.

Ich denke an den Kontrast zwischen Deutschland und hier. Der Redakteur zu Hause sitzt in einem modernen Tonstudio, ich hier im Schneidersitz auf gestampftem Lehm. Draußen schreit ein Esel. Obwohl außer Elena niemand der Anwesenden von dem Telefonat etwas verstanden hat, sind alle begeistert. Ein Hauch vom begehrten Deutschland liegt in der zugigen Luft des Wohnzimmers.

Bald ist es Zeit fürs Abendessen. Draußen im Hof werden

Bastmatten ausgebreitet, auf die die Mutter Tomaten, Fladenbrot, Käse, Fleisch und Trauben legt. Obwohl es den Anschein erwecken könnte, sind diese Leute nicht arm. Wohlstand drückt sich hier in Syrien wie auch in anderen arabischen Ländern nicht unbedingt durch teure Möbel oder ein großes Auto vor der Tür aus. Die Frauen besitzen Goldschmuck, aber wichtiger noch sind viele Kinder, eine große Schaf- oder Ziegenherde, oder man hat einen kleinen Laden. Ich mache ein paar Polaroidfotos für die Familie. Fotografiert werden ist toll, vor allem, wenn dann das fertige Bild gleich danach von einem zum andern lachend weitergereicht wird. Nach streng eingehaltenen Koranregeln ist es eigentlich verboten, von Personen ein Abbild zu machen, aber Spaß macht es halt doch. Elena hilft beim Abräumen, während wir Männer auf dem Boden liegen und verdauen. Als alle wieder sitzen, führe ich der Familie ein paar Zauberstückchen vor. Isam hat eine Bezahlung für die Unterkunft strikt abgelehnt. So zaubere ich den kleineren Geschwistern Geldstücke hinter den Ohren hervor und schenke sie ihnen. Mit staunenden Gesichtern betrachten sie die Münzen in ihren Händen, ein Steppke greift sich nachdenklich an die Nase, aus der ich das Geld gezogen habe.

Gegen 21 Uhr ist Schlafenszeit. Im Hof, um den eine Mauer gezogen ist, stehen Holzpodeste, darauf breite Eisenbetten mit Moskitonetzen als Himmel. Die Kinder verkriechen sich eines nach dem anderen voll angezogen ins Bett. Ihre Mutter zupft noch das Fliegennetz zurecht, dann löscht sie die Gaslaterne und sagt »Lailaton sá idatan« – gute Nacht. Der sternenübersäte Himmel hat schon das ganze Dorf zugedeckt. Bald schlafen auch wir in unseren Schlaftüten. Die Nacht endet um vier Uhr früh mit dem Ruf des Muezzins. Der Schlaf war unruhig. Erst bellten ständig irgendwelche Hunde, dann krähten Hähne, und dazwischen piesackten mich offenbar Flöhe, die irgendwo im Teppich steckten. Lustvoll knacke ich sie bei Tagesanbruch. Nach einem Glas Tee verabschieden wir uns. Der Vater tauscht uns noch ein paar US-Dollars, dann begleitet uns Isam ein Stück bis zur Straße, von wo aus wir weiter in die Wüste hinausrollen.

Die Straße ist gut und eben, in der Morgenfrische kommen wir flott voran. Ab und zu werden Elena und ich von Kleinbussen und Pick-ups überholt, deren Ladefläche voller Mädchen und Frauen sind, die zur Arbeit gebracht werden. Jedesmal, wenn uns so ein Mini-Laster überholt, beginnt das Rufen, Winken und Gekicher der Mädchen.

»Jetzt fahren die extra langsam vor uns her, damit sie dich länger betrachten können, du Blondschopf,« meint Elena grinsend und fügt hinzu: »Guck doch mal männlich-markant!«

Aus der sicheren Distanz des Autos trauen sich die Mädels, mir blondem Europäer zu winken und zu rufen. Oft wird noch ein hervorgekramtes »What's your name?« rübergerufen. Wir winken zurück, und der Wagen verschwindet, bis der nächste kommt, wo sich das Schauspiel wiederholt. Ein netter Zeitvertreib, der Elena dazu veranlaßt, mich zu necken, so oft sie nur kann.

Links und rechts des Asphaltbandes erstrecken sich Sand, Steine und Dünen. Hin und wieder liegt ein Dorf irgendwo abseits der Straße im Sand. Die Häuser dunkelbraun und flach, einfache Tür- und Fensteröffnungen mit Stoff- oder Plastikplanen verhängt. Ein paar Häuser haben die Form von spitz zulaufenden Bienenkörben und dienen heute als Vorratskammer. Früher wohnten die meisten Einwohner der Gegend in den Bienenkorbhäusern, die durch ein ausgeklügeltes Ventilationssystem innen stets kühl sind. Aber heute will jeder ›modern‹ wohnen und zieht die Flachbauten vor. Die Straße ist lang, sehr lang und trocken. Zur Gebetszeit am Vormittag bekommen wir unsere Flaschen von LKW-Fahrern mit Wasser aufgefüllt, die uns im Schatten ihres Trucks zum Tee einladen.

Gastfreundschaft und Hilfsbereitschaft sind ungeschriebenes Wüstengesetz seit Jahrtausenden. In der Dämmerung verkriechen wir uns nahe der Straße hinter die Dünen. Trotz sommerlicher Temperaturen ziehe ich das Überzelt über unser Stoff-

Ein typisches ›Bienenkorbhaus‹ in Nordsyrien.

haus. Während der Nacht legt sich viel kondensierte Feuchtigkeit auf das Zelt, alles wird naß und kalt.

Bis Aleppo sind es noch ziemlich genau 500 km. Die nächsten Tage bringen kaum Abwechslung. Manchmal stehen Kamele unschlüssig neben oder auf der Fahrbahn. Mit borniertem Blick, wie ihn nur Kamele haben, sehen sie geflissentlich zur Seite, wenn wir an ihnen vorbei wollen. »Grüezi« oder »guten Tach« grüßen wir manchmal übermütig die Wüstenschiffe. Dabei nehme ich artig die Kappe ab. Grunzen und ein hochmütiger Blick ist die Antwort. Unsere kleinen Schatten fahren genau unter den Rädern mit uns. Die Sonne heizt, was sie heizen kann, Schweiß gräbt sich in den Staub auf der Haut und hinterläßt salzige Bahnen. Die Zunge will am Gaumen bleiben, und ständig rutscht die Brille den Nasenrücken entlang. Am Horizont flimmert die heiße Luft. Nur das Abrollgeräusch von Reifen und Kette ist zu hören, und mein Atem.

Durst – D-U-R-S-T!!
Elena sagt schon eine ganze Weile überhaupt nichts mehr. Mit verbissenem Gesichtsausdruck strampelt sie hinter mir her.

Um Mangelerscheinungen zu vermeiden, müssen wir täglich mindestens 10 l Wasser in uns schütten. Im Rückspiegel sehe ich einen beweglichen Punkt und fahre langsamer. Sobald der Fahrtwind wegbleibt, öffnen sich die Poren wie Schleusen. Elena kommt angeschnauft. Ihr T-Shirt können wir heute abend zusammenklappen. Es ist weiß und steif von den ausgeschiedenen Salzkristallen.

»Jetzt eine Dusche!« haucht die beste Reisegefährtin von allen ermattet. Wir sehen sie förmlich vor uns. Kühles, sauberes Wasser perlt über die Haut, spült Staub, Schweiß und Hitze von uns. Doch es bleibt nur eine Vision. Ein paar Schlucke fast heißes Wasser, ein paar Aufmunterungen, dann weiter. Manchmal erscheint mir die Straße wie ein endloses Laufband. Zwar drehen sich die Räder, aber wir bleiben scheinbar auf der Stelle. Und doch beklagt sich keiner von uns oder fragt sich: Was tue ich hier? Immer ist klar, daß wir aus freien Stücken diese Reise gewählt haben, daß auch die mieseste Situation ein Ende nimmt. Ohne durchlebte Tiefen kann man keine Höhen genießen. Also weiter, es wird schon …!

Am Straßenrand gehen ein paar Frauen hintereinander, dicke Reisigbündel auf dem Kopf balancierend. Wo sie die wohl herhaben in dieser Sandwüste? Weiter draußen leben die Beduinen. Ihre schwarzen Zelte aus Ziegenhaar sieht man von weitem, vereinzelt dringt Hundegebell zur Straße. Bald liegt das historische Wasser des Euphrat vor uns, von dünnen Bäumchen und Gras gesäumt.

2.700 km ist der Fluß lang und wird als die Wiege der Zivilisation bezeichnet. Er entspringt in den Bergen der Ostürkei und ist in den letzten Jahren zum Streitpunkt zwischen Syrien, Irak und der Türkei geworden. Gerade Irak und Syrien sind als Wüsten- und Steppenländer sehr auf diesen alten Strom angewiesen, doch die Türkei gräbt den Nachbarstaaten buchstäblich das Wasser ab.

22 Staudämme und 19 Wasserkraftwerke, die 27 Milliarden Kilowatt Strom liefern und 1,7 Millionen Hektar Land in Südostanatolien bewässern und somit in fruchtbares Gebiet verwandeln sollen, drehen den Anrainerstaaten von Euphrat und Tigris regelrecht das lebensnotwendige Wasser ab. Das Ganze ist ein enormes Entwicklungsprojekt (GAP) der Türkei für ihre unterentwickelten Gebiete, das bereits seit langer Zeit geplant ist. Vertreter der betroffenen Länder haben den westlichen Industriestaaten mit Sanktionen gedroht , falls sie der Türkei helfen, noch mehr Staudämme zu errichten. ›Sollte es ihr in den Kram passen, dreht uns die Türkei den Hahn zu‹ befürchten die Medien für Syrien und den Irak. Das wäre möglich, denn die türkische Regierung in Ankara vertritt den Standpunkt, es sei ihre Sache, was sie mit dem Oberlauf des Euphrats macht. Große Umwälzungen sind im Gange, auf Kosten jahrtausendealter, geschichtsträchtiger Orte. Viele Menschen sollen zudem umgesiedelt werden.

In einer Autofahrer-Raststätte essen wir Tomaten, Brot und eine Bohnensuppe. Es schmeckt uns gut – den vielen Fliegen auch. Der Abfalleimer hinterm Haus quillt über und sorgt dafür, daß sie nicht aussterben. Irgendwo draußen tönt leise und sehnsüchtig die orientalische Flöte ›Nei‹. Die Melodie trägt der Wind hinaus in die Weite der Wüste.

Endlich erreichen wir die zweitgrößte Stadt in Syrien, Aleppo.

Wir zwei kommen uns vor wie Karawanenführer nach wochenlangem Ritt. Nach langem Herumkurven und Fragen finden wir im Zentrum ein billiges Hotel für 400 syrische Pfund, was ungefähr 15 DM entspricht.

Vor einem Straßenrestaurant sitzen viele junge Männer, und als wir so angeradelt kommen, rufen einige im Chor »Hello,

hello«. Die anderen stimmen mit ein, und plötzlich entsteht ein großes Geschrei, als ob Rockstars auftreten. Die Begrüßung fällt etwas heftig aus. Leute bleiben stehen und drehen sich nach der Szene um, andere schauen von den Balkonen herunter. Als ich später in ein gegenüberliegendes Fahrradgeschäft gehe, um den gebrochenen Gepäckträger schweißen zu lassen, entschuldigt sich der Monteur verlegen für den lautstarken Empfang seiner Nachbarn.

Sowie die Räder ins Zimmer hochgetragen sind, das Gepäck versorgt ist und wir uns frisch gemacht haben, bummeln wir durch die Stadt. Es ist 18 Uhr und schon sturzfinster. Wir marschieren zum Markt, dort ist Leben und Umtrieb.

Im hellen Schein der Hunderte von Gaslampen wird hier alles verkauft, was man sich vorstellen kann. Berge von Limonen, Orangen und Bananen liegen auf dem Boden oder werden ab Pferdepritsche lautstark an den Bürger gebracht. Die Stoffhändler rattern mit uralten Pfaff- und Singernähmaschinen bunte Kleider zusammen. Kapitale Kakerlaken kreuzen den Weg, huschen in Ritzen und Löcher.

Ein umgedrehter Pappkarton ist die Verkaufstheke eines kleinen Mädchens. Eigentlich sollte sie hier Zigaretten verkaufen, aber sie ist eingenickt. In der Fleischhalle sieht es barbarisch aus. Ehemals weiße, zerrupft aussehende Hühner werden aus einem Drahtverhau heraus entweder lebend verkauft, dann bindet man sie an den Beinen zusammen und trägt sie kopfüber wie eine Plastiktüte davon, oder sie werden an Ort und Stelle geschlachtet.

Der Koran schreibt vor, daß die Tiere ausbluten müssen. Dazu wird ihnen die Halsschlagader aufgeschnitten. Ist der Schlachter im Streß, hält er mit einem Fuß ein halbtotes Huhn am Boden fest, während er schon das nächste in der Mache hat. Wir sind in der Metzgergasse gelandet und staksen vorbei an abgeschlagenen Ziegenfüßen, Schafsköpfen mit stieren Augen, Tonkrügen voller Hühnerköpfe und herausragender Krallen. Dazwischen immer wieder Blutspuren bis hin zu ganzen Lachen, die man im Halbdunkel der Gasse nur schwer sieht. Viele Körperbehinderte gibt es hier. Ein paar mongoloide Kinder hopsen lächelnd zwischen den Ständen herum.

Der Gestank in der Schlachthalle, der Anblick des verspritzten Blutes, die in Todesangst schreienden Tiere – das ist zuviel für Elena. Fast muß sie sich übergeben. Gerade rechtzeitig an abgehackten Hühnerköpfen vorbei erreichen wir das Freie.

Massentierhaltung ist ein allgemeines Problem heutzutage bei der wachsenden Überbevölkerung. Und das nicht nur in Syrien, sondern vor allem in den modernen Industriestaaten wie zum Beispiel Deutschland. Vielleicht haben es die Hühner hier sogar noch besser als unsere daheim.

Die Gerüche, die im Souk den vielen verschiedenen Säcken, Fässern und Büchsen entsteigen, ändern die Gedanken. Gerne lassen sich Augen und Nase in das unübersehbare Labyrinth entführen. Zwischen Curry und Koriander, Safran, Muskat, Henna und Zimt fühlen wir uns wohl. Nie zuvor sahen wir grell pinkfarbenen, gekochten Blumenkohl. Auch alle anderen gegarten Gemüsesorten übertreffen sich gegenseitig in einem gewaltigen Farbenrausch.

Zwei alte Männer weben seit vielen Jahren von morgens bis abends auf großen, einfachen Holzwebstühlen mit Plastikfäden bunte Matten in einem feuchten Kellergewölbe. Ratternd und gleichförmig schleudern sie das Schiff, ein Holzteil an dem Webrahmen, mal nach links, dann nach rechts und wieder zurück. Schwere Steine hängen als Gewichte am Ende des Rahmens. Uns kommt es vor wie Galeerenarbeit, aber die beiden lachen uns fröhlich an und laden ein, ihnen bei der Arbeit zuzusehen. Im Käfig bei der Tür sitzt ein Pirol und tirilliert statt Radio vor sich hin. Die Hände der Männer sind dick und voller Schwielen vom Arbeiten mit dem harten Material.

Das orientalische Stimmengewirr, die sprechenden Gesichter und schwarzen Augen faszinieren uns immer wieder. Auch bei noch so vielen Worten muß die Beschreibung immer unzureichend bleiben. Eine wunderbare kleine Welt ist so ein Basar, in der die moderne Zeit noch nicht viel Platz einnimmt, trotz der vielen Elektronikartikel aus Hongkong und Taiwan, die man auch auf dem kleinsten Dorfbasar bereits findet. Das Feilschen, Teetrinken und die Geräuschkulisse sind mindestens so alt wie die nahe Moschee aus der Zeit der Omaijaden.

Als Rom der Sage nach am 21. April 753 vor Christus gegründet wurde, hatte Aleppo schon tausend Sommer gesehen. Im 18. Jh. v. Chr. war hier der Sitz des Königreichs der Jamchad, die ganz Nordsyrien beherrschten. Abends spreche ich mit Elena über die fremdartigen Eindrücke, die jeden Tag so geballt auf uns einwirken.

Vieles verstehen wir nicht gleich, dann fragen wir bei nächster Gelegenheit einen Einheimischen. Jeder von uns ist über die Partnerschaft hinaus froh, daß er nicht alleine reist. So verbindet uns das gemeinsame Erleben jeden Tag ein bißchen mehr. Wir haben viele tiefschürfende Gespräche, wenn wir abends vor dem Zelt sitzen und über uns ist nur das Weltall in seiner unendlichen Dimension. Das gibt Kraft und Mut für Zeiten, wo es nicht so gut klappt, wenn wir streiten oder wenn uns der Schweiß in den Augen brennt.

Am nächsten Tag sehe ich mir die Festung an. Eine achtbögige, stabile Steinbrücke führt ins Innere. Allein schon das hohe, aus dicken Bohlen gefertigte Holztor ist beeindruckend. Vom Hof aus gelangt man in die verschachtelten Wohngebäude, Hallen und Tore. So dick die Mauern aber auch sind, die Mongolen überwanden sie gleich zweimal; aber das war schon in den Jahren 1260 und 1400 n. Chr. Eines der erhalten gebliebenen Schmuckstücke ist eine kleine Moschee an der Stelle, wo Abraham einst seine Kuh gemolken haben soll. Daher hat die Stadt wohl auch ihren Namen. Das arabische Wort ›Haleb‹ für Aleppo besteht aus den gleichen Stammlauten wie auch das arabische Wort für Melken. Von den Türmen aus hat man einen guten Blick über die Stadt und darüber hinaus in die Ebene, ja sogar bis zum Euphrat. Während Elena mit den Rädern vor einer Moschee wartet und Tagebuchaufzeichnungen macht, wird sie vom Imam und Straßenhändlern mit Tee versorgt und mit einem netten Gespräch unterhalten, bis ich wiederkomme.

Das nächste Ziel ist Hama. Als wir vor den Stadttoren Aleppos stehen, finden wir uns plötzlich auf der Autobahn wieder. Auch recht. Auf dem Standstreifen kann man sogar bequem nebeneinander radeln. Ab und an überholen wir einen Eselskarren, der Autoverkehr ist erträglich. Seitlich der teilweise neuen Straße stehen Bäume, die etwas Kühle und Schatten spenden. Die für Nordsyrien so typischen Kegelhäuser werden immer seltener und weichen äußerst häßlichen Hohlblockhütten mit Wellblechdächern, die aber als modern gelten. Ohne erkennbare Ordnung würfeln sich solche Behausungen zur Dörfern zusammen. Eine Fernsehantenne, und sei sie nur aus Draht und Blech selbstgemacht, fehlt auf keinem der Dächer. Entlang der Straße weisen alte Autoreifen, an einen Holzpfahl genagelt, auf eine Reifenwerkstatt hin. Hierzulande kennt niemand eine Mindestprofiltiefe wie in Europa. Reifen gelten als abgefahren, wenn der Schlauch durch das Textilgewebe hindurch sichtbar wird. Aber sicher kann sich so mancher keine neuen Reifen leisten. Da gurkt man halt mit den alten so lange rum, bis sie platzen.

Meine Liebste brüllt plötzlich, was das Zeug hält: »Not!«

Ich bremse scharf. »Wer ist in Not?«

»Nein, Bbbrrrrot. Wir brauchen was zu Beißen«, brüllt es hinter mir.

Elena hat recht. Heute morgen gab es nur Kekse und Wasser zum Frühstück. Wir stehen an der Abzweigung nach Ma'arat an-Nu'man, einer Kleinstadt. Die teilweise hübschen Häuser sind großzügig in die Wüste hineingebaut. Platz hat man ja genug.

Ein paar Frauen stehen an einer Ecke beisammen, teilweise verschleiert, und tratschen miteinander, hier genauso wie in Wladiwostok oder in Posemuckel. Und wo Frauen so zusammenstehen, ist auch meist ein Geschäft in der Nähe, so auch hier. Die Räder lehnen wir an die Wand zur Freude der Kinder, die fachmännisch alles Technische diskutieren und begeistert den Tacho beklopfen. Ein kleiner Laden mit einem kleinen Angebot, und doch hat er alles, was man eben mal so braucht. Drinnen ist es kühl und abgedunkelt. Der Ladenbesitzer trägt ein weißes Tuch auf dem Kopf, das mit schwarzen Kordeln gehalten wird, dazu den Djalaba. Wir lassen die Blicke über die Regale streifen, da tritt der Chef hinter der Theke hervor. Mit würdiger Geste bittet er uns, auf gepolsterten Hockern Platz zu nehmen. Mit der rechten Hand gibt er uns ein Zeichen: nur Geduld. Wir sind überrascht und warten ab. Der Verkaufsbetrieb geht inzwischen weiter. Ein paar Nachbarn kommen und kaufen ein paar Nudeln oder irgendeine Kleinigkeit. Draußen lärmen die Kinder und die Spatzen. Immer wieder späht einer der Jungs durch den Streifenvorhang, um dann, kaum sehen wir hin, unter Schreien und Lachen zu seinen Kumpels zu rennen.

Plötzlich öffnet sich der Vorhang zum Hof. Zwei junge Frauen erscheinen mit einem großen Silbertablett auf einem Hockerchen als Tisch. Eine silberne Kanne mit süßem Tee, warmes Fladenbrot, Olivenöl, Oliven, und – Ui! – warme Käsestückchen werden vor uns aufgebaut. Lächelnd setzt sich der Hausherr und bedeutet uns, »Bitte sehr!« oder »Haut rein, Leute!« Seine Bewegungen drücken irgendwie Vornehmheit aus. Eine Atmosphäre von Wohlwollen und Geborgenheit liegt in dem kleinen, düsteren Krämerladen, obwohl wir uns nicht mittels Sprache verständigen können. Gegessen wird natürlich mit der linken Hand, denn die rechte gilt bekanntlich als die schmutzige. Ist man satt, sollte noch etwas auf dem Teller zurückbleiben. Andernfalls entsteht der Eindruck, es sei zuwenig Essen gebracht worden, was eine sofortige entsprechende Order an die Küche

Eigentlich wollten wir morgens bei dem syrischen Lebensmittelhändler nur den Vorrat aufstocken, aber er lud uns gleich gastfreundlich zum Frühstück ein.

zur Folge hätte. Die dargebotenen Leckereien schmecken vorzüglich, und als das Frühstück beendet ist, eröffnet der Hausherr das Gespräch. Dazu läßt er seinen erwachsenen Sohn kommen, der etwas Englisch spricht. So können wir von unserer Reise erzählen, wobei die mitgeführte Pressemappe mit den Zeitungsartikeln und den Fotos von unseren Familien die Kommunikation erleichtert.

Auch die Ehefrauen von Vater und Sohn dürfen einen Blick auf uns und die Fotos werfen. Fast alle Leute unterwegs schauen sich gerne die Fotos von Familienangehörigen und Kindern an. Immer kommt dann die Frage, ob wir verheiratet sind und wieviele Kinder wir haben. Antworten wir wahrheitsgemäß, ist der Frager sichtlich enttäuscht. So sind wir dazu übergegangen, eine kleine Notlüge zu gebrauchen. Da wir schon erwachsene Kinder haben könnten, steckten wir uns zu Hause ein Foto von Elenas Neffen ein – und alle sind zufrieden und plagen sich nicht mit

Überlegungen, welche furchtbaren Krankheiten oder Gottesflüche uns zur Kinderlosigkeit getrieben haben könnten. Noch ein Schluck Tee mit der versammelten Familie, dann sind die gegenseitigen Verhältnisse geklärt. Unter vielen interessierten Blicken verstauen wir den eingekauften Proviant und verabschieden uns herzlich.

Elena:
Wo würde einem Reisenden in Deutschland so etwas jemals passieren?

Auf dem Weg zur Straße unterhalte ich mich mit Peter darüber und beginne, jetzt besser zu verstehen, was die Asylsuchenden und Gastarbeiter in unserer Heimat oft vermissen. Es ist oft wohl der Kontakt, das Gespräch, das gegenseitige Interesse.

Die weitere Strecke wird mehr und mehr hügelig, so daß wir die Räder leichter schieben, als uns mühsam hochzutreten. An der nächsten Abzweigung verlassen wir die Autobahn nach rechts in Richtung Meer. In dieser Gegend leben überwiegend Menschen, die sich den ›Drusen‹ angehörig fühlen. Eine islamische Sekte, die seit 1000 v. Chr. im Libanon, in Israel und in Syrien Anhänger hat. Sie berufen sich dabei auf vorislamische Traditionen.

Ein Traktorfahrer kann wohl nicht mit ansehen, wie Peter und ich in der Hitze so angestrengt schieben, und bietet an, daß wir uns mit einem Strick am Anhänger festhalten. Ein kurzes Stück geht das gut, doch das Seil schneidet durch das schwere Gewicht der Räder bergauf so sehr in die Hand, daß ich bald aufgebe und es vorziehe, den Drahtesel langsam bergauf zu schieben.

Zur Mittagszeit trinken wir in einer Bude eine Limo. Die darin sitzenden Männer unterhalten sich und lassen dabei ihre Gebetsketten unaufhörlich durch die Hand gleiten. Wir setzen uns zu ihnen.

Peter gegenüber legt ein kleiner Singvogel, der lautlos den

Schnabel immer wieder auf und zu macht. Peter betrachtet ihn und stellt fest, daß er von einem Pfeil durchbohrt wurde, der ihn aber nicht tödlich getroffen hat. Entsetzt bitte ich den jungen Mann, der daneben sitzt, das Tier zu töten. Er sieht mich und den Vogel verständnislos an.

»Im Namen Allahs – bitte töten Sie den Vogel!«

Mit ausdruckslosem Gesicht nimmt er das Vögelchen, reißt ihm den Kopf ab und wirft es durch die offene Tür auf die Straße, wo es gleich von spielenden Schulkindern aufgegriffen wird.

Er hat das Vögelchen nur zum Spaß geschossen, erklärt er mir auf meine Frage. An vieles habe ich mich gewöhnt, nicht jedoch an Ungerechtigkeit und Grausamkeit. Wir fahren weiter. Die Beziehung zu Tieren ist durch den Überlebenskampf der Menschen von alters her überwiegend von Zweckmäßigkeit und praktischem Denken geprägt worden. Außerdem sind die reichen Länder oftmals auch nicht gerade freundlich zu Tieren, denken wir nur an die Lebendtiertransporte oder Legebatterien. Aber wenigstens hat das kleine Vögelchen ausgelitten.

Idleb, Anha – Orte auf dem Weg. Die Landschaft ist weiterhin von weichen Hügeln bedeckt. Mais, Gerste und Baumwolle gedeihen auf den Hängen und in den Tälern. Ein junger Bauer, den wir nach der Ruine von Apamea fragen, lädt uns kurzerhand in sein Haus ein. Von Obstbäumen umgeben, liegt der unverputzte Backsteinbau etwas unterhalb der Straße. Seine junge Frau und ihre Schwester bereiten auf seine Anweisung hin ›Musabbâha‹. Stolz zeigt uns der junge Mann sein neues Haus, den Fernseher und die Waschmaschine.

In der guten Stube hängt ein leuchtend bunter Wandteppich, der die Omaijaden-Moschee in Damaskus zeigt. In Aluminiumtellern wird inzwischen das Essen gebracht. Ein dickflüssiger Erbsenbrei, scharf gewürzt, über den man je nach Gusto Zitronensaft und Salz gibt. Am Rand schwimmt ein kleiner Ölsee. Als

Löffel dienen Stücke von Fladenbrot. Eine Nachbarin und ein Mädchen sind noch dazugekommen, um mit den anderen zuzusehen, wie die Fremden essen. Es schmeckt gut, und wir zeigen das auch mit Gesten zur Köchin hin, die uns freudig zunickt. Zum Abschluß gibt es noch Çay, den üblichen Schwarztee, heiß und kräftig.

Es ist Sonntag. Am Ortsanfang von Shayzar stehen ein paar Männer und Frauen vor einer Großbäckerei und bieten uns spontan Tee an. Wir tanken Wasser, trinken natürlich Tee, und Peter sieht sich kurz die Fladenbrotfabrik an, während ich bei den Frauen bleibe. Sonnengegerbte alte Gesichter, mit großen Tätowierungen verziert, blicken mich an. Interessiert betrachten wir uns gegenseitig. Die Frauen fragen mich mit Gesten, ob ich wirklich das schwere Rad fahre. Als ich nicke, klopfen sie mir anerkennend auf die Schulter und befühlen lachend meine Oberarme.

»Deutsche Technologie«, berichtet Peter nach seinem Rundgang, »leider wegen Feiertag außer Betrieb. Es hätte mich interessiert, wie die ihr Brot maschinell herstellen.«

Die Bäcker laden uns die Räder noch voller Brote, mehr, als wir essen können, weil die Fladen schnell trocken werden. Nach einigen 100 m winkt man uns schon wieder in ein Haus. Wir lehnen dankend ab. Unsere Umrisse zeichnen schon beängstigend lange Schatten auf die Dorfstraße, und hier gibt es weit und breit kein Hotel und keinerlei Rückzugsmöglichkeit. Also raus in die Landschaft zum Zeltplatzsuchen. Vor den lehmigen Häusern sitzen Frauen zusammen. Männer spielen angeregt ein Brettspiel, ähnlich unserer ›Mühle‹. Eifrig geben die Umstehenden ihre Tips und Kommentare dazu. Eine Horde Kinder mit Fahrrädern und zu Fuß verfolgt uns johlend, was die Aufmerksamkeit derer auf uns zieht, die uns bisher übersehen haben. Auch hier fallen uns immer wieder rothaarige Menschen auf. Ob dieser helle Hauttyp wohl Probleme mit der starken Sonneneinstrahlung hat?

Die vorwiegend blauen Haustüren leuchten herrlich in der untergehenden Sonne neben dem Braun der niedrigen Häuser. Auf den flachen Dächern weht bunte Wäsche. Zügig strampeln wir zur Ortschaft hinaus. Ein Mopedfahrer lädt uns zu sich nach Hause ein, doch wir ziehen es nach kurzer Absprache vor zu zelten. Nach dem heutigen Tag ist uns sehr nach Alleinsein und Ruhe. Solche liebgemeinten Einladungen bringen sehr oft eine lange Nacht und viel Unruhe mit sich. Der Mann läßt sich jedoch nicht von seinem Angebot abbringen und fährt weiter hinter uns her. Bei jedem Kreuzungsstop preist er von neuem sein Haus an. Jetzt ist es Nacht. Wir haben die Autobahn erreicht. Der Mopedfahrer bietet weiter mit solch einem Nachdruck seine Heimstatt an, daß es uns schon verdächtig vorkommt. Nach einer weiteren Diskussion zieht er endlich knatternd ab. Bald bauen Peter und ich hinter einem halbfertigen Neubau das Zelt auf. Das verwilderte Gelände ist von einer langen Mauer umgeben und bietet uns Deckung. Lange, bevor die Dorfhunde den Mond anheulen, schlafen wir schon – was für ein Tag!

Am nächsten Morgen stehen wir mit der Sonne auf, bevor die Bauarbeiter kommen. Peter tun alle Gräten weh. Er lag in einer Erdkuhle. Wieder auf der Autobahn, werden wir nach einigen Kilometern plötzlich von einem Polizeiauto gestoppt. Zwei Polizisten springen aus dem Pkw, stürmen auf uns zu – und begrüßen uns begeistert per Handschlag. Gestrige Erkundigungen zu der Entfernung nach Hama ergaben eine Distanz von 6 bis 15 km. Die Staatsvertreter sind dagegen der Meinung, daß es noch etwa 50 km sein müßten bis zum Ortsanfang von Hama. Die Autobahn ist jetzt stark befahren und langweilig. Seitlich der Schnellstraße liegen die üblichen, graubraun-staubigen Siedlungen. Zerlumpte Kinder toben zwischen verrosteten Autokarosserien umher, Abfallhaufen kokeln vor sich hin und streunende Hunde streifen auf der Suche nach Nahrung um die Hütten. Viele überfahrene Tiere in allen Größen liegen an unserem

Weg. Sogar Pferde und Rinder mit verrenkten Gliedmaßen und aufgeschlitzten Leibern faulen vor sich hin. Den typischen Verwesungsgeruch bekommen wir schon seit Ungarn täglich in die Nase. Es ist ein Geruch, den man so schnell nicht wieder vergißt. Hier ist er besonders intensiv. Übelkeit kriecht den Magen hoch.

Die Straße steigt in Wellen leicht an. Bald haben wir die 300 m Höhe erreicht, auf der Hama unter einer dichten Smogglocke liegt. Die Lieder der ›Norias‹ wollen wir uns anhören, das ›etwas andere Konzert‹ könnte man auch dazu sagen. Es handelt sich nicht um die Kunst einer unbekannten, aber vielversprechenden Opernsängerin, sondern eher um Geknarre und Gequietsche. Die Geräusche stammen von den Wasserrädern, die zu früheren Zeiten die Wasserversorgung von Hama sicherstellten. Manche haben einen Durchmesser von 20 m. Die riesigen Schaufelräder sind aus Holz und bringen, mit phantasiebestücktem Ohr gehört, bei ihrer Drehung interessante Töne von tiefstem, singendem Baß bis in tirilierende Höhen zustande. In einem kleinen Park kann man gemütlich bei dem einschläfernden Singsang aus Rauschen, Ächzen und Stöhnen in die Sonne blinzeln und neue Reisepläne schmieden.

Die Souks von Hama sind noch ziemlich ursprünglich. Nur wenige westliche Touristen kommen hierher, dadurch fehlt der übliche Tand auf dem Markt. Auf den Plätzen des Zentrums finden wir Porträtfotografen. Deren ›Laterna magica‹, klobige Holzkästen auf drei Beinen, stammen noch aus der Steinzeit der Lichtbildnerei. Am Abend wird es bunt auf den Straßen. Der syrische Autofahrer liebt es, rote Birnen in die Scheinwerfer zu bauen. So weiß man nicht sofort, ob das Auto wegfährt oder auf einen zukommt. Das erhöht enorm die Spannung! Zur zusätzlichen Verschönerung leuchten grüne, blaue oder gelbe Lichter im Kühlergrill, und sogar unter den Fahrzeugen brennt Licht. Manchmal fehlt dafür der Auspuff, oder der Fahrgast im Taxi muß durch das kaputte Fenster die Tür während der Fahrt zuhalten. Doch wen stört das! Automodelle, die bei uns schon nostalgische Gefühle hervorrufen, werden in Syrien noch jahrelang bewegt. Wegen des geringen Niederschlags rosten die Autos nicht so schnell wie bei uns , und die Abkürzung TÜV hält man wahrscheinlich für ›technisches Überlebensvehikel‹ oder ähnliches. Nicht wenige Karossen verraten durch ein ›D-Schild‹ ihre Herkunft.

Ein paar Frauen sind mit modischem Mantel und Handtasche unterwegs, doch den ganzen Kopf haben sie in ein durchsichtiges, schwarzes Tuch gehüllt. Gegen 22 Uhr ist Stromausfall – zur selben Zeit springen ein paar tausend Diesel-Notstromgeneratoren an. Jeder Ladenbesitzer hat mindestens einen davon und macht damit einen Radau wie eine Dosenfabrik. Dicke Abgasschwaden verteilen sich träge in die heiße Nachtluft. Auf den Straßen werden Kokosnußstücke und gekochte Maiskolben verkauft, in den Restaurants gibt es vorrangig Gerichte mit Huhn und Reis. Am nächsten Tag ruft Peter seine Schwester in Deutschland an. Dazu muß er beim Telefonamt seinen Paß abgeben, dessen Nummer sowie die Telefonnummer des Teilnehmers werden in ein Buch eingetragen. Eine Minute kostet 3 DM.

Während Peter und ich durch die Straßen bummeln, verfolgen uns immer wieder Männer, starren uns an und ziehen das lang, was Allah wohl etwas zu kurz gemacht hat. Irgendwie fühle ich mich unwohl. Wenn Peter sie ansieht, lächeln sie, manche suchen auch direkt den Kontakt mit ihm. Der blonde Peter scheint für sie das Eroticum schlechthin zu sein. Viele Männer gehen Finger in Finger gehakt oder Hand in Hand, für uns ein ungewohnter Anblick. Bettler und Behinderte mit furchtbar verrenkten Gliedmaßen hocken oder liegen in Häusernischen. Blinde mit weißen Pupillen oder ganz leeren Augenhöhlen. Leute ohne Hände und Aussätzige mit eitrigen Geschwüren gehören zum Stadtbild.

Die Tagesetappen sind gut zu ertragen. Bis zur nächsten Stadt Homs sind es weitere etwa 50 km.

Gleich zu Beginn von ›Hommos‹, wie die Syrier sagen, empfängt uns der Busbahnhof und ein Kreisverkehr, um den herum ein ›geordnetes Chaos‹ herrscht. Alle fahren, rufen, hupen und versuchen gleichzeitig, sich an die vorteilhafteste Stelle im Fließverkehr zu quetschen. Die einzige gültige Verkehrsregel heißt ›vorwärts‹. Irgendwie halt.

Peter:
Elena wartet bei den Rädern, ich gehe auf Hotelsuche. Im ›Grand Hotel‹ nehmen sie nur US-Dollar, und zwar 20. Nach einigem Suchen tragen wir die Räder in ein Hotel, das nur 10 DM kostet. Der Putz fällt von der Wand, die Matratze löst sich auf. Es ist laut, und die Kakerlaken beobachten uns aus dem Hinterhalt, aber das Zimmer hat einen Ventilator und einen freundlichen Vermieter, und das wiegt alles andere auf. Für lange Zeit wird eine Windmaschine das wichtigste Kriterium bei der Zimmerwahl sein. In einem der Stadtviertel wohnen hauptsächlich armenische Christen. Dort wurde 1953 in der Kirche ›Om el Zunnar‹ unter dem Altar ein Gürtel gefunden, der Maria zugeschrieben wird. Möglicherweise war Maria hier, als sie sich mit Johannes auf dem Weg nach Ephesos befand. Der Gürtel ist heute zusammengerollt und in Watte gepackt hinter Glas zu bewundern. Eine schmutzige Straße voller Abfälle und Schlaglöcher führt uns an sachlichen Wohnblocks vorbei zu einem Friedhof. Dieser liegt einige Meter höher als die Straße. Die Gräber am Rand beginnen abzubröckeln und den Inhalt freizugeben. Ein Stück weiter beginnt das Viertel der Autolackierer. Gespritzt wird im Freien ohne Atemmaske. Die Arbeiter sind in roten und grünen Farbnebel gehüllt und voll konzentriert bei der Arbeit.

Elena:
Bevor es raus in die Wüste geht, füllen wir in einem Laden alle verfügbaren Flaschen mit Wasser auf und kaufen Kekse ein. Ein

paar armenische Frauen zwischen 18 und 80 Jahren gesellen sich zu uns. Eine spendiert uns eine mit würzigem Weißkraut gefüllte Teigrolle, eine andere bringt Kaffee und Tassen aus ihrem niederen Häuschen nebenan. Sie giggern und schäkern vor allem mit Peter. Meinen blonden Hünen wollen sie mir abschwatzen im Tausch für ihre eigenen Männer, die lustigen Weiber von Homs. Zwischen einer weiteren Teigrolle und einem schwarzen Kaffee einigen wir uns darauf, daß alle ihre Männer behalten, und ich radle mit dem meinigen winkend weiter. Nicht um alles in der Welt würde ich ihn eintauschen!

Weiter draußen hängt die Errungenschaft der Neuzeit im Gebüsch und an den Zäunen der Felder. Alles ist über und über mit schwarzen Plastiktüten übersät. Für jeden noch so kleinen Einkauf bekommt man diese Tüten. Recycling ist unbekannt. Gleich hinter den letzten Häusern beginnt die Wüste. Die Straße windet sich über Erhebungen und Hügel, schlängelt sich durch den Sand in Richtung Palmyra. Die wenigen Autos, die uns begegnen, sind entweder völlig überladene LKWs auf dem Weg nach Bagdad oder Militärfahrzeuge. Peter fährt heute weit hinter mir. Der Abstand zwischen uns vergrößert sich immer schneller, obwohl ich mich nicht sonderlich anstrenge. Ab und zu warte ich auf ihn. Das ist ungewöhnlich, denn meist ist es umgekehrt.

Peter:
Ich fühle mich geschwächt und irgendwie grippig. Das Radfahren macht Mühe, und der schwere Bock scheint immer noch schwerer zu werden. Was ist denn los mit mir? Am hinteren Schutzblech verliere ich eine Schraube, der Reifen schleift. Schrauben habe ich dabei, doch um sie zu ersetzen, muß ich alle vier Packtaschen, den Zeltsack, die Lenkertasche und alle Wasserflaschen ab- und das Hinterrad rausnehmen. Unter meiner Schädeldecke befindet sich ein Hammerwerk, bei jeder schnellen Bewegung erhöht sich der Kopfschmerz. Im Magen-Darm-Bereich läßt ein

Rumoren ebenso nichts Gutes ahnen. Mühsam repariere ich mein Rad, mühsam trete ich nach der Reparatur wieder in die Pedale. Rauf und runter, fast kann ich die Radumdrehungen zählen. Von Westen her zieht sich der Himmel zu, und es ist unklar, was daraus werden soll. Am liebsten würde ich den Stahlesel schieben oder gleich zelten, doch das Land ist so verdammt flach und bietet keine Möglichkeit zur Deckung.

›Die Wüste lebt‹, könnte man sagen! Viele harmlos aussehende Sandberge sind Militärstützpunkte. Immer wieder verschwindet irgendwo ein Panzer oder ein Militärlaster in einem Sandbunker. Mir ist kalt, ich zittere und friere. In meinem Magen fährt jemand Achterbahn. O Mann, ausgerechnet hier draußen muß das passieren. Dabei weiß ich noch nicht mal, was los ist. Als es dunkel wird, schleppen wir die schweren Fahrräder abseits der Straße durch den Sand hinter einen Hügel. Sobald das Zelt steht, versorgt mich Elena mit Medizin. Eigentlich wollten wir Palmyra heute noch erreichen, aber es ist nicht möglich. Ich schaffe es einfach nicht. Eine Messung ergibt 40,5° C Temperatur bei mir. In der Nacht muß ich oft raus. In der absoluten Stille der nächtlichen Wüste hören wir entfernt das helle Gebell von irgendwelchen streunenden Hunden. Am Morgen fühle ich mich mehr tot als lebendig, doch hierbleiben können wir schlecht. Elena baut das Zelt ab und packt die Räder, dann schleppe ich mich weiter. Elena fährt langsam voraus. Das Fieber ist etwas zurückgegangen, die frische Morgenluft in den Lungen tut gut.

Kurz vor Palmyra fällt die Straße ein wenig ab, man sieht die Burg Qal'at ibn-Ma'an und einige Grabtürme der alten Stadt. Am Mittag erreichen wir die ehemalige Karawanenstation, und Elena kümmert sich gleich um ein Hotel. Am Ende der Straße kann sie im ›New Tourist Hotel‹ den Zimmerpreis noch etwas herunterhandeln. Als ich endlich in einem Bett liege, die Toilette oder besser gesagt, das Bodenloch, das man als solche benutzt, in erreichbarer Nähe, ist die Welt halbwegs in Ordnung. Elena pflegt mich bestens, doch plötzlich verspürt auch sie ähnliche Symptome wie ich. Wir überlegen, ob wir wohl die Ruhr oder die Cholera haben und daß wahrscheinlich die Krautwickel daran schuld sind. Die nächsten beiden Tage liegen wir flach, pflegen und bejammern uns gegenseitig. Elena hat 39,5° C Temperatur und auch heftig Durchfall. Starke Antibiotika und kalte Umschläge bringen Abhilfe. Wie gut, daß Elena medizinisch geschult ist. Sie bestand darauf, das ganze Zeug mitzunehmen, damit sie im Ernstfall Medikamente dabei hat, die sie kennt.

Am dritten Abend schleichen wir mit fast an den Kniekehlen hängenden Mägen um die Häuser. Der Ort wirkt an der Hauptstraße ziemlich touristisch, ganze Busladungen Besucher werden abgekippt. Wie Ameisen strömen die Touristen in die Geschäfte und kaufen alles, was angeboten wird. Alles wird natürlich als Rarität und Antiquität vom Händler gepriesen und kostet ein Vielfaches mehr, als es wert ist. Die Preise der Restaurants sind, gemessen am sonstigen Standard Syriens, entsprechend hoch. Das Essen schmeckt uns nicht. Außerdem können wir bald kein Huhn mit Reis mehr sehen.

Auf die Bitte eines Restaurantbesitzers hin hat Elena in einem Lokal die Speisekarte gratis ins Italienische, Französische, Englische und Deutsche übersetzt. Trotzdem versucht er, uns beim Bezahlen übers Ohr zu hauen. In allen Restaurants müssen wir sowieso viel höhere Preise als die Syrer bezahlen. Zwar hängen amtliche Preislisten in den Kneipen, doch die sind in arabischer Sprache gedruckt.

Die Ruinen von Palmyra passierten wir schon vor Tagen, als wir in die Stadt fuhren, hatten aber wegen unserer Gebrechen keinen Blick dafür. Fast 9.000 Jahre sind die Mauern alt, da werden sie übermorgen wohl auch noch da sein, dachten wir uns. Jetzt aber ist es Zeit, sich für die alten Gemäuer zu interessieren. Damals hieß die Stadt noch Tadmor, war eine Oase und dadurch ein wichtiger Stützpunkt für Karawanen zwischen Bagdad und dem

Mittelmeer. Erst viel später unter dem römischen Kaiser Tiberius wurde aus der Dattelstadt Tadmor Palmyra. Nachdem der Wind der Zeit um die Mauern wehte, wurde der Ort eine lange Zeit einfach vergessen. Erst mit Erscheinen des Buches der Engländer H. Dawkins und R. Wood im Jahre 1753 wurde erneut von Palmyra gesprochen. Sie hatten zwei Jahre zuvor die Stadt neu entdeckt. Wir gehen an dem geschmückten Kamel, das auf Touristen wartet, vorbei durchs Hadriantor. Im Jahr 129 n. Chr. besuchte der Kaiser die Stadt, worauf sie den Namen ›Palmyra Hadriana‹ annahm, was ihr sogleich eine Steuerbefreiung einbrachte. Entlang der einstigen Prachtstraße liegen die Reste einiger Säulen, andere wurden wieder aufgerichtet. Es galt damals als nobel, der Stadt eine Säule zu stiften, dafür wurde dann auch das Abbild und der Name des Spenders verewigt.

Einen ganzen Tag verbringen wir in den Ruinen. Es sind wenig Touristen in der Anlage, so können wir uns in aller Ruhe umschauen. Am Rand der einstigen Siedlung stehen mächtige Grabtürme. Sie stammen aus dem 1. Jh. n. Chr. und sind eine Besonderheit in Palmyra. Manche sind sehr aufwendig mit Malereien geschmückt. In den Gräbern standen Büsten, die die Verstorbenen abbildeten. Die Türme sind auf quadratischem Grundriß gebaut und 20 m hoch. 25 Tote hatten darin Platz. Natürlich sind sie heute leer, das heißt nicht ganz. Teilweise sind die Zwischenbögen eingestürzt, Nischen werden vom goldenen Nachmittagslicht halb beleuchtet, halb liegen sie im kühlen Schatten.

Eine der eingestürzten Grabnischen hätte leicht auch Elenas Ende besiegeln können. Als sie in die Hocke geht, um hineinzuschauen, erstarrt sie vor Schreck. Nur mit dem Abstand von wenigen Zentimetern blickt sie in die Augen einer ruhenden Hornviper. Das Tier ist ebenso gefärbt wie der Stein, auf dem sie liegt. Elena weicht langsam zurück, um etwaigen Mißverständnissen seitens der Schlange vorzubeugen, und ruft mich her. Aus sicherer Entfernung betrachten wir das schöne Reptil. Auf dem Rücken trägt sie ein dunkleres Muster, ihr Körper ist dick, der Kopf breit und flach. Sie züngelt etwas, beruhigt sich dann aber wieder.

» ... gehört zur Gruppe der Giftschlangen mit langen Fangzähnen ...«, erinnere ich mich an angelesenes Wissen.

An der Nase und über den Augen hat sie das typische spitze Hörnchen. Diese Schlange ist zwar nicht besonders aggressiv, jedoch sehr giftig. Wir hätten nicht gedacht, wirklich so eine Viper zu Gesicht zu bekommen. Vermutlich wird sie sich hier draußen von Ratten und Mäusen ernähren. Es empfiehlt sich, immer feste Schuhe zu tragen, denn Skorpione gibt es auch in dieser Wüstenlandschaft.

Abends essen wir im Restaurant eine Reissuppe. Der Besitzer, dem Elena die Karte übersetzt hat, will uns freundlich lachend den Reis extra berechnen. Ein Glück, daß wir das Wasser in der Suppe nicht bezahlen müssen. Von allen Seiten ruft es »Hello, Hello, Mister come in. Welcome!« Es ist kein Wunder. Die Bustouristen bezahlen ja auch immer alles, was verlangt wird. Keiner traut sich, das zu tun, was bei einem Kauf üblich ist: zu handeln. Etwas frustriert über den Kontrast von ›Welcome Mister‹ zu den Nepp-Preisen hocken wir auf den alten Steinen. Ob das früher hier auch schon so war? Zurück im Hotel beschließen wir, morgen Damaskus anzusteuern.

Als wir an der ›Tourist Information‹ neben dem Hotelrestaurant ›Oasis‹ am Dorfanfang vorbeikommen, hält Mahmud uns an und lädt uns auf einen Tee ein. Er beklagt die laute, bunte Touristenflut, die viel Unruhe in den Ort gebracht hat. Natürlich lebt auch er vom Tourismus, doch vieles hat sich damit verändert, erzählt er.

»Bald wird die Nomadendisco gebaut, und die Einheimischen erkennen ihren eigenen Ort nicht mehr!« erzählt er verärgert.

Mahmud ist ein aufgeschlossener Moslem. Nach einer Weile kommen wir im Gespräch auf seine Familie, und er erzählt, daß er wieder mal von seiner Frau ausgetrickst worden sei. Ein weiteres Kind ist auf die Welt gekommen, dabei hat er schon fünf. Und eigentlich wollte er es bei vier Kindern gut sein lassen. Bei einem diesbezüglichen Gespräch zu Anfang ihrer Ehe hatte ihm Fatma, seine Frau, auch zugestimmt, aber deren Mutter befürchtete, daß sich Mahmud eine zweite Frau nehmen würde, wenn ihm Fatma nicht genügend Kinder gebärt. Die von Mahmud extra besorgte Anti-Babypille wurde auf Anraten der Mutter versteckt, das fünfte Kind als Fehler der Pharmaindustrie deklariert. Um eine weitere Kinderschar zu verhüten, ließ Mahmud jetzt beim neuerlichen ›Fehler‹ seine Frau kurzerhand zwangssterilisieren. Er liebt sie sehr und möchte mit niemand anderem zusammensein, andererseits will er aber auch nicht, daß sie sich ihr Leben lang nur für die Kinderschar abrackern müssen. Viel lieber sitzt er im Schatten vor dem gepflegten Restaurant seines Freundes Abstud Ahmed Jueti und schaut zu, wie sich die Touristen verhalten.

Gut, daß wir schon früh unterwegs sind, vor uns liegen noch ungefähr 240 km bis Damaskus. Die Strecke bietet nicht viel Abwechslung, so radeln wir einfach drauflos. Gegen Nachmittag kommt ein Phosphatwerk in Sicht, dessen weiße Berge schon von weitem auffallen. Die Stille der Wüstennächte ist fast greifbar, der Sternenhimmel einfach gigantisch. Mit dem ersten Tageslicht rappeln wir uns auf. Das Frühstück ist knapp und kurz, und so brummen die dicken Reifen der bepackten Mountainbikes bald wieder auf dem Asphalt. Zum Glück ist es tagsüber mit etwa 25° C nicht zu heiß. Am Vormittag treffen wir einen LKW-Fahrer, der gerade Pause macht und uns von seinem Wasser abgibt. Wir kommen auf der guten Straße flott voran. Vereinzelt rauschen Touristenbusse an uns vorbei.

Über Damaskus mit seinen 1,5 Millionen Einwohnern liegt eine Dunstglocke aus Abgasen der vielen Dieselfahrzeuge. Das Zentrum erreichen wir durch belebte Vororte. Eine junge Frau in einem kräftig kornblauen Kaftan überquert vor uns die Straße. Sie sitzt auf einem Esel, in ihren Armen hält sie einen Säugling, eingepackt in bunte Decken. Über ihr langes, schwarzes Haar hat die Frau eine Kapuze gelegt, die ihr hübsches Gesicht freiläßt. Der Esel trabt am Strick hinter einem bärtigen Mann im Djalabba her. Ein sehr schönes Bild mitten im staubigen Grau dieser wuseligen Großstadt. Ob so Maria und Josef mit dem Kind ausgesehen haben? Für einen Moment scheint die Zeit versetzt zu sein. Dann verschwindet die kleine Gruppe in einer Gasse – wie eine Seifenblase zerspringt das Bild.

Die übliche Geschichte beginnt. Sie heißt: Wie finde ich ein billiges Hotelzimmer? Oft sind die Hinweisschilder in arabischer Sprache geschrieben und so für uns unerkennbar. Passanten führen uns zu einem vierstöckigen Haus mitten im Zentrum. Der junge Vermieter bietet einen Raum an, den wir uns aber mit einem alten Mann teilen sollen. Kommt ja überhaupt nicht in Frage. Doch da fällt ihm ein, daß seine Mutter verreist ist und ihr Zimmer freisteht. Für 150 Pfund akzeptieren wir das Zimmer. Ich trage die Räder und das Gepäck hoch, wir ziehen ein, ohne das Zimmer vorher anzusehen. Das Bettzeug hat dunkle Flecken, die Toilette ist verstopft, und die Türklinke fällt heraus. Aber wer wird sich schon an solchen Kleinigkeiten stören? Als typisch deutscher Techniker habe ich erstmal die Löcher der Duschbrause vom Kalk befreit. Ich kann's halt einfach nicht lassen.

Wir wohnen ganz in der Nähe des Souks ›Hamidiyeh‹, an dessen Ende die Omaijadenmoschee liegt. Einst im Altertum stand hier ein römischer Tempel, dann die Kathedrale Johannes des Täufers. Danach – man schrieb das Jahr 705 – wurde die Moschee gebaut. Damals war sie 200 m lang und 150 m breit. Große Mosaike, beeindruckende Säulen und 600 wertvolle Öllampen schmückten den Innenraum sowie viele Teppiche. Der letzte von drei Großbränden vernichtete zwei Säulenreihen und den unersetzbaren Koran, den Kalif Othman geschrieben hatte.

Wir verweilen gerne in der abgedunkelten Kühle, sehen zu,

wie die Gläubigen andächtig ihre Gebete murmeln und die vorgeschriebenen Rituale befolgen. In einem Schrein, der mit brokatverzierten, grünen Decken verhüllt ist, soll der Kopf Johannes des Täufers liegen. Über das Heiligtum wurde ein kleiner Tempel gebaut. Heute ist der Betsaal mit 130 m Länge und 38 m Breite immer noch sehr großzügig ausgelegt. Imposant sind auch die drei Minarette. Da wäre das namenlose Westminarett, das Brautminarett und das Jesusminarett aus dem 15. Jahrhundert. Von hier aus, so die Sage, wird Jesus am Ende der Tage herabsteigen und die Welt richten. Im Moschee-Innenhof steht auf acht Säulen das einstige Schatzhaus. Es gibt so viele Steinmetzarbeiten, Holzschnitzereien und Mosaike zu sehen, daß ich anderntags nochmal herkomme. Man muß das Geschaute erstmal auf sich wirken lassen. Eine Spezialität von Damaskus sind die Produkte aus den Brokatwebstühlen. Durch die zahlreichen markanten Punkte in der Stadt ist die Orientierung relativ leicht. Einheimischen einen Stadtplan zu zeigen bringt nur Verwirrung auf beiden Seiten.

Unser Zimmervermieter ist von unserer Reise begeistert und hat die Presse benachrichtigt. Vor der Omaijadenmoschee treffen wir mit dem Reporter der englischsprachigen ›Syrian Times‹ zusammen, mit dem wir zur Redaktion fahren. Er stellt interessante Fragen und schreibt einen ausführlichen Artikel über uns. Besonders die Gedanken zum Umweltschutz und zum Recycling scheinen ihn zu interessieren. Anschließend fährt uns der Zeitungsmann mit seinem Uraltkäfer zum Einwanderungsbüro. Das <u>Visum muß ab dem 14. Aufenthaltstag verlängert werden</u>.

Zunächst schickt uns der Pförtner in den ersten Stock, aber wir sind im falschen Gebäudeteil. Als wir dann im richtigen Haus sind und auch im richtigen Stockwerk, sind die Büros voller Leute, die sich gegenseitig von den Schalterbeamten wegschubsen. Behördliche Belange mit Publikum, dienstliche Telefonate und Teetrinken werden von den Beamten gleichzeitig erledigt. Auf den Fluren stehen bewaffnete Soldaten. Die Bürotüren stehen alle offen, die Schränke haben keine Türen, und die Schreibtische brechen fast zusammen unter der Last unordentlicher, aufeinander gestapelter Akten. Wir müssen uns in einem Kiosk auf der Straße unten Formulare kaufen und in dreifacher Ausfertigung ausfüllen. Nein, Pauspapier gibt es nicht! Im Laden nebenan kauft man dazu die benötigte Steuermarke. Jetzt sausen wir mit drei Paßfotos hoch zum Chef. Der macht seinen O.K.-Haken aufs Papier und schickt uns in den ersten Stock.

Das ganze Haus wird renoviert, was die Betriebsamkeit in diesem Ameisenbau noch erhöht. Durch das sehr schmale Treppenhaus zwängen sich Besucher, Angestellte, Boten und Kellner mit vollen Teegläsern aneinander vorbei, dazwischen jonglieren Maler mit vollen Farbeimern herum. Morgen können wir die Pässe wieder abholen. Jetzt müssen wir noch zur jordanischen Botschaft. Wir fragen ein paar Passanten danach, aber nach dem Wort Jordan ... hören sie auf, zuzuhören, zeigen die Himmelsrichtung nach Jordanien und gehen weiter. Wir wollen aber nicht zu Fuß dorthin, sondern erstmal zur Botschaft. Als wir uns entnervt endlich durchgekämpft haben, ist die Botschaft geschlossen. Und bleibt es für den Rest des Tages.

Nach so einem Tag ist Elena nach Luxus zumute. Da wir gerade vor dem ›Cam-Hotel‹ stehen, gehen wir rein. Ein nobler Glasbau mit Teppichen, Bildern und Springbrunnen, die Kellner sprechen gedämpft. Wir trinken heiße Schokolade und genießen die europäische Toilette, aber nach dem Studium der Speisekarte gehen wir wieder. Paßt nicht zu unserem Portemonnaie, das für eine lange Reise reichen soll. Jetzt muß etwas Gutes in die Bäuche, aber nichts Arabisches, sonst streike ich. Am Rand des Zentrums finden wir eine Pizzeria, die im marokkanischen Stil geschmackvoll eingerichtet ist. Wir mögen die arabische Küche, aber nach fast drei Monaten durch islamische Länder darf es heute keinen Kebab geben. Zum Glück ist der Wirt auf Touristen eingestellt. Es gibt sage und schreibe Pizza, die mich rund

und zufrieden macht. Nach dem schönen Abend trotten wir gemütlich zu unserem Zimmer, stecken die Türklinke rein und sind zu Hause. Unser Vermieter kocht Matetee und trägt mit seiner Heimorgel zur Unterhaltung bei.

Die Temperatur ist zwar gesunken, aber ich fühle mich noch etwas angeschlagen. Es ist Oktober. In Jordanien soll es zur Zeit 35° C warm sein, in Old Germany dagegen nur 6° C. Anderntags besorgen wir das jordanische Visum und senden ein Paket nach Deutschland. Die Tonbandkassetten mit syrischer Musik dürfen nicht im Paket mitgeschickt werden. Die Preisliste für das Jordanienvisum ist nach Nationalitäten gestaffelt: Deutsche zahlen 600 Pfund, etwa 22 DM, Amerikaner 1000. Entgegen früherer Regelungen braucht man keinen Taufschein mehr vorzulegen.

Am Nachmittag gehe ich allein in die Stadt zum Fotografieren. Elena ruht sich aus und schreibt Tagebuch. Wieder einmal ist sie im Rückstand. Der Vermieter Mohammed hopst derweil wie ein Waldschrat vor Elena mit offenem Morgenmantel herum, legt Pornovideos in den Recorder, woraufhin sie sich entnervt im Zimmer einschließt.

Elena:
Ich ärgere mich über die hiesigen Männer, die mich oft im Gedränge schnell betatschen und abhauen, bevor ich mich wehren kann. Viele Männer halten sich für absolut unwiderstehlich. Ich frage mich oft, woher sie ihr Selbstbewußtsein nehmen. Häufig fassen sie sich an den Hosenschlitz und suchen mit spitzen Fingern zu verlängern, was zu kurz geraten zu sein scheint, kratzen sich ungeniert am Hintern, ziehen grunzend wie ein Schwein die Rotze hoch und spucken sie in weitem Bogen von sich. Alte wie Junge. Einige suchen das Gespräch mit uns, was sehr oft mit dem Anliegen endet, unsere Adressen zu erfahren. Dahinter steckt der Wunsch und die Hoffnung, von uns eine Einladung nach Deutschland zu erhalten, denn nur dann bekommt ein

Syrer die begehrte Ausreiseerlaubnis. Das hat allerdings zur Folge, daß der Einladende die Bürgschaft für den Besucher übernimmt nebst aller entstehenden Kosten. Dazu muß man noch eine saftige Kaution hinterlegen.

Ein großer Teil der Männer bezeichnet sich als Ingenieur. Sie hoffen, in Deutschland ans große Geld zu kommen, und möchten auch ein schickes Auto und eine blonde Frau haben ›wie alle Deutschen‹. Sie haben das falsche Bild vor Augen, das die Touristen ihnen vorspielen. Oft erzählen wir von unserem Land, von den vielen Arbeitslosen, teuren Wohnungen und Existenzängsten. Die jungen Leute können dies freilich kaum glauben. Was verdient ein Ingenieur? Was kostet ein Haus? Wieviel ein Mercedes oder ein BMW? Wie viele Moslems leben in Deutschland? Gibt es dort auch Moscheen? Und stimmt es, daß die deutschen Frauen auf Orientalen stehen? In mancher Hinsicht müssen wir die Frager enttäuschen. Wir protzen mit den Rädern nicht herum. Im Gegenteil. Die Markennamen sind unkenntlich gemacht, und die Bikes werden nie geputzt. Aber allein die Tatsache, daß wir ihr Land besuchen können, weist uns in ihren Augen als reich aus. Irgendwie ist das nachvollziehbar, dann aber auch wieder nicht, wenn man die hohen Kosten in unserem Land in Betracht zieht, die ja während unserer Abwesenheit weiterlaufen.

Peter:
Die ständigen ungenauen Angaben, der Schmutz, der Lärm, die Menschen, die uns bedrängen, teils aus ehrlichem Interesse, teils aus anderen Gründen – das alles geht uns momentan ziemlich auf die Nerven. Obwohl wir langsam mit dem Rad reisen, stürmen doch täglich viele neue Dinge auf uns ein. Zusätzlich zur Anstrengung des Radelns hat es dazu geführt, daß wir einfach erschöpft sind. Wir sind beide aufgebracht und gehen bei Kleinigkeiten schnell hoch wie ein Topf mit heißer Milch. Das einzige, was dagegen hilft, ist: Wir sprechen darüber und machen uns die Hintergründe unserer Aggressivität klar. Viel ge-

lassener müssen wir werden, sonst reiben wir uns gegenseitig auf und werden vielleicht sogar noch ungerecht anderen gegenüber. Das ist nicht so leicht, wie ich das nun hinschreibe. Man muß daran arbeiten. Wir sind hier Gäste und hätten auch zu Hause bleiben können. Das ist uns klar. Manchmal fehlen die Gespräche mit unseren Leuten zu Hause, das Verarbeiten der vielen fremden Eindrücke. Dann schreiben wir lange Berichte, besprechen lebhaft Tonbandkassetten und nehmen Geräusche aus unserer Umgebung auf, damit die Daheimgebliebenen an unserem Erleben teilnehmen können und das Bedürfnis nach Mitteilung gestillt wird. Elena kann ich nichts Neues erzählen, sie ist ja immer dabei.

Seit der Benzinkocher kaputt ist, sind wir auf die Garküchen und Restaurants angewiesen. Das abwechslungsarme Essen an den Imbißständen ödet mich an, teure Restaurants können wir uns nicht leisten. Den ewig gleichen gelben Käse gibt es nur in Dosen, Wurst ist sehr selten.

Unter den interessierten Blicken von zehn Männern und Buben bepacken wir am anderen Morgen die Räder und fahren los. Die Straße zieht sich durch Industrieviertel. Aus düsteren Fabrikhöhlen dringt metallisches Hämmern und Gekreische an die Ohren, der Geruch von Eisen liegt in der Luft. »Welcome in Syria!« ruft ein total rußiger Mensch lachend unter einem Auto hervor. Wir wundern uns, wie man in dieser Arbeitsatmosphäre noch seine Fröhlichkeit bewahren kann, freuen uns aber sehr über den herzlichen Gruß am Stadtrand.

»Johallodrioh – Juchuh!«

Mein Weib juchzt, und ich stimme mit ein. Der Lärm und das Gedränge der Stadt liegen hinter uns. Wir atmen auf. Die Straße rollt sich vor uns auf, im Rücken schiebt ein Wind, wie wir ihn schon lange nicht mehr hatten. Sogar über die Hügel hilft er locker hinweg. Die Fahrt wird zum Sauseflug. Heute benutzen wir einmal nicht die Autobahn, sondern flitzen auf der interessanteren Landstraße dahin. Es geht durch alte Dörfer, durch die schon die Römer ihre Ochsengespanne poltern ließen. Leider ist von ihren Bauwerken nicht mehr viel zu sehen. Phantasielose Betonklötze säumen jetzt die Straße. Kinderarbeit ist in Deutschland verboten. Hier wie auch in vielen anderen Ländern ist sie ganz normal, ja sogar notwendig, damit die Familie existieren kann. Kaum können die Zwerge laufen, werden sie schon für irgendwelche Arbeiten eingespannt. Oft sind sie als Kellner beschäftigt, als Schuhputzer oder Verkäufer. Sie helfen in Werkstätten oder tragen als Boten die verschiedensten Dinge von hier nach dort. Manchmal haben die Kinder schon so erwachsene, wissende Augen, daß ich mich frage, ob sie jemals spielen durften.

Ein ›soziales Netz‹ wie bei uns ist in vielen Ländern unbekannt. Arbeitslosengeld, Krankengeld, Rentenversicherung – was ist das? Der Staat basiert auf dem Zusammenhalt der Großfamilie, die sich durch viele Hände selbst ernährt und stützt, die Alten und Schwachen bis zum Tod bei sich behält und pflegt. Das hat Vor- und Nachteile. Letztere bekommen vor allem die Kinder zu spüren, die schon früh erwachsen werden müssen und oftmals nie eine Schule besuchen dürfen. Und wozu soll Achmed seine Zeit in der Schule ›verplempern‹, wenn er so einen guten Job als Tellerwäscher bekommen kann? Argumente wie diese hören wir oft auf unserem Weg.

›Mister, Mister‹, können viele der Knirpse sagen. Das ist wohl dem Fernsehen zu verdanken, durch das viele Kids ein paar Brocken Englisch lernen. Wir werden immer wieder von Kindern auf der Straße angehalten, die unsere Namen wissen wollen.

»What's your name?«, fragen sie, wiederholen mit roten Ohren ›Pita end Elena‹ und kommentieren interessiert die Aufkleber der verschiedenen Länder auf den Schutzblechen. Hupen wollen sie fast alle, denn das ist was Neues, die Fahrradklingel kennen sie ja. Einige größere Jungs zücken – ganz männlich –

ihren Kamm aus der Jeanstasche, stellen sich vor meinen Rückspiegel und ziehen die pomadisierten Locken nach. Yeah! ... Grinsend fahren wir weiter, ein paar Kugelschreiber mit Werbeaufdruck – nur die werden genommen – und Luftballons lassen wir in den kleinen Händen zurück. Ein paar der Kinder aus reicheren Familien haben Fahrräder und begleiten uns ein Stück zum Dorf hinaus, die kleine Schwester oder den kleinen Bruder auf dem Gepäckträger. Manchmal machen wir Wettfahrten mit ihnen und lassen sie gewinnen. Dann lachen sie, glücklich, daß sie die Touris abgezogen haben. Für uns ist das Treten mit der Gangschaltung leichter als für die Steppkes mit den alten Klapperrädern. Johlend werden wir verabschiedet. Im Rückspiegel sehen wir, wie sie beieinander stehen und über uns diskutieren.

»Habt ihr gesehen, wie ich es den Touristen gezeigt habe?«

Tagebuchauszug Elena 20.10.94:
»...Toter Schimmel liegt mit weit aufgerissenen Augen und gebleckten Zähnen am Straßenrand, die Vorderbeine gefesselt, damit er nicht weglaufen kann. Anscheinend konnte er die Straße nicht schnell genug passieren.

Wahnsinnige Amischlitten aller Art, viele Oldtimer, oftmals Taxis. Zwischen graubraunen Ortschaften die Steinwüste. Viele wilde Hunde leben hier, die wütend angreifen. Große, struppige Kerle, die uns zur Höchstleistung auf dem Rad bringen.«

Elena:
Zwei graubraune Hunde stürzen sich von rechts aus einem zerfallenen Lehmhaus auf uns, ein dritter startet von links in die gleiche Richtung. Ich werfe den großen Gang ein und arbeite mit ganzer Kraft an den Pedalen.

»Fahr schneller, schneller!!!«, brülle ich Peter zu.

Aus den aufwirbelnden Staubwolken lösen sich noch weitere Hunde, ein infernogleiches Toben aus heiserem Bellen, Jaulen und Schreien läßt Peter und mich unter Aufbietung aller Kräfte die Piste entlangjagen. Verdammt nah höre ich die Krallen über den Asphalt kratzen, höre den hechelnden Atem der wilden Meute. Normalerweise werden wir mit einzelnen wilden Hunden leicht fertig. Wenn man abrupt stoppt und die Geste des Steinewerfens macht, dann gehen sie meist sofort auf Abstand. Diese hechelnde Beißmaschine aus zehn bis fünfzehn fletschenden Gebissen läßt sich so aber nicht beeindrucken.

»Jetzt bloß nicht schleudern, nur keinen Platten, bitte nicht jetzt!«, schießt es mir durch den Kopf.

Peter fährt dicht vor mir. Das Rudel ist um einige kleinere Tiere ärmer geworden, doch zwei, drei der Köter haben schon das Hinterrad erreicht, nur Zentimeter von meinen für sie aufregend hoch- und runterstrampelnden Waden entfernt. Wenn mich eine Schnauze zu fassen kriegt, stürze ich bei voller Fahrt.

»Peter!!!!!« brülle ich, was die Lunge hergibt.

Peter:
Die Horrorszene im zitternden Rückspiegel verfolgend, trete ich stehend in die Maschine, doch etwa 140 kg Gesamtgewicht müssen erstmal beschleunigt sein. Die Hunde scheinen wild entschlossen, es uns zu zeigen. Ihre Ausdauer können wir nicht überbieten. Ich muß was unternehmen – SOFORT! –, sonst zerlegen die uns in Einzelteile. Elena lasse ich an mir vorbeirasen. Ihr Gesicht ist angstverzerrt. Dann reiße ich den Lenker nach rechts in den lockeren Schotter und bremse das schwere Rad scharf ab. Staub, Sand und Steine wirbeln auf, was die wütenden Angreifer erstmal erstarren läßt.

»Ahhhhh!«, schreie ich aus vollem Hals die Hundebande an, werfe das wuchtige Rad in ihre Richtung und nehme sofort einige Steine in beide Hände. Die Tiere sind durch diesen spontanen Wechsel des Verlaufs irritiert, bellen und winseln um mich herum im Abstand von 3, 4 m. Sie wirken kampferprobt und voller Jagdfieber. Ein Schäferhundmischling hat nur noch ein halbes Ohr, ein gedrungener Doggenverschnitt einen alten, tiefen Kratzer knapp am linken Auge vorbei. Die Biester markieren Scheinangriffe. Ein kleinerer Mischling mit gedrehtem Schwanz versucht, hinter mich zu kommen. Dunkelbraune und gelbe Augenpaare leuchten mir entgegen.

Jetzt hagelt es Steine. Schreiend arbeite ich wie eine Wurfmaschine. Ein paar Brocken gehen ins Leere, doch der Doggenverschnitt jault auf – Treffer! Auch eine der anderen Tölen klemmt winselnd den Schwanz zwischen die Hinterläufe und geht auf Abstand. Von hinten fliegen zusätzlich einige Steine an mir vorbei, die Elena absendet. Heiseres Bellen dringt aus drei Kehlen. Nur zäh lösen sich die Hunde von mir. Als sie etwas verunsichert in 10 m Abstand stehen, schicke ich noch einige Steine in ihre Richtung, was sie nun johlend absprinten läßt. Der Kampf ist entschieden!

Wir sind froh, daß die Sache nochmal gutging. Hunde mögen wir eigentlich sehr gerne, ich bin mit ihnen aufgewachsen, doch beißen lassen wir uns freiwillig nicht, zumal bei denen hier mit Tollwut und Staupe zu rechnen ist. Letztere Infektionskrankheit ist zwar für den Menschen ungefährlich, aber trotzdem – danke.

Gegen Abend fotografiere ich eine Ansammlung von Nomadenzelten, die sich schwarz gegen den Horizont abheben. Als man uns dort bemerkt, werden wir unter Rufen herbeigewinkt. Elena und ich schieben die Räder über die Grasnarben und nähern uns den schweren Zelten aus Ziegenhaar. Drei bärtige Männer in abgeschubberten Lederjacken, alten Sakkos und Stiefeln empfangen uns.

»Al salam ua laikum!« sage ich und hebe die Hand: Friede sei mit dir. Sie antworten murmelnd: »Wa a laikum as salam.«

Aus dem dunklen Hintergrund kommen fünf halbwüchsige Mädchen, die aber gleich wieder verschwinden. Große, graue Hunde bellen uns an, bleiben aber auf Abstand. Ein Steinwurf bringt sie zum Schweigen. Mit eleganter Geste bittet der älteste Mann, er mag um die 60 Jahre alt sein, im nach vorne offenen Zelt Platz zu nehmen. Wir lassen uns alle auf Decken und Teppichen nieder und sehen uns lächelnd an. Ich habe das Gefühl, es wäre an mir, etwas zu sagen, und versuche, mit »Almani« und »Asia-Australia-America« grob unsere Fahrroute zu umreißen. Die Männerrunde nickt murmelnd und anerkennend. Fragmente von gelben Gebissen werden durch die Bärte sichtbar.

Aus dem Dunkeln ist wieder Kichern zu vernehmen. Einige Anweisungen lassen die Kichernden in geschäftiges Treiben verfallen. Töpfe scheppern und in Null-Komma-nix brennt ein Feuerchen. Von den tuschelnden Mädchen sehen wir nur dunkle Umrisse oder mal ein kurz beleuchtetes Profil im Feuerschein. Schweigend betrachtet uns die Männerrunde eine Weile. Sie sprechen, wenn überhaupt, nur mit mir. Nicht aus Mißachtung, sondern aus Respekt Elena und mir gegenüber. Das Wort an eine fremde Frau zu richten gehört sich nicht im Islam. Aus einer großen, rußigen Kanne wird heißer Tee ausgeschenkt. Wir zeigen ein paar Fotos von uns und unseren Familien und erfahren, daß ihre Frauen weiter hinten in der Steppe leben. Sie sind Halbnomaden und ziehen mit ihren Schaf- und Ziegenherden im Winter umher, während sie den Sommer für Ackerbau und Viehzucht nutzen. Obwohl die Leute arm aussehen, sind sie durch die großen Herden vermögend. Die Wohnzelte sind der Bereich der Frauen. Sie kümmern sich um die Kindererziehung, um den Haushalt, müssen Wasser holen, Holz und Dung als Brennstoff besorgen, weben die Stoffe für die Kleider selbst. Kinder hüten die Herden. Die trübe Gasfunzel erhellt ein wenig die Zeltecke. Ein jüngerer Mann steht auf und bringt Fladenbrot, geschnittene Tomaten, Salz und weißen Schafskäse. Tee wird nachgeschenkt. Selten hat ein einfaches Mahl so gut geschmeckt.

Während des Essens ist das Zelt von Schweigen erfüllt. Leise knackt das Feuer. Das Dinner geht zu Ende, und heiße, gesüßte Schafmilch wird in Tassen gereicht. Äußerlich gebe ich mich gelassen, aber innerlich sträubt sich mir alles dagegen. Ich kann heiße Milch nicht ausstehen, aber was soll man machen. In einem Zug, allen Mut zusammennehmend, trinke ich den Pott aus mitsamt der dicken Haut. Die Bärtigen gegenüber lachen und nicken mir zu.

Uff – geschafft. Die Tasse steht geleert wieder auf dem Tablett, doch was ist das?? Mir wollen sich die Ohren kräuseln und die Fußnägel rollen – die Tasse wird nochmals aufgefüllt bis zum Rand. Verzweiflung steht in meinem Gesicht geschrieben. Mein Blick geht zu Elena, die mühsam ein Grinsen unterdrückt und zurück zur Tasse. Sie ist immer noch voll. Diesen dornigen Weg muß ich ganz alleine gehen. Höflicherweise muß ich mindestens die Hälfte austrinken.

Ein herzhafter Schluck, an etwas Schönes denken – und unten ist der Trunk.

Dieses Mal habe ich einen Rest Milch in der Tasse gelassen, was mich vor einer nochmaligen Zugabe bewahrt. Dabei muß ich noch froh sein, daß nicht gerade geschlachtet wurde, denn dann hätte man mir vielleicht ein frisches Schafsauge vorgesetzt. Lehnt man es ab, gilt das als sehr unhöflich, da es sich um eine spezielle Delikatesse handelt. Wir haben uns für solche Fälle vorgenommen, etwas von Gelübden oder ähnlichem zu murmeln. Vielleicht bleiben uns dann solche Dinge erspart. Der Älteste der Männer lädt uns mit Gesten dazu ein, hier zu übernachten, und so bauen wir unser modernes, leichtes Igluzelt neben ihrem großen, traditionellen Nomadenzelt auf. Inzwischen sind noch ein paar Kinder dazugekommen.

Alle schauen interessiert und belustigt zu, wie in kurzer Zeit unser Haus steht. Elena muß mal, und die Frauen weisen ihr den Weg ins ›Badezimmer‹, etwa einen halben Kilometer entfernt bei den Felsen. Bis sie zurückkommt, hat sich die Nacht blauschwarz auf die Steppe gelegt. Ein großer, runder Mond steigt auf. Im Pferch blöken die Schafe sich und uns in den Schlaf.

Steile Hügel stellen sich uns am nächsten Morgen in den Weg, die wir unter Schieben, Fluchen und Schwitzen bezwingen. Von der syrischen Grenzstadt Dar'a aus rufe ich meine Schwester an, die heute Geburtstag hat. Die Verbindung funktioniert problemlos mit einer Telefonkarte.

Die Ausreise aus Syrien zieht sich über mehrere umständliche Ausweiskontrollen hin. Die Kontrolleure tragen oft keine Uniform, und unsere Reisepässe machen die Runde. Jeder will mal reingucken, dabei blättern die Männer den hinteren Teil oft zuerst auf. An einem weiteren Kontrollpunkt arbeitet ein vielleicht achtjähriger Junge am Zoll. Er bringt die Ausweise ins Büro. Als ich sie zurückbekomme, fehlen zwei eingelegte Karten von der syrischen Einreise und für das Visum in Jordanien. Als ich zurückgehe und reklamiere, heißt es, ich hätte sie wohl eingesteckt. Ich finde beide Dokumente neben dem Beamten in einem Berg Papiermüll, worauf alle Anwesenden sich krümmen vor Lachen.

Nun holpern wir eine schlechte Straße entlang, die sich in Kurven um Berge windet in Richtung jordanischer Posten. Von den Hängen rennen sandalenbereifte Soldaten in Jogginghosen und Unterhemd auf uns zu. Dort oben stehen Zelte, aus Plastikfetzen und Lumpen zusammengestückelt.

»Stop, Passeport!«

Schwere Maschinengewehre schwingend, umrunden sie uns lachend, während sie die Pässe unter sich kreisen lassen. Da stört es auch kaum, daß sie sie verkehrt herum halten und nach unseren Namen fragen, obwohl die da drin stehen, und dann noch wissen wollen, wohin wir fahren. Die Straße führt geradewegs nur nach Jordanien. Nach ein paar Kurven sind wir am Posten des Haschemitischen Königreichs von Jordanien.

8.
Zur Teezeit bei der Königin
JORDANIEN (November – Dezember 1994)

Elena:
Die Grenzer verstehen was von entspannter Gemütlichkeit. Sie liegen neben ihren Gewehren auf dem Boden, die Teegläser in Reichweite. Wir geben die Papiere runter und schmunzeln. Was wäre, wenn König Hussein inkognito überraschend auf seinem Motorrad hier aufkreuzen würde? In der Wechselstube tauscht man uns für 1 DM 459 Piaster. Tausend davon ergeben einen jordanischen Dinar, auch Dirham genannt. Viele LKWs stehen hier, alle mit laufendem Motor. Die Fahrer sind beim Teetrinken.

Wir radeln einige Kilometer ins Land hinein und zelten schließlich hinter einem Sandhügel. Am nächsten Morgen sitzen zwei müde Gestalten schon vor Sonnenaufgang auf bepackten Rädern. Die Straße führt leicht und gemein in einer langgezogenen Steigung bergauf, dazu weht ein leichter Gegenwind. Gerade genug, um uns voll in die Eisen steigen zu lassen, mit dem Gefühl, kaum vorwärts zu kommen.

Etwas Abwechslung bringen nur die kleinen Dörfer unterwegs, in denen wir uns mit Proviant und Wasser versorgen. Das ist leicht gesagt, aber schwer umzusetzen, denn Peter ist im Hungerstreik. Er liebt eine abwechslungsreiche Küche. Aber weil der Kocher kaputt ist und wir einfach nicht das passende Ersatzteil erhalten, gibt es eben seit langer Zeit nur das, was man an billigen Imbißständen halt so findet. Und ansonsten Käse und Toastbrot, zur Abwechslung Toastbrot und Käse bzw. Marmelade. Mißmutig kauft er sich überall nur Süßigkeiten und stopft sich den Magen voll. Die Stimmung sinkt.

Reise ans Ende der Welt. In Rumänien gibt es sehenswerte Extrempisten. Rumänische Augenblicke.

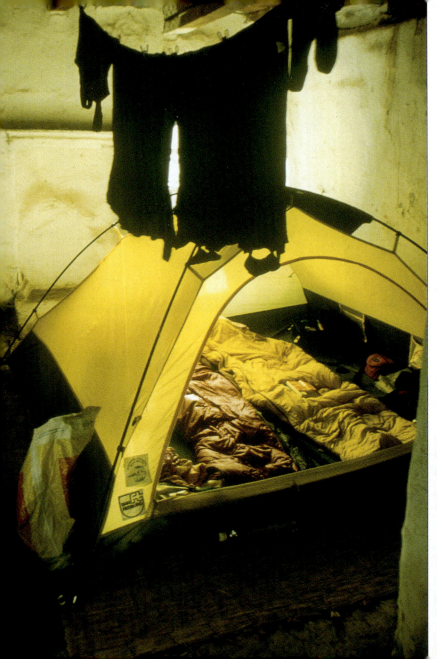

Oben: Audienz bei der jordanischen Königin Noor im Stadtpalast in Amman.
Links: Übernachtung im Haus des Troja-Forschers Heinrich Schliemann.
Unten: Der Palästinenser im Ostteil Jerusalems genehmigt sich ein feines Falaffel-Sandwich.

Oben: Unterwegs in Zentralpakistan.

Links: Am Rande von Jericho entdeckten wir die Überreste eines alten Lehmhauses und beschlossen, darin zu übernachten.

Unten: Der kleine Kalash-Junge beäugte uns erst prüfend, dann rief er seine größeren Schwestern, die uns gleich zum Tee einluden.

Oben: Die nicht-muslimischen Kalash an der Grenze zu Pakistan sind sehr freundlich und weltoffen.

Rechts: Die pakistanischen LKW-Fahrer übertreffen sich gegenseitig bei der Verzierung ihrer Trucks.

Unten: Der Dalai Lama, geistiges und politisches Oberhaupt der Tibeter. Im Hintergrund Elena.

Ein Sikh beim Taj Mahal in Agra.

Mutter Teresa gibt Elena in Kalkutta ein Interview.

In Amman angekommen, freue ich mich dagegen über die ›Chickenrolls‹, in Omelett eingewickelte Hühnerstückchen mit Soße und Salat für ganze 0,50 DM. Oder die herrlichen ›Beef Sandwiches‹, magere Rinderstückchen mit Soße und Salat auf Toastscheiben. In den Soßen ist so ziemlich alles an rohem Gemüse drin, was der Körper für den täglichen Vitaminbedarf benötigt. Wir schlendern durch die Straßen und sehen den Leuten beim Einkaufen zu. Rechts und links entlang der großen Straße in der Stadtmitte sitzt ein Verkäufer neben dem anderen. Hosenträger, geschmuggelte Zigaretten, allerlei Schnickschnack, Souvenirs und Parfums bis hin zu Haushaltswaren und Süßigkeit werden feilgeboten. Viele Verkäufer sind Flüchtlinge aus dem Irak, die mit dem Straßenverkauf ihren Lebensunterhalt bestreiten.

Problemlos wird unsere Aufenthaltserlaubnis in der Zahran-Police-Station um drei Monate verlängert. Begeistert fragen die Beamten nach unseren bisherigen Erlebnissen in ihrem Land und freuen sich, daß wir uns so viel Zeit nehmen, um Jordanien kennenzulernen.

In Amman sind alle strategisch wichtigen Straßen und Plätze von der Armee besetzt. Wohin man auch schaut, sieht man schwerbewaffnete Soldaten und viele Militärfahrzeuge. Streng blickende Offiziere sprechen in quäkende Funktelefone. Viele Persönlichkeiten aus der Politik werden für den 26. Oktober 1994 erwartet anläßlich der bevorstehenden Unterzeichnung des Friedensvertrags zwischen Jordanien und Israel in der Wüste von Wadi Rum bei Aqaba am Roten Meer. US-Präsident Bill Clinton brachte in vielen Gesprächen die Kontrahenten aus Jordanien und Israel zusammen. Nun wird er als Vermittler der Zeremonie beiwohnen.

Wir erleben die Vertragsunterzeichnung zusammen mit einigen ausländischen Fernsehteams in der überfüllten Teestube unter unserem Hotel. Die Luft ist neblig wie an einem Novembermorgen vom Rauch der vielen Wasserpfeifen. Durch den wohlduftenden Tabak aus gepreßten Früchten riecht es wie Weihnachten zu Hause. In einer Ecke flimmert der Fernseher. Bilder von König Hussein und seiner Gemahlin werden gezeigt. Wir ahnen noch nicht, daß wir in Kürze schon ihre Gäste sein werden. Viele Jordanier glauben nicht an einen Frieden mit Israel nach so langer Zeit der Feindschaft. Über 40 Jahre lang wurde ihnen eingebleut, daß der Feind Israel heißt, nun soll über Nacht alles anders werden. Manche fürchten, Miniröcke und Freizügigkeiten werden über sie hereinbrechen. Einige Ladenbesitzer wollen sich höflich verhalten, wenn in Zukunft plötzlich ein Jude vor ihrem Geschäft steht, andere wollen die neue Kundschaft ignorieren und nicht bedienen. Der Journalistenverband droht seinen Mitgliedern mit Ausschluß, wenn sie sich mit dem Feind verbrüdern sollten.

›Frieden ja – Aussöhnung nein‹, meinen 20 Prozent der Jordanier. ›Man muß die Juden ja nicht gleich lieben‹, trösten sich die anderen, die dem Vertrag eher zustimmen. Dabei bringt der Friedensvertrag für Jordanien Vorteile. Israel gibt 380 km² Land zurück, und das Königshaus wird künftig über die heiligen islamischen Stätten in Ostjerusalem wachen dürfen, was ihm bislang verwehrt war. Zumindest ist es so geplant. Für den König wird sein Job künftig dadurch nicht leichter.

Das ist der Stand der Dinge, als wir das Goethe-Institut in Amman besuchen. Der Leiter, Dr. Glade, und seine Mitarbeiter empfangen uns mit größter Gastfreundschaft. Als wir bei ihm im Büro sitzen und Kaffee trinken, will er alles genau über unsere Reise und unser Motiv wissen. Er hat selber einige Länder dieser Erde kennengelernt und ist interessiert an unseren Erfahrungen als ›Andersreisende‹.

Für den Nachmittag werden Journalisten von den Tageszeitungen ›Al-Dustour Daily‹ und ›Major Arabic Daily‹ eingeladen, um uns zu interviewen, auch ›Al-Shaab‹ und ›Shehan‹ berichten über unsere Weltreise per Fahrrad.

Peter:
Der Leiter des Goethe-Instituts ist der Ansicht, daß wir unbedingt dem Herrscherpaar unsere Ankunft melden sollen. Die Königsfamilie ist bekanntermaßen sehr an sportlichen Aktivitäten interessiert, wo doch seine Majestät König Hussein selbst ein begeisterter Sportler ist. Ein Besuch im Palast würde uns natürlich sehr gefallen!
Ein Fax mit den Informationen über unsere Reise wird ans königliche Pressebüro gesandt, die Antwort kommt prompt. Während wir den Journalisten nachmittags Rede und Antwort stehen, kommt bereits die Nachricht: Ihre Majestät Königin Noor von Jordanien erwartet uns morgen um 16 Uhr in ihrem Palast! Bloß gut, daß wir für alle Fälle eine bessere Hose und ein gutes Hemd dabeihaben. Das ist gar nicht so einfach, wenn man bedenkt, daß unser Kleiderschrank nur aus je einer Packtasche besteht.

»Wußtest du«, sagt Elena durch ein Bücherregal im Goethe-Institut hindurch, »daß König Hussein noch minderjährig war, als er am 2. Mai 1953 die Regierung übernahm?«

»Aha, interessant«, entgegne ich, auch durchs Regal hindurch.

Wir stehen in der Bibliothek und machen uns etwas schlau. Hintergrundinformationen können ja nicht schaden.

»Der König stammt in der 43. Generation direkt vom Propheten Mohammed ab«, höre ich wieder durch die Bücher durch.

»Und hier, im vierzigköpfigen Senat sitzen auch zwei Frauen. Seit 1974 dürfen Frauen wählen«, klärt mich Elena auf.

»Für ein Land, in dem der sunnitische Islam Staatsreligion ist, scheint es mit der Toleranz ja gut zu laufen. Hier steht, daß Religionsfreiheit besteht, es leben auch Christen der verschiedensten Herkünfte im Land«, lese ich vor.

»Neun Christen sind als Abgeordnete ins Unterhaus gewählt. Vom 6. bis zum 15. Lebensjahr besteht Schulpflicht«, murmelt Elena.

Der nächste Tag wird hektisch. Das staatliche jordanische Fernsehen filmt uns auf der Straße gegenüber unserem Hotel vor der Hassani-Grand Mosque, wie wir uns durch den starken Autoverkehr kämpfen. Im Nu ist eine große Menschenmenge beisammen, die mühsam von Polizisten zurückgehalten wird. Dann machen wir uns startklar. Ein Institutsangestellter fährt uns mit seinem Pkw zum Palast. Elena ist aufgeregt wie eine Hummel. Das riesige Tor wird geöffnet, ein Angestellter der Palastwache steigt bei uns ein, und dann fahren wir gemeinsam die Anhöhe zum Königshaus empor, wo uns die Sekretärin der Königin in den Palast führt.

Hecken, blühende Sträucher und Blumen säumen harmonisch den Weg. Es ist sehr still. Der Eingang zum Palast ist mit kunstvollen blauen Keramikkacheln verziert. Bereits vor dem Eingang nehmen wir den Geruch von Weihrauch wahr. In einem in türkis und blau gehaltenen Raum werden Elena und ich gebeten, Platz zu nehmen. Möbel mit filigranen Schnitzereien umgeben uns, dicke Teppiche dämpfen den Schritt. Der Weihrauchduft gibt dem Ambiente die richtige Note. Wir fühlen uns sehr wohl in der entspannenden Atmosphäre. Der persönliche Botschafter der Königin begrüßt uns und meint, daß die Privataudienz bei der Queen nur fünf Minuten dauern wird, während er uns in den Empfangsraum geleitet. Auch hier sind die Polstermöbel in Blautönen gehalten; große, antike Lampen erhellen das Zimmer.

»I am very pleased to meet you, Majesty!« sagen Elena und ich.

Vor uns steht ihre Majestät Königin Noor und gibt uns lächelnd die Hand. Was schenkt man einer Königin als Weltumradler, der aus Packtaschen lebt? Eine Rose haben wir mitgebracht, über die sie sich freut.

Die Königin bietet Platz an. Fotografen und das staatliche Fernsehen machen Aufnahmen von der Audienz, die noch am selben Abend in den Nachrichten veröffentlicht werden.

Kein Wunder, daß die Einrichtung des Palastes so gelungen ist. Die ›Queen of Jordan‹ hat an der Princeton University in den USA Innenarchitektur und Design studiert, später war sie in Australien, New York, Philadelphia und im Iran als Direktorin für Planung und Design tätig. Damals hieß sie noch Elisabeth Halaby. Doch als die junge Miß Halaby König Hussein 1978 heiratete, gab er ihr den Titel ›Queen Noor‹ bzw. ›Nur‹, was im Arabischen ›Königin des Lichts‹ bedeutet.

Ihre Familie stammt aus Syrien, die Jugend- und Studentenzeit verbrachte Elisabeth allerdings in den USA. Die Königin ist sehr hübsch, elegant und weltgewandt. Während wir Tee trinken, fragt sie nach unseren Reiseerlebnissen. Vom immer verspürten Fernweh und dem unstillbaren Wunsch, die Welt mit ihren Menschen kennenzulernen und wie unsere Herzen Flügel bekamen, sprechen wir und berichten, was wir schon alles erlebt haben. Queen Noor kann uns gut verstehen, denn vor ihrer Eheschließung ist sie selbst viel gereist. Wir erzählen von Deutschland, das sie auch kennt, und von den Unterschieden und Ähnlichkeiten der Völker.

Die Unterhaltung ist so angeregt und lustig, daß aus den fünf Minuten eine halbe Stunde geworden ist. Ihre Majestät ist begeistert von unseren Erzählungen und stellt immer neue Fragen. Am Ende des Besuchs lädt uns die First Lady Jordaniens ein, die Ruinenstadt Petra zu besuchen. Ein Chauffeur wird uns morgen vom Hotel abholen. Während sie uns zur Tür begleitet, bittet sie um Postkarten von unterwegs, was wir gern versprechen. Wir freuen uns wie Schneekönige und fahren zurück ins Goethe-Institut, wo Elena und ich alles genau erzählen müssen. Was für ein Tag!

1999 stirbt König Hussein an Leukämie. Sein Sohn Abdullah wird neuer König und seine Frau Rania die neue ›First Lady‹ von Jordanien.

Gegensätzliche Ereignisse liegen oft nah beieinander. Der nächste Tag bringt große Freude – aber auch Tod.

Elena:
Wie versprochen, steht der silberne Daimler am nächsten Morgen vor dem Hotel. Ein uniformierter Fahrer öffnet die Wagentür, und während die Räder im Hotel an die Eisenbetten gekettet sind, rollen wir im königlichen Gefährt mit 185 PS auf dem Desert Highway nach Petra. Am ›Queen Alia International Airport‹, benannt nach König Husseins erster Frau, geht es vorbei und dann raus in die Wüste. Flaches, ödes Land zunächst, doch dann blicken wir auf bizarr geformte Felsformationen. Während der vergangenen Jahrtausende hat der Wind am Sandstein genagt und farbige Schichten freigelegt, Einbuchtungen und Höhlen geschaffen. Weiche, harmonische Formen stehen glattgeschmirgelt in der Landschaft.

Als wir zur Verwaltung des Petrageländes gehen wollen, fängt es an zu regnen. So ein Mist, ausgerechnet jetzt! Der für unsere Sicherheit verantwortliche Direktor der Ruinenverwaltung möchte nicht, daß wir das Gelände betreten. Die Wege sind durch den Regen zu stark anschwellenden Flüssen geworden. Es sei zu gefährlich. Aber wir können doch jetzt nicht einfach umkehren, ohne die Anlage zumindest kurz gesehen zu haben! Mit zweien seiner Leute fahren wir im Pkw ins Gelände. Inzwischen schüttet es so stark, daß man kaum 5 m weit sieht. Aus den Funkgeräten quäkt es aufgeregt, unsere Begleiter werden unruhig. Ein grollendes Donnerwetter geht auf die Erde nieder und schlägt mit grellzuckenden Blitzen alle paar Sekunden zu. Die von Felswänden eingeengten Pfade und trockenen Flußbetten füllen sich rasch mit Wasser und werden in kurzer Zeit zu reißenden Flüssen, in deren lehmigen Fluten in diesem Moment ein Mann und eine Frau ertrinken, die nicht mehr rechtzeitig mit den anderen Touristen gerettet werden können. Soldaten rennen hektisch herum, Geländefahrzeuge preschen durch die aufgeweichte Erde. Unter einem Zeltdach warten wir das Ende des Regens ab. Nach einer Stunde ist alles vorbei. Nur das Entsetzen über die Toten ist geblieben.

Leider dringt die Sonne für heute nicht mehr so recht durch den nebligen Dunst, so daß den Farben die Leuchtkraft fehlt.

Der uns zugeteilte Führer berichtet von den Anfängen der uralten Siedlung, als ob er damals dabeigewesen wäre. Petra, die ehemalige Stadt von ca. 30.000 Nabatäern, hatte ihre große Zeit vom 4. Jh. v. Chr. bis zum 2. Jh. n. Chr. Gräber, Tempelanlagen und Schatzhäuser im roten Fels blieben erhalten. Als Karawanenstützpunkt und im Handel mit Weihrauch spielte der Ort einmal eine wichtige Rolle, ist aber heute nur noch von einigen Beduinen bewohnt.

Wildes Hufgeklapper und anfeuernde Rufe schallen an den bis zu 100 m hohen Felsen hoch. Eine Horde verwegener Reiter jagt durch die schlammigen, engen Schluchten. Wir pressen uns an die Felswände, um sie vorbeizulassen. So wie die aussehen, könnten sie gerade aus einem Karl-May-Buch gepurzelt sein. Ihre rotweißen Tücher flattern auf den Schultern.

Wir betrachten ein Portal, klettern über Felsen und besichtigen monumentale Grabbauten, Bewässerungskanäle, Torbögen, Kultstätten und betreten das Schatzhaus. Es ist überwältigend. Beachtet man die zum Teil noch gut erhaltenen Feinheiten, ist es kaum zu glauben, daß es möglich war, solch eine Kunst aus dem Fels zu schlagen. Manche Bauwerke im Zentrum wurden von Erdbeben zerstört.

Der Triumphbogen zu Ehren von Kaiser Trajan an der heiligen Zone, Opferschalen oder der Tempel des nabatäischen Gottes Duschara lassen nur ahnen, welche Szenen sich in den Gassen und zwischen den Felsschluchten abgespielt haben. In vorchristlicher Zeit verstanden die Architekten bereits viel von erdbebensicherer Bauweise. In wichtige Tempel wurden Holzbalken eingezogen, die die Erdstöße abfangen. Gegen Abend fahren wir die 280 km bis Amman zurück.

Gegenüber unseres Hotels sind zahlreiche Soldaten wegen eines Tumults vor der großen Moschee postiert. Ein Mann wurde heute geschlagen und verletzt, weil er sich gegen den Friedensvertrag aussprach. Am nächsten Tag explodiert eine Bombe in der Stadt. Der neue Vertrag zwischen Israel und Jordanien findet nicht nur Freunde. Jordanien ist einerseits ein modernes, westlich orientiertes Land, aber andererseits auch sehr traditionsbewußt und islamisch. In der Nacht explodiert eine weitere Bombe vor einem der wenigen Schnapsläden, die mit dem Verkauf von Spirituosen gegen das Alkoholverbot im Islam verstoßen.

Wir lernen den Direktor des olympischen Komitees von Jordanien kennen. Er hat uns eingeladen und will vieles über Deutschland wissen, besonders über unseren großen Sportclub ›Freiburger Turnerschaft von 1844 e.V.‹. Zum Abschied überreicht er uns die jordanische Flagge mit dem Zeichen seines Clubs.

Die Umgebung von Petra hat uns gefallen, wir wollen mehr davon sehen. Aqaba lockt mit seinen berühmten Korallenriffen und Wadi Rum, der Wüstenort. Leider ist der Grenzübergang am Golf von Aqaba nach Eilat in Israel hinüber noch geschlossen. Würden wir mit unseren Rädern fahren, müßten wir auf der gleichen Strecke wieder zurück. So nehmen wir also den Bus. Ein Luxusliner sozusagen, mit Klimaanlage, Toilette und Bordbar.

Beim Einsteigen müssen wir das schöne Freßpaket, das wir für die Fahrt gerichtet hatten, abgeben. Erst am Ziel wird es uns wieder ausgehändigt. Dafür werden teure Sandwiches und Cola verkauft von einem streng blickenden Mädchen. Die Fahrt dauert viereinhalb Stunden. Als wir in Aqaba aussteigen, prallen wir voll gegen eine Hitzemauer. Hier am Roten Meer ist es gut zehn Grad wärmer als oben in Amman, liegt es doch auf dem Breitengrad von Teneriffa.

Für 5 Dirham, etwa 10 DM, ziehen wir ins Hotel ›Jerusalem‹ ein, eine billige, aber nicht gerade edle Unterkunft. Aqaba ist ein Touristenort und Jordaniens einzige Hafenstadt, von der aus auch Phosphat exportiert wird. Bis zum Sonnenuntergang sitzen wir am Strand und sehen den einheimischen Frauen im Djallaba beim Baden zu, die vollständig angezogen ins Wasser gehen. Am Ufer werden Boote mit Glasboden vermietet, mit denen man die herrliche Unterwasserwelt bestaunen kann. Eine halbe Stunde kostet 20 DM pro Person.

Wir planen einen Ausflug nach Wadi Rum, doch die Angestellte des Busterminals sagt, man kann nur von Amman aus dorthin fahren, dabei sind es von Aqaba aus gerade mal knapp 50 km. Nach dieser Auskunft hätten wir also nach Amman zurückfahren müssen. Ein Ladenbesitzer meint, er kenne da jemanden, der fährt jeden Tag nach Wadi Rum. Tja, heute ausgerechnet nicht und morgen leider auch nicht ...

Kurzum, wir mieten einen kleinen Jeep und erkunden die Umgebung. Zunächst geht es raus in die Felswüste. Zwischen den roten Steinriesen können wir uns an den Formen und Farben kaum sattsehen. Für Fotografen ein Paradies. Die uralte Königstraße, die vor Tausenden von Jahren schon Handelsweg war, führt zu alten Siedlungen. Fasziniert höre ich auf einmal zwischen den Felsen einen arabischen Gesang. Mit wohlklingender Stimme singt ein junger Mann ein Lied, das der Wind durch die Felsenschlucht trägt. Einen Moment lang steht die Zeit still, ist die Atmosphäre verzaubert.

Am späten Nachmittag liegen die Wadis, die ausgetrockneten Flußbetten, im schönsten Fotografierlicht. Die Bewohner des Wadis führen ihre Herkunft bis auf Mohammeds Tochter Fatima zurück. Die auf Kamelen reitende Wüstenpolizei regelt die Belange der Beduinen und ist gleichzeitig Grenzpatrouille zu Saudi Arabien. 1917 lagerte der legendäre britische Oberst T. E. Lawrence, genannt ›Lawrence von Arabien‹, hier mit seinen Männern, bevor er Aqaba einnahm. Auch der Film über ihn wurde hier gedreht. Ein Sonnenuntergang, wie ihn die Hollywood-Studios überwältigender nicht hinbringen könnten, beleuchtet die Wüste und die Felsen und entlockt ihnen die schönsten Farben zum Abschluß des Tages.

Peter:
Als wir bei Nacht nach Aqaba zurückfahren, leuchten im Dunkeln neben und auf der Straße gelbe Lichter in einigen Metern Höhe auf. Ich bremse scharf. Wir stehen vor einer Wand von Kamelen, die in aller Ruhe die Fahrbahn überqueren. Ihre Augen leuchten im Scheinwerferlicht wie Bernsteinkugeln. Das Auto geben wir am nächsten Morgen wieder zurück und nehmen den Bus zum ›Royal Diving Centre‹, dem königlichen Tauchclub.

Mit geliehenen Flossen, Taucherbrille und Schnorchel gleiten Elena und ich ins 20° C warme Meer. Ein Blick über die See zeigt Wasser und die schroffen Berge von Israel. Kaum aber, daß wir den Kopf unter Wasser halten, befinden wir uns im Zauberland einer anderen Welt. Kleinere und größere Fische, teils solo, teils in Schwärmen, beäugen uns unbeholfene ›Riesenfische‹. Die meisten sind gestreift, gepunktet oder irgendwie bunt. Korallen und Pflanzen der unterschiedlichsten Art und Farbe bilden die Kulisse dieser phantastischen Bühne. Elena entdeckt bei ihren Tauchgängen eine große Muräne, am Boden liegt ein dicker, beigefarbener Steinfisch.

Mit einem alten Bus starten wir am Morgen in Richtung Amman. In den nächsten Tagen sehen wir uns noch etwas in der Hauptstadt um, besuchen das Amphitheater und lernen interessante Leute kennen. Mit einem Geschäftsmann saßen wir beim Essen und staunten nicht schlecht, als er von seiner Handelspalette berichtete. Von Spaghetti bis zum Kampfjet ist über ihn alles zu bekommen. Nudeln haben wir selbst, und einen Bomber brauchen wir nicht. Unserem Hotelportier Mohammad, der sich Geld für ein Jurastudium in Amerika zusammenspart, zaubere ich noch einige Fragezeichen über sein Kopftuch, dann radeln Elena und ich am Palast vorbei und raus aus der Stadt. Amman soll wie Rom auf sieben Hügeln gebaut worden sein, doch uns scheint, daß es einige mehr sind. Und ›Hügel‹ ist auch etwas untertrieben. Die Stadt ist bergig wie nur sonstwas. Über enge

Kurven windet sich die Straße auf 880 m hoch, aber dann geht es endlich nur noch abwärts. Vor uns liegen eine große Ebene im Dunst und die Berge Israels. Aus dem Weltempfänger erfahren wir, daß in Petra insgesamt 21 Menschen durch die ungewöhnlich starken Regenfälle umgekommen sind.

Weiter geht es rasant bergab, an zerklüfteten Felsmassiven vorbei. In einem Dorfladen kaufen wir Vorräte und tanken Wasser. Das magere Sortiment besteht aus Nudeln im offenen Sack, Fladenbrot und bröseligen Keksen. Vor dem Geschäft liegt alles voller Abfall, in den Schlammpfützen schwimmt Öl, und 10.000 Fliegen halten uns in Bewegung. Trotz des kühlen Gegenwindes setzen sich die Biester an Mund und Nase. Staub und Dreck wirbeln in die Augen.

Wir sind unten – ein Blick auf den Höhenmesser bestätigt es. Den tiefsten Punkt der Erde haben Elena und ich erreicht, 391 m unter Null, das Tote Meer!

Der Strand ist schlammig, das Wasser reflektiert das Grau des Himmels. Rund 75 km lang ist das Binnenmeer und zwischen 6 und 16 km breit. Auch die Tiefe variiert zwischen 10 und 433 m, einen Abfluß gibt es nicht. Zu den wichtigsten von mehreren Zuflüssen zählt der Jordan, doch durch die große Wasserentnahme der Anrainerstaaten ist sein Spiegel soweit abgesunken, daß er nur noch selten bis ins Tote Meer fließt. Von seiner Quellhöhle im schneeverwehten Hermon hat er es nur 252 km weit bis hierher.

Der höchste Berg Israels ist 2.814 m hoch, und wohl kein Fluß der Welt fließt mit so großen Höhenunterschieden wie der ›Jarad‹, wie er im Hebräischen heißt. Das bedeutet ›Heruntersteigen‹. Am Oberlauf des Jordans in Kapernaum sind noch die Reste der Synagoge zu sehen, in der Jesus gepredigt hat und in der der Jünger Petrus wohnte. Ein Streitpunkt ist der Fluß schon in biblischer Zeit und noch früher gewesen – er ist es bis jetzt geblieben. Die Erfolge der israelischen Landwirtschaft gehen auf Kosten der Araber, die vom Jordan das bekommen, was die Israelis ihnen übriglassen, nachdem sie ihre Felder gegossen haben. Von 700 Millionen m³ erneuerbarer Wasservorräte im Westjordanland verbrauchen die gesamten arabischen Anrainer zusammen nur etwa 120 Millionen.

»Sono Lorenzo dell'Arabiaaaaa« schallt es plötzlich auf italienisch rechts der Straße zwischen den Häusern hervor, ›ich bin Lawrence von Arabien‹. Auf einem Kamel schaukelt ein italienischer Sportreporter in voller Montur mit schneeweißem, goldbesticktem Kaftan und buntem Käppchen auf dem Kopf herbei, geführt von einem grinsenden jungen Jordanier. Das mit Geduld reichlich gesegnete Tier läßt sich Gott sei Dank nicht von den heftigen Fersenknuffen, Rufen und Schreien des wilden Journalisten beeindrucken.

Gemütlich trottet es mit verständnisvollem Gesichtsausdruck hinter seinem Chef her, während das Reporterlein sich offensichtlich mitten in einem Karl-May-Abenteuer wähnt. Man ist Touristen gewöhnt. Die Heilkräfte des Toten Meeres ziehen viele Fremde an, die ihre physischen Plagen loswerden möchten.

Gern würden auch wir testen, inwieweit das Wasser wirklich trägt, ohne daß man Schwimmbewegungen macht, aber es ist verflixt kalt. Der stürmische Wind fegt den Strand leer, und alle Lebewesen legen die Ohren an. Nix zum Baden heute. Im einzigen Hotel müssen die vor allem deutschen Kurgäste heute das Feld räumen für eine Konferenz der arabischen Staaten, die über eine gemeinsame Armee zum Schutz gegen Israel beraten wollen. Das Haus ist voller Sicherheitsbeamter, die auffällig diskret das Terrain sichten. Ein Zimmer ist nicht zu kriegen.

Wir schlagen uns für die Nacht ein paar Kilometer weiter zwischen ein paar große Büsche in der Nähe der Straße und kämpfen mit dem mittlerweile zum Sandsturm angewachsenen Wind um das Zelt. Es ist nicht einfach, die Behausung aufzubauen. Immer wieder laufe ich Gefahr, mitgerissen zu werden.

Diesmal ist Peter mir keine große Hilfe. Weil er mich ein paarmal festhalten muß, damit ich nicht davonfliege, lacht er jetzt nur noch, macht vor Vergnügen Fotos von mir und japst dazu:

»Wenn du dich jetzt bloß sehen könntest«.

Endlich hilft er kichernd und stellt sich auf die Zeltecken. So kann ich schnell ein paar große Steine holen und die Planen beschweren.

Die Nacht ist wieder einmal unruhig. Streunende Hunde, eine bimmelnde Ziegenherde, vereinzelte Autos und der am Stoff zerrende Wind lassen uns oft aufwachen. Am nächsten Morgen ähneln unsere Gesichter alten Aktentaschen. Aber schließlich steht uns der ganze Tag zur Verfügung, um uns zu entfalten. Der Sturm hat sich noch nicht gelegt, aber immerhin bietet er uns jetzt als Rückenwind die Möglichkeit zur rasanten Rückfahrt am Meer entlang Richtung König-Hussein-Brücke und somit zur israelischen Grenze. Leider fängt es nach einer Weile auch noch an zu regnen. Die ›wasserdichten Jacken‹ sind alles andere als das, und nach wenigen Minuten kleben alle Kleidungsstücke feucht an der Haut.

So pausieren wir im Dorf vor der Grenze im erstbesten Lokal am Weg. Es ist sehenswert dreckig! Damit die vielen Fliegen auch eine Chance haben, stehen die Türen sperrangelweit offen. Nieselregen macht aus dem mit Erde, Bratöl und toten Fliegen bedeckten Linoleumboden am Eingang eine braune Rutschbahn.

Am 26. Oktober wurde der Frieden mit Israel besiegelt, seit dem 1. November 1994 ist dieser Grenzübergang nach vielen Jahren endlich wieder geöffnet worden. Wir sind die ersten Touristen, die hier nach Israel einreisen wollen. Nach einigem Suchen entdecken wir das Häuschen des Zöllners, weit hinter der Ecke des Gebäudekomplexes versteckt.

Nur schwer läßt sich das Zelt im herannahenden Sandsturm am Toten Meer aufstellen, und Elena hat alle Hände voll zu tun.

»Nein, es ist nicht möglich, daß Sie einfach so ausreisen und über die Grenze ins Nachbarland radeln!«, hören wir vom Grenzer.

»Ja, aber der Vertrag?«

»Vertrag oder nicht Vertrag – die Israelis erlauben das nicht. Das Abkommen wurde in Amman gemacht. Hier ist nicht Amman, und wir haben keine Instruktionen. Schluß, aus!«

Nach langem Hin und Her erhalten wir die Erlaubnis, mit einem Minibus die 4 km bis zur Grenze zu fahren. Alle Einwände von uns und vor allem des Besitzers des Busses stoßen auf taube Ohren. Es ist einfach noch nicht erlaubt, selbst nach Israel zu radeln. Der Fahrer des Minibusses rauft sich abwechselnd die Haare und stößt mehrfach unartikulierte Schreie aus, was uns aber sehr kalt läßt. Wir würden ja selbst radeln, no problem.

Trotz heftiger Diskussionen mit diversen Zöllnern wird der Mann gezwungen, unsere dreckigen Räder mit allen erdbespritzten Packtaschen in seinen sauberen Bus zu laden. Dies geht nur, indem er beide Räder quer über mehrere Sitzbänke legt. Was wäre, wenn wir mit Motorrädern hier wären? Als er endlich losfährt, hat er nur noch Verzweiflung im Gesicht, weil wir uns auch noch geweigert haben, ihm das verlangte saftige Trinkgeld von 10 Dollar zu geben, und stattdessen den Rat gaben, sich das Geld von den Grenzern zu holen. Vier ganze Kilometerchen sind es, bis wir vor einem gelblich gestrichenen, flachen Gebäude nach der Brücke anhalten.

9.
Zerrissene Seelen
ISRAEL (Dezember 1994)

Elena:
»Was soll ich damit? Haben Sie keinen anderen Paß?«, herrscht mich die junge Israelin in Uniform an, der ich meinen Paß vorlege, und tippt mit spitzem Finger auf den Stempel Jordaniens.

»Als Beamtin an der Grenze sind Sie aber schlecht informiert. Haben Sie schon mal was von einem Friedensvertrag zwischen Israel und Jordanien gehört?«, kommt meine Retourkutsche.

Wütend haut sie ihren Stempel genau gegenüber dem jordanischen in den Paß und winkt mich weiter. Bislang konnten wir die Grenzen von acht Ländern ziemlich ungehindert passieren. Diese nicht. Mehrere hübsche junge Zöllnerinnen machen sich mit großem Eifer über das Gepäck her und wickeln auch das kleinste Schnipselchen noch aus. Wofür ich den langen Rippenknochen brauche? Zum Rückenkratzen natürlich. Ich habe den Knochen an der rumänischen Küste gefunden, vermutlich stammt er von einem großen Tier. Auf jeden Fall ist er bei Hitze sehr praktisch, wenn mir die Schweißperlen den Rücken runterlaufen.

Plötzlich stutzt die Beamtin. Mit mißtrauischem Blick in Peters Tasche fragt sie, was um Himmels Willen das runde Ding in der Aluminiumfolie ist, und weicht sicherheitshalber einen Schritt zurück. Es gibt Dinge zwischen Peter und mir, da versteht er absolut keinen Spaß. So zum Beispiel, wenn es um seine Zaubergeheimnisse geht wie jetzt, mit denen er schon viele Menschen unterhalten hat. Verschwörerisch erklärt er der Frau, daß da etwas wäre, wovon ich nichts zu wissen bräuchte. Ich dachte schon, daß ich jetzt endlich erfahre, wie sein Taschentrick funktioniert, stattdessen gehen die beiden samt Tasche hinter einen Vorhang, und ich stehe am Kontrollschalter wie bestellt und nicht abgeholt.

Nach einigem Gekicher erscheint Peter wieder strahlend mit der Grenzerin, die jetzt seine Zaubertricks kennt. Alle werden plötzlich freundlicher und geben uns Tips für die Weiterreise. Uff!

Nach zwei Stunden Kontrolle verlassen wir endlich erschöpft das Gebäude und sehen uns um. Lehmberge, wohin das Auge blickt, darüber dunkelgrauer Himmel. Rechts und links der Straße liegt zähe, graubraune Masse, die durch den Regen regelrecht zu Klebstoff wurde. Absolutes Halteverbot hoch zehn allerorten. Aber wir wollen ja eh weiter und schieben die dicken Bikes so schnell wir können über den nächsten Hügel.

Da ereilt uns wieder mal das Schicksal. Ausgerechnet jetzt, wo es bald dunkel wird und wir nicht den blassesten Schimmer haben, wo wir die Nacht verbringen können, platzt Peters Vorderreifen wie ein Luftballon. Wir haben die ganze letzte Zeit keine Tankstelle mit Kompressor gefunden, im Schlauch war für das viele Gewicht zu wenig Luft, die Felge hat den Seitengummi aufgeschabt. Pfffffft – das Geräusch kennen wir bereits ...

Während Peter im Eiltempo den Schlauch repariert, hält plötzlich ein Polizeiauto neben uns.

»Was machen Sie da? Sehen Sie nicht, daß Sie im absoluten Halteverbot stehen?«, kommt es wenig freundlich aus dem Fahrerfenster.

»Das haben wir durchaus gesehen, aber wir haben eine Panne.«

Sechs Augen betrachten nachdenklich Peter und die Räder. Schließlich erhalten wir den Auftrag, das Rad so schnell wie möglich zu reparieren und weiterzufahren. Ay, ay, Sir ...

Hier kommt man an vielen Patrouillen und Schlagbäumen vorbei, aber alle israelischen Soldaten, denen wir begegnen, sind nett und freundlich. Vom Toten Meer haben wir ja noch nicht viel genossen, so beschließen wir, erstmal die Küstenseite entlangzufahren in der Hoffnung, irgendwo ein trockenes Plätzchen für die Nacht zu finden. Pustekuchen. Wohin man auch guckt, absolut nur klebriger Lehm in Hülle und Fülle. Linker Hand ist die Küste mit kilometerlangem Stacheldraht ›verziert‹, nur unterbrochen durch Warnschilder:

»Vorsicht! Minenfeld!!«

Welch herzlicher Empfang für den Besucher ...

Jetzt fängt es wieder an zu regnen. Es bleibt nichts anderes übrig, wir müssen es bis zum ersten Kibbuz schaffen. Der liegt auf einer kleinen Anhöhe und scheint sich im Kriegszustand zu befinden. Das Gelände ist umzäunt. Ein Mann mit Maschinengewehr fragt, was wir wollen. Als wir uns nach einer Übernachtungsmöglichkeit erkundigen, ruft er seinen Chef per Funk herbei. Von Flutlichtern angestrahlte große Landmaschinen deuten auf einen gewissen Reichtum hin. Haben nicht die Israelis sogar die Wüste fruchtbar gemacht mit Fleiß und Beharrlichkeit?

Als der Chef kommt, stellen wir uns vor, wiederholen unser Anliegen und hören, daß er Dwar heißt. Freundlich weist er uns eine momentan leerstehende kleine Wohnung zu für die Nacht. Mit soviel Komfort haben wir gar nicht gerechnet und freuen uns sehr. Sogar zum Essen ins Kibbuz-Casino werden wir von ihm eingeladen und erfahren hier einiges über den Geist dieser Gemeinschaft:

»In den frühen Jahren des 20. Jahrhunderts kamen Tausende von jüdischen Pionieren, Abenteurern und Siedlern, meist aus Polen oder Rußland, nach Palästina. Bisher arbeiteten sie als Handwerker, Händler oder Geldverleiher. Per Gesetz war es ihnen in vielen Ländern verwehrt, Land zu besitzen. Dies sollte sich jetzt ändern. Als Bauern wollten sie wieder leben, was sie im Altertum schon von jeher waren. Doch als die Juden das Gelobte Land betraten, war es alles andere als das. Im 13. Jahrhundert hatten die Moslems die Kreuzfahrer vertrieben und alle Küstenstädte und die Wassersysteme zerstört. Alles war verfallen und zu einem malariaverseuchten Sumpfgebiet geworden, zumindest an der Küste. Mit landwirtschaftlichen Arbeiten nicht vertraut, standen die neuen Siedler vor schier unüberwindbaren Problemen. Doch sie sollten es schaffen, diesem Boden grüne Äcker und Felder und blühende Bäume zu entlocken. Ende des 19. Jahrhunderts waren mit dem Kapital von Baron Rothschild schon einige Kolonien entstanden, auf denen man nun aufbauen konnte.

In Deganja am See Genezareth war es, wo 1909 eine Gruppe von Bauern den ersten Kibbuz gründete. Die Idee war, alles, was den Siedlern gehörte, gemeinsam zu nutzen. Entscheidungen sollten demokratisch gefällt werden, Männer und Frauen sollten gleichberechtigt sein. Das Modell funktionierte, trotz aller Probleme, die es zu bewältigen gab. Der berühmte israelische Militärführer Moshe Dayan war das erste Kind, das in diesem Kibbuz geboren wurde. Auch Golda Meir stammte aus einem Kibbuz. Wenige Jahre später gab es zahlreiche weitere Kibbuzim, die Bewegung wurde zur idealistischen Kraft der Zionisten in Palästina.

1946 hämmerten zirka 100 junge Männer und Frauen in der Wüste Negev Balken und Bretter zu einem Camp zusammen. Die Arbeiten mußten schnell vorangehen, denn die britische Verwaltung hatte mit Rücksicht auf die arabische Bevölkerung Besiedelungen in diesem Gebiet verboten. Ein altes, aber noch gültiges türkisches Gesetz besagte aber, daß Gebäude nicht zerstört und seine Bewohner nicht vertrieben werden dürften, wenn ein Dach darüber sei. Die Dächer wurden bereits vorgefertigt und am Ende des Jom-Kippur-Festes in der Nacht zusammengesetzt. Mit 200 LKWs wurden so Hütten für elf Siedlungen einschließlich Wasser und Nahrung in die Wüste gekarrt. Eine Zeitlang ging das gut. Das Dorf Be'eri wurde ausgebaut, bis ein britischer Panzer Anfang Mai 1948 durch das hölzerne Haupttor krachte. Morgen würde die Schutzmacht abziehen, verkündete der Kommandant, die Siedler hätten dann mit der Vertreibung durch ägyptische Einheiten zu rechnen. Daraufhin wurde die Anlage schleunigst verstärkt, die Schutzgräben verbreitert.

Am 15. Mai 1948 waren es ägyptische Panzer, die durch den Sand von Negev pflügten – zwei Monate später kam es zum Kampf. Bei Luftangriffen wurden einige der Siedlungen zerstört, doch Be'eri hatte keine Verwundeten zu beklagen. Die Bewohner lebten zehn Monate in unterirdischen Bunkern und ernährten sich von Käse, Sardinen und Keksen. Nach den Angriffen wurde mit vereinten Kräften etwas entfernt ein neuer Kibbuz gegründet. In den folgenden Jahren wurde sogar die Wüste begrünt«, erzählt Dwar mit stolzem Lächeln und fügt hinzu:

»Praktizierter Sozialismus! Wir leben für die Gemeinschaft. Alle verdienen 250 Schekel, etwa 125 DM im Monat, vom erwirtschafteten Gewinn profitiert die Gruppe. Zeitungen gibt es hier nicht, denn es ist nicht wichtig, was in der Welt passiert.«

Für ihn ist der Kibbuz die Welt, und er belächelt uns, weil wir solche Strapazen auf uns nehmen, um den Globus zu erforschen. Seiner Meinung nach ist es nicht wichtig, sich für anderes als den eigenen, momentanen Augenblick zu interessieren.

Das Casino füllt sich nach und nach mit vielen ausschließlich jungen Leuten, die aber einen irgendwie miesepetrigen Eindruck machen. Nur Dwar strahlt von Ohr zu Ohr und erklärt uns die Aufgaben der einzelnen Gruppenmitglieder. Ein Teil pflückt Obst und Gemüse, andere verkaufen es in kibbuzeigenen Läden oder betreuen den Fuhrpark. Aber so ganz gleich scheinen die Leute doch nicht zu sein, einige sind offensichtlich etwas ›gleicher‹ als die anderen. Sie haben Führungspositionen und verdienen bedeutend mehr, stellt sich nach einer Weile heraus. Auch hier funktioniert der Sozialismus also nur bedingt.

Tags darauf kommt die Sonne raus, mit einem Mal wird es

richtig warm. Vergessen ist der Regen von gestern und die Rutschpartie auf dem Schlamm. Wir verabschieden uns und flitzen runter zum Toten Meer, um endlich zu baden. 22 km müssen wir aber noch radeln, um an eine Strandstelle zu kommen, die ohne Minenfeld und nicht verbaut ist durch teure Strandbäder oder zerschossene Häuser. Am Ende eines durch Maschendraht gesicherten Naturschutzgebietes geht es steil einen Kieshang runter zum Wasser, wo wir endlich nicht nur die Räder, sondern auch die Hüllen fallen lassen und ins Wasser springen. Schlierig ist es und brennt höllisch in den Augen, aber es stimmt: Man kann sich drauflegen und geht nicht unter. Der Meeresboden ist mit weichem, warmen Schlamm bedeckt. Durch den mit 33 Prozent extrem hohen Salzgehalt trägt das Wasser gut, allerdings ist dadurch auch kein Leben, weder für Pflanzen noch für Tiere, möglich. Das hat was, wenn ich an die winzigen Wassertierchen im Schwarzen Meer in Bulgarien denke, die uns ständig in die Haut gebissen haben beim Baden. Und doch ist es komisch.

Hier draußen gibt es natürlich keine Dusche, keinen Laden, keine Siedlung. Absolut einsam und verlassen liegt der Strand vor uns. Voller Erinnerungen schauen wir ans andere Ufer, wo so langsam immer mehr Lichter angezündet werden und wo Jordanien liegt, einer der bisherigen Feinde Israels. Genau gegenüber verhandelt jetzt die arabische Liga im Hotel am Meer. Hoffentlich hat der endlich geschlossene Frieden Bestand!

Wie immer packen wir nach dem Abendessen Proviant und Abfall sorgsam in zwei Plastiktüten. Die Essenstüte darf mit ins Zelt, der Abfall bleibt gut verschlossen davor liegen. Hier gibt es ja keine wilden Tiere, nix als Stein, Wasser und Lehm rundum zu sehen. Denken wir …

Mitten in der Nacht schrecken wir hoch. Ein nervenkratzendes Heulen wie von Wölfen erschallt dicht hinter dem Zelt. Ich spüre, wie sich mir prickelnd die Haare sträuben und zische Peter zu:

»Koyoten, Hyänen, Schakale – irgendwas in der Richtung.

Alles, bloß keine Hunde! Ach du Schande, und die Abfalltüte liegt ausgerechnet heute vor dem Zelt!«

»Quatsch«, brummt Peter zurück, »mach keine Panik, die Viecher sind doch im Naturschutzgebiet eingesperrt und heulen jetzt halt den Mond an«.

Ich glaube das nicht, zu nah klingt das Heulen, und ich höre auch etwas ums Zelt schleichen. Nach einer Weile hören die Geräusche auf, ich schlafe wieder ein.

In aller Frühe kommt ein Militärjeep den Hang heruntergerumpelt, hintendrauf hat er eine dicke Panzerfaust, drumherum sitzen sechs Soldaten im Tarnanzug mit MGs, die frisch dem Dschungelkrieg entsprungen zu sein scheinen. Einer von ihnen ist ein Schwarzer. Auf englisch fragt er, ob wir hier die ganze Nacht geschlafen hätten und ob wir denn keine Angst vor den Schakalen haben, die hier in den Bergen frei rumlaufen? Also sind die Kerle doch nicht eingesperrt gewesen heute nacht. Hätte ich bloß den Mut gehabt, zu unserer Stoffhütte rauszugucken! Noch nie habe ich eines dieser interessanten, graugelben Raubtiere in freier Wildbahn gesehen und dazu noch so nah. Und ich Feigling traute mich nicht aus dem Zelt raus. Mensch!

»Do you need drinking water?«

Klar nehmen wir gerne das Trinkwasserangebot der Soldaten an und füllen die Wasserflaschen auf. Dann verabschieden sich die Krieger freundlich und kurven in rasantem Tempo mit ihrem Panzerfaustjeep wieder den Hang hoch. Wir dagegen genießen jetzt erstmal so richtig das glasklare Wasser des Binnenmeeres.

Peter:
Von den Bergkämmen gucken neugierig Steinböcke auf uns runter mit schiefgelegten Köpfen. Bald erreichen wir die Höhlen von Qumran. Sie gehören zu den Resten der vorchristlichen Klosteranlage der Essener, einer jüdischen Bruderschaft, die hier bis zum Jahre 68 n. Chr. lebte.

Hier wurden 1947 von einem arabischen Hirten 800 originale

Schriftrollen und Teile gefunden. Ihre Entstehung wird auf 100 v. Chr. datiert, sie enthalten Fragmente aus dem Buch des Propheten Jesaja. Damit hatte man die ältesten erhalten gebliebenen Texte der Bibel in hebräischer Sprache gefunden. Sie erzählen in Psalmen und Hymnen von der Herrlichkeit Gottes und der Geringfügigkeit des Menschen.

Bei den Höhlen von Qumran sind wir beeindruckt von der Geschäftstüchtigkeit der Israelis. Soviele Touristen auf einem Haufen sieht man selten. Die alten biblischen Schriftrollen sorgten für Aufruhr in der christlichen Welt. Jetzt wuseln hier viele Menschen durcheinander. Von allen Seiten hört man deutsche Dialekte. Zu überhöhten Preisen wird viel Souvenirkitsch und Eßbares verkauft. Man kann Kamele mieten, die während ihrer Arbeitspausen kiloweise Orangen mitsamt den Schalen fressen und im Schatten vor sich hindösen.

Steil geht es dann bergauf. Nichts als schroffe Felsen, Sand, Steine, dazwischen schlängelt sich die Straße. Dumpfes Grollen von Militärübungen kommt ab und an aus den Bergschluchten, man hört öfter Schüsse und Knallen wie von Bombenexplosionen. Säbelrasseln der kampfbereiten Israelis.

Vom tiefsten Punkt der Erde wollen wir auf 800 m hoch nach Jerusalem. Mühselig ist der Aufstieg mit dem elend schweren Rad. Es ist so steil, daß ich Elena stellenweise sogar schieben helfen muß, damit wir vorwärtskommen. Auf der engen, aber guten Straße sind viele Autos unterwegs. Die Fahrzeuge machen hier generell einen gepflegten Eindruck, sehen neu und teuer aus. Oft sitzen mehrere junge Leute in Transportern. Aus manchen Pkws hört man laute, israelische Musik, zu der die jungen Frauen und Männer begeistert singen. Immer wieder hören wir das Wort ›Shalom‹ heraus, ›Frieden‹. Ach, wenn's doch so wäre!

Wir erreichen die 9.000 Jahre alte biblische Stadt Jericho, eine der ältesten Siedlungen der Welt. Vor ihren Toren stehen Palmenplantagen, davor auf freier Sandfläche sind ein paar Hausruinen mit Lehmmauern, die einen guten Platz für das Zelt bieten. Während wir beim Abendessen gemütlich miteinander plaudern, zieht langsam die Nacht herauf. Der tiefdunkle Himmel ist in der klaren Luft von Abertausenden hell glänzender Sterne übersät. Wenn man genau hinsieht, kann man bei den Sternen Farbunterschiede feststellen. Der eine ist mehr rötlich, der andere regelrecht gelb, wieder ein anderer funkelt gleißend weiß.

Elena:
Plötzlich bleibt mir der Bissen im Hals stecken. Wir alle kennen doch die kindlichen Zeichnungen des ›Sterns von Bethlehem‹, der mit orangerotem Schweif den Heiligen Drei Königen den Weg wies. Auf die Gefahr hin, daß mir keiner glaubt, möchte ich es doch erzählen. Ich sehe genau so einen Kometen in dem Moment, während ich mit Peter vor dem Zelteingang sitze und die Abendstille genieße. Es fängt an mit einem großen, hellweißen Ball, der mit enormer Geschwindigkeit das Firmament entlangzieht und nach kurzer Zeit einen orangeroten, sehr langen Schweif hinter sich bildet mit ebensolchen zwei Zacken wie auf den alten Zeichnungen. Ich bin so verblüfft, daß ich nur mit offenem Mund zum Himmel starre, bis Peter fragt, was mit mir los sei. Leider hat er die Erscheinung des Kometen nicht gesehen, die ja nur wenige Sekunden gedauert hat und über seinem Kopf war.

Ein Wirrwarr von Gefühlen wühlt mich auf. Einerseits freue ich mich, eine solch seltene Himmelserscheinung mit eigenen Augen gesehen zu haben, zumal an einem so geschichtsträchtigen Ort wie Jericho. Andererseits habe ich mit einem Mal das Gefühl, daß sich noch vieles bei uns von den alten Überlieferungen gehalten hat, und sei es auch nur in Kinderzeichnungen. Wir Erwachsenen sind manchmal zu realitätsbezogen, zu wenig bereit, nicht beweisbare Dinge als Fakten zu akzeptieren. Auch ich bin ein ziemlich vernunftorientierter Mensch, der vieles in Frage stellt. Aber jetzt zähle ich mich zu den Glückspilzen! Gerne, sehr gerne würde ich mal in einer Zeitmaschine sitzen und mich in die Zeiten der Entstehung der Erde, die Epoche des Pyramidenbaus in Ägypten und vor allem in die Zeit von Jesus transferieren. Es gibt so viele Dinge, die ich wissen möchte mit meinem vernunftabhängigen Verstand. Der Flug des Kometen berührt mich sehr und gibt meiner Phantasie Flügel.

Überhaupt sieht es hier aus wie wohl damals beim Stall von Bethlehem. Die alten Lehmwände ohne Dach, durch deren leere Fensteröffnungen man schwarze Palmen sich im Abendwind wiegen sieht. Das Stroh fehlt, die Tiere auch, und statt der Drei Weisen kommt ein israelischer Helikopter, der prüfend Kreise über dem Areal zieht, aber nach ein paar Runden weiterfliegt. Er holt mich wieder in die Gegenwart zurück, mein Traum zerplatzt wie eine Seifenblase.

Weiter geht es die elenden Steigungen hoch Richtung Jerusalem, der zweitgrößten Stadt des Landes nach Tel Aviv, in einer wasserarmen Mulde des judäischen Berglandes gelegen. Als Glaubenszentrum von alters her ist sie seit langer Zeit der größte Streitpunkt zwischen den Juden und den Palästinensern. Beide beanspruchen die heiligen Stätten für sich. Hügel um Hügel erklimmen wir die Stadt. Hochhäuser bilden die Skyline, dann erblicken wir beiges Gelb: die Mauern, die das alte Jerusalem umgeben, die heilige Stadt der Juden, Christen und Moslems. Den dicken, hohen Mauern sieht man ihre bewegte Geschichte nicht gleich an. Als die Stadt errichtet wurde, hieß sie noch ›Urusalim‹, das war 1480 Jahre, bevor Jesus im nahen Bethlehem geboren wurde. Zu dieser Zeit war sie Sitz eines Gaufürsten, der Ägypten unterstand. Die Israeliten unter König David nahmen im 11. Jh. v. Chr. die Stadt den Jebusitern ab. Der König ließ die Davidsburg bauen und ernannte Jerusalem zur Hauptstadt.

Zum religiösen Mittelpunkt der Israeliten wurde sie durch

Salomon, den Sohn König Davids, der auf dem Hügel im Osten den Tempel Jahves bauen ließ. Heute ist Jerusalem geradezu ein Schmelztiegel der Kulturen, Nationen und Religionen, die in und außerhalb ihrer Mauern leben. Sagen die Israelis, ›Yerushalaym‹, Stadt des Friedens, so sagen die Palästinenser ›Al-Quds‹, das Heiligtum, und beide meinen dieselbe Stadt. Sogar die Uhren gehen hier anders.

Ostjerusalem stellt auf Sommerzeit um, wenn Jordanien es tut, im Unterschied zu den Israelis, die sich nach der europäischen Zeit richten. Viele Bürger im Osten haben einen jordanischen Paß, aber auch einen israelischen Sonderausweis. Während der letzten 3.000 Jahre war die Stadt Schauplatz von 48 Eroberungen und kriegerischen Handlungen, was zur Folge hatte, daß sie 18mal wiederaufgebaut wurde und 11mal die Religion wechselte.

Die heutigen Nachrichten berichten aus Jerusalem hauptsächlich, wenn Palästinenser vertrieben werden, neue Siedlungen der Israelis entstehen oder jüdische Siedler die freilaufenden Hunde der Araber ab- beziehungsweise anschießen, oder wenn eine Bombe wieder viele Menschenleben gekostet hat. Es sind fast ausschließlich Horrormeldungen von Tod und Vergeltung, die aus Israel die Welt erreichen. Saubere, breite Straßen, gesäumt von vielen immer gleichen Mauern aus hellem, grob behauenem Stein, sind typisch für diese Stadt.

Auch in der Stadt selber pflanzen sich die steilen Hügel fort. Hoch und runter geht es, ein steiler Berg folgt dem anderen. Über allem gleißt die heiße Sonne und läßt die Mauern noch heller, noch härter erscheinen. Das Stadtbild wird geprägt von vielen jungen Menschen in olivgrüner Uniform, die zielgerichtet die Straßen passieren, das Gewehr über der Schulter. In selbstbewußte Gesichter sehen wir und staunen darüber, wie jung diese Soldaten und Soldatinnen noch sind, wie selbstverständlich sie mit der tödlichen Waffe umgehen. Alltag in Jerusalem.

Uns zieht es ins Zentrum des Geschehens, in den alten, islamischen Teil der ummauerten Stadt, der östlich des Ölbergs liegt, wo sich viele Palästinenser aufhalten, wo die Klagemauer der Juden steht und der Felsendom der Moslems. Religiöse Treffpunkte für viele, die mit dem Maschinengewehr in der Hand zu Gott um Frieden und Wohlergehen beten, jeweils für sich, den eigenen Umkreis, das eigene Volk und um Verderben für die anderen, die Feinde, die ›Ungläubigen‹. Mit den bepackten Rädern fallen wir wieder einmal sofort auf.

»Hey, euch kenne ich«, spricht uns ein Araber auf englisch an. »Ich habe euch im Fernsehen gesehen.«

Begeistert zeigt er seinen Freunden unsere vielen Länderaufkleber auf den Rädern. Durch das große Damaskustor kommen wir in den Ostteil der Stadt, ganz in der Nähe des christlichen Viertels und der Grabeskirche Jesu. Viele fliegende Händler säumen die engen Gassen, bieten Süßigkeiten an, Feuerzeuge, Kopftücher mit Jesusbildern, Zigaretten oder Wechselkurse.

Es herrscht geschäftiges Treiben. Eilig huschen orthodoxe Juden mit wippenden Löckchen an den Ohren an allem vorbei, was sie ablenken könnte von frommen Gedanken. Mit gesenktem Kopf suchen sie sich im Eiltempo ihren Weg zur Klagemauer, die etwas weiter unterhalb der anfangs mit groben Steinen gepflasterten Gasse liegt.

Auf der Via Dolorosa, der Schmerzensstraße, gegenüber dem österreichischen christlichen Hospiz, finden wir das von Palästinensern betriebene ›Al-Ahram Youth Hostel‹. Für 10 Schekel pro Person, 5 DM, richten wir uns auf der Dachterrasse ein, wo wie in einer Jugendherberge viele Betten aneinandergereiht sind. Es ist eine armselige Unterkunft, aber für hiesige Verhältnisse sehr billig, und wir haben das, was wir suchen: Wir sind mitten im Geschehen. Der herrliche Blick über die Dächer der Altstadt entschädigt für manches. Direkt unter uns ist der Stationenweg von Jesus, hier soll er sein Kreuz getragen haben. Die Wände der Behausung bestehen an zwei Seiten aus Wellplastik als Windschutz. Die Wand direkt am Kopfende unseres Bettes ist die Außenmauer eines Minaretts.

Ein kleines, altes Männchen bringt Wolldecken für die Pritschen. Wir sind im dritten Stock, das Bad im zweiten und die Küche zum Selberbrutzeln im ersten. Der türkische Hausdiener schläft auf einem Feldbett im Treppenhaus. Klammheimlich wohnt mit ihm eine grauweiße Katze, die es bereits gewöhnt ist, mehrmals am Tag von den Hotelbesitzern Hausverbot erteilt zu bekommen. Immer wieder schafft sie es, geschickt das warme Bett zu erreichen.

Mit einer französischen Touristin und zwei Australiern teilen wir uns die Dachterrasse, auf deren einer Hälfte auch noch die Wäsche der jeweiligen Hausbewohner getrocknet wird. Wenn meine Eltern sehen würden, wie wir wohnen ...!

Lautes Stimmengemurmel von der Straße und herzzerbrechendes Schluchzen weckt plötzlich unsere Aufmerksamkeit. Von unserem Aussichtsposten können wir das Geschehen gut überblicken. Die ›Rotkäppchen‹ sind da, eine große Reisegruppe, die als Zugehörigkeitszeichen rote, topfdeckelartige Mützchen übergestülpt bekommen haben.

Wie unter einer schweren Last trägt eine der Touristinnen gebeugt, mit tränenüberströmtem Gesicht und laut wimmernd ein leichtes Holzkreuz auf der rechten Schulter. Um sie herum springt ein älterer Mann mit einer kleinen Videokamera, der die ›dramatische Szene‹ für die Lieben daheim festhält. Immer wieder filmt er ihr tränenüberströmtes Gesicht in Großaufnahme.

Nach wenigen Minuten wird gewechselt. Der nächste aus der Reisegruppe will auch einmal das Kreuz tragen mit gesenktem Haupt, während die anderen hinter ihm Gebete murmeln und Kirchenlieder singen. Wieder Tränen, wieder Videokameras, Fotos, etc. Es geht zügig weiter, denn um die Ecke hinter der Touristengruppe kommen schon die ›Blautäschchen‹, mit kleinen, blauen Plastiktaschen als Zugehörigkeitszeichen zu ihrer Gruppe. Um die Trauernden herum geht das Leben weiter, als ob sie nicht vorhanden wären. Fast alles, was hier verkauft wird, ist von den palästinensischen Händlern zum ›Heiligtum‹ deklariert worden. Heilige Wandbehänge, maschinell und billig hergestellt mit schon wieder bewundernswert kitschigen Motiven, heilige Erde, heiliges Weihwasser, Heiligenbilder in allen Farben und Motiven. Sogar ein absolut übertuertes Sitzkissen aus Leder wird als ›heilig‹ angeboten, um den überhöhten Preis zu rechtfertigen.

Während ein Teil der ›Rotkäppchen‹ mit dem Stationenweg beschäftigt ist, feilscht der andere Teil diskret nebenher mit den Händlern. Die Zeit ist ja so kurz bei den Ausflügen. Gleich werden die Kreuze wieder abgegeben, und der Bus fährt weiter zu einer anderen heiligen Stätte. Da muß man die Zeit nützen zu einem kleinen Souvenirkauf. Mit freundlicher, aber energischer Stimme erläutern diverse Reiseleiter in verschiedenen Sprachen lautstark den geschichtlichen Hintergrund der einzelnen Leidensstationen.

»Hier hat sich der Gottessohn an der Mauer abgestützt, als ihm die Last des Kreuzes zu schwer wurde.«

Alle berühren den schon speckigen Stein in der Mauer, der deutlich eine Einbuchtung aufweist. Der Araber neben uns grinst, weist mit dem Kinn in die Richtung und erzählt, daß die Einbuchtung vor nicht allzu langer Zeit extra gemacht worden sei ...

In den engen Gassen der Altstadt wird der anfallende Müll von schwerbeladenen Eseln die Stufen hoch zur Stadt rausgetragen. Ich lese, an eine Mauer gelehnt, in der Tageszeitung ›Jerusalem Times‹ einen Artikel über die Situation auf den von Israel besetzten Golanhöhen in Syrien:

»Die armen Bauern dort hatten quasi nie Kontakt zu Menschen. Keiner dort hat sich um sie gekümmert. Dann kamen die Israelis und mit ihnen die Zivilisation, und die Bauern atmeten auf.«

So kann man das auch schildern.

Eines Tages kommt hoher österreichischer Staatsbesuch ins Hospiz gegenüber. Auf der Via Dolorosa herrscht Aufregung beim Militär, das den Mann beschützen soll. Wir betrachten vom Dach des Hotels aus den Politiker auf der Straßenseite gegenüber, der auf dem Dach des Hospiz' mit anderen Politikern gemeinsam die Gasse von oben betrachtet – und lachen über die völlig unzureichenden Sicherheitsvorkehrungen der israelischen Soldaten, die nicht daran denken, daß man von unserem Aussichtspunkt aus ohne Probleme dem hohen Gast beträchtlichen Schaden zufügen könnte.

Erst als Peter unten auf der Straße ein paar Fotos macht und zu mir hochlacht, fällt den Soldaten ein, auch das Dach unseres Hotels zu kontrollieren. Mit entsetzten Gesichtern stürmen sie die Treppen hoch, drängen mich von der Brüstung weg und gukken rüber zum Österreicher, der von alledem nichts bemerkt. Einer der Soldaten schiebt eine mobile Plastikwand vor meinen Ausguck, dann sausen alle wieder runter. Sie scheinen großes Vertrauen in mich zu haben.

Peter:
Auf Augenhöhe gegenüber unserem luftigen Aussichtspunkt hängt an der Ecke eines Daches die palästinensische Flagge. Am nächsten Tag ist es die israelische, die aber einen Tag später wiederum abgerissen und ausgewechselt wird. Kleinkrieg. Die Juden haben ihr größtes Heiligtum in Jerusalem stehen, die Muslime aber in Mekka. Im Koran wird die Stadt nie erwähnt, in der Bibel aber rund 700mal. Der Tempelberg gilt den Juden als Mittelpunkt der Welt. Seit 705 n. Chr. steht hier, wo einst der zweite Tempel Davids war, die Al-Aqsa-Moschee und seit 687 n. Chr. der Felsendom, wo Abraham seinen Sohn opfern wollte und Mohammed in den Himmel ritt. Unter 14.000 Moslems in der Jerusalemer Altstadt leben 600 Juden und halten die Stellung. Das macht die Sache nicht einfacher. Es ist unglaublich, wohin man auch blickt, entdeckt man bewaffnete israelische Soldaten.

In aller Herrgottsfrühe geht es los. Der erste Muezzin weckt per Lautsprecher die schlafende Stadt. Langsam, ganz langsam verlöschen die Sterne. Peter und ich stecken noch in den warmen Schlafsäcken und in sanften Träumen, da hören wir den Ruf zum Gebet vor dem ersten Hahnenschrei. Mit würdevoller, tiefer Stimme schallen die alten Worte etwas verzögert über die alte Stadt. Einige Zeit schweben die Klänge über den Dächern, Kirchtürmen, Synagogen und dem Felsendom mit seinem vergoldeten Dach. Langsam hebt sich der Morgen über der aufregenden Stadt. Weitere Rufer aus anderen Stadtteilen reihen sich ein, erst leise, dann lauter, dann so laut, daß man sein eigenes Wort nicht mehr versteht. Letztlich schreien die Muezzine alle durcheinander. Jetzt stimmen auch noch einige Kirchenglocken der 32 christlichen Konfessionen mit ein. Dafür wurden blutrünstige Schlachten ausgetragen. Allah wird schon wissen, wie alles gemeint ist.

Der Autofahrer unten auf der Straße übt Gasgeben im Stand und schickt uns Dieselfahnen hoch, Schritte schlurfen über das alte Pflaster, über das schon Jesus gegangen sein soll. Schlösser klirren, Türen rappeln: Jerusalem ist erwacht. Ein weiterer Tag in der vieltausendfachen Geschichte der Stadt beginnt.

Der Bäckerjunge trägt ein Tablett voller wohlriechender Brötchen auf dem Kopf. Die ›Gelb- und Grünmützchen‹ schlürfen noch ihren Morgenkaffee in den Hotels, bevor auch sie den Leidensweg Christi eilig stürmen.

Die Lattenkreuze stehen am Punkt A, an den Kapellen der Verurteilung und der Geißelung bereit, um von videobewehrten Bustouristen an Punkt B getragen zu werden, der elften von vierzehn Stationen. Wieder werden Reiseleiter mit Megaphonen und Fähnchen die Spitze bilden. Passend zum Ereignis hält der arabische Händler Filme und Blitzbatterien bereit, gegenüber der Stelle, wo Jesus das zweite Mal unter der Last des Balkenkreuzes fiel und sich an der Hauswand abstützte. Die Stelle, wo Jesus vielleicht, den sicheren Tod vor Augen, unter Blut und

Straßenszene in Jerusalem.

Schweiß zusammenbrach, gibt heute eines der beliebtesten Fotomotive ab. Mit Onkel Franz und Else, Klein Gabi vorne dran.

»Lach doch mal – Kuckuck!« Klick.

Und weiter geht es. Um zwölf gibt es Essen, Vollpension, der Bus wartet. Keine Zeit zum Verweilen. Elfte Station: Jesus wird ans Kreuz geschlagen. »Ach, datt hamse aber schön jemacht hier, ne?«

In den Shops seitlich des Leidensweges ist fast alles heilig. Unchristlich sind nur die Preise, und nichts ist zu blöd. Seien es Badetücher mit Maria und dem Kind, der abbrennbare Christus als Kerze oder der Kuchenteller mit der Heiligen Familie unter der Buttercremetorte. Alles wird an die Frau und den Mann gebracht. Das Finale ist dann in der Grabeskirche. An guten Tagen stehen mehrere Busladungen von Touristen stundenlang Schlange, um für zwei Minuten in der winzigen Kapelle zu verweilen.

Höchstens fünf Personen passen hinein. Wem beim Gang durch den Leidensweg-Bazar noch Geld übrig blieb, der kann es hier ablegen. In Dollar, wenn's geht.

Am Eingang zur Grabeskirche, die 330 Jahre nach Christi Tod gebaut wurde, liegt eine große Steinplatte mit schönen, alten Öllampen darüber. Zwei Frauen brechen beim Betrachten derselben spontan in Tränen aus, fallen auf die Knie und küssen die Platte. Nachdem sie sich etwas gefaßt haben, frage ich sie, um was es sich bei dem Relikt handelt. Sie sehen sich verlegen an und lachen.

»Wir hörten, der Stein sei heilig!«

»Warum?« Sie antworten mit Schulterzucken und gehen schnell weg. Es ist der Stein, auf dem Jesus nach der Kreuzabnahme gesalbt worden sein soll. Außerhalb der Stadtmauer gibt es ein zweites, das Gartengrab, auf das zwar einige der überlieferten Merkmale für die Grabstätte Jesu zutreffen, doch vermutlich ist es nicht alt genug, um das echte Grab Jesu Christi zu sein. Viele Deutungen ranken sich um Jerusalem und seine lange Geschichte.

»Ob das alles hier im Sinne von Jesus Christus ist?«, höre ich Elena nachdenklich fragen.

Zu seiner Lebzeit hat Jesus den Personenkult stets abgelehnt, und nach seinem Tod hatten seine Anhänger andere Sorgen. Zwar hielten sie das Wort, das er gepredigt hatte, hoch, doch der Christuskult entstand erst im Laufe der Jahrhunderte. Hat der Mensch etwas zum Ansehen oder gar zum Anfassen, glaubt es sich leichter.

Auf dem Ölberg bilden die Hochhäuser der rein jüdischen Bevölkerung die neue Skyline. Darunter, neben dem Garten Gethsemane, erhebt sich eine Kirche, unter der die Gräber von Marias Eltern zu sehen sind, in einer kleinen Kapelle das Grab von Maria selbst. In Ephesos in der heutigen Türkei, kamen im Jahre 431 n.Chr. mehrere Kirchenführer und Vertreter des Papstes zusammen. Die Versammlung der 200 Personen dauerte drei Monate. Abschließend kam man überein, daß die Mutter von Jesus Christus in Ephesos beigesetzt wurde.

Auf der Straße knallt es – Jetztzeit. Palästinensische Jugendliche haben Knallkörper auf israelische Polizisten geworfen. Die kümmern sich nicht viel darum, sie sind stärkere Sachen gewöhnt. Orthodoxe Juden rennen an uns vorbei. Die seitlichen Locken schwingen rhythmisch bei jedem der eiligen Schritte. Ihre Kleidermode entspricht der des ausgehenden 19. Jahrhunderts. Anzug und Hut, der bei Regenwetter unter einer Plastikhülle geschützt getragen wird.

Die jüdisch-orthodoxen Frauen schneiden sich nach der Hochzeit ihr Haar ab, um keinem anderen Mann zu gefallen und tragen beim Verlassen des Hauses eine Perücke. Wir sehen nur zwei, drei verschiedene Perückenmodelle. Viele Frauen haben die gleiche Frisur, tragen altertümliche Kapotthütchen und schmucklose Mäntel. Männer dagegen dürfen ihr Haar ab dem 13. Lebensjahr niemals schneiden. Wir gehen unter Torbögen hindurch und gelangen zu einem Polizeiposten. Manchmal wird man auf Waffen kontrolliert, heute nicht. Vor uns erheben sich ockerfarben die mächtigen Steinblöcke der Klagemauer. Sie gehört zu einem Teil der alten Mauer des Tempels, den König Herodes wiedererbauen ließ. 18 m hoch und 48 m breit, ist sie in zwei ungleich große Teile für Männer und Frauen getrennt. Seit 638 n. Chr. treffen sich die gläubigen Juden hier an ihrem wichtigsten Heiligtum und beklagen den Verlust des Tempels, der 70 n. Chr. von den Römern zerstört wurde. Juden in der ganzen Welt beten in ihre Richtung, wie die Moslems gen Mekka. Der göttliche Geist schwebt der Tradition nach noch immer über dieser Mauer. Mit dem Oberkörper wippend, manche nur leicht, andere heftig, murmeln sie ihre Gebete. Die Mauer ist Hort von Hoffnungen und Wünschen. Viele Zettelchen stecken in den Ritzen. Wenn es zuviele geworden sind, werden sie von Mitarbeitern religiöser Behörden herausgenommen und auf einem Friedhof gemäß der Sitte mit alten Gebetsbüchern begraben.

Praktisch zu jeder Tages- und Nachtzeit findet man hier Betende. Zum ›Passah‹-Fest wird mit besonderen Speisen der Auszug aus Ägypten gefeiert, wobei ›Matze‹, das ungesäuerte Brot, eine wichtige Rolle spielt, wie auch beim ›Laubhüttenfest‹, zu dem noch Palmwedel und Zweige von Weiden und Myrte benötigt werden. Der jüdische Feiertag ist der Samstag, ›Sabbat‹ genannt. Am Freitagabend versammeln sich die Gläubigen zum Gebet an der Klagemauer. So bestimmt es eines der 613 Gebote, die in der ›Thora‹, den fünf Büchern Moses, geschrieben stehen.

Kurz vor Weihnachten feiert man das ›Chanukka‹-Fest, den Sieg der Juden über das griechisch-syrische Reich vor mehr als 2.000 Jahren. In allen jüdischen Häusern brennen Kerzen in den Fenstern, vor denen sich die Familien versammeln, um zu beten, zu tanzen und zu singen.

Elena:
Am Sabbat denkt der gläubige Jude über die moralische und ethische Erziehung des Menschen nach. Zu den Vorbereitungen des Tages gehört das Zubereiten der Speisen, die Reinigung der Wohnung und des eigenen Körpers. Der gute Anzug wird aus dem Schrank genommen, mit Segenssprüchen und Liedern wird der Tag begonnen, jegliche Anstrengung ist verboten, sogar Trauer muß warten bis Sonntag. Sollte es jemandem einfallen, Auto zu fahren, muß er mit wütenden Protesten und Steinwürfen rechnen. Die Straßen des jüdisch-orthodoxen Viertels Mea Sche'a-rim werden jeden Sabbat gesperrt.

»Was macht man an so einem Tag?«, fragt mich Peter.

»Spazierengehen bis zu 2 km, kalte Speisen essen oder zu Hause bleiben und in der Thora lesen.«

Ich bringe einen alten, weißbärtigen Mann fast unter ein Auto, nur weil ich ihn nach dem Weg fragen will. Voller Entsetzen, den Hut im Genick und mit fliegendem Mantel flüchtet er über die Straße. Vermutlich ein Rabbiner, der sich nicht von einer

Ein Jude sitzt an der Klagemauer und liest in der Thora.

Frau ansprechen lassen darf. An den Häusern sind Schilder angebracht, die den Besucher zu geziemender Kleidung ermahnen.

Alle Männer in Mea Sche'a-rim haben lange Schläfenlocken. Wer kann, trägt einen Bart. Schwarz ist die vorherrschende Farbe, bis auf den weißen Gebetsschal.

Unser Sponsor lm-electronic bei Lindau hat ein Paket mit Diafilmen auf den Weg gebracht. Die langersehnte Benzinleitung für den Kocher erwarten wir ebenfalls. Mehrere Tage lang eilen wir zwischen Postamt, Hotel und Zollbehörde hin und her. Einmal fehlt dieses Papier, dann ein anderes. Ein Mitarbeiter der Post will uns helfen und bestellt uns hierzu ein, doch als wir am anderen Tag dort sind, hat er frei. Die Benzinleitung ist, obwohl seit Wochen unterwegs, immer noch nicht da. Der Leiter der Postzollstelle ist sehr unfreundlich. Mit dem Bus geht es einige Kilometer aus der Stadt raus, das kostet uns jedesmal 9 DM. Endlich, endlich halten wir das Filmpaket in den Händen und tragen es wie einen Goldschatz heim. Das Päckchen mit der Benzinleitung bleibt in den Wirren der internationalen Postwege verschollen. Von zu Hause erfahren wir telefonisch, daß in Syrien bei American Express in Damaskus noch drei Briefe auf uns warten. Allerdings ist es von Israel aus nicht möglich, nach Damaskus ein Fax zu senden oder anzurufen. Für die Israelis gibt es das Land Syrien nicht …

Viele Male laufen wir vergeblich zum Büro von American Express. Die Angestellten sind nicht in der Lage, uns am Telefon zu sagen, ob Post da ist; die Bürokratie hält uns ganz schön in Trab. Inzwischen ist es empfindlich kalt geworden. Tagelang regnet es, wobei sich auch einige nasse Schneeflocken daruntermischen. Auf unserer Dachterrasse sind wir nun allein. Mit mehreren Wolldecken haben wir unser zweistöckiges Bett in eine gemütliche Höhle verwandelt. Ab und zu besucht uns die Katze und kuschelt sich ins Bett.

Bethlehem. Bei der Geburtskirche Jesu ist ein stacheldrahtbewehrter Militärposten. Diese waffenstarrende Nation geht uns auf den Geist.

Kein Bus, kein Schulausflug, ohne daß Gewehre dabei sind. Im Jahre 325 ließ Kaiser Konstantin hier am Geburtsplatz von Jesus Christus eine Kirche bauen, im 6. Jahrhundert kam noch eine Klosteranlage dazu.

Griechische Mönche halten einen Gottesdienst ab, während wir dort sind. Schön hallen ihre tiefen Stimmen durch den sakralen Raum. Vom Hügel aus hat man einen weiten Ausblick auf Jerusalem, das Tote Meer und die Wüste.

In Jerusalems Altstadt haben wir in einem alten Kellergewölbe eine Pizzeria entdeckt. Ehemals war es wohl nur eine Backstube, heute stehen einige Hocker und Schemel um den Backofen herum. Ringsherum sind Holzkisten gestapelt, und Mehlsäcke, auf denen soeben eine Katze aufgewacht ist, lehnen an der Wand.

Zwischen allem flitzen ansehnliche Kakerlaken hin und her. Ab und an erwischt der Bäcker eine von ihnen und zermalmt sie unter der Schuhsohle. Für deutsche Gaststättenregeln ist es hier unvorstellbar schmutzig, doch die Backwerke sind gut. Man kann auch mitgebrachte Zutaten in seine Pizza einarbeiten lassen. Hauptsächlich palästinensische Jungs sind die Gäste. Etwas weiter oben in der Gasse gibt es ›Falaffel-Sandwiches‹, Brottaschen, gefüllt mit rohem Gemüse, sauren Gurken, einer Soße und frittierten, scharf gewürzten vegetarischen Klöpsen, die aus verschiedenen Gewürzen und Kichererbsen hergestellt werden.

Peter:
Ich gehe zu einem arabischen Friseur. Das hätte ich nicht tun sollen, denn vermutlich hat dieser, bevor er Barbier wurde, Schafe geschoren.
»Bitte nicht zu kurz!«
»No, no, no. No problem!«
Schnipp, schnapp, da eine Strähne und dort ein Büschel. Der ›Meister‹ schneidet mir das Haar nach Gefühl, aber genau damit scheint bei ihm etwas nicht zu stimmen.
»O.k.?« Ist ja nett, daß er fragt.
»Ja, also da vorne vielleicht noch etwas und die zwei Dinger an der Seite würde ich gerne behalten, das sind meine Ohren!«
»O.k., o.k., o.k. – no problem!«
Schnippel – schnippel.
»Halt, nicht so kurz!« rufe ich entsetzt, aber es ist schon zu spät.
»No problem!« meint der ›Haarkünstler‹ und hört sofort auf mit Kürzen.
Die andere Frisurhälfte bleibt lang, wie sie ist. Die Sache mit dem Stufenschnitt hat er allzu wörtlich genommen, mir ein Loch und diverse Lücken in die Frisur geschnitten. Im Hotel versucht Elena, das Ergebnis etwas zu lindern.

Elena:
Genauer gesagt, kann ich eine ganze Zeitlang erstmal gar nichts machen, weil ich so sehr lachen muß. Bisher habe ich immer Peter die Haare geschnitten, aber er war stets unzufrieden mit meiner Arbeit. Immer noch glucksend, versuche ich, mit der Schere das gröbste Übel abzuwenden. Peter hat wirklich einen ›Stufenschnitt‹. Links lange Haare, rechts kurze, dazwischen ein dickes Loch, das der Friseur ihm reingeschnitten hat.

Immer wieder erleben wir, wie Palästinenser von israelischen Soldaten an eine Wand gestellt und abgetastet werden. Nie ist es umgekehrt. In barschem Ton werden manchmal einzelne Araber aus Gruppen per Megaphon an ein Polizeiauto zitiert. »Ausweiskontrolle!«
 Irgendwo habe ich das schon einmal gesehen ... Fehlt nur noch der Aufnäher ›Moslem‹ auf den Jackenärmeln. Die Autos der arabischen Bevölkerung haben bereits Nummernschilder in leuchtendem Orange, um sie sofort von den israelischen Autos unterscheiden zu können. In der Neustadt Jerusalems ist es so geschäftig und gesichtslos wie in vielen anderen Städten auch. Boutiquen, Straßencafés und Supermärkte säumen die Straßen. In den Kaufhäusern werden am Eingang die Taschen auf Waffen geprüft.

Peter:
Auf dem Nachhauseweg helfe ich einer arabischen Frau, einen schweren Ölkanister zu tragen. Als wir bei ihrer Familie angelangt sind, werde ich zum Kaffee eingeladen. Ihr Bruder spricht Englisch und erzählt von Schikanen, die sie ständig durch Polizei und Militär zu ertragen hätten.
 Oft sind es Alltagskleinigkeiten in der Bevölkerung, die sich hochschaukeln, bis man sich plötzlich steinewerfend und gassprühend bzw. schießend gegenübersteht. Jeden Moment kann es erneut losgehen. Ein israelischer Politiker hat sich mitten im arabischen Viertel eine Wohnung gekauft und den Davidstern

gehißt. Provokation pur. In der Nacht hören wir Schüsse aus Maschinengewehren. Die bedrohliche Stimmung legt sich uns aufs Gemüt. Aus den Palästinenserhäusern in Ostjerusalem tönen allabendlich patriotische Männergesänge. Dann läuft wieder der Werbefilm im Fernsehen, in dem stets rennende, glücklich singende Soldaten zu sehen sind, die fortwährend Orden in Empfang nehmen.

Wir erkundigen uns nach Arbeitsmöglichkeiten, um den Reiseetat aufzustocken. Im österreichischen Hospiz gegenüber ist man komplett. Für andere Arbeitsstellen benötigen wir den Nachweis einer Eheschließung. So streng sind hier die Bräuche, um Rasen zu mähen oder eine Wohnung zu reinigen. Obstpflücken im Kibbuz wäre noch im Angebot, allerdings für nur 2 DM pro Stunde, abzüglich der Verpflegung. Für viele westliche Touristen gilt es nach wie vor als schick, in einem Kibbuz zu arbeiten. Sie bedenken nicht, daß sie mit Dumpingpreisen den Lohn der Palästinenser unterbieten und ihnen so eine der ohnehin schon wenigen Verdienstmöglichkeiten nehmen. Mit dem Bus müssen wir nach Tel Aviv, um beim ägyptischen Konsulat unser Visum zu bekommen. Nach zwei Stunden können wir es schon abholen. Beeindruckend, welche moderne Metropole hier in knapp hundert Jahren entstand. Zu Beginn des 20. Jahrhunderts war der Boden des heutigen Tel Aviv eine sandige und sumpfige Hügellandschaft. Als schön würde ich die Stadt allerdings nicht bezeichnen.

Für die Weiterreise warten wir ein blaues Loch im grauen, regenschweren Himmel ab. Nach zwei Tagen trage ich die Räder hinunter und packe auf. Fast durch ganz Jerusalem müssen wir schieben. Am Mittag haben wir nach kilometerlangem Aufstieg über eine lange Schleife einen Park erreicht, wo wir etwas essen. Der Blick ins Tal läßt Unruhe bei uns aufkommen. Dunkle Wolken brodeln dort unten, ein kalter Sturm treibt sie zu uns hoch. Aufsitzen und weiter! Der Wind ist eisig geworden. Dicke Regentropfen, mit Schneeflocken vermischt, klatschen auf uns nieder. Neblige Wolkenfetzen nehmen uns ein, und plötzlich ist Elena verschwunden. Ein paar Minuten warte ich, dann taucht sie aus den wabernden Schwaden auf. Starker Regen setzt ein. Wir fahren direkt durch die Wolken hindurch, und jetzt peitschen uns auch noch harte Hagelkörner ins Gesicht. In Kürze sind wir total durchnäßt. Die triefende Brille behindert die Sicht, aber ohne kann ich auch nicht fahren.

Ein Straßenschild in hebräischer Schrift taucht auf. Die Frage ist: Fahren wir nach links oder geradeaus? Wir verstehen ratzeputz nichts auf dem Schild. Die Bikes rauschen durch die Fluten geradeaus, dann in scharfen Serpentinen den Berg runter. Eiskörner schmerzen im Gesicht, immer wieder verschwinden wir in den Regenwolken.

Unten angekommen, biegt die Straße links ab – und endet in einer Sackgasse. Jetzt spüren wir auch die Kälte, die unter die Jacken und in die nassen Schuhe kriecht. Enttäuschung, Nässe und Anstrengung haben uns mürbe und müde gemacht. Wortlos schiebt jeder sein Fahrrad die steile Steigung wieder hoch. Stehenbleiben, Verschnaufen, dann weiter. Im Himmelsgewölbe kracht und donnert es, der aufklatschende Regen ist laut. Aus den umliegenden Felsen tobt es dramatisch zurück.

Peng! Peng! Pengpeng!! – Im ersten Moment denken wir, daß Schüsse durch die Luft peitschen. Das ohrenbetäubende Krachen wird von den Bergen zurückgeworfen. Gesteinsbrocken spritzen durch die Luft, tiefes Donnergrollen wie aus der Hölle und Staubpilze begleiten die Explosionen. Als ob es noch nicht genug wäre, fliegt ein kurzes Stück hinter uns der Berg in die Luft. Sprengung in einem Steinbruch. Das ist zuviel für die eh schon gereizten Nerven. Elena läßt ihr Rad fallen und setzt sich auf einen Stein. Ihre Tränen vermischen sich mit den dicken Regentropfen. Ein Gefühl der Verzweiflung breitet sich aus. Ich versuche, meine tapfere Gefährtin zu trösten, aber es gelingt mir lange nicht. Für heute reicht es restlos, die Stimmung ist auf Null. Auf einem steinigen Seitenweg bauen wir das Zelt auf. Überall gießt, tropft und fließt es, alles ist schräg am Hang. Unter dem Zelt fließt ein Bächlein durch, rechts und links vom Weg steht dichtes Gestrüpp auf sumpfigem Boden. Um nicht unnötigen Ballast durch mitgeführte Nahrungsmittel über den Berg zu schleppen, haben wir auf Einkäufe in Jerusalem verzichtet. Entsprechend karg fällt das Abendessen aus. Es gießt wie aus Kannen. Die Nacht ist unruhig. Ständig fürchten wir, daß ein Blitz in die Stahlrahmen der Räder einschlagen könnte. Wir liegen ziemlich hoch und alles ist naß. Ohne Frühstück packen wir am anderen Tag das schwere und triefende Zelt ein. Das Wetter hat sich geändert, heute regnet es Bindfäden, weiterhin begleitet von Blitz und Donner. Schlafsäcke und Kleidung sind naß, das Stimmungsbarometer steht weit unter Null.

Der Tag beginnt mit Schieben. In gleichförmigem Rhythmus quietscht das Wasser in den Schuhen dazu. Endlich erreichen wir wieder die Abzweigung und fahren über Berg und Tal in die Ebene. Als wir an einer Kreuzung stehen, steuert ein LKW-Fahrer sein Fahrzeug absichtlich rasant in eine riesige braune Pfütze, so daß sich die gesamte Lehmbrühe über mich ergießt. Zwar schwinge ich wütend meine Faust, aber es muß doch lustig sein, weil alle im Auto sehr lachen. Kurze Zeit danach gibt uns ein Taxifahrer eindeutige Zeichen durch Tippen an seine Stirn. Nett ist es hier, wirklich nett. So arbeiten wir uns weiter und weiter. Es gibt kaum noch trockene Stellen an unseren Körpern. Über den Helmen blitzt und donnert es ringsum. Der Regen bildet Blasen auf dem Asphalt, die Autos nebeln uns zusätzlich mit Dreckbrühe ein. Verbissen steuert Elena ihr Wasserrad durch die Fluten und besorgt irgendwo an einer Tankstelle teure, belegte Brötchen.

Zelten fällt heute aus. Bei dieser ›Unterseefahrt‹ dürfen wir nicht noch krank werden. In einem Kibbuz würde man uns schlafen lassen, das Zimmer für 80 US-Dollar! Sehen wir aus wie Rockefeller? Natürlich fahren wir weiter – und stellen uns ein warmes, trockenes Zimmer vor. In Ashkelon fragen wir nach einem Hotel, einer Pension, irgendwas, nur billig und trocken soll es sein. Sehr auskunftswillig ist man nicht in diesem Neubaustädtchen. Am Meer soll es billig sein, doch um diese Jahreszeit ist alles geschlossen, vier Tage vor Weihnachten. Inzwischen ist es Nacht geworden. Es gießt aus Kübeln. Durch die Dunkelheit irrend, verfolgen Elena und ich eine der Wegbeschreibungen. Sie stimmt nicht, aber wir finden durch Zufall in der Nähe ein anderes Hotel und lassen dem Mädchen an der Rezeption eine Kombipackung aus einem Rest Charme und harter Verhandlungstaktik zukommen.

Für 40 Dollar wechselt der Zimmerschlüssel endlich den Besitzer. Binnen kurzem hängt die ganze Bude voll mit unseren nassen Klamotten, T-Shirts baumeln vor der Klimaanlage und Socken an der Gardinenstange. Elena zaubert aus fast nichts ein gutes Abendbrot, und nach einer warmen Dusche liegen wir im Bett. Eine Kerze erhellt die ›Tropfsteinhöhle‹, draußen stürmt der Regen ums Haus. Aber was kümmert es uns!

In einem riesigen Speisesaal für 300 Leute sind wir die einzigen Gäste und sitzen verloren als schwarze Punkte in einem Plastiktraum aus Rot. Das Frühstück ist sehr reichhaltig. Die Sonne läßt sich heute auch mal wieder sehen und beleuchtet uns für kurze Zeit den Weg zur Stadt hinaus, bevor sie sich wieder hinter dicke Wolken zurückzieht.

Langweilige, große Agrarflächen säumen den Weg. Gewachsene Dörfer, wie wir sie kennen, gibt es eigentlich nicht. Kibbuzim und Moschawim, der Zusammenschluß mehrerer Bauern, sorgen für die nötigen Agrarerzeugnisse.

Nirgends sehen wir Kühe auf der Weide, die Plantagen wirken steril und unwirklich. Seit der Staatsgründung 1948 nahm das Land eine rasante Entwicklung. An einem Feld arbeiten Palästinenser an einer Wasserleitung und laden uns spontan zu einer

Tasse Kaffee ein. Die Nacht verbringen wir wieder einmal in einem großen Kibbuz mit Kindergarten und Parkanlagen. Nicht, daß wir im Mittelpunkt stehen wollen, aber niemand der Israelis will etwas von unserer Herkunft, unserem Ziel oder der Reise an sich wissen. Wir erleben die Menschen als distanziert und sachlich.

Mit den Palästinensern dagegen kommen wir stets schnell ins Gespräch. Das schwingende Leben in den arabischen Ländern fehlt uns.

Beim morgendlichen Aufwachen finde ich einen Zettel neben mir:

» ... Ich gehe die Sonne putzen, bin bald wieder da!«

Tatsächlich, Elena hat ganze Arbeit geleistet. Ein makelloser blauer Strahlehimmel und eine blitzeblanke Sonne veranlassen uns, bald auszuschwärmen. Stacheldraht, Nagelleisten, Scheinwerfer und jede Menge schwerstbewaffneter Soldaten kommen ins Blickfeld.

Wir stehen vor der Grenze zum Gaza-Streifen. Wie auch Jericho, ist dies ein unter palästinensische Selbstverwaltung gestelltes Gebiet. Seit dem 4. Mai 1994 gibt es ein aus vier Hauptpunkten bestehendes Abkommen, das die israelischen sowie die palästinensischen Belange der inneren und äußeren Sicherheit des Transitverkehrs, rechtliche Angelegenheiten und die wirtschaftlichen Beziehungen regelt.

Knapp 1 Million Palästinenser und 5.400 Juden leben in diesem 360 km^2 großen Gebiet in vierzehn Siedlungen. Die islamische Widerstandsbewegung ›Hamas‹ und ihre Anhänger sprechen von der Gründung eines islamischen Staates in ganz Palästina und meinen den Staat Israel. Demgegenüber stehen extrem nationalistisch denkende jüdische Siedler.

Der Friedensvertrag zwischen dem israelischen Ministerpräsidenten Rabin und dem jordanischen König Hussein vom 26. Oktober 1994 ist ein wichtiger Teilerfolg, doch Frieden in Israel ist dadurch noch nicht erreicht.

Im Mai 2001 droht der Konflikt einmal mehr zu eskalieren. Der seit kurzem amtierende Regierungschef Ariel Scharon fährt wieder einen härteren Kurs gegen die Palästinenser, und die Arabische Liga fordert alle arabischen Staaten dazu auf, sämtliche Kontakte zu Israel abzubrechen.

Eine lange Reihe armselig gekleideter palästinensischer Männer und Frauen steht vor dem Stacheldrahtverhau. Jeweils zehn von ihnen werden durch eine Öffnung im Zaun zur Paßkontrolle gelassen. Die Leute tragen etwas Brennholz, Gras oder einige Rüben auf dem Kopf. Wir fragen die Soldaten nach ihrer so schweren Bewaffnung und erhalten die Antwort, jeder von denen könnte ein potentieller Mörder sein.

Die Frage, ob sie sich hier nicht an die jüngste Geschichte der Juden in Deutschland erinnert fühlen, beantworten sie so:

»Schon, aber die Juden damals haben nicht versucht, die Deutschen umzubringen!«

Punkt, aus. Mit dem Hinweis auf die angespannte Situation im Gaza-Streifen wird uns die Einreise verweigert. Wir drehen um und fahren weiter.

Nur wenige 100 m vom Gaza-Streifen entfernt zelten wir in einem Waldstück. Patrouillierende Militärfahrzeuge fahren dicht am Zelt vorbei, doch die Sicherheitskräfte bemerken uns nicht. Am Morgen bricht als erstes eine Schraube an meinem vorderen Taschenhalter ab, das bedeutet Reparatur. Zum Glück bin ich mit Werkzeug gut ausgerüstet und kann mir helfen.

Die Grenze zu Ägypten ist das nächste Ziel, doch zuerst müssen wir noch Israel verlassen. An einem verwahrlosten Vorposten, der aussieht wie ein verrosteter, im Sand steckender U-Boot-Turm steht ›The Doors‹, der Name einer früheren amerikanischen Pop-Gruppe. Wir rollen die erdige Straße zwischen den beiden Staaten entlang. Rechts läuft der mehrfach gesicherte Grenzzaun von Israel und links der verrostete Draht Ägyptens.

»Kommt nach Ägypten, Willkommen in Ägypten!« schallt es plötzlich auf englisch durch die morgenfrische Luft.

Unsere Blicke streifen suchend über die dicken, rostigen Stacheldrahtrollen, die wulstig die Grenze zum Nachbarland markieren. Da, endlich entdecken wir den Rufer. Es ist ein ägyptischer Soldat in Uniform mit offenem Hemd, der auf einem aus Holzresten zusammengestückelten, windschiefen Wachturm in luftiger Höhe wild mit den Armen fuchtelt.

»Kommt, kommt zu uns«, ruft er immer wieder herüber.

Ach, wir freuen uns und rufen zurück. Nach dem Erlebten tut diese Begrüßung gut, es ist fast wie Heimkommen, doch erst müssen wir noch die Ausreiseformalitäten in Israel abwickeln.

Die israelische Zollanlage ist großzügig und modern gebaut. Abfertigungshallen für Bustouristen wie am Flughafen, Restaurants und Grünanlagen. Viele uniformierte Mädchen mit wichtigen Gesichtern und Funkgeräten laufen herum. Die Zollabfertigung geht problemlos, mit dem Ausreisestempel und Paß laufen wir über die Straße und stehen an der ägyptischen Grenze.

10.
»O Tannenbaum« bei 40° C im Schatten
ÄGYPTEN (Dezember 1994 – Januar 1995)

Elena:
Ein kolossaler Unterschied. Die rostige, alte Eisenstange ist die Schranke, wackelige Holzwachhäuschen, Soldaten mit braunen Zähnen. Die zeigen sie gern und strahlen eine Heiterkeit aus, die richtig ansteckend auf uns wirkt. Vor dem ägyptischen Zoll stehen bereits einige Familien Schlange. Auf großen, verschnürten und verklebten Plastikballen, auf Uraltkoffern aus abgeschabtem Leder, den für islamische Länder typischen blau-weiß-roten Plastiktaschen und Jutesäcken sitzen Frauen und Kinder, die auf die Zollabfertigung warten. Männer mit schwarzen Fünf-Tage-Bärten und schwieligen Händen stehen etwas abseits beieinander, in ernste Gespräche vertieft. Im Gegensatz zu den Frauen, die bunte Stoffe mit Blumenmustern tragen, sind sie in dunkle Farben gekleidet. Abgeschabte, dunkelblaue oder braune Anzugjacken über alten Hosen, beige oder gestreifte Hemden prägen das Bild. In einer Ecke des Platzes spielen ein paar Kinder mit einer Sackkarre.

Von zwei Zollhelfern werden Peter und ich als einzige westliche Touristen vom Ende der Schlange vorgeholt und zu einem separaten Eingang gebracht. Unsere gesamten Gepäckstücke werden unter Peters Aufsicht von vielen Händen auf ein Fließband gelegt und rollen erneut durch einen Röntgenapparat. Interessiert begutachten mehrere Männer in Zivil, was wir so alles an Taschen und Säcken dabeihaben.

Die Räder muß ich gesondert durch den Zoll schieben. Ein dicker Beamter in Zivil hinter einem kleinen Schreibtisch verlangt mit wichtiger Miene den Inhalt des kleinen, dreieckigen Täschchens zu sehen, das an Peters Fahrradstange befestigt ist. Unsere darin befindliche ›Alarmanlage‹ aus diversen metallenen Glöckchen von verschiedenen Ländern veranlaßt ihn zu der erstaunten Frage in holprigem Englisch, was wir denn damit machen.

Während Peter aufmerksam die Kontrolle unseres Gepäcks verfolgt, damit nichts abhanden kommt, versuche ich, dem Zöllner zu erklären, wie der Glockenalarm funktioniert.

»…Und wenn wir dann abends schlafen gehen, befestigen wir die Glöckchen an den Sachen und wachen durch das Klingeln auf, wenn sich etwas bewegt.«

Brüllendes Gelächter ist die Antwort, ein paar der Männer wischen sich vor Lachen die Tränen aus den Augen. Erst, als sie einem neu Hinzugekommenen den Sachverhalt erklären und dabei immer wieder kichernd auf Peter zeigen, wird mir klar, daß sie offensichtlich verstanden haben, daß ich abends die Glöckchen Peter umhänge … Jetzt kommt auch noch Peter zu uns herüber und verlangt zu wissen, warum die Beamten immer auf ihn zeigen und lachen, was einen erneuten Heiterkeitssturm auslöst. Mit rotem Kopf drücke ich ihm sein Rad in die Hand, sammle die Glöckchen ein und murmele nur:

»Ich erklär dir alles später. Laß uns jetzt bloß abhauen!«

In Windeseile packe ich unsere Habseligkeiten zusammen, jetzt kontrolliert sowieso keiner mehr. Alle Grenzer stehen um den Tisch des dicken Beamten herum und lachen sich scheckig über uns. Nix wie raus hier!

In einer Ecke der großen Zollhalle befindet sich, endlich mal an der richtigen Stelle, nämlich am Zoll, ein Touristenbüro. Wir erhalten freundlich einiges Kartenmaterial mit genauen Kilometerangaben für die nächste Strecke durch die Wüste Sinai sowie ein paar Prospekte mit Informationen über das Land. Überall stehen und sitzen Leute in der Halle herum. Einige haben kleine

Schalen mit Essen ausgepackt, andere warten schlafend. Dazwischen toben Kinder herum. Peter tauscht am Bankschalter Geld und erhält für 0,48 DM 1 ägyptisches Pfund. Am Paßschalter drückt mir derweil der junge Beamte seine Stempel in die Pässe und meint schäkernd, daß ich vielleicht eine Übernachtungsmöglichkeit bräuchte. Er hätte da noch ein Zimmer frei …

Hier macht alles einen weniger gepflegten Eindruck als auf der israelischen Seite, aber die Leute wirken entspannter und fröhlicher, die Zeit läuft langsamer. Wir freuen uns auf Ägypten.

Kurz nach der Grenze radeln wir in ein kleines Dorf, um ein bißchen einzukaufen. Aber wir haben nicht viel Glück. Ein paar fleckige Tomaten finden wir, sonst ist alles verschimmelt und wenig appetitlich.

Viele Läden haben geschlossen, es ist Mittagszeit. In der Hoffnung auf andere Einkaufsmöglichkeiten radeln wir weiter. Die gute Straße mit breitem Randstreifen führt über sanfte Hügel mitten durch eine faszinierende Dünenlandschaft. Haushoch türmen sich die in der Mittagshitze weiß gleißenden Sandberge direkt neben der Straße in weichen Wellenformen und wecken in mir das Bedürfnis, den Sand zu streicheln. Er fühlt sich heiß an und klebt an der verschwitzten Haut. Ab und an entdecken wir kleine Holzhütten, davor mit dürrem Reisig abgesteckte Areale für die Ziegen. Freundliche Menschen winken uns einladend zu.

Vor einer kleinen Hütte mit Veranda hängt ein Reklameschild. Es ist auf weiter Flur der einzige Laden, in dem man ein paar Kleinigkeiten kaufen kann. Wir decken uns mit Keksen ein, die uns im Zweifelsfall als Brotersatz dienen können, und trinken warme Limonade. Mangels Strom gibt es hier keinen Kühlschrank, nur frühmorgens sind die Getränke durch die Kälte der Wüstennacht noch einigermaßen kühl.

Wie aus dem Nichts tauchen plötzlich zwei dicke Nachbarinnen mit ihren hübschen Töchtern auf, die sich mit der mindestens ebenso runden Verkäuferin über uns unterhalten. Die beiden mit diversem, kunterbunten Zierrat aus Plastik behängten Mädchen lachen kichernd und blitzen den blonden Peter mit ihren schwarzen Glutaugen verführerisch an. Himmel, die sind aber locker hier in Ägypten!

An ausgebrannten Panzern und Bussen vorbei, die seit dem Sechstagekrieg von 1967 dort rosten, radeln wir zügig vor uns hin. Plötzlich werden wir von einem Militärjeep überholt und gestoppt.

Vier bewaffnete Offiziere im gescheckten Kampfdreß springen aus dem Wagen und verlangen barsch, unsere Pässe zu sehen. Als sie feststellen, daß alles in Ordnung ist, werden sie plötzlich freundlich, lachen uns an und erklären, sie hätten uns schon an der Grenze gesehen und seien Sportfanatiker. Wir sollen uns unbedingt beim Fernsehen melden.

Ägypten sei ein schönes Land voll netter Menschen, die uns begeistert aufnehmen würden. Jeder läßt sich von den anderen einzeln mit uns fotografieren fürs Album daheim, dann fahren wir weiter, während der Jeep zurück zum Grenzposten rast. Zwischen mächtigen Dünen mit vereinzelten Grasbüscheln darauf finden wir einen gemütlichen Zeltplatz. Die untergehende Sonne malt mit Schattenspielen schon interessante Bilder auf den Sand. Eine Weile noch betrachten wir verschiedene Tierspuren und versuchen herauszufinden, von wem sie stammen, dann übermannt uns die Müdigkeit, und wir gehen schlafen. Die absolute Stille der Wüste nimmt uns auf.

Bei der Weiterfahrt am nächsten Tag fällt uns auf, daß die spärlichen Touristenbusse, die uns unterwegs überholen, von Polizeifahrzeugen begleitet werden. Auch die Ägypter haben Probleme mit dem fundamentalistischen Terrorismus, der sich hier wie auch vor allem in der Türkei hauptsächlich gegen die Touristen richtet. Erst kürzlich fand ein Bombenattentat statt, wobei ein Touristenbus in die Luft gesprengt und einige Ausländer getötet wurden.

In der Ortschaft El-Arish befindet sich laut Prospekt ein herrlicher Palmenwald, den wir uns ansehen. Leider ist er mit Abfall übersät. Auch bei einem Abstecher an die Meeresküste finden wir kaum ein Stück Strand, an dem nicht irgendein Wohlstandsmüll liegt. An einem der viereckigen Brunnen links entlang der Straße genehmigen wir uns voll angezogen eine Dusche. Dort läuft eine dicke Trinkwasserleitung, die ab und an durch die großen Betonbehälter unterbrochen ist, aus denen das Wasser sprudelt. Mit unseren Trinkflaschen schöpfen wir das saubere, kalte Naß und begießen uns damit gegenseitig, darauf achtend, daß keine Seife in den Brunnen gelangt. Sogar die Haare können wir uns so waschen. Man fährt einfach entspannter, wenn man nicht so verschwitzt ist.

In Bir El-Abd wollen wir einen Tee trinken und etwas einkaufen. Es ist der 24. Dezember, und wir haben weder Proviant noch ein Geschenk.

Heute ist Markttag, und alles scheint auf den Beinen zu sein. Zwischen Gemüseständen mit müdem Obst stehen Frauen mit Jutesäcken, aus denen Gewürze sinnesbetäubend duften. Männer stehen in den Türrahmen der Häuser, Teegläser in der Hand, Kinder spielen zwischen graumatschigen Abfällen. Ziegen und Schafe drängeln sich durch die Reihen, junge Burschen versuchen, einen locker-männlichen Eindruck zu machen, Typ James Dean. Überall wird gehandelt und diskutiert, Waren werden feilgeboten, Tiere verkauft. An einer Ecke werden Hühner geschlachtet. Es riecht nach warmem Blut. Während wir auf der Dorfstraße nach einem Teehaus Ausschau halten, werden wir von immer mehr Kindern und Jugendlichen begleitet, die unter Johlen und Rufen die restlichen Dorfbewohner auf uns aufmerksam machen.

Ein Mann lädt uns zu sich nach Hause ins nächste Dorf ein, 45 km entfernt. Sehr eindringlich schildert er, daß wir bei ihm Teetrinken und Übernachten können, sogar römische Münzen hätte er zu verkaufen. Es scheint ihm sehr an unserem Besuch gelegen zu sein, seine Art der Einladung geht weit über normale Gastlichkeit hinaus.

Wir machen uns gegenseitig unser geheimes Zeichen für ›Vorsicht‹ und bedanken uns, ohne jedoch fest zuzusagen. Es ist durchaus möglich, daß er echte Münzen hat. Aber erstens haben wir dafür kein Geld übrig, und zweitens haben wir wenig Lust, wegen Antiquitätenschmuggel im ägyptischen Knast zu landen. Falls es denn echte sind. Auf jeden Fall halten wir uns aus diesen Kreisen raus.

Schließlich umdrängt uns ein dichter Kreis Menschen, die die Weiterfahrt endgültig stoppen und sich gegenseitig mit heftigen Ellbogenknuffen von uns wegdrängen. Jeder will mal an den Rädern hupen und klingeln. Der Kreis wird immer enger, die ersten Buben stützen sich schon auf unseren sowieso überlasteten Rädern ab. Das ist eindeutig zuviel und zu eng, wir flüchten energisch zum Dorf hinaus. An einer einsamen Zaunecke bleibe ich beim Gepäck, während Peter zu Fuß allein ins Dorf zurückgeht, um einzukaufen.

Eine ganze Weile sitze ich allein und schreibe im Tagebuch, bis mich drei Mädchen entdecken und mit hysterischen Schreien auf mich zustürzen und um Autogramme bitten. Binnen weniger Minuten bin ich umringt von einer großen Mädchenklasse, deren Unterricht im Gebäude nebenan gerade zu Ende ging. Alle tragen eine weißblaue Schuluniform und fragen begeistert nach Erlebnissen auf der Tour. Trotz mehrfacher Bitten meinerseits lehnen sie sich auf die Räder, die unter dem großen Gewicht zu brechen drohen. Die Mädels reden so aufgeregt durcheinander, daß meine Worte leider nicht mehr gehört werden. Erst das Auftauchen einer älteren Lehrerin bringt Ordnung in das Durcheinander. Mit strengem Blick schickt sie alle nach Hause.

Peters Einkauf ist karg. Ein paar Tomaten und Zwiebeln hat er gefunden, einige Orangen und etwas Fladenbrot. Käse oder Wurst gab es nicht. Leider ist unser Kocher immer noch kaputt, so daß wir mit Fleisch oder Dosen nichts anfangen können. Ein offenes Feuer wollen wir auch nicht machen, damit würden wir nur viele Besucher anlocken. So bleibt uns Tomatensalat am Weihnachtsabend, auch gut.

Eigentlich wollen wir heute nicht weit fahren, sondern uns lieber beizeiten ein schönes Plätzchen für diese besondere Nacht suchen, aber es werden doch fast 100 km, bevor wir endlich in der Nähe einer kleinen Fabrik den Platz für das Zelt finden. Bislang hielten uns immer Hütten oder Ziegenhirten davon ab, das Nachtlager aufzuschlagen. Die Leute sind ja freundlich, aber gerade heute wollen wir unbedingt allein sein. Die Nacht bricht schon herein, als wir schnell unsere Sachen im Zelt verstauen. Im letzten Tageslicht mixe ich noch den Tomatensalat mit Essig und Öl, während Peter aus Aluminiumfolie ein paar ›extravagante‹ Weihnachtskugeln bastelt und an zwei kleinen Zweigen befestigt, die wir heute unterwegs gefunden haben. Dann sitzen wir dick vermummt in der Stoffhütte und wünschen uns schöne Weihnachten, was es ja in der islamischen Religion nicht gibt. Draußen ist es kalt, vom Nachttau wird alles sofort naß. Peter ist ein witziger Geschichtenerzähler, und so lasse ich mir seine Eindrücke des Tages gerne berichten.

Beim Zusammenpacken am Morgen knistert und knattert aus dem kleinen Weltempfänger ein bißchen Weihnachtsmusik aus Europa zu uns. Es klingt unwirklich, wie von einem anderen Stern, und paßt nicht so recht zu der warmen Wüstensonne, die in Windeseile unsere Sachen trocknet und uns aufwärmt. Regelrecht nervend wird der Apparat aber vor allem dann, wenn die Störungen gehäuft während der Nachrichten aus Deutschland auftreten. Das klingt dann zum Beispiel so:

»Wie eben bekannt wurde, ... krächz ... Region Deutschlands ... Krächz ... Epidemie in ... ... zuvor ... ... Tote.« Sehr beruhigend, das!

In einem winzigen Dörfchen finden wir ein Telefonamt. Mit viel Mühe kramt der Telefonist unter Mithilfe seines Freundes

Weihnachten in der Wüste Sinai.

die Vorwahl Deutschlands heraus, dabei erzählt er uns, daß er noch nie eine entferntere Telefonverbindung als bis zum nächsten Dorf hergestellt hat, er könne also für nichts garantieren. Aber dann höre ich doch die vertraute Stimme meiner Mutter im Apparat. Unter viel Geknackse und Geknirsche schreie ich in den Hörer auf die Frage nach unserer Route: »Wir wollen auch nach Pakistan.«

Aber meine Mutter hat es falsch verstanden und antwortet: »Was? Partisanen?«

Dann bricht die Verbindung ab. Wir können uns ausmalen, welche Aufregung jetzt zu Hause herrscht. Strahlend überreicht uns der Telefonist die Rechnung und sagt, daß er stolz sei, daß wir von seinem Apparat aus die Welt erreicht haben. Das Telefonat hat unser bißchen Bargeld aufgebraucht, ein weiterer Anruf ist nicht möglich.

»350 Pfund im Monat – das reicht nicht für eine große Reise. Ich würde so gerne wie ihr die Welt sehen. Ich war Kellner auf einem großen Schiff, habe mein Leben lang viel gearbeitet. Jetzt bin ich alt, sitze am Wasser und hänge den Erinnerungen nach«, erzählt Ismail, ein alter, wettergegerbter Seefahrer, während er mit uns an einem Imbißstand kalte Nudeln in scharfer Soße ißt, überstreut mit gerösteten, harten Fertigzwiebeln. Seine beiden Töchter verdienen als Staatsangestellte 150 ägyptische Pfund im Monat, runde 312 DM, aber sie haben ihre eigenen Familien zu versorgen und keine Zeit für die Geschichten des Vaters. So ist er erfreut, uns unsere Wartezeit bis zum Anlegen der Fähre mit ein paar Erzählungen aus seiner Zeit auf Kreuzfahrtschiffen verkürzen zu können. Von großen Buffets berichtet er, von vornehmen Gesellschaften und den extravaganten Wünschen der Reisenden. Jetzt sitzt er hier am Suez-Kanal und wartet darauf, daß die Zeit vergeht und sich jemand auf ein Gespräch mit ihm einläßt.

Seltsam sieht es aus, wie sich Ozeanriesen aus der ganzen Welt durch die Sandberge schieben, bis der Blick auf den Kanal das Rätsel auflöst. Wir sind erstaunt über das klare Wasser. Bei den vielen Schiffen, die täglich von einem zum anderen Meer fahren, haben wir eine größere Verschmutzung erwartet. Stattdessen glitzert es blau-gläsern im Kanalbecken, man möchte am liebsten reinspringen. Mit der Fähre setzen wir kostenlos ans andere Ufer über. Ein Militärposten hat auf dieser Kanalseite eine Straßensperre aus alten Ölfässern errichtet. Breitbeinig stehen vier Soldaten vor einem kleinen Flachbau, die Gewehre in der Hand.

»Sorry, Sir, no Transit!« erklingt es auch prompt, als wir uns der Sperre nähern.

Auf die Frage nach dem Warum werden wir zu einem Vorgesetzten gebracht, der hinter dem Haus auf einem Stuhl sitzt und Tee trinkt. Seine Leute hocken auf dem Boden und reinigen ihre zerlegten Gewehre. Freundlich werden wir auch auf ein Glas Tee eingeladen und hören, daß die Straße leider nur den Militärs vorbehalten ist, wir sollen die schöne Küstenstraße verlassen.

»Aber der Umweg lohnt sich für euch, ihr werdet vielen netten

Bauern begegnen und kommt durch eine schöne Landschaft«, meint der Krieger lächelnd.

Der Chef der Gewehrreinigertruppe erklärt sich bereit, uns ein Stück auf der verbotenen Straße vorauszufahren.

An den nächsten beiden Militärsperren regelt er mit den Posten unsere Weiterfahrt bis zur nächsten Kreuzung und verabschiedet sich dann mit guten Wünschen. An einer Mandarinenplantage ist die Straße dann endgültig gesperrt. Wir wollen einige der Früchte kaufen, aber die dort arbeitenden Männer reißen für uns gleich ganze Äste ab und weisen lachend das hingestreckte Geld zurück.

Wir biegen ab auf die vierspurige Hauptstraße, vorbei an Feldern und Plantagen mit Bewässerungsgräben, und überholen kleine Eselkarren voller winkender Kinder. In einem Lebensmittelladen decken wir uns mit etwas Proviant ein. Die Nacht wollen wir am Kanal verbringen und über einen Feldweg doch noch die gesperrte Straße dort erreichen. Der Händler fragt uns interessiert über unsere Reise aus, erzählt von seiner Familie und daß die Geschäfte nicht so laufen, wie er es gerne hätte.

An niedrigen, flachen Häusern vorbei führt ein kleiner Weg zurück zum Suezkanal, neben dem ein Bahngleis und die Straße ist. Auf der lehmigen Fläche neben den Gleisen finden wir eine gute Stelle für die Nacht. Etwas entfernt schleicht ein Mann herum und versteckt sich mehrmals hinter Dünen, wenn wir in seine Richtung blicken. Kaum haben wir jedoch das Zelt aufgebaut, erscheint er plötzlich vor uns. Es ist der Lebensmittelhändler von vorhin. Zu Fuß schlendert er querfeldein zu unserem Platz und setzt sich wortlos daneben. Auf einen freundlichen Gesprächsversuch antwortet er nur einsilbig, stattdessen betrachtet er nachdenklich Zelt, Gepäck und uns, um dann wieder den Blick versunken in weite Fernen schweifen zu lassen. Was soll das? Wir sind ziemlich irritiert von seinem Verhalten, er scheint völlig verändert zu sein.

Lange Zeit sitzt er so da, redet kein Wort und guckt nur auf befremdliche Weise um sich herum, bis es uns zu dumm wird. Peter fragt ihn in strengem Ton, was er hier will. Da steht er einfach auf und fängt an, von einem nahen Busch Zweige abzubrechen, die er auf einen Haufen wirft. Wir überlegen, ob wir vielleicht besser unsere Siebensachen wieder einpacken und woanders übernachten. Der Typ ist nicht geheuer. Mit einem Mal scheint er von seinem blöden Verhalten genug zu haben und trollt sich.

Die Dämmerung bricht herein, es ist zu spät, einen anderen Platz zu suchen. Hier gibt es überall Bodenlöcher, die nur mit einer dünnen, hart verkrusteten Lehm-Salzschicht überzogen sind. In der Dunkelheit kann man schlecht beurteilen, wie die Bodenbeschaffenheit am nächsten Ort sein wird. So bleiben wir also doch da, machen aber aus den abgebrochenen Ästen einen weiten Kreis um Zelt und Räder. Zudem kommen sämtliche Glöckchen an einer Stolperschnur aus durchsichtigem Angelfaden zum Einsatz. In der Nacht schlafen wir nur sehr leicht und wachen beim geringsten Geräusch auf, aber der Mann kommt Allah sei Dank nicht mehr zurück.

Ziemlich müde geht es früh am nächsten Morgen weiter. Viele ausgebrannte Panzer säumen die Straße. Im Rückspiegel sehen wir einen Militärjeep in rasendem Tempo auf uns zukommen. Das Auto bremst scharf neben uns, ein Offizier steigt aus und macht uns darauf aufmerksam, daß die Straße gesperrt ist. Nervös klopft er mit einem kleinen Stöckchen an seine Stiefel.

»Wir begleiten Sie bis zur nächsten Ausfahrmöglichkeit«, sagt er höflich und steigt wieder in das Auto.

»Dann halt nicht«, murmelt Peter.

Auf unseren Rädern fahren wir hinter dem Jeep bis zu einer erneuten Straßensperre, von wo aus wir wieder ein Plantagengebiet erreichen. Der Jeep wendet, wir sind entlassen.

An einem Mini-Kiosk verkaufen uns drei kichernde Mädchen ein paar Süßigkeiten. Als wir weiterfahren wollen, bittet uns eine der drei, noch einen Moment zu warten, und läuft davon.

Im kleinen ›Laden‹ am Straßenrand in Ägypten kann man süße Datteln kaufen.

Nach kurzer Zeit kommt sie mit einem Korb voller Mandarinen aus der Plantage zurück.

»Sie sind frisch und gut!«, meint sie lachend, während wir die Früchte hocherfreut in alle Taschen stopfen. Vitamine in Form von Obst sind bei uns immer willkommen, weil es den Durst löscht und die Früchte nicht so schnell warm werden wie das Wasser in den Trinkflaschen.

Auf der Autobahn kommen wir nach Ismailiya und dort in einen Sandsturm, der so kräftig ist, daß es mich auf einer Brücke vom Rad weht. Mit Müh' und Not erreiche ich die andere Seite des kleinen Flüßchens. Die Sichtweite beträgt etwa 30 m. Sand überall, wohin man auch blickt. In großen, braunbeigen Wolken rast er durch den Ort, dringt in Nase, Mund, Augen und Ohren und legt sich juckend auf die Kopfhaut. Abfalltüten werden durch die Luft geschleudert, Colabüchsen scheppern durch die menschenleeren Straßen. Es riecht überall nach Staub. Nur mühsam dringt Tageslicht durch die Atmosphäre, alles ist nur diesig und unscharf zu erkennen. Die Sonnenbrillen auf den Nasen trotz des diffusen Lichts, stemmen wir die Räder gegen den Wind. Vorwärts, immer weiter vorwärts, Schritt für Schritt.

Nach zwei Stunden ist der Sandsturm endlich vorbei. Wir radeln in dichtem Verkehr auf gerader Strecke weiter durch die Wüstenlandschaft.

»Jallah, jallah«, ruft mir Peter immer wieder den arabischen ›Schlachtruf‹ aufmunternd zu, wenn ich erneut langsamer werde und der Abstand sich zwischen uns vergrößert.

»Auf gehts, vorwärts, weiter. Kairo wartet doch auf uns!«

Peter:
»Das ist irre – die fahren ja kreuz und quer durcheinander! Wie wir da wohl durchkommen? Bleib bloß dicht hinter mir, sonst verlieren wir uns aus den Augen. In der riesigen Stadt finden wir uns sonst nicht mehr!!«

Wagemutig muß man schon sein, wenn man hier die Straße überqueren will. Und wir mit unseren dicken Drahteseln sind dazu noch relativ langsam. Elena hupt ständig mit ihrer Tröte, was bei vielen Autofahrern Heiterkeit auslöst. Wegen der Hitze fahren viele mit offenen Fenstern, aus denen uns oft Hände zuwinken und mit freundlicher Geste die Vorfahrt gestatten.

An einer großen Kreuzung unter einer Brücke halten sage und schreibe alle Autos auf der vierspurigen Fahrbahn an, um uns vorbeizulassen. Wer hätte das gedacht?

So erreichen wir ohne jegliche Probleme die Jugendherberge. Unterwegs haben wir von einem Einheimischen die Preise der Unterkünfte in der Stadtmitte erfahren und sind nun erstaunt, daß die Jugendherberge für ein Bett in einem Zimmer mit vielen anderen zusammen mehr verlangt. Auch hier wie bereits in mehreren anderen Ländern sind wir also billiger und besser dran mit einem Hotel, das dazu noch im Zentrum liegt.

Das ›Swiss Hotel‹, in der Nähe des Ägyptischen Museums,

nimmt uns für 5 DM pro Nase auf. Es ist zwar weit, sehr weit entfernt von europäischen Sauberkeitsvorstellungen, aber dafür billig. Wir haben vom Balkon einen Blick über die Stadt, und es gibt sogar eine heiße Dusche auf dem Stockwerk.

Was will man mehr? Mit dem Paternoster transportieren wir unter den staunenden Blicken einiger Araber die Räder samt Gepäck einzeln in den sechsten Stock und sind froh, daß keiner uns daran hindert, mit den Bikes zusammen im Zimmer zu wohnen. In Deutschland ist das kaum möglich. Schnell packen wir aus, duschen, gehen in die Stadt und holen bei American Express 25 Briefe von Verwandten und Freunden ab, die alle schon für uns bereitlagen.

O Mann, das ist toll, wenn man so lange unterwegs ist wie wir. An einem Imbißstand essen wir ein paar – anscheinend immer kalte – Nudeln mit scharfer Soße und gehen dann ins Hotel, um in Ruhe die Post zu lesen. Von Elenas Schwester wurde ein Brief auf dem Postweg geöffnet. In der mitgeschickten Packung Lakritzschnecken ist nur noch eine einzige Rolle übrig, und die sieht so aus, als ob sie schon durch einige Finger gewandert wäre. Hoffentlich hat es den Zöllnern geschmeckt ... Aber sonst ist alles unversehrt, selbst die mitgeschickten 20 DM von Elenas Eltern sind angekommen. Der Abend vergeht wie im Flug mit gegenseitigem Vorlesen.

Ganz in der Nähe ist der Tahrir-Square, ein großer, zentraler Platz, auf dem an einer Ecke die polizeiliche Meldebehörde ›Mogama‹ ist. Hier müssen wir uns am nächsten Tag im ersten Stock bei Schalter 48 melden und erhalten einen Stempel in unsere Pässe. Das Getümmel in den Straßen von Kairo ist überaus quirlig. Die 14 Millionen Einwohner sind wohl alle gleichzeitig unterwegs. Ein junger Polizist mit Pfeife versucht auf einer Kreuzung, ein wenig Ordnung ins Chaos zu bringen. Durch das viele Trillern und Winken kommt er überhaupt nicht mehr nach, die zahlreichen Autos aufzuschreiben, die trotz roter Ampel und seinen zusätzlichen Stopzeichen dennoch weiterfahren. Später erfahren wir, daß die Strafzettel sehr billig sind und kaum ernstgenommen werden.

Der Hupedaumen sitzt bei Ägyptens Autofahrern sehr locker. Das Ägyptische Museum liegt am Ende der Straße rechts, der Busbahnhof links. Von unserem Balkon aus kann man den Nil sehen. Wenn er hier angelangt ist, hat er fast 6.671 km hinter sich. Er hat mehrere Quellflüsse, als wichtigste zu nennen sind der Rukaraga, der Mwoga und der Nyawaronga.

Das Quellgebiet liegt in Ruanda-Burundi. Dann fließt der junge Nil durch den Victoria- und den Albertsee. Der ›Gazellenfluß‹ kommt von links dazu und von rechts vermischen sich die Fluten des ›Sobat‹ mit dem jetzt mächtigen Strom. Hier heißt der Fluß ›Weißer Nil‹ im Gegensatz zum ›Blauen‹, der bei Khartoum im Sudan auch noch miteinfließt. Den ›Albara‹ nimmt er noch mit und dann wird es lebendig. Über sechs große Katarakte stürzt sich der Strom, um danach gemächlich durch die Wüste zu fließen, an Abu Simbel vorbei, wo er einige Kilometer breit ist. Der Assuan-Staudamm stellt sich ihm in den Weg, doch bald umspült der große Fluß die Ufer von Theben, wo der Totentempel steht und einst der Gott ›Month‹ in Gestalt eines Falken verehrt wurde.

Schon Homer war von der Götter- und Goldstadt begeistert. Gegenüber liegt Luxor. Zwei Kolossalstatuen von Ramses II. halten vor dem Tempeleingang Wache. In Karnak strömt der Nil unweit des Säulenwaldes am Amun-Tempel mit 122 Säulen vorbei. Ägyptische Baugeschichte aus Jahrtausenden liegt vor dem Betrachter, bevor der Nil das Einzugsgebiet von Kairo erreicht. Nur dem Nil ist es zu verdanken, daß hier in der Wüste überhaupt ein Leben möglich wurde. Die Menschen, die sich an seinen Ufern ansiedelten, lebten mit seinen Eigenarten, warteten auf die Flutzeiten, wenn der Nil seinen fruchtbaren Schlamm über die Ufer trug und die Bewässerungsgräben füllte. An manchen Stellen war er bis zu 20 km breit, am Delta sogar 250 km. Kein Wunder, daß der Fluß verehrt wurde. In den trockenen und lebensfeindlichen Gebieten aus Sand und Fels bestatteten die Alten ihre Toten, doch leben konnte man nur in der Nähe des Nils.

Seltsamerweise galt das Fischessen zu Zeiten der Pharaonen als unrein, doch einige Fische nannte man heilig. Wollte man im alten Ägypten Abneigung ausdrücken, zeichnete man einen Fisch.

»Vielleicht hat sich ja mal jemand kräftig den Magen damit verdorben, und daher kommt die Abneigung«, gibt Elena zu bedenken.

Wir halten die Landkarte in den Händen und lassen die Gedanken spazierengehen. Man müßte eine Zeitmaschine haben und sich in vergangene Epochen versetzen können …

Auf nach Gizeh! Mit einem Kleinbus fahren wir für 50 Piaster, 0,25 DM, auf die andere Seite des Nils. Der VW-Bus ist so voll, daß die Schiebetür offenbleiben muß. Jetzt im Dezember hat es tagsüber um 20° C. Viele Leute sind arbeitslos und verdienen sich etwas mit dem Tourismus. So kommt es, daß man oft gefragt wird, ob man dies oder jenes braucht oder sehen will, und jeder kennt einen, der dies oder jenes hat, und so findet sich der Fremde oft in einem Teppich- oder Parfümladen wieder. Manchmal bekommt man brauchbare Tips, manchmal ist es ein Flop.

Uns ergeht es natürlich ebenso, und so begleitet uns ein Mann zum Effendi Ahmed Fouad Solom, der seines Zeichens Pferde- und Kamelbesitzer ist. Er trägt einen Kaftan mit Turban und begrüßt uns, als wäre der Onkel aus Amerika gekommen. Gleich haben wir je eine Cola in der Hand und sitzen in der knarzenden Korbware.

Eigentlich wollen wir nur die Pyramiden sehen, doch der Turbanträger zelebriert erst das Vorgeplänkel mit viel Lachen, noch mehr Reden und Umgarnen. Nicht unangenehm oder aufdringlich, so lassen wir uns darauf ein.

Natürlich kennt der Effendi Deutschland, was für eine Frage!

Ich hätte auch Skovorodino in Sibirien nennen können, sicher lebt dort ein Bruder von ihm. Aber o.k., das gehört zum Geschäft. Nach 15 Minuten wissen wir noch keine Preise, aber eines ist ganz klar, nämlich alles ist ›No problem‹, und was ist schon ein Viertelstündchen in diesem alten Land, wo gerade uns gegenüber die Cheops-Pyramide seit 4.648 Jahren im Sand ruht? Allmählich beginnt der Akt des Feilschens und so kommen wir auf Elena zu sprechen. 3.000 Pferde will er mir zahlen für meine Partnerin. Seine weißen Zähne blecken mir entgegen, und ich sage, ich werde darüber nachdenken. Effendi Solom schiebt noch einige Rennkamele dazu, doch der Deal scheint mir unpraktisch.

Wenn ich mir Elena so ansehe … Nein, Effendi behält die Huftiere, ich meine Frau. Khalass! – Basta.

Zuerst wollen wir einmal zu Fuß das Gelände erforschen, so marschieren wir zum nahegelegenen alten Friedhof und staunen über teilweise offene Gräber mit verschobenen Steinplatten, aus denen ein paar Knochen ragen. Ob es wohl auch hier für Grabräuber etwas zu holen gab? Dann geht es zu den Pyramiden. Wir entscheiden uns dafür, mit Kamelen zu den Pyramiden zu reiten. Das Wüstenschiff wird zunächst mit Stockschlägen gegen ein Knie dazu gebracht, sich hinzulegen, damit wir aufsitzen können.

Nun die Preisfrage: An welcher Seite erhebt sich das Tier zuerst? Ich bekomme einen Schlag ins Kreuz und falle nach vorne, jetzt weiß ich es. Die Sitzposition ist ungewohnt hart, aber ich habe da oben ein gutes Gefühl. Mit dem Führer auf seinem Pferd schaukeln wir ins Gelände zu den drei Pyramiden von Cheops, Chephren und Mykerinos. Wie viele Fotos haben wir schon gesehen von diesen gigantischen Bauwerken, die heute noch geheimnisvoll sind? Jetzt stehen wir davor! Sie sind das einzige der Sieben Weltwunder aus der Antike, das man noch besichtigen kann. Ursprünglich war die 137 m hohe Cheops-Pyramide noch mit Steinplatten belegt und einer 10 m hohen Spitze aus Quartz versehen.

Im 13. Jh. n. Chr. wurde Kairo von mehreren Erdbeben zerstört. Leider entnahm man zum Wiederaufbau der Stadt unter anderem die Steine von insgesamt 81.000 m² der Cheops-Pyramide, die 2,5 m dick war. Die einzelnen Blöcke bestehen aus Kalkstein und sind bis zu 70.000 kg schwer. Mehr als 2.600.000 Stück, zum Teil aus Granit, hat man gezählt. Sie sind so exakt bearbeitet, daß kein Blatt Papier dazwischenpaßt. Auf der quadratischen Pyramidengrundfläche mit einer Seitenlänge von 230 m hätten der Petersdom, die Westminsterabtei und der Dom zu Köln zusammen Platz. Wie konnte man solche Gesteinsmassen von den pharaonischen Steinbrüchen bis zur 6 km entfernten Baustelle transportieren und wie so korrekt bearbeiten? Die Stufenpyramide von Sakkara, erbaut für Pharao Djoser, der 2.800 v. Chr. gelebt hat, ist die älteste. Allem Anschein nach gelang der Pyramidenbau auf Anhieb. Zwar wurde die Bautechnik bei späteren Bauten verfeinert, doch primitive ›Übungspyramiden‹ fand man nirgends.

Um die Fundamente genau nach Norden auszurichten und die Pyramide überhaupt bauen zu können, kam der Lehrsatz des Pythagoras zum Einsatz. Der wurde aber erst im 5. Jh. v. Chr. gefunden, und die Berechnungsart der Trigonometrie wurde ebenfalls erst im 2. Jh. v. Chr. entdeckt. Auch den Wert ›Pi‹, mit dem Kreisberechnungen möglich wurden, kannten die Architekten der Antike. Der wird ihnen nach heutigen Erkenntnissen aber frühestens um die Zeit um 1700 v. Chr. zuerkannt. Da standen die Pyramiden aber schon 1.000 Jahre lang! Woher hatten die alten Ägypter ihr Wissen? Hatten sie fremde Hilfe und wenn ja, von wem?

Geheimnisvolle Kräfte schreibt man den eigenartigen Bauten zu. So gibt es Experimente, die belegen, daß Pflanzensamen schneller keimen und die Pflanzen schneller wachsen, wenn sie zuvor in einer Pyramide waren.

Einige Wissenschaftler nehmen an, daß die große Cheops-Pyramide einen Kondensator darstellt, der elektrische Energie aufnehmen, speichern und abgeben kann. Der Granit, der an vielen Stellen als Baumaterial verwendet wurde, stammt aus Assuan und hat fast die gleichen piezoelektrischen Eigenschaften wie Quarz. Frisches Fleisch verfault nicht, sondern trocknet nur, wenn man es in die Königskammer der Pyramide legt. Auch stumpfe Rasierklingen erfahren so eine kristalline Veränderung und werden wieder scharf. Rätsel über Rätsel ranken sich um die alten Bauwerke, von denen bis heute die wenigsten entschleiert sind.

Aus der Zeit des Pharaos Echnaton fanden die Archäologen eine regelrechte Brauerei. Sie war so gut erhalten und noch funktionsfähig, daß die Forscher sich bald ans Brauen machen konnten, denn ein Rezept lag auch dabei. Vorerst wird es jedoch kein ›Pharao-Bräu‹ im Ausschank geben, denn was da aus dem Zapfhahn lief, soll grauslig geschmeckt haben. Verschiedene Drogen zur Berauschung, aber auch zur Behandlung psychisch Kranker waren ebenfalls bekannt.

Während unser Führer auf uns wartet, lassen wir uns den schrägen Gang, der uns in die Tiefe der Pyramide führt, hinunterrutschen. Der Anblick ist enttäuschend. Ein kahler, großer Raum ist alles, was wir sehen, also wieder zurück ins Freie. Als wir später die Reittiere abgegeben haben, gehen Elena und ich zu Fuß in das Gelände zurück, um uns alles in Ruhe anzusehen.

»Obbe, obbe, eiter?«

Zigmal werden wir das gefragt. Als Fußgänger sind wir das ideale Opfer der Kamelvermieter. Den Spruch ›Hoppe, hoppe Reiter‹ hat ihnen wohl ein Deutscher einst beigebracht, nicht ahnend, was er damit anrichtet. Von überall her wird einem x-mal dieser Satz zugerufen. Es ist eine Plage!

Nicht weit von den bereits bekannten drei Pyramiden fand man unlängst den Eingang zu einer weiteren, die noch unter einem Sandhügel vergraben liegt. Die modernen Grabräuber sind heftig am Buddeln, man darf auf das Ergebnis gespannt sein. Im ›Tal der Könige‹ bei Luxor fand man im Grab des Königs Tut-ench-Amun, das einzige übrigens, das nicht von Grabräubern geplündert wurde, unter anderem einige Samenkörner.

Vierzehn Tage nach dem Einpflanzen sproß eine Gartenquekke durch die Erde, nach jahrtausendelanger Lagerung. Bis zum letzten Licht, das uns einen herrlich roten Sonnenuntergang beschert, stiefeln wir durch den Sand und genießen die Atmosphäre der geheimnisvollen Pyramiden. Als Zaungäste sehen wir noch etwas von der farbigen ›Sound and Light Show‹, die nun abgehalten wird. In gelbem Licht erscheint vor den blauen Pyramiden die Sphinx. 22 m ragt sie in die Höhe. Ihr Antlitz, das über 4 m breit ist, war vielleicht so etwas wie später das Bild der Mona Lisa. Undurchdringlich, rätselhaft. Der Koloß von Rhodos war 35 m hoch, doch von ihm gibt es keine Spur mehr, und so ist die Sphinx das größte Bildwerk der Menschheit. Man mag in ihrem Gesicht Züge des Königs Chefren erkennen, der während ihrer Bauzeit das Land regierte.

Mit dem Bus fahren wir nach Kairo zurück in die Neuzeit. Blinkende Leuchtreklame und hupender Autoverkehr empfangen uns.

Am nächsten Tag beim Bummeln stoßen wir auf einen Laden, wo man uns zu einem günstigen Preis Visitenkarten auf einem Farbfoto druckt. Elena schreibt in Blockschrift deutlich unsere Namen und die Adresse auf einen Zettel. Dazu bestellen wir noch einen Stempel mit unserem Logo der TRANSGLOBE FRIENDSHIP BICYCLE TOUR. Nach einem Tee sind alle Unklarheiten beseitigt, nächste Woche sei alles fertig und äh – »No problem!«

Elena fühlt sich seit Tagen nicht so richtig wohl. Das Fieberthermometer meldet einen Temperaturanstieg auf 39,5° C. Der Vertrauensarzt der Deutschen Botschaft diagnostiziert eine heftige Bronchitis und ordnet Bettruhe an. Während sie in den Kissen vor sich hin schnieft, stromere ich allein durch die Stadt. Elena schreibt im Hotel Tagebuch und arbeitet an einem Zeitungsartikel für Deutschland, ich will mal sehen, ob Visitenkarten und Stempel fertig sind.

»Hallo Mister, tea?« Es wird Tee gebracht.

»Ja, die Karten sind fertig, der Stempel leider noch nicht, aber morgen ist er da.«

Der Mann legt die Visitenkarten vor mich hin.

Ich sehe sie, aber ich will es nicht glauben. Aus Friendship wurde ›Trendship‹, aus meinem Namen ›Materve‹ und Freiburg ist mit ›T‹ gedruckt. Insgesamt stecken neun Fehler in dem kurzen Text. Das Farbfoto ist so braun, als wäre es aus der Zeit von König Cheops. Man holt den Zettel mit der Vorlage hervor und stellt erschüttert fest: tatsächlich, fast alles falsch. Auch die Fotovorlage zeigt im Original blauen Himmel und nicht dunkelbraunen. Alle Anwesenden, und das sind inzwischen mehr geworden, diskutieren den rätselhaften Fall. Das ist einfach ein Ding!

»No problem!«

Schnell ein Schluck Tee, dann gehen alle Mann, der Chef voraus, ins Nebengebäude. Am Ende eines Hofes, der voller Papier, Kartons und Abfälle ist, kommen wir in ein kleines Büro, in dem ein junger Mann an einem Computer sitzt. Er schreibt die Vorlage für den Druck. Ich zeige ihm die einzelnen Fehler und er bearbeitet die Tastatur. Die Leute sind willig und freundlich, aber sie arbeiten meist unkonzentriert und zu schnell. Nach der Korrektur der neun Fehler sind schon wieder drei neue im Text.

Mit viel Gelächter und Herumalbern schaffen wir es dann doch noch, den Adressentext richtig zu schreiben. Die Arbeitsweise erinnert mich an Kinder, die nichts ernstnehmen und alles oberflächlich erledigen. Das bringt viel Zeitverlust, Laufereien und Ärgernisse mit sich.

Wir verabreden einen neuen Abholtermin. Drei Tage später bin ich wieder dort. Der Ladenbesitzer begrüßt mich wie einen lieben, alten Freund. Er beginnt, die Deckplatte meines Stempels zu lackieren. Mit der Laubsäge hat er sie der Stempelform angepaßt. Die Visitenkarten sind fertig. Der Mann läßt Tee kommen und bedeutet verschwörerisch: ›Moment‹. Nun ist der Begriff des Moments ja so dehnbar wie Gummi arabicum. Mein Gegenüber scheint das zu wissen. Ich will ja nicht drängeln, aber nach einer halben Stunde frage ich nochmals nach. Die Antwort ist eine beschwichtigende Handbewegung, die Stempellackierung geht allmählich der Vollendung entgegen. Nach dem dritten Tee wird mir ein ›Kebah‹, eine Fladenbrottasche mit gegrilltem Hammelfleisch und Salat serviert. Als eine Stunde vergangen ist, kommt ein Mann, der mir mit wenigen englischen Worten zu erklären versucht, daß jemand nach Gizah unterwegs ist, um meine Visitenkarten von der Druckerei zu holen. Na, das kann ja dauern, denke ich mir. Und es dauert.

Um die Zeit zu nutzen, gehe ich zu einem Bazar in der Nähe der alten Stadtmauern. Die Straßen sind gesäumt von Ständen, die bunte Laternen anbieten. Die werden zum Ende des Ramadans angezündet, wenn man mit Essen und Trinken wieder richtig feiern darf. Manche der Leuchtkörper sind fast mannshoch, andere nur 10 cm groß. Sie werden aus dünnem Blech von Keks- und Tabakdosen hergestellt.

Mächtig hebt sich das ›Bab-Zuweila‹-Tor, eines der alten Stadttore Kairos, von den niedrigen Häusern drumherum ab. Pferde- und Eselkarren transportieren die verschiedensten Frachten, an der Ecke arbeitet ein Schuster in seinem Zelt. Gegenüber ist das Gefängnis. Gefangene Männer in Handschellen werden von schwerbewaffneten Polizisten herausgeführt und in einen vergitterten LKW gebracht. Viele Frauen stehen vor dem Tor zum Gefängnis. Sie holen ihre Männer ab, die entlassen werden, oder stecken den Gefangenen Tabak und Lebensmittel zu. In einer Seitenstraße schreien mehrere Frauen zu den vergitterten Zellenfenstern hoch, aus den schwedischen Gardinen schreien die Insassen zurück. Fragen des Alltags und des Familienlebens werden besprochen, bis Knacki Mehmet wieder draußen ist.

Außenherum lärmt die Stadt, Händler bieten lautstark Melonen oder Sirup an. Vor einem Teehaus ist ein Gefängniswagen in der prallen Sonne geparkt, während das Wachpersonal beim Brettspiel Pause macht. Der Insasse schnorrt derweil Passanten um Zigaretten an. Hier im Stadtteil Al-Gammalia stehen mit die ältesten Moscheen der Stadt. Manchmal kann man ihre Minarette besteigen und hat so einen guten Überblick über das Treiben. Die Moscheenhöfe laden als Oasen der Ruhe und Beschaulichkeit zum Entspannen ein.

Die leidigen Visitenkarten sind noch nicht da, doch nach einer weiteren halben Stunde kommt der Fahrer endlich. Das Foto ist nun etwas hell ausgefallen und die Vorwahl für Freiburg stimmt nicht, doch es reicht mir jetzt. Mit den Karten und dem inzwischen trockenen Stempel mache ich mich auf den Heimweg und komme dabei an einer Müllhalde vorbei. Die Müllabfuhr kippt die Abfälle abends auf diese Straße, wo sie dann mit Gabeln und mit bloßen Händen von Arbeitern in der Nacht auf Eselkarren oder auf LKWs geladen werden.

Als Elena sich wieder besser fühlt, führen uns gemeinsame Exkursionen in die Altstadt und darüber hinaus. Wir sehen den Töpfern zu, die in elenden Hütten hausen. Schon die kleinsten Kinder müssen mitarbeiten. Eine Siedlung entstand sogar auf dem Schuttplatz der Stadt. Direkt auf dem Müll haben sich Familien aus den Abfällen Hütten gebaut. Sie sammeln Getränkedosen, Plastikflaschen und Metall, deren Verkauf ihnen ein knappes Überleben ermöglicht.

Auf einem islamischen Friedhof sind statt Gräber kleine Häuschen errichtet worden. In diesen wohnen ganze Familien, die mit den eingemauerten Toten zusammenleben. Die Stadt platzt aus den Nähten. In den 50er Jahren waren die Straßen noch sauber und wurden sogar mit Kernseife geschrubbt, doch in den 60ern verdienten viele Männer Geld als Gastarbeiter in den Ölstaaten. Immer mehr Menschen kamen nach Kairo auf der Suche nach Arbeit. Die Wasser- und Stromversorgung brach zusammen, neue Stadtteile entstanden, während die alten vernachlässigt wurden.

Slumsiedlungen wuchsen, einige Familien leben unter Brücken oder in Booten. Die Hälfte der täglich benötigten 3 Millionen m^3 Wasser gehen durch undichte Leitungen und durch illegales Abzapfen verloren. Ähnlich verhält es sich bei der Elektrizität. Die Müllabfuhr arbeitet lieber in den reichen Stadtteilen, die sind erfolgversprechender.

In der arabischen Sprache sagt man ›Misr‹, wenn man Ägypten meint. Bis 1971 gab es einen Zusammenschluß mit Syrien, und heute ist aus dem Wüstenstaat die ›Arabische Republik Ägypten‹ geworden. Das Land erstreckt sich über 1.000.200 km^2. Nur entlang des Nils, einem der größten Ströme der Erde, am Suezkanal und in der Senke von El-Faiyum südwestlich der Hauptstadt Kairo ist der Boden ertragreich. Das sehr fruchtbare Niltal, das nur 4 Prozent der Gesamtfläche des Landes einnimmt, wird von alters her mit einem geschickt angelegten Kanalsystem bewässert. Baumwolle, Reis, Bohnen, Zwiebeln, Zuckerrohr, Datteln, Südfrüchte und sogar Wein, Tabak, Hirse, Gerste, Weizen und Mais werden angebaut. Der Boden ist so ergiebig, daß dreimal im Jahr geerntet werden kann. Die Wasser- und Energieversorgung wird durch den Assuan-Staudamm reguliert. An Bodenschätzen ist Ägypten nicht sehr reich gesegnet, aber immerhin finden sich etwas Erdöl, Mangan, Eisenerze und Phosphat. Die restliche Fläche wird von der Sahara beansprucht, ist somit ein Teil der ›Libyschen Wüste‹, die mit 750.000 km^2 75 Prozent der Landesfläche einnimmt. Kristalline Felsgipfel erheben sich teilweise im Wechsel mit riesigen Sanddünen über das kahle, felsige Tafelland. Zum Roten Meer hin fällt im Osten die 220.000 km^2 große ›Arabische Wüste‹ in einer 1.000 m hohen Stufe ab. Die Wüste Sinai grenzt an das Mittelmeer. Der Gebel Katarina ist mit 2.637 m hier die höchste Erhebung. Die

Bevölkerung ist hauptsächlich islamischen Glaubens und setzt sich aus Arabern, Sudanesen, Türken und Berbern zusammen. Es gibt eine Minderheit koptischer Christen, die sich hier friedlich behauptet. Mit dem jungen Mann, der an der Ecke Papyrusbilder an Touristen verkauft, haben wir uns angefreundet. Eines Tages hat er ein blaugeschwollenes Auge. Polizisten haben ihn geschlagen, erzählt er, weil er ihnen kein Geld gegeben hat. Es sei allgemein üblich, an die Beamten einen Obolus abzugeben, sonst gibt's Knalle. Da er zur Zeit pleite ist, hatte er wohl keine Wahl.

«Könnte ich denn nicht bei euch in Deutschland arbeiten?»

«Was hast du denn gelernt?» fragen wir zurück.

«Nichts, aber ich könnte dort ja Zeitungen verkaufen.»

Als er aber hört, daß man selbst für diesen kleinen Job frühmorgens aufstehen muß, verzichtet er doch lieber auf die Auswanderung. Plötzlich hält vor der Schusterbude gegenüber ein Polizeiauto. Der Schuster geht gleich hin, zieht dem Beifahrer die Schuhe aus und putzt sie blank. Danach bringt er sie zurück, und die Polizei fährt weiter – ohne zu bezahlen.

Mit Elena gehe ich auf der Straße am Nil entlang, als drei Jugendliche, die von der Schule kommen, sehr interessiert das Gespräch mit uns suchen. Einer spricht mit Elena auf der rechten Seite, der andere auf der linken mit mir. Plötzlich hat Elena den neben ihr gehenden am Wickel, die beiden anderen flüchten. Sie haben uns nicht bestohlen, sondern es handelte sich um eine Mutprobe. Einer der Jungs sollte Elena an den Po fassen, was er auch getan hat, während die anderen mich mit Fragen nach der Uhrzeit ablenkten. Meine kleine Elena hat mit hartem Griff den Kerl am Hemdaufschlag gepackt und läßt nicht locker. Der etwa Vierzehnjährige zappelt mit hochrotem Kopf, kann sich aber nicht befreien. Nach vielen gestotterten Entschuldigungen und Erklärungen lädt er uns zu einer Süßkartoffel mit Soße ein, die an einem Imbißstand verkauft wird, und schenkt Elena einen Kugelschreiber.

Elena:
Peters Reaktion ist super! Weil er durch die anderen beiden abgelenkt war, bekam er den Vorfall gar nicht sofort mit. Synchron mit mir griff er sich den verbliebenen ›Helden‹ und fragte mich erst hinterher, was eigentlich los ist. Bei solchen Aktionen ist Spontaneität des Partners sehr wichtig!

Als wir wieder allein sind, legen wir am Ufer des Nils eine kleine Pause ein und lesen in einer Tageszeitung. ›Ehrenmorde fordern weitere Menschenleben‹, steht da in einem Artikel aus Jordanien geschrieben, und Peter liest vor, daß ein Teenager seine 18jährige Schwester erst mit einem Messer traktiert und dann vor den Augen der begeisterten Eltern erschossen hat, weil sie ein uneheliches Kind hat. Ein weiterer Bericht handelt von einem 32jährigen, der seiner 16jährigen Schwester die Kehle durchschnitt. Sie war von ihrem jüngeren Bruder vergewaltigt und anschließend zur Abtreibung gezwungen worden, mußte dann einen 50jährigen Mann heiraten, der sich aber sechs Monate später wieder von ihr scheiden ließ.

»Ich habe die Familienehre wiederhergestellt«, wird der große Bruder zitiert. Die Reporter sahen zu, wie die Familie Freudenschüsse in die Luft feuerte.

Dies seien keine Einzelfälle, wird weiter berichtet. Es gibt viele hundert Frauen und Mädchen, deren Schicksale ähnlich verlaufen, aber nie der Öffentlichkeit bekannt werden. Die meisten Fälle kommen in Gebieten mit hoher Bevölkerungsdichte vor. Gerüchte sind hier schnell verbreitet, die Familienehre ist wichtiger als Leben. Für die Anschuldigung einer Frau reicht bereits ein anonymer Brief. Die vermehrte Urbanisierung, der schnell wachsende soziale Fortschritt, die Modernität werden für die Ehrenmorde verantwortlich gemacht.

Die weibliche Bevölkerung fängt weltweit an, aufzuwachen und ihre Rechte einzufordern. Dabei bleiben aber viele auf der Strecke zugunsten der traditionellen ›Ehre‹. Die Richter versuchen, ihre Urteile mit beidem, Traditionsansprüchen und der modernen Rechtssprechung, in Einklang zu bringen, aber es sind oft Männer, die selbst im alten Denken verfangen sind.

Demgemäß fallen die Urteile oft entsprechend milde aus, zum Teil nur drei Monate Gefängnis.

Zur Zeit wird außerdem noch über die Beschneidung der Mädchen diskutiert. Eine grausame Prozedur, damit das Mädchen empfindungslos wird und somit nicht fremdgeht. Die Operation wird oft unter fürchterlichen Bedingungen, zum Teil sogar mit alten Rasierklingen, durchgeführt. Drei von vier Ägypterinnen sind Analphabetinnen. Für sie ist es besonders schwer, sich von der althergebrachten Tradition zu lösen und sich eine eigene Meinung zu bilden.

In einem anderen Artikel wird über Hochzeitsmodalitäten in arabischen Ländern, vornehmlich in Syrien und Palästina, berichtet. In Ägypten scheint es etwas moderner zuzugehen. Die Familie der Braut ist verantwortlich für die Feierlichkeiten, Teppiche, Möbel, die Garderobe und die Wäsche für die Hochzeitsnacht, während die Familie des Bräutigams für ein neues Heim sorgen muß und für die Küche und alle elektrischen Geräte zuständig ist. Zudem muß der Bräutigam zwei goldene Ringe für die Braut besorgen, auf einem muß ein Diamant eingelassen sein. Mit einer großzügigen Gabe beteiligt er sich an dem Fest. In den gehobeneren Schichten der Bevölkerung wird die Hochzeit immer extravaganter gefeiert. Ob diese hohen Ausgaben von den Familien tatsächlich finanziell verkraftet werden können, wird nicht berücksichtigt. Oftmals werden sie von ihren heiratswilligen Kindern regelrecht dazu gezwungen. Für 1.500 DM werden mehrere Videokameras installiert, mit künstlichem Rauch wird das Brautpaar romantisch drapiert. Auf besonderen Wunsch kann man über den Köpfen des Paares im 5-Sterne-Hotel Kairos oder Alexandrias die Namen mit Laserstrahlen projizieren. Ein ganz besonderer Effekt.

Die Bauchtänzerin hat auch ihren Preis, ist aber mit rund 5.000 DM noch relativ günstig, manchmal tritt auch ein Sänger auf.

Mit einer nervenaufreibenden Lasershow wird der unvergeßliche Moment des Hochzeitskuchenanschneidens auf immer und ewig festgehalten, die Hochzeitsprozession oder wie das junge Paar aus einem goldenen Apfel steigt, umhüllt von pinkfarbenem, dramatischem Rauch.

Problematisch wird es, wenn die Familie der Braut nicht so wohlhabend ist, daß sie sich an den Kosten angemessen beteiligen kann. Jeder Kredit hat mal ein Ende, die Geduld des finanziell stark belasteten zukünftigen Gatten auch, der sich im Zweifelsfall aus dem Staub macht und sich somit der Verantwortung – und der lieblichen Braut – entzieht. Weilt der Zukünftige im Ausland, kommt es schon mal vor, daß die Braut mit ihrer Familie und den immer zahlreichen Freunden und Verwandten die Hochzeit allein feiert. Aber groß gefeiert muß werden, sonst wird die Ehe nichts!

Peter:
Wenn man in Kairo ist, muß man das Ägyptische Museum besucht haben. Schon im Gelände davor sind alte Steinfiguren und Säulen plaziert zwischen schönen Pflanzen und verschiedenen Palmen.

Araber bezahlen 1 Pfund Eintritt, wir müssen zehnmal soviel bezahlen. Nur am Eingang steht noch ein Wegweiser, dann wird man mit den vielen Königen und Dynastien alleingelassen. Es fehlt der rote Faden, der den Besucher durch die Zeitepochen führt.

Die gezeigten Exponate sind überaus interessant, aber mit Pappschildchen schlecht beschriftet. Manche fehlen ganz oder sind umgefallen, dazu ist es noch recht düster in dem Ausstellungstempel. Die Glasvitrinen sind blind und staubig, die Mumien sind nur für 30 Pfund extra zu besichtigen.

Alle Hinterlassenschaften der Pharaonen und ihrer Zeit sind in einfachen Glasschränkchen untergebracht. Die wunderbare goldene Totenmaske des Tut-ench-Amun blickt den Betrachter durch einfaches Fensterglas an. Der im Raum sitzende Museumswärter kämpft mit der Müdigkeit, nach mehrmaligem Einnicken gewinnt der Schlaf.

Elena:
Mit einem ägyptischen Medizinstudenten, der fließend Deutsch spricht, kommen wir nach dem Museumsbesuch in ein interessantes Gespräch. Ahmed bedauert, daß viele Kunstgegenstände, die in sein Land gehören, tatsächlich über die ganze Welt verteilt sind. Da steht ein Obelisk in Paris, der verhökert oder gestohlen wurde, wie immer man das sehen will. Mumien und Sarkophage liegen in Privatsammlungen und goldene Schmuckstücke aus der Geschichte Ägyptens kursieren bei internationalen Auktionen.

Besessene Sammler zahlen hohe Preise, wobei der eigentliche Grabräuber als Handlanger das wenigste bekommt. Schlimmer als der Diebstahl ist, daß unersetzliche Wandmalereien oft mit Hammer und Meißel aus den Wänden gebrochen und große Teile der Bilder zerstört werden.

Ahmed erzählt eine schier unglaubliche Geschichte. Schon in vorchristlicher Zeit war Erdpech als Heilmittel bekannt, das bei Hautverletzungen angewandt wurde. Diese zähe, schwarze Bitumenmasse wurde im Laufe der Zeit verändert und als Paste oder Tinktur für alle nur erdenkbaren Zipperlein angewendet. Als die Nachfrage stieg und es modern war, auf Reisen diese Medizin mit sich zu führen, wurde der Stoff knapp. Weil aber Menschen, besonders wenn es ums Geld geht, sehr erfinderisch werden, experimentierte man mit den alten Mumien.

Von diesen war bekannt, daß sie mit der Teermasse mumifiziert worden waren. Sehr viele Mumien wurden zerstückelt, zerstößelt und zermahlen, um dieses sagenhafte Wundermittel zu gewinnen. Man nannte es ›Mumia‹, und Mumia war bald in aller Munde. Kaiser und Könige aller Welt hatten für sich und ihren Hofstaat einen großen Bedarf, und bald mußte mehr davon beschafft werden. Man verwendete die Körper von Hingerichteten, später wurden sogar frische Leichen ausgegraben und gekocht, bis man eine ölige Substanz erhielt.

Im 16. Jahrhundert gab es sogar eine ausführliche Abhandlung zu diesem Thema in einer medizinischen Fachzeitschrift. Alle Verbote und Aufklärungen nützten nichts, es wurde weiter mit Leichenteilen gehandelt, und bis in unsere Tage hinein kann man dieses Zeug gelegentlich auf Bazaren erhalten.

»Hey, du willst uns eine Gruselgeschichte erzählen!«, sage ich zu Ahmed, aber der bleibt ganz ernst und erzählt, daß er diese Dinge während seines Studiums erfahren habe und sich dann darüber hinaus mehr dafür interessierte.

»Die haben das Zeug sogar aus den Schädeln der Mumien gekratzt«, berichtet er. »Wieviel dabei an dokumentarischem Material zerstört wurde, kann man noch nicht einmal ahnen.«

Eine andere Geschichte handelt von Leuten, die ihre Häuser in die Nähe von alten Gräbern bauen und im Keller oder Fundament ›zufällig‹ ein Loch, das in eine Grabkammer führt, finden.

In Luxor zum Beispiel gibt es etliche Familien, die immer wieder mal einen Sarg, Grabbeigaben, Mumien oder was sie eben finden auf den speziellen Schwarzmarkt werfen und sehr gut davon leben. Die Polizei soll mit 25 Prozent am Geschäft beteiligt sein, und die Verbindungen der eigenen Mafia führen sehr weit in die Regierungsetagen. Kein Kunstgegenstand geht aus dem Haus, ohne daß die entsprechenden Hehler davon erfahren. Wird bekannt, daß etwas Wertvolles verkauft werden soll, meldet sich die Mafia bei dem Verkäufer als Interessent.

Verkauft der Händler an die ›Schutztruppe‹, ist es o.k., verkauft er nicht, kommt überraschend die Polizei und findet in jedem Fall etwas, was der Hausbewohner nicht besitzen darf.

»Diese Warnung gibt es nur einmal«, sagt Ahmed.

Ich gebe zu Bedenken, daß andere Museen in der Welt wertvolle Exponate vielleicht besser und sicherer ausstellen können, als das zum Beispiel in Ägypten der Fall ist. Ahmed bleibt dabei: »Geklaut ist geklaut!«

»Welcome in Egypt, have a happy new year!«, ruft eine Gruppe Jugendlicher überschwenglich über die Straße. Wir gehen durch die beleuchteten Straßen, wo so etwas wie ›Vorsylvester‹ in der Luft liegt und doch auch wieder nicht. Der islamische Kalender zählt ab dem Jahr 622 n. Chr. die Zeit und richtet sich nach dem Mondjahr. Das Neujahrsfest findet im Juni statt, doch einige Christen haben ihre Schaufenster mit weihnachtlicher Dekoration versehen, mit ›Happy New Year‹-Spruchbändern, und auf einer Geschäftsstraße treffen wir einen ausgewachsenen, fröhlichen Nikolaus. Neben ihm steht Bugs Bunny, der Riesenhase.

Zur Feier des Tages besorgen wir uns ein Bier, was nicht einfach ist. Zwar gibt es vereinzelt Geschäfte, in denen man Schnaps, Whisky und Bier erhält, doch die sind meistens verschämt versteckt und nur einige Stunden geöffnet. Um Mitternacht stehen wir auf dem Balkon unseres Hotels, blicken auf die Straße und hinüber zum Nil.

Peter und ich halten unsere ganz private Sylvesterfeier ab, mit einem gemeinsamen Bier und vielen Gedanken an Zuhause, aber auch mit Hoffnungen und Wünschen an das neue Jahr. In Kairo ist es ruhig. Keine Knallkörper, keine Raketen. Der Krach fehlt uns nicht.

»Ein gutes, gesundes und erlebnisreiches Jahr wünsche ich dir.«

Peter nimmt mich in den Arm.

»War schön mit dir – auf eine neue Runde!«

Der erste Januar ist zwar Gewerkschaftsfeiertag, aber viele Geschäfte haben trotzdem geöffnet. Mit den Rädern fahren wir nochmals zu den Pyramiden nach Gizeh hinaus, um einige Fotos zu machen. Es ist kaum möglich, Aufnahmen ohne Publikum zu bekommen. Fotografiert zu werden ist für Ägypter das Größte, und so nehmen wir sie mit aufs Bild. Vorne an der Straße und zwischen den Ställen parken haufenweise Mercedes. Am Ende der Straße, wo sich die Pferdeställe angesiedelt haben, treffen wir auf eine vielköpfige Familie, die uns zum Tee einlädt. ›Ach, die armen Leute!‹ würde so mancher Deutsche ausrufen. Die Kinder sind schmutzig und tragen zerrissene Kleider, Eltern und Verwandte sitzen an einer Mauer vor dem Haus auf dem Boden neben Abfällen und Pfützen. Doch es scheint, daß diese Leute glücklich sind. Die Kinder basteln sich mit Erfindergeist ihre Spielzeuge weitgehend selbst und spielen mit Wasser und Sand.

Vor dem Haus erstreckt sich die Wüste bis hinüber nach Libyen. Vielleicht besitzen sie kein teures Auto und träumen nicht von den Fidji-Inseln, aber nebenan liegen drei ihrer Kamele, die sie an Touristen verleihen, und wenn dadurch soviel in den Topf kommt, daß man leben kann, genügt es. Aber die Leute verdienen mit den vielen Touristen, die oft noch einen weit überhöhten Preis für die Reitstunde zahlen, ohne zu handeln, bedeutend mehr. Wir wissen von Touristen, die viermal so viel gezahlt haben wie wir. Ein australischer Tourist wurde hierbei um ganze 40 Pfund für eine halbe Stunde Pferdereiten erleichtert.

Die Familie nimmt sich die Zeit, um im Schatten zu sitzen. Mutter ist immer zu Hause. Die Frau führt mich ins Haus und zeigt mir stolz ihre Wohnung. Der Kleiderschrank platzt fast vor Garderobe. Da gibt es bunte Kleider in leuchtendem Gelb mit Apfelgrün, rote mit violetten Borden, goldverzierten Säumen und mit brokatversetzten Ärmeln. Sicher gehen sie nie in die Oper. Aber wozu auch? Ihre freundliche Art, die Ruhe in all dem lauten Kindergeschrei beeindrucken mich.

Von Kairo aus wollen wir irgendwie in den Jemen und nach Oman, am liebsten mit dem Schiff. Wozu haben wir denn eigentlich unsere ›Seefahrt-Tauglichkeitsprüfung‹ abgelegt? Wir erhalten die Empfehlung, uns in dieser Sache an das ›Ministerium für Jugend und Sport‹ zu wenden. Der Taxifahrer, bei dem wir einsteigen, kommt aus Addis Abbeba und hat keinen Schimmer davon, wo das Ministerium ist. Bei einigen Passanten holt er Rat. Einer steigt irgendwo mit ein, und endlich finden wir

Besuch bei den Grabstätten der alten Pharaonen in Gizeh/Kairo.

den gelben Bau. Dem Pförtner reiche ich unsere neuen Visitenkarten, die er gleich allen Umstehenden zeigt. Im Ministerium geht es zu wie in allen Bürogebäuden, die wir bisher im Orient sahen.

Auf den Gängen herrscht großes Gedränge. Männer balancieren Tabletts mit Teegläsern über die Köpfe hinweg, und in den Büros scheint immer eine Stehparty stattzufinden. Endlich finden wir den richtigen Ansprechpartner im richtigen Büro. Die Leute sind sehr freundlich, Tee wird gebracht, und wir berichten. Einige der Angestellten sprechen sogar Deutsch. Jetzt geht es ziemlich schnell, nach kurzem Warten öffnet sich die Pforte für uns ins Allerheiligste des Ministers für Jugend und Sport. Minister Omara hört sich an, was wir zu sagen haben – natürlich gibt es Tee dazu. Die Pressemappe erleichtert wieder einmal unsere Erklärungen. Mit dem Schiffsverkehr weiß der Minister nicht so Bescheid, aber der Gouverneur von Port Said, der läßt Schiffe fahren und kann uns sicher weiterhelfen. Ein Mitarbeiter haut schnell ein paar entsprechende Zeilen in seine Uraltschreibmaschine. Auf seine Visitenkarte schreibt uns der Minister in arabisch noch einen Gruß für den Gouverneur und läßt uns sofort telefonisch für morgen bei ihm anmelden. Das läuft doch wie geschmiert.

Um 5 Uhr rappelt der Wecker und treibt uns aus dem warmen Bett, um sieben stehen wir vor dem Bus. Dieser ist kaputt, ein anderer wird beschafft, und bis es aus der Stadt geht, ist es fast acht. Der Erste Sekretär hat uns für 11.30 Uhr angemeldet, hoffentlich schaffen wir das. Aus der internationalen Presse entnehmen wir, daß der Krieg im Jemen zwar offiziell beendet ist, einige Gruppen aber immer noch weiterkämpfen. Es geht um die Grenze zwischen Süd- und Nordjemen. Für Oman will man uns nur ein vierzehntägiges Durchreisevisum geben, zu kurz für zwei Radfahrer, die alles genau angucken wollen. Vielleicht schippern wir nach Pakistan. An der Stadtgrenze legt die mitfahrende Stewardess einen Videofilm ein, ohne den es offensichtlich keine Busfahrt gibt. Es geht um Mord, Vergewaltigung und Sühne der Taten. Über jeder Sitzreihe ist ein Lautsprecher, woraus es mit ohrenbetäubendem Lärm schreit und knallt. Man könnte der Handlung locker auch ohne Ton folgen. Grimmige Bösewichte, stahlharte Helden und dahinschmachtende Frauen. Haben die Mimen mal keinen Text, kreischt Musik. Tonqualität ist nicht gefragt, was zählt ist Lautstärke. Niemand der Mitfahrenden stört dies, einige schlafen selig. Nur wir sind gestreßt.

Der Gouverneur empfängt uns in seinem großzügigen Büro. Wir berichten von unseren Plänen, mit einem Schiff weiterzukommen, und übergeben den Brief sowie die Visitenkarte des Ministers Omara aus Kairo. Als wir unsere Lage dargelegt haben, sagt er, daß er versuchen will, uns zu helfen, und sich seine Leute an die Arbeit machen werden, um eine Verbindung auf einem Containerschiff ausfindig zu machen. Sogleich führt er einige Telefonate und berichtet anschließend, daß man am Nachmittag mehr wissen werde; für heute sind wir seine Gäste. Soviel Kooperation hätten wir gar nicht erwartet. Erfreut bedanken wir uns und marschieren mit einem der Abteilungsdirektoren in dessen Büro. In den Fluren knien viele Angestellte auf kleinen Teppichen und beten laut vor sich hin. Immer wieder schreit der eine oder andere derart auf dabei, daß ich vor Schreck zusammenfahre.

Selbst als wir im geschlossenen Büro des Direktors sitzen, kann man kaum sein eigenes Wort verstehen wegen der Schreie auf dem Flur. Während in unserer Sache telefoniert wird, schreiben wir Autogramme in ein paar Bücher für den Direktor und seine Angestellten.

Nebenher brüllt er irgendwelche Anweisungen ins Telefon, diktiert seiner Sekretärin, deren Kollegin immer wieder fragt, wieviele Kilometer wir bereits geradelt sind, und redet gleichzeitig auf uns ein. Alle sind entspannt. Außer uns. Wir stehen voll im Akustik-Streß.

»O.k., die Sache läuft!« meint er und bittet uns, mitzukommen. Erleichtert verlassen wir das Zimmer, zumal jetzt auch noch von draußen der Muezzin ruft.

Peter:
Man hat gute Kontakte zu unserer Heimat, und auch hier sprechen einige Mitarbeiter etwas Deutsch, das sie während ihrer Studienzeit gelernt haben. Draußen vor der Tür steht ein nobler Dienstwagen, mit dem wir zunächst in ein Hotel gefahren werden, um unsere Sachen abzulegen. Jetzt geht es zu einer Schule, deren Leiterin uns vorgestellt wird, die auch schon Deutschland besuchte. Als nächstes sind Elena und ich Gäste bei einer Ausstellung, in der Kinder und Jugendliche Bilder und Collagen zum Thema ›Überbevölkerung‹ entworfen haben. Die Problematik wird zur Zeit in den Schulen diskutiert, und wir bringen unsere Anerkennung zum Ausdruck für die Aufgeschlossen-

heit, die wir in vielen Ländern diesem Thema gegenüber vermißt haben.

Der Fahrer steuert den Hafen von Port Said an. Vor einem großen, weißen Schiff steigen wir aus und gehen an Bord. »Boooh!«, dröhnt es aus der Schiffströte und hallt über dem Hafenbecken nach. Möwen schreien, und das Wasser klatscht an die Bordwand. Das Wetter ist schön, wenn auch ein kühler Wind bläst. Unter Deck im Restaurant wartet schon ein schön gedeckter Tisch auf uns. Weiße Tischdecken, dunkelrote Servietten und passende Kerzen geben der Dekoration ein festliches Gepräge.

»Der Hafen wurde erst 1860 gebaut, hier an der nördlichen Einfahrt des Suezkanals«, erzählt unser Begleiter.

Während das Schiff ablegt, plaudern wir von unseren Familien und den unterschiedlichen Eigenarten von Ägypten und Deutschland. Der Fisch, der mit Früchten und Reis serviert wird, ist einer der besten, den wir je gegessen haben.

Riesige Tank- und Frachtschiffe liegen hier draußen und warten auf das Löschen ihrer Ladung oder auf die Einfahrterlaubnis in den Suezkanal, der sie ins Rote Meer bringt.

»Seit wann gibt es denn den Kanal?«, richte ich meine Frage an den Manager.

»Schon im Altertum wurde ein Kanal vom Nil zum Golf von Suez gelegt, doch eine richtige schiffbare Verbindung zwischen Mittelmeer und Rotem Meer wurde erst zwischen 1859 und 1869 gebaut. Übrigens zeichnete die Pläne ein Österreicher namens Negrelli, der aber ein Jahr vor Baubeginn leider starb.

Der Kanal bringt enorme Zeit- und Treibstoffeinsparungen. Um von London nach Bombay zu kommen beispielsweise, mußte man früher halb Afrika umfahren. Heute gibt es eine fast gerade Linie dorthin, was den Seeweg um 42 Prozent verkürzt.«

Elena erinnert sich an eine alte Zeitungsmeldung und fragt nach:

»War die Wasserstraße nicht im Krieg mit Israel ein Streitpunkt?«

»Oh, und wie! Da drüben, wo Sie den Frachter sehen, war die Zufahrt durch versenkte Schiffe blockiert, das war zuletzt im Sechstagekrieg 1967. Aber lassen Sie uns nicht von Kriegen sprechen, der Tag ist zu schön dafür!«

»Dort drüben liegt Port Fuad, das liegt am östlichen Ufer des Suezkanals und somit in Asien«, sagt der Mann und zeigt auf die Lichter auf der anderen Uferseite.

Nun wird es aber Zeit, ins Gouvernement zu fahren, wir sind schon mächtig auf das Ergebnis der Ermittlungen gespannt. Die Nachricht ist enttäuschend. Kein Schiff direkt nach Pakistan, aber es gibt Schiffe nach Saudi Arabien und von dort über Oman nach Pakistan.

Das nützt uns nichts, denn wir als Christen und somit ›Ungläubige‹ dürfen nicht in Saudi Arabien einreisen, das ist höchstens Geschäftsleuten oder Technikern aus beruflichen Gründen erlaubt. Also müssen wir fliegen.

Wieder in Kairo, erfahren wir im Hotel, daß sich die Presse angesagt hat. Über das Ministerium haben die Reporter von uns erfahren. Am Vormittag kommen Journalisten und Fotografen zu uns, doch zwei Tage später muß der Fototermin wiederholt werden, weil die Aufnahmen unscharf sind.

Die pakistanische Botschaft liegt auf der anderen Seite des Nils. Mit dem Taxifahrer handeln wir einen Preis aus. Als er losfährt, merken wir, daß das Taxameter ausnahmsweise einmal funktioniert, und als wir nach vielen Kurvereien endlich am Ziel sind, hätte die Fahrt nach der Uhr nur halb so viel gekostet. Schlitzohr! Ein Dokument, das die Echtheit unserer Pässe bestätigt und das wir für ein pakistanisches Visum brauchen, haben wir uns schon vorher von der Deutschen Botschaft geben lassen für 20 DM. Wir füllen einen Fragebogen aus und vermerken als Zusatz ›Weltreise mit dem Fahrrad‹. Der Botschafter läßt ausrichten, daß er an einem persönlichen Gespräch interessiert ist, und bittet in sein Büro. Er ist selber aktiver Sportler und gewährt uns einen Aufenthalt von sieben Monaten, der in Pakistan noch verlängerbar ist. Dies ist die längste Aufenthaltserlaubnis der gesamten Reise.

Tagelang sind Peter und ich in Kairo herumgeschwirrt, um Flugpreise zu vergleichen. Die Unterschiede sind teilweise enorm. Bis zu unserem Abflug sind noch einige Tage Zeit. Peter liest aus der Zeitung vor, die wir uns aus dem Goethe-Institut besorgt haben:

»Bis vor kurzem konnte jedermann noch für 5 DM pro Tag ein Maschinengewehr leihen. Nur, weil viele nicht mehr abgegeben wurden, gibt es diesen Service nicht mehr. Bei Luxor wurde wieder auf Eisenbahnzüge geschossen, und in Tel Aviv flog ein Bus in die Luft, wobei es 18 Tote gab.«

Am Nachmittag machen wir uns auf den Weg zum Flughafen. Er liegt weit draußen vor der Stadt, und die Fahrt dorthin ist ein Abenteuer der besonderen Art. Ägyptens Autofahrer bremsen und blinken nicht gern. Wir sind viel zu früh da, weil unser Flug erst für 3.20 Uhr früh angesagt ist, doch in der Nacht wollten wir nicht über die unbeleuchteten, schlechten Straßen fahren. Um 2 Uhr können wir einchecken, das Personal weiß bereits, daß wir kommen, der Manager hat sie informiert. Später setzt er sich auf einen Kaffee zu uns und sagt, daß die Maschine aus Paris kommt und eine Stunde Verspätung hat. Weil sie übervoll ist, können wir ohne Aufpreis auf den einzigen noch freien Plätzen der ersten Klasse fliegen.

Um 4.30 Uhr hebt der Vogel ab und mit 980 km/h geht es in 6.800 m Höhe auf die 3.800 km lange Reise nach Karachi in Südpakistan. Woher ich das alles so genau weiß? Na, Peter hat im Cockpit nachgesehen und sich mit der Crew unterhalten. Ich war später sogar bei der Landung vorne mit dabei.

11.
Totenkult im Hindukusch
PAKISTAN (Januar – März 1995)

Peter:
In Karachi ist es um 12.30 Uhr nicht nur wärmer, sondern auch drei Stunden später als in Kairo. Elena und ich ziehen erstmal die drei Hosen aus und die drei Hemden auch, die wir aus Gründen der Gewichtseinsparung beim Gepäck übereinander gezogen haben. Als wir auf dem Flughafen als letzte unser Gepäck einsammeln, kreist auf dem leeren Fließband ein schwarzer Büstenhalter einsam vor sich hin ... Ich baue die Räder wieder zusammen und hänge die Radtaschen ein. »Hey, Mister!«, schwirren die Rufe der Taxifahrer und ihrer Helfer um uns herum. Mit den Rädern fahren wir in die Metropole. Die erste Besonderheit: Linksverkehr.

Unser allererster Weg führt uns zum American Express Büro, das am Anfang des Stadtzentrums liegt. Etliche Briefe liegen für uns da, die wir, um die Spannung zu erhöhen, erst im Hotel oder bei einem Tee lesen. Die Angestellten sind sehr aufmerksam und geben uns noch eine Menge informativer Prospekte mit. Wir tauschen Geld, für 10 DM bekommen wir 200 Rupies.

An den Linksverkehr muß man sich erst noch gewöhnen. Ich baue die Rückspiegel auf die rechte Lenkerseite um. Die dreirädrigen Scootertaxis – man nennt sie Tuck-Tuck nach dem Geräusch, das sie machen – nebeln alles ein. Blauer Auspuffdunst liegt praktisch über der ganzen Stadt.

Hotelsuche: Einige Hotels sind so mies, daß ich da auf keinen Fall mit Elena rein kann. Dann sehe ich Schlafsäle, nur für Männer. Die Sonne wirft schon lange Schatten, als wir nahe dem Zentrum im ›Christlichen Verein Junger Männer‹ unterkommen. Wir müssen zuerst Mitglieder werden, doch das Zimmer ist groß, mit einem Deckenventilator, WC und Dusche.

Am Abend gehen wir etwas essen. Bei einem Chinesen bekommen wir für knapp 5 DM Nudeln mit Fisch. Die Straßen dorthin sind finster, kaum eine Laterne funktioniert. Drähte ragen kunstvoll aus den Masten, oft sind die Birnen zerschlagen worden. Große, tiefe Löcher sind auf den Straßen und auf den Gehwegen. Kanalöffnungen ohne Deckel sind normal, eine Straßenreinigung gibt es nicht. Vor jedem Haus, vor jedem Geschäft befinden sich Stolperfallen, weil die Gehwege unterschiedlich hoch sind. An den Hauswänden liegen längliche Bündel; manchmal ragen ein paar Füße heraus. Viele Leute schlafen auf der Straße. Nach Geschäftsschluß werden Rolläden aus Blech heruntergelassen. Schaufensterbummel sind unbekannt; die Straßen werden durch die Glühbirnen und Gaslampen der zahlreichen Straßenhändler beleuchtet.

Rote Flecken auf den Kleidern der Männer, auf Geldscheinen und auf den Straßen, Hauswänden sowie an den Tuck-Tucks fallen uns auf. Die Erklärung heißt Paan. In ein Betelnußblatt werden verschiedene Gewürze und eine zerkleinerte Betelnuß gepackt und dieses in eine Backentasche gesteckt. Jeder Pakistani scheint den ganzen Tag Betelnuß zu kauen. Es kann eine leicht betäubende, aber auch anregende Wirkung hervorrufen. Der entstehende Speichelsaft wird dann einfach ausgespuckt. Manche, die wir trafen, konnten nicht mehr sprechen, weil ihr Mund voller Flüssigkeit war. Die Zähne sind dadurch rot gefärbt, für viele ist Betelnußkauen eine Sucht geworden. Man bekommt sie für ein paar Pfennige fast überall.

Neben uns hält ein Privatauto an, vom Beifahrersitz aus will ein Mann in Zivil, der sich als Polizist ausweist, unsere Pässe sehen. Er behauptet, Drogen riechen zu können, und verlangt, an unseren Hüfttaschen schnüffeln zu dürfen. Wir sollen sie ihm ins Auto reichen. Die Sache kommt uns reichlich komisch vor. Wir treffen ein Abkommen: Wir halten die Taschen in den Hän-

Die zwei Mädels in Karachis Altstadt freuten sich noch riesig über ein paar deutsche Kugelschreiber.

den, während er schnüffelt und seine Hände im Schoß liegen läßt. Wir kennen schnüffelnde Polizeihunde, gesprochen haben wir bis dahin jedoch noch mit keinem ... Er schnüffelt also, ohne Ergebnis. Jetzt will er an unseren Geldbörsen schnuppern. O.k., es gilt die gleiche Abmachung. Zur Sicherheit halten wir die Daumen über das Scheinefach. Wir halten den ›Schnüffelgegenstand‹ so, daß er seinen Kopf aus dem Autofenster recken muß, um ihn bei einer eventuellen Flucht noch packen zu können. Auch diese Schnüffelprobe bleibt ohne Beanstandung, und der PKW fährt weiter. Glück gehabt! Er hätte auch Drogen, die wir gar nicht haben, ›finden‹ können. Rauschgiftbesitz wird sehr gerne bei Touristen geahndet, weil diese Geld haben, um sich freizukaufen, außerdem gibt es Fangprämien. Die einheimischen armen Schlucker bevölkern nur die Gefängnisse und bleiben deswegen unbehelligt.

Tschingderassabumm und Chorgesänge wecken uns am anderen Morgen. Durch eine Spalte, die der Vorhang des wandgroßen Fensters freigibt, werde ich Zeuge des allmorgendlichen Schulrituals. Alle Schüler, die kleinen und die großen, stehen wie Kompanien im Hof aufgebaut. Die Mädchen hier, die Jungs dort, mit ihren jeweiligen Lehrern. Drei große Jungen schlagen auf umgehängten Trommeln den Takt zu patriotischen Liedern und der Nationalhymne, die von allen gemeinsam gesungen werden. Die Schüler tragen eine dunkelblaue Uniform mit weißen Hemden. ›Urdu‹ ist die Landessprache in Pakistan. Amtssprache ist Englisch, doch es werden ›Pandjabi‹, ›Sindi‹ oder ›Balutschi‹ als Dialekte ebenso verwendet.

In unserer Herberge kann man Toastbrot und krank aussehende, blasse Spiegeleier bestellen, und wir tun's. Der freundliche Mann am Eingang warnt uns vor falschen Polizisten, vor Drogenhändlern und vor der Dunkelheit. Schon der Zeitung entnahmen wir allerhand Meldungen, die Karachi nicht gerade als Klostergarten erscheinen lassen. 33 rivalisierende Oppositionsparteien streiten sich um die Macht, und streiten heißt sehr oft schießen. Nachts hören wir in unserem Zimmer MG-Feuer auf der Straße. In der mehr als 10 Millionen Einwohner zählenden Stadt werden jede Nacht 20 bis 30 Leute erschossen. Teils aus politischen Gründen, teils weil sich ein Autofahrer unfreiwillig von seinem Fahrzeug trennen soll. Ladenbesitzer öffnen ihre Geschäfte mit ungutem Gefühl im Rücken. Etliche sind dabei aus fahrenden Autos heraus erschossen worden; die Polizei ist angeblich machtlos.

Benazir Bhutto ist 1988 zur Premierministerin gewählt worden, hat aber Schwierigkeiten, ihre Vorstellungen von Demokratie durchzusetzen. Das Militär ist der eigentliche Machthaber des Landes, sagt man uns. Investitionen fehlen aus den reichen Industriestaaten, die angesichts der unsicheren Lage entsprechend zurückhaltend sind, Fabriken zu sanieren und Pakistan auf internationalen Standard zu bringen. Nach dem Rückzug der Engländer wurde 1947 der Staat Pakistan aus den indischen Provinzen Ostbengalen, Punjab, Sind, Belutschistan und Kashmir gegründet. Seit der Grenzziehung ist die Trennungslinie um Kashmir umstritten. Zu den inneren Unruhen kommen noch die außenpolitischen Schwierigkeiten zwischen Pakistan und Indien. Benazir Bhutto wird unter anderem vorgeworfen, den Konflikt in Kashmir zu schüren und als Krieg der Religionen, Islam gegen Hinduismus, voranzutreiben. Somit lenkt sie die Aufmerksamkeit von den innenpolitischen Problemen und Unzulänglichkeiten, die sie nicht lösen kann, auf einen von Pakistan provozierten Krieg gegen Indien. Andere Stimmen wiederum behaupten, daß Indien Pakistan vereinnahmen wolle. Nach dem Krieg zwischen Indien und Pakistan in den Jahren 1947–48 hat der Weltsicherheitsrat 1957 das Gebiet Kashmir Pakistan zuerkannt.

Indien beansprucht dieses Gebiet ebenfalls. Zur Zeit unseres Aufenthaltes in Pakistan werden fünf Europäer dort gefangengenommen; einer von ihnen wird später geköpft aufgefunden. Im November 1996 wird Frau Bhutto entmachtet und unter Hausarrest gestellt. Korruption und illegale Machenschaften werden ihr vom Volk vorgeworfen. Die Interessen der verschiedenen Geheimdienste, Waffenschmuggler und Drogendealer sorgen für permanente Spannungen. Dazu kommen noch die differenzierten Anschauungen von Sikhs, Hindus und Moslems. Verschiedene Stämme in Belutschistan üben ihr Stammesrecht aus, so daß das pakistanische Gesetz nur wenig zur Anwendung kommt. Im Punjab dagegen gehen die Schiiten aufeinander los, wo es um unterschiedliche Auslegungen des Korans geht. Viele dieser Anhänger des fundamentalistischen Islams leben auch im Bundesstaat Sind, in dem wir uns gegenwärtig befinden.

Zeitungsmeldungen zufolge soll die pakistanische Regierung in Islamabad dazu übergegangen sein, Terroristen und als solche Verdächtigte kurzerhand erschießen zu lassen.

»Und wir wieder mal mittendrin!« seufzt Elena. »Ein Urlaubsparadies ist es hier nicht gerade.«

Um das Volumen und das Gewicht unseres Gepäcks nochmal zu verringern, schicken wir einige Gegenstände, die sich als verzichtbar erwiesen hatten, nach Hause. Außerdem ein paar Reiseandenken, die sich so ansammeln. Die Post ist eine Behörde, und für Behörden muß man sich Zeit nehmen. Unser Paket besteht aus einen teurem Kochtopf aus Stahlblech, und darin sind einige Souvenirs, Briefe, Musikkassetten etc.

Das erste Tuck-Tuck rollt an. Die Karosserie über dem Motorroller ist voller Verzierungen. Auf dem Dach steht ein Gummiadler, auf das Heck hat sich der Fahrer ein Landschaftsbild malen lassen, Marke röhrender Hirsch. Es könnte eine Szene im Schwarzwald darstellen. Schon vorher haben wir uns über die Höhe des Fahrpreises schlau gemacht und wissen, daß es ungefähr 20 Rupien, gleich 1 DM, kosten wird.

»Hundert!« sagt der Fahrer.

Wir lachen alle drei über den gelungenen Spaß, das war wohl ein Ausrutscher. O.k., nochmal. Um uns herum hupt und knattert es, und allmählich sind wir in ein zartes Blau gehüllt von den Tuck-Tuck-Abgasen.

»Zehn!« versuche ich zu pokern, doch der Fahrer will daraufhin starten.

»Stop. O.k., twenty Rupies!« rufe ich noch schnell, und für 25 fahren wir endlich zur Post. Nun wird das Töpfchen gewogen, der Inhalt als unbedenklich eingestuft, und wir füllen eine Karte mit der Anschrift usw. aus.

»Was sollen wir denn beim Schneider? Ist dein T-Shirt geplatzt?«

Der Postler macht die Geste von Nähen mit Nadel und Faden.

»Ach, jetzt weiß ich es. Wir sollen unseren Pott einnähen lassen.«

Also wieder raus aus dem Postamt. Draußen hat der Postpaketeinnäher seinen Stand. Mit großen Stichen wird das Frachtgut in einem beigen Stoff paßgerecht verpackt. Nun weist man uns wieder ins Postamt zurück, wo an den vernähten Öffnungen dicke Klumpen Siegellack aufgedrückt werden. Elena hat die Anschrift in Deutschland deutlich draufgeschrieben.

»Gute Reise. Wann wird es denn in Deutschland sein?«
»In zwei Wochen, aber erst muß noch der Zoll hineinsehen.«
Wir schauen uns verdutzt an.
»Hä? Wie reinsehen? Es ist doch jetzt zu!«
Der Mann hinterm Schalter lacht breit.
»No problem! Es wird gleich wieder im Keller aufgeschnitten vom dortigen Zöllner.«

Eben, das ist es, was ich befürchte. Da sind wir wohl besser dabei.

Alle drei gehen wir ins Erdgeschoß. Hinter einem Packtisch sitzt der füllige Zollinspektor, vor ihm sind drei, vier Leute damit beschäftigt, fein säuberlich genähte und verpackte Pakete eilig mit dem Packmesser aufzuratschen. Nervöse Hände fingern darin herum und ziehen Verschiedenes raus zur Begutachtung durch den Chef. Auf dem Boden steht schon eine Anzahl aufgerissener Päckchen. Was vorher liebevoll einsortiert war, wird nach der Kontrolle hastig in die Kartons geworfen und alles wieder zugedrückt, eingenäht und erneut versiegelt – Ordnung muß sein …

Bei unserem Kochtopf entfällt das Aufreißen, doch über das Einräumen entstehen verschiedene Auffassungen, deswegen machen wir es selbst. Der Stoff wird wieder vernäht und die Naht versiegelt. Ich verstehe nun den Begriff ein Paket ›aufgeben‹ vollkommen neu.

Unser Aufenthalt in der ›Islamischen Republik Pakistan‹ fällt unglücklicherweise in die Zeit des Ramadans. Wir haben Schwierigkeiten, vor Sonnenuntergang etwas Eßbares zu finden. Manchmal brutzelt es in einer Garküche. Männer tragen Essen in Säckchen nach Hause. Kranke Menschen sind vom Fasten befreit, viele andere essen und rauchen heimlich. Ab 18 Uhr füllen sich dann aber die Gaststätten, die Straßen sind wie leergefegt. Die Luft in der Stadt klärt sich für eine Stunde.

In einem Terrain mit Rasen und Bäumen liegt das ›Foreign Registration Office‹, bei dem wir uns melden und eine Visumverlängerung beantragen müssen. Vor der Bürotür entnehmen wir einer Tafel die ›Zehn Gebote‹ für den Umgang mit dem Chef. Unter anderem sind Schußwaffen verboten, und beleidigen darf man ihn auch nicht, steht da. Wir füllen einen langen Fragebogen aus, den wir im Laden nebenan mehrfach kopieren lassen, und fügen ein Paßbild hinzu. Elena und ich haben niemanden beleidigt. So steht auf dem Formular in unseren Pässen, daß wir uns in anderen Provinzen im Gegensatz zu früher nicht mehr melden müssen.

Wir wollen uns den Strand von Karachi ansehen.

»Clifton Beach?« rufen wir in verschiedene Motorscooter, aber die Fahrer winken nur ab. Entweder kennen sie das Ziel nicht, oder sie haben keine Lust, so weit zu fahren. Endlich erbarmt sich einer und nimmt uns mit. In einer Wohngegend mit Hochhäusern hält er an und meint, das Meer liege dort hinten links. Stimmt ganz genau, nur sind es bis dahin noch gute 3 km! Um uns herum liegt nur Müll und etwas, was mal ein Park mit Brunnen gewesen ist. Natürlich gibt es schon lange kein Wasser mehr darin, dafür jede Menge Abfälle. In einer Art Konditorei kaufen wir uns ein paar grüne Blätter, die in Fett gebacken wurden. Man soll ja die Einheimischen in der Zeit des Ramadans nicht provozieren, indem man in der Öffentlichkeit ißt. Das kann mit Stockhieben oder Arrest bestraft werden. Aber wir sind keine Moslems und verdammt, wir haben Kohldampf. In einer Seitengasse schieben wir uns mehr oder weniger heimlich die Blätter in die Backen.

»Noch vier Stunden bis 18 Uhr«, murmelt Elena, deren leerer Magen knapp über dem Boden schleift.

Ein pakistanischer Händler wartet zeitungslesend auf Kundschaft.

Mit einem richtigen Pkw-Taxi erreichen wir dann doch noch den Strand. Ein langer Weg entlang eines heruntergekommenen Vergnügungsparks führt zur Uferstraße. Es stinkt penetrant nach Urin. Der Sand ist übersät mit Müll, alles wirkt tot und ausgestorben. In einiger Entfernung wächst eine moderne Wohnblockanlage. Es sind fast keine Menschen hier. Der Sand in Wassernähe ist dunkelgrau. Tote Fische und Krabben dümpeln im flachen Meer. Es ist fast totenstill, und dies paßt zur Lage, denn im Wasser liegt eine dicke, graue Schicht aus Graphit, ein Mineral aus reinem Kohlenstoff, das bei der Stahlherstellung anfällt. Ein junger Mann bietet uns sein grellbunt geschmücktes Pferd zum Reiten an.

»Früher kamen noch viele Ausflügler hierher, aber jetzt muß auch ich in die Stadt, wenn ich überleben will«, berichtet er. Den danebenstehenden Kamelführrern geht es nicht besser.

Heute beginnen wir mit der Malariaprophylaxe. Jeder von uns nimmt Resochin- und Paludrine-Tabletten ein. Um zum Maklihügel, einer Nekropole von zirka 15 km^2 zu kommen, muß man mit dem Zug fahren. Beim Fahrkartenkaufen versuchen die Bediensteten, uns noch schnell übers Ohr zu hauen, und verlangen den neunfachen Preis. Weil wir uns aber schon vorher kundig gemacht haben, reklamieren wir beim Chef und bezahlen den angeschriebenen Preis. Die Fahrt geht durch Slums, dann durch Reisfelder, auf denen Bauern und Wasserbüffel ihre Arbeit tun. Da, wo normalerweise die Gepäcknetze sind, befinden sich Liegen im Waggon, die voller Leute sind. Auch im Zug wird gerne gespuckt.

Im Dörfchen Jungshahi steigen wir in einen der hupenden Busse. Vorne und hinten hängen Ketten mit Blechherzchen von den Stoßstangen bis auf die Fahrbahn herunter. Verschnörkelte und verchromte Aufklebeverzierungen bedecken den ganzen Bus. Reflektoren in allen Farben sind da, wo noch ein Fleckchen frei war. Das Armaturenbrett ist gespickt voll mit Plastikblumen, Adlern und Aufklebern. Einer ermahnt: »Küssen verboten!« Spiegel sind auch sehr wichtig. Nicht unbedingt wegen der anderen Verkehrsteilnehmer, sondern vielmehr, um sich selbst immer wieder zu sehen. Mit vielen Rufen und Gehupe fährt der Bus immer nur ein Stückchen weiter, um wieder anzuhalten. Das beschleunigt die noch zögernden, zukünftigen Fahrgäste auf der Straße. Der Kassierer auf dem Trittbrett ruft die anzufahrenden Stationen aus und schiebt die Passagiere in den Bus. Endlich fährt er ab. Nochmal ein Dreiklang-Fanfarenstoß, ach, da hoppelt noch eine Oma an. Jetzt aber rein damit, ja, die zwei gefesselten Hühner auch!

Während der schaukelnden Fahrt steigt der Schaffner durchs offene Fenster aufs Dach und kassiert bei den Dachfahrern ab, denn dort hocken zwischen Kisten und Säcken auch nochmal zwanzig Mann. Im Bus sitzen Frauen und Männer getrennt und blicken sich auch nicht an, als bekäme man die Krätze davon. Die

Plätze beim Fahrer vorne sind für Frauen reserviert. Schön sehen sie aus. Bunte Kleider, die aus Hosen und einer lang darüber getragenen Bluse bestehen, tragen sie. Ein dazugehöriger Schal wird über die Haare und um den Hals gelegt. Die Nasenflügel zieren eingeklemmte Silberspiralen; silberne Armreifen und Ringe sieht man oft.

Ein junger Mann sitzt neben mir und will wissen, woher ich komme. Als ich es ihm sage, zeichnet er ein Hakenkreuz auf die Sitzlehne und schreibt »Nazi« dazu.

»Was soll das?« frage ich ihn, doch er freut sich, daß ihm zu Deutschland auch etwas einfiel …

Wir erleben das sehr oft in vielen Ländern. Die Leute haben häufig keine Ahnung, warum wir uns da nicht mitfreuen können.

Die Grabmonumente des angeblich größten Friedhofs der Welt umfassen Gräber aus drei Epochen. Die ältesten Hügel stammen von den Summa. Sie hatten ihre Zeit Mitte des 14. bis zum Ende des 16. Jhs. n. Chr., darauf folgte der Stamm der Turkan, während die Arghun in die Zeit der Mogulkaiser zurückgehen. Kleine, zerfallene Gräber stehen da im Sand, aber auch welche, so groß wie eine Kirche mit teilweise erhaltener Keramik in blau und türkis. Mauern sind reihenlang mit Hakenkreuzen verziert. Das Zeichen findet im Sanskrit Verwendung als Sonnenrad und meint den Anbruch einer neuen Zeit. Aber auch bei indo-germanischen Völkern kommt es als sich kreuzende Blitze, als Thors Hammer vor. Die Nationalsozialisten haben es ab 1919 verwendet.

In der Nähe steht ein Tempel der Hindus. Die Türen, Treppengeländer und Türmchen sind bunt angemalt. Architektonisch erinnert es mich an ein Westernfort. Im Innenhof sind einige Verkaufsstände aufgebaut, die Räucherwerk anbieten oder Bücher.

In kleinen Räumen leben Pilger, im Schatten liegen Männer und schlafen. Der eine oder andere erhebt sich jetzt und hat sichtlich Mühe, die Gespenster des Schlafes zu verscheuchen und in die Wirklichkeit überzuwechseln. Haschisch und Opium helfen hier vielen über den Tag und durch ihr Leben.

Am Eingang will uns ein Mann den Kampf zweier Todfeinde zeigen. Indische Kobra gegen Mungo. Wir winken ab und machen auch kein Foto von den Tieren. Den schönen Schlangen werden die Giftzähne herausgebrochen, oder man hat ihnen das Maul zugenäht. Der Tod durch Verhungern ist ihnen gewiß, denn Schlangen sind sehr sensible Tiere und stellen das Fressen ein, wenn sie sich unwohl fühlen. Dann wird eine andere Kobra gefangen. Es gibt viele davon. Wir unterstützen diese Tierquälerei nicht. Uns plagt der Hunger und der Durst, aber die entsprechenden Händler haben geschlossen oder bieten nichts an. Während der Rückfahrt hält der Bus gegen 18.30 Uhr in einem Dorf. Kaum, daß das Auto steht, quellen schon die Händler herein. Auf dampfenden Tabletts bringen sie Hähnchenteile, Fettgebackenes, Nüsse und Orangen. Draußen brutzelt und schmort es im Schein von Gasfunzeln. Die Leute stopfen sich heißhungrig und gierig Essen in den Mund. Knochen und Abfälle wirft man unter den Sitz oder zum Fenster hinaus.

Zurück in Karachi, essen wir beim Chinesen ein paar Nudeln. Die Hauptstraßen sind hell beleuchtet durch zahlreiche Gaslaternen der Händler, die dicht an dicht alles, was man sich denken kann, anbieten. Sogar der Zahnarzt hat noch geöffnet. Es gibt nur einen Raum, der etwa wie eine offene Garage aussieht. Wartezimmer, Behandlungsraum und Labor in einem; am Eingang bastelt der Zahntechniker noch schnell ein Gebiß zusammen. Von der Straße aus kann man den Patienten direkt in den Mund sehen.

Bunte Busse mit blauer und grüner Außenbeleuchtung, LKWs wie vom Zirkus Roncalli, Tuck-Tucks, PKWs und Radfahrer, alles schleust sich irgendwie durch die enorme Flut von Fußgängern.

Beim Zahntechniker probiert man die fertigen Gebisse gleich auf der Straße in Karachi an.

Kinderwagen sind unbekannt, die Kurzen werden mit gespreizten Beinen auf Mutters Hüfte getragen.

In der Nacht hören wir wieder eindeutiges MG-Feuer. Am Morgen gehen wir ins Zentrum, um Fotos abzuholen, die wir für die deutsche Presse brauchen.

»Indian dogs go out from Kashmir!« skandieren etwa fünfzig aufgebrachte Frauen, angeführt von einigen Männern. Transparente tanzen über ihren Köpfen, die den Abzug der ›indischen Hunde‹ aus Kashmir verlangen. Diese Frauen haben alle einen Angehörigen im Krieg zwischen Pakistan und Indien im umstrittenen Kashmir verloren.

Ungute Spannung liegt in der Luft. Schwarzer Qualm steigt hoch, einpeitschende Sprechchöre schallen um die Häuserecken. Beim Näherkommen sehen wir auf einer großen Kreuzung einen Berg brennender Autoreifen. Dichte, schwarze Wolken steigen zum Himmel. Von einem LKW dröhnt schrill aufpeitschend

Pakistanische Frauen demonstrieren gegen die Vorgehensweise Indiens im Kashmir-Kriegs.

die überschwappende Stimme des anführenden Parolenrufers durch ein Megaphon. Die Ladefläche ist voller Männer, die teilweise mit Tüchern vermummt sind. Polizei und Militär mit schweren Maschinengewehren haben Stellungen bezogen, Jeeps und Mannschaftswagen stehen herum. Die aufgebrachte Menge schreit ekstatisch einhämmernde Leitmotive, schwingt Fäuste und Fahnen. Spruchbänder in der Landessprache Urdu schaukeln über den Köpfen. Bloß nicht in das Räderwerk der aufgebrachten Menge geraten! Als Repräsentanten des wohlhabenden Auslands wären wir eine schöne Zielscheibe. Einige Fotos gelingen mir trotzdem.

Von einem Polizisten erfahren wir, daß es hier um innenpolitische Belange geht. Die Demonstranten verlangen den Rücktritt von Premierministerin Benazir Bhutto und den Austausch der Regierung wegen vieler Versorgungsnöte und großer Korruption. Jetzt schleppen fünf Männer eine lebensgroße Strohpuppe mit dem auf Papier gemalten Gesicht Benazir Bhuttos herbei und werfen sie ins Feuer. Funken stieben auf und vermischen sich mit dem Qualm und den lodernden Flammen. Die Menge tobt, die Megaphonstimme überschlägt sich, bewaffnete Soldaten bahnen sich eine Gasse zum Scheiterhaufen. Von einem LKW herunter wirft jemand die pakistanische Staatsflagge ins Feuer. Fast im selben Moment bellen Schüsse aus Maschinengewehren durch die Luft. Die Menge brüllt auf, in Panik rasen die Menschen auseinander. Andere werfen sich auf den Boden und halten die Hände schützend über den Kopf. Frauenschreie gellen über den Platz. Wir flüchten geduckt unter den halb heruntergezogenen Blechrolladen des nächsten Geschäfts. Weitere Schüsse knallen in Hauswände.

Glas zersplittert. Im Halbdunkel stehen einige bärtige Männer mit ernsten Gesichtern. Irgendwo im Hintergrund wimmert eine Frau, ein Baby weint, auf dem Ladentisch flackert ein Kerzenstummel. Draußen knattern nochmals drei Schüsse, aber das Geräusch geht fast unter im Lärm der Automotoren und der wütenden Menge. Es ist Sonntagnachmittag gegen 14 Uhr. Zu Hause sehen unsere Leute gerade ›Lindenstraße‹, und wir … Die Angst ist uns ins Gesicht geschrieben.

Einer der Männer schenkt uns heißen Tee in ein benutztes, klebriges Glas ein. Er berichtet von Trinkwasser, das sie bezahlen, aber nicht bekommen, weil so gut wie alle Leitungen defekt sind. Vom Strom, den sie auch bezahlen, den sie aber auch nicht bekommen, und von kriminellen Banden, die das Land terrorisieren.

»Die Politiker sind schlecht, die Polizei ebenso!« sagt einer.
»Und Amerika hilft uns nicht.«
Schrille Sirenen unterbrechen das Gespräch und verhallen in der Ferne. Der Mann winkt ab.
»Alles Theater. Banditen und Polizei arbeiten zusammen!«

Elena:
Vorsichtig lugt Peter unter dem Rolladen hervor. Auf der Straße hat sich die Lage so weit entspannt, daß wir es wagen, aus unserem Versteck zu kriechen. Eine Menschentraube steht heftig diskutierend beieinander. Unter einer Wolldecke auf der Straße ragen zwei Menschenbeine heraus, der linke Schuh fehlt. Ein rotes Rinnsal sickert in die Risse im Asphalt. Zwei Tote hat diese kurze Attacke zu verzeichnen. Der andere Leichnam liegt unweit daneben. Ich erkenne ihn am T-Shirt. Der Mann hat vorhin die Flagge ins Feuer geworfen. Polizisten versuchen, den Verkehr zu regeln, Busse und Taxen steuern um die Szene herum. Der Alltag Karachis in diesen Februartagen.

Im Schatten des Nachmittaglichts schleichen Peter und ich nach Hause. Heute waren wir dem Tod wieder einmal sehr nah. Es sollte nicht das letzte Mal gewesen sein.

»Laß uns abhauen, ich hab die Nase voll, aber gestrichen!!«

Peter ist der gleichen Ansicht. Das ›Klima‹ hier ist nicht mehr zu verantworten. Gestern verfolgte uns ein junger Mann mit einem großen Brocken Beton. Er war fast nackt, hatte nur noch den dreckigen Fetzen einer Hose am Leib. Als Peter sich nach ihm umdrehte, warf er den Brocken direkt hinter uns auf den Asphalt. Mit bösem Gesichtsausdruck murmelte er einige Verwünschungen und verschwand.

Als Ausländer sind wir hier unseres Lebens nicht mehr sicher. Gestern erfolgte ein Anschlag auf Angehörige der amerikanischen Botschaft. Es gab mehrere Tote, die Botschaft wurde geschlossen. Gegenüber der Herberge läuft an einer Mauer ein nackter Mann hastig, den Blick auf den Boden gerichtet, auf und ab, auf und ab.

Peter:
Ich muß an die Sicherheit von Elena denken. Viele Leute sind hier eindeutig durch ihre Lebenssituation und durch Drogen verrückt geworden. Etliche sind bewaffnet, machen aggressive

Gesten, diskutieren und schreien mit nicht vorhandenen Personen herum. Wir packen.

Viereinhalb Jahre später, am 12. 10. 1999, hat die Regierung unter General Musharraf auch die gesetzliche Gewalt in die Hände genommen und die richterliche Gewalt eingeschränkt. Die Verfassung von 1973, das Parlament sowie die Provinzversammlungen wurden suspendiert. Pakistan will zu einer demokratischen Regierungsform zurückkehren.

Elena:
An diesem Abend ist uns besonders deutlich geworden, wie schnell eine schöne Zweisamkeit abrupt beendet sein kann, wir nehmen uns besonders fest in die Arme. Am nächsten Morgen erfahren wir vom Verwalter des YMCA, daß Terroristen in einem entfernteren Stadtteil Karachis am gestrigen Abend in eine Moschee geschossen haben. Dabei sind 25 Menschen umgekommen. Bei einem Gespräch in der Deutschen Botschaft war man sehr skeptisch, was die Sicherheit im Bundesstaat Sind angeht. Wir sind froh, als wir aus der wüsten Stadt hinausrollen, und erleichtert, als sie hinter uns liegt. Rechts lassen wir die Mangrovensümpfe liegen, und bald haben wir den Indus erreicht. Er entspringt in den Ausläufern des Himalayas im Karakorumgebirge. Bis er hier unten ins Arabische Meer fließt, ist aber schon lange eine stinkende Kloake aus ihm geworden.

Die Räder schnurren, wir kommen gut voran. In Karachi hat Peter die Ketten geschmiert und alles Technische überprüft. Es macht uns Probleme, einen sicheren Zeltplatz zu finden, denn es sind sehr viele Leute auf Wiesen und Feldern beschäftigt, Bauern, Frauen und Kinder. Es reicht schon, daß uns einer von ihnen entdeckt. Er würde sofort das halbe Dorf alarmieren. Wir befürchten nicht unbedingt, daß die Leute uns etwas tun, aber bis uns jeder angeschaut hätte, wäre an Schlaf und an eine ruhige Nacht nicht zu denken. Manch eine Familie würde uns vielleicht sogar einladen, doch uns steht nicht immer der Sinn danach. Eine solche Einladung entwickelt sich nicht selten zu einer Art Familienfest mit Freunden, Nachbarn und Bekannten und bedeutet fast immer eine lange Nacht. Bei Tagesanbruch weckt uns dann gnadenlos schon wieder der Muezzin. So stellen wir bei Einbruch der Dunkelheit schnell und leise unser Stoffhaus hinter Büsche. In aller Herrgottsfrühe wird gepackt, und mit den ersten warmen Sonnenstrahlen sind wir wieder auf der Piste. Teilweise sind die Straßen gut befahrbar, dann aber müssen wir wieder Löcher umfahren, die fast knietief sind. Manchmal steht ein LKW mitten auf der Straße. Ein Hinterradlager wurde ausgebaut oder die ganze Vorderachse fehlt. Die Ladung wurde inzwischen vom Besitzer geholt oder einfach gestohlen. Oft liegen Laster umgestürzt auf der Seite. Auch hinterm Steuer wird Paan gekaut oder mit einem Joint die Fahrt versüßt. Die Überholmanöver vollzieht man nach dem Motto: Augen zu und durch, trotz Gegenverkehr. Der Entgegenkommende wird oft von der Fahrbahn abgedrängt, schleudert Splitt und Steine hoch. Uns Radfahrer bringt das in sehr gefährliche Situationen. Mit schwankendem Rad versuchen wir, den Wurfgeschossen auszuweichen.

Immer wieder treffen wir mit dem Indus zusammen. Unten bei Karachi, wo der Fluß ein Delta bildet, leben viele Fischer und Bauern. Sie gehören den alten Stämmen der Samma, der Rajput oder der Mohana an. Männer wie Frauen tragen weite Hosen, die Kleider sind in leuchtendbunten Farben bestickt. Kleine Spiegel werden kunstvoll mit eingearbeitet.

Das Leben, besonders das der Frauen, ist ein hartes Los. Nicht nur, daß sie für die Küche und für die Kindererziehung zuständig sind, die Feldarbeit, das Sammeln von Holz sowie Sammeln und Trocknen von Kuhfladen gehört auch zu ihrem Job. Manchmal werden große Blöcke aus Kuhfladen gebaut, die wie kleine Häuschen aussehen. Mit den Händen werden sogar Verzierungen in den dicklichen Brei gezogen. Die Frauen tragen gerne Silberschmuck an Hals, Armen und Fingern, oft sind auch die Fußzehen beringt.

Das Leben entlang des Flusses, von dem Indien seinen Namen hat, ist weitgehend noch so, wie es zur Zeit der Feudalherrschaft schon war. Die Bauern müssen bis zu 80 Prozent der Erträge an ihre Gutsherren abgeben, und Erbschulden, die noch die Kinder abtragen müssen, sind die Regel. Mancher verkauft bei vorgehaltener Waffe gezwungenermaßen für ein Handgeld sein Land. Baumwolle, Getreide oder Zuckerrohr sind die Feldfrüchte, doch auch hier vertreibt mittlerweile oft die moderne Technik den Menschen.

Der Linksverkehr ist kein großes Problem für uns. Nach ein paar Tagen haben wir das Gefühl, noch nie anders gefahren zu sein. Von den Feldern winken uns die Menschen zu.

An den Raststellen für die Autofahrer halten wir oft an. Es gibt Huhn und Fleischspießchen zu essen, dazu trinkt man warme Cola, Wasser oder Tee beziehungsweise das, was die Pakistani dafür halten. In heiße Milch wird ein Schuß Teesud gegossen, zwei, drei Löffel Zucker dazu – fertig. Die Raststätten sind einfache Holzbuden, mit Blech aus aufgerollten Ölfässern verstärkt. Dazu gehört ein Raum, in dem Holzpritschen stehen, wo die LKW-Fahrer sich ausruhen können, obwohl davon eigentlich keine Rede sein kann. Laute Musik läuft dort immer, die Männer unterhalten sich, Lastwagenmotoren dröhnen, so daß nur die total übermüdeten Asphalt-Cowboys schlafen können. Als Dienstpersonal sind kleine Jungen beschäftigt, die mit ihren sechs oder sieben Jahren erschreckend ernst wirken. Ihnen wird die Kindheit gestohlen. Aber wie bereits vorher erwähnt, ist auch hier angesichts des sehr mangelhaften sozialen Netzes Kinderreichtum nach wie vor für arme Familien die einzige Möglichkeit, sich ein erträgliches Einkommen zu sichern.

Gerade in den sogenannten ›Entwicklungsländern‹ ist das Wohlstandsgefälle besonders kraß; die politische Macht liegt in den Händen der reichen Familien. Wie schwer es ist, gegen das dichte Netz aus Eigeninteressen, Machtmißbrauch, Korruption und Bestechung anzugehen, sieht man am Beispiel des mutigen 12jährigen Pakistanis, der seinen öffentlichen Einsatz gegen die Teppichknüpfer-Mafia mit dem Leben bezahlen mußte. Er hatte sich in bewunderungswürdiger Weise gegen die in Pakistan und Indien übliche Schuldknechtschaft gewandt, die von den Eltern auf die Kinder vererbt wird, und wurde hinterrücks erschossen. Die Polizei erschien erst vier Stunden nach seinem Tod am Tatort, dann wurden häßliche Gerüchte über ihn in Umlauf gesetzt, um seinen Tod zu rechtfertigen.

Die Toiletten sind hinter, neben oder vor dem Haus, je nachdem, wo man einen Platz findet – und die Männer finden überall einen. Für mich ergibt sich damit ein ernstes Problem, denn der Koch ist sich nicht zu schade, nachzusehen, was ich hinter dem Haus so mache. Peter muß mich abschirmen und gleichzeitig auf die Räder achten, weil die Gangschaltungen zum Beispiel auf die Finger der Umstehenden wirken wie Erdbeermarmelade auf Wespen.

Die Laster hier sind eine Augenweide. Keiner gleicht dem anderen in seinen Verzierungen. Schöne, idyllische Landschaften sind auf Holzverschalungen über dem Führerhaus oder hinten an der Ladefläche der Hit. Tiefe Bergseen, hohe Berge, röhrende Hirsche sind die beliebtesten Motive. Dazwischen Krishna, Chrom und Katzenaugen. Vereinzelt wird auch mal eine halbverschleierte Frau oder die eigene Familie des Fahrers aufs Holz gepinselt, daneben der Hinweis: »Give horn please!« Der Fahrer will beim Überholen angehupt werden.

Nachts sehen wir vom Zelt aus grüne, rote und gelbe Lichter durch die Dunkelheit rasen. Die reflektierenden Folien der LKWs sind wichtig, denn nicht wenige Trucks fahren ohne Licht, Fuhrwerke mit Kamelen, Eseln oder Pferden sowieso. Manchmal kommen Peter und ich mit den Kapitänen der Landstraße ins

Gespräch. Sie fahren auf eigene Rechnung; der LKW gehört ihnen beziehungsweise der Bank. Viele von ihnen sind über Tage im ganzen Land unterwegs und arbeiten, nur durch kurze Pausen unterbrochen, Tag und Nacht. Stolz erzählen sie uns von sechs Kindern. »Jaja, alles Jungs und ... dann noch vier Mädchen, aber die muß man ja nicht erwähnen.«

Längere Pausen werden durch halsbrecherische Fahrt wieder aufgeholt. Fahrtenschreiber und Geschwindigkeitskontrollen sind unbekannt. Man regelt das mit ›Geschenken‹ und Rupies unter der Hand. Manchmal erpressen Polizisten die Fahrer regelrecht um Geld, andernfalls ›finden‹ die Ordnungshüter etwas zu beanstanden. Sollte ausnahmsweise einmal alles in Ordnung sein, hilft es auch, gegen den Scheinwerfer zu treten. Und weil es verboten ist, mit defekten Scheinwerfern zu fahren, kostet dies natürlich Strafe ...

Der islamische Fastenmonat Ramadan ist noch in vollem Gange, und so ergibt sich für uns nach 18 Uhr, der Zeit nach Sonnenuntergang, wo überall das große Essen beginnt, die Gelegenheit, unbemerkt einen Zeltplatz zu finden. Heute werden wir, nachdem wir schon zwei Plätze begutachtet, aber wieder aufgegeben haben, hinter einem Zuckerrohrfeld fündig. Es dämmert bereits, als wir etwa 300 m von der Straße entfernt unser Zelt aufbauen.

Vor uns erstreckt sich ein langer, holpriger Acker, dann ragen einige Büsche und Bäume auf. Hinter uns schlagen klickend die harten Stengel des Zuckerrohres aneinander und seine Blätter rauschen. Die Räder liegen samt Gepäck hinter dem Zelt wie müde Pferde.

Ein fahler Mond erhebt sich groß und rund am Horizont. Peter und ich sitzen im Zelteingang und essen ein karges Mahl aus bröseligem Toastbrot und gelbem Käse aus der Dose. Dazu gibt es gefiltertes Wasser aus den Radflaschen. Wir sprechen leise, denn der Wind trägt Stimmen mitunter weit. Am Horizont zeichnen sich dunkel die Büsche vom Nachthimmel ab. Einige Bewegungen dort passen aber nicht ins Bild. Angespannt suchen unsere Augen die finstere Linie ab.

»Kannst du etwas erkennen?« frage ich Peter ängstlich.

Der Mond steht inzwischen hell wie ein Scheinwerfer am klaren Himmel und beleuchtet uns. Vom Ende des Ackers bewegt sich etwas zu uns her.

»Da geht jemand, siehst du es?« flüstert mir Peter zu.

»Und ob! Es sind drei Männer, und sie haben Knüppel und silberbeschlagene Gewehre dabei!«

Bei dem hellen Licht sind wir meilenweit zu erkennen – Mist! Was ich aber jetzt noch sehe, läßt mir die Haare kräuseln. Wie eine Wand kommen sie zügig näher und näher, von der Seite gesellen sich in größerem Abstand noch drei weitere dazu. Ihre Punjabikleidung, den langen Schal um die Köpfe geschlungen, flattert im Wind. In ihren Händen aber blinken die Waffen! Sie haben das Licht im Rücken, wir dagegen werden vom hellen Mond voll angestrahlt. Jetzt passiert es, schießt es mir durchs Gehirn. Alle haben uns gewarnt. Peter ergeht es wohl ähnlich.

»Ganz ruhig bleiben und auf naiv machen«, raunt er mir zu.

Schnell ziehen wir noch die Uhren vom Handgelenk und verstecken sie unter den Schlafmatten. Die Zahl unserer Herzschläge nimmt zu. Die Wand schließt sich und kommt 2 m vor uns zum Stehen.

Peter:
Ich kann nicht behaupten, daß ich mich sehr wohlfühle. Der Mond steht hinter den Männern, und ich kann kaum erkennen, was die Vermummung von ihnen freigibt. Ein Mann, der etwas älter als die anderen zu sein scheint, richtet das Wort an mich. Wir begrüßen die Besucher, ich erhebe mich, so daß wir uns in die Gesichter blicken können. Elena und ich versuchen, mit einigen einfachen Worten die Fragen, die in der Luft stehen, aufzu-

klären. »Tourist« und »Bicycle« sagen wir. Alle setzen wir uns wieder hin. Für den Fall eines Angriffes hätten wir nicht die geringste Chance – abwarten.

Gedämpftes Gemurmel unter den teilweise bärtigen Männern entsteht, man berät sich. Die Dunkelheit gibt noch mehr Männer frei. Im Zuckerrohr hinter uns kracht es, weitere Gestalten hocken sich in den Halbkreis um uns. Jetzt sind es 13 bewaffnete, wortkarge Männer. Der Anführer und seine Leute sprechen kein Wort Englisch.

Wir geben uns furchtlos und locker. Der Anführer macht die Geste des Autofahrens, wir zeigen ihnen unsere Fahrräder, was etwas Heiterkeit auslöst. Das hätten sie nicht erwartet. Elena bietet Brot und Käse an, aber sie lehnen ab.

»Wipsi«, sagt der Mann vor mir.

Wir sehen uns fragend an. Er zeigt auf mich und wiederholt eindringlich:

»Wipsi, Wipsi!«

Elena kommt zuerst darauf.

»Er meint Whisky!«

Der Sprecher erspät unsere Wasserflaschen und will daran riechen. Die Behälter machen die Runde unter 13 enttäuschten Nasen hindurch: kein Whisky, nur einfaches, warmes Wasser.

»Smoke«, fällt ihm nun ein. Elena reicht ihm ihre Zigaretten, aber solche hat er selber.

»Nahin, nahin, Haschisch!« sagt er.

Auch da ein Fehlschlag für ihn, ein Glücksfall für uns. Wir haben keines. Jetzt will er meine Uhr sehen, aber leider … Die Männer beraten sich murmelnd.

»Passeport« ist das nächste.

»Jihan, Passeport, Polizia«, flechten wir gleich mal ein.

Der Chef gibt zu verstehen, daß ein Dolmetscher unterwegs sei. Wir grinsen uns an, und jetzt reicht mir der Anführer gegenüber eine Zigarette. Ich verstehe das Angebot als eine Art Friedenspfeife und nehme es an. Im Feuerschein der Flamme kann ich für Sekunden sein Gesicht erkennen. Er mag so um 40 Jahre alt sein, die anderen um 30 Jahre. Die Situation entspannt sich allmählich. Einem fällt eine Patrone aus seinem Gewehr, und alle lachen.

Inzwischen kommt auch der Übersetzer angerannt, ein junger Bursche. Wir erzählen ihm, wer wir sind und von unserer Reise, die uns von Deutschland mit den Fahrrädern um die Welt führen soll. Der Junge versteht außer ›yes, no und no problem‹ kaum Englisch und die Männer sicher nicht, was wir ihnen sagen wollen, doch sie stufen uns wohl als unbedenklich ein und hoffentlich als arm. Unsere Fahrräder sind der Beweis dafür. Vielleicht stellt die Gruppe die örtliche Dorfmiliz dar, vielleicht sind es Gauner. Eventuell beides. Jedenfalls verlassen sie uns, als der Chef zum Aufbruch ruft.

»No problem!« hinterläßt er noch, und alle verschwinden in der Nacht.

Wir sind wieder allein.

Es gibt Gefühle, die man nicht mit Worten beschreiben kann. Beide haben wir das gleiche: Das ist es noch nicht gewesen! Wir bleiben im offenen Zelt sitzen und warten.

Und richtig. Nach ein paar Minuten kommt ein einzelner Mann, setzt sich wortlos vor unser Zelt und beginnt zu rauchen. Die Versuche, mit ihm ein Gespräch anzuknüpfen, scheitern an seinem Schweigen. Er bläst wiederholt Elena den Rauch ins Gesicht und auf ihre Hände, die sie auf den Knien hält. Elena und ich fordern ihn auf, zu gehen, aber er bedeutet uns, dies hier ist Pakistan, sein Land, und er bleibt. So läuft die Sache nun also! Nach langem Schweigen rutscht er ein Stück auf Elena zu. Ihre Knie berühren sich nun fast. Hier muß etwas geschehen, ohne den ungebetenen Besucher unnötig zu provozieren. Wer so dreist ist, ist vermutlich bewaffnet, und sicherlich sind seine Kollegen noch in der Nähe. Er selbst ist schmächtig und klein. Unser Tag war hart und lang, wir wollen gerne schlafen, inzwischen ist es fast Mitternacht. Der Mann zeigt zum sternenklaren Himmel und gibt zu verstehen, daß es bald regnen wird. Er will in unser Zelt. Langsam werde ich sauer, und Elena ergeht es nicht anders.

Eine verzweifelte Lage bahnt sich an. Wir beraten uns, aber die Sache bleibt ungemütlich. Der Bursche ist an Elena interessiert. Gastfreundschaft und Respekt vor der Frau sollten im Islam einen hohen Wert darstellen; dieser Typ hier verhält sich aber gegenteilig. Beide packen wir ihn links und rechts, ziehen ihn hoch und wollen ihn über den Acker schieben.

»Go, go!«

Er wehrt sich, kommt zurück und begibt sich erneut in die Sitzblockade. Verdammt, was machen wir nur mit dem? Er ist wahrscheinlich unter dem Djallaba bewaffnet. Wir wählen die Flucht nach vorne. Bei den Büschen bewegen sich seine Kumpels. Elena pfeift markerschütternd durch die Finger, woraufhin zwei Mann über den Acker kommen. Wir machen ihnen die Situation klar und daß sie den Kerl mitnehmen sollen. Die beiden verstehen und fordern ihn zum Gehen auf. Der aber weigert sich und bleibt wie angeklebt sitzen. Seine Kollegen heben ihn an den Armen hoch, aber der komische Typ wehrt sich heftig. Die beiden Männer ziehen ihn regelrecht mit sich, wobei sich der Abgeschleppte steifmacht wie ein störrischer Esel. Laut protestierend zerren ihn die zwei mit sich in die Dunkelheit.

Elena:
Es ist inzwischen Mitternacht, der Mond steht fast über uns. Nun gibt es nur noch eines, nämlich sofort abhauen, bevor die Sache hier noch eskaliert. Aber wohin? In der Nacht fahren können wir nicht. Die Straßen sind voller Löcher, bekiffte Autofahrer ohne Licht walzen uns nieder, bissige Hunde am dunklen Straßenrand und in den Dörfern bringen weitere Gefahren mit sich, Schlangen suchen nachts den warmen Asphalt.

In Windeseile packen Peter und ich zusammen, dann schieben wir die Räder in Richtung Straße. Wir müssen das Tageslicht abwarten.

An den Feldern läuft ein Bewässerungsgraben entlang, der zum Glück ohne Wasser ist. Dort hinein stellen wir die Räder und verschmieren die glänzenden Teile mit Erde. Wir selbst kauern uns hinter einen Erdhügel bei einem Baum, von wo aus man das Zuckerrohrfeld im Auge hat. Nur das Notwendigste wird geflüstert.

Nach einiger Zeit vernehmen wir Stimmen und Licht aus der Richtung des Zuckerrohrfeldes. Die Männer sind also wie erwartet zurückgekommen und suchen uns. Was wird sein, wenn sie uns hier finden? Wir wollen das Äußerste vermeiden, gegen mehrere Bewaffnete hätten wir keine Chance, aber wir würden unsere Haut zu verteidigen wissen, so gut es geht. Am Zuckerrohr wird es wieder ruhig, doch die Nacht ist lausig kalt. Zwar wärmen uns die dicken Jacken, aber von der feuchten Ackererde kriecht die Kälte in die Knochen. Abwechselnd versuchen Peter und ich, in unserem Versteck zusammengekauert zu schlafen. Die Nacht wird zu einer der längsten, die ich je erlebt habe. Dazu kommt noch, daß uns durch das schlechte Wasser Darmkrämpfe plagen. Im Graben bewegen wir uns, um wach zu bleiben, hin und her. Immer sieben Schritte, dann wieder zurück.

Mit Blicken zum Horizont versuchen wir, die Sonne hochzuziehen, als der Morgen endlich zu dämmern beginnt. Zerbrochene Salzkekse zum Frühstück spülen wir lustlos mit etwas Wasser den Hals hinunter. Ich verfluche den Mistkerl, der uns in diese Lage gebracht hat. Um 7 Uhr ist es endlich so weit hell, daß wir unsere dreckverschmierten Fahrräder auf die Straße schieben können und mit trägem Tritt losfahren. Nach einigen schmutzigen Dörfern erreichen wir eine Tankstelle. Ein quietschender Wasserhahn gibt ein dünnes Rinnsal frei, zum Gesichtwaschen reicht es. Der Tankwart und der Mann von der Reifenreparatur wachen gerade auf. Sie haben auf Pritschen im

Freien geschlafen. Nebenan beißen sich drei struppige Hunde. Wir sind wortkarg und ganz schlecht drauf heute morgen.

Peter:
Uns ist klar, daß wir Glück hatten und daß keinen von uns irgendeine Schuld trifft, doch wir sind gereizt und gehen schnell hoch. Die LKWs hupen heute viel lauter als sonst, und die Sonne sticht widerlich. Manche Fahrer steuern von der Gegenseite direkt auf uns zu, um im letzten Moment die ausgeschlagene Lenkung herumzureißen. Sehr witzig …! Oft können die Fahrer kaum über ihr Lenkrad blicken, nicht wenige sind bekifft.

Etwas abseits der Straße sieht Elena plötzlich einen Esel liegen, der verzweifelt versucht, sich aufzurichten, es aber allein nicht schafft.

Die nähere Untersuchung zeigt keine sichtbare Verletzung. Durch die Mithilfe von zwei herbeigeeilten Männern, die sehen wollen, was Elena da macht, kommt das Tier auf die Hufe. Es hat eines der Vorderbeine im Schultergelenk ausgekugelt, das Kniegelenk ist gebrochen und unnatürlich verrenkt.

Vorsichtig humpelt der Esel an den Rand eines Weizenfeldes, um an den zartgrünen Blattspitzen zu zupfen. Er ist untauglich geworden für die Arbeit, hören wir, der Nachbar der beiden Männer hat ihn deshalb davongescheucht.

Immer wieder treffen wir auf schlimme Tierschicksale. In Kairo behandelte Elena zahlreiche Katzenkinder, deren Augen zugeklebt waren. Die Augensalben hat sie bereits in Deutschland vor der Abreise speziell dafür besorgt. Teilweise waren die Augen vom Eiter schon zerfressen, weil die Mutter fehlte, die sie sauber lecken könnte.

Wo wir auch hinkommen, sofort sind wir von einer großen Menschentraube umringt. In Chichawatni wollen wir einkaufen. Um den Auflauf etwas zu verringern, fahren wir ein Stück aus dem Ort, und ich gehe zu Fuß zurück, während Elena bei den

Rädern wartet und Tagebuch schreibt. Es gibt bergeweise Orangen und Bananen. Letztere werden nur im Dutzend verkauft. Einige süße, bunte Kugeln kann ich noch erstehen.

Manche der Leute gehen mir hinterher, um zu sehen, was ich mache. Es ist nichts Besonderes an mir, ich bin nur groß und blond, aber das genügt schon. Die Fahrt geht weiter, durch Weizen-, Zuckerrohr- und Rapsfelder. Oft werden die Halme mit den gelben Blüten nur zu 10 oder 20 Stück geerntet, eben gerade für die Ölmenge, die im Moment gebraucht wird.

Am Sutlei waschen Frauen Wäsche, indem sie mit Knüppeln auf die nassen Kleider schlagen. Mangeln auf pakistanisch. In Okara brennen Reifen auf einer Straßenkreuzung. Schwarze Rußfahnen wehen durch die Luft, in der Rauchwolke stehen Polizisten und regeln den Verkehr, als ob es keinen Qualm und Feuer gäbe. Eine Demonstration gegen die Regierung geht gerade zu Ende. Hotels sind teilweise spärlich gesät, und so müssen wir heute noch Lahore erreichen. Es ist schon dunkel, doch Elena und ich strampeln weiter und weiter. Manchmal wird die Straße von Lampen erhellt, manchmal nicht. Das Radeln in der Dunkelheit wird zu einer gefährlichen Slalomfahrt. Hier gähnt uns der Schlund eines offenen Gullis an, dort liegt ein toter Hund auf der Fahrbahn oder unbeleuchtete Fahrzeuge begegnen uns auf der falschen Seite.

Es ist bereits Mitternacht, als Elena und ich in dieser großen Stadt herumkurven auf der Suche nach einem Bett. Der Wächter im YMCA, dem Verein Christlicher Junger Männer, schläft sehr fest. Erst lautes Rufen und Rütteln des Portiers bringt ihn aus den Träumen zurück. Alle Zimmer sind belegt und außerdem nur für christliche Männer. Christliche Frauen müssen woanders schlafen. Ein Gast beschreibt uns den Weg zur Heilsarmee. Als wir dort ankommen, ist es 1 Uhr nachts, aber die Wache läßt uns trotzdem rein. In einem parkähnlichen Gelände bauen wir das Zelt auf, daneben gibt es einen Schlafsaal mit Gemeinschaftsraum. Wir sind sehr froh, doch noch eine Bleibe gefunden zu haben. Ein schnelles Käsebrot vertreibt den Hunger bis zum Einschlafen.

Am Morgen sieht alles ganz anders aus. Grüne, freche Papageien sausen durchs Geäst, im Schlafsaalgebäude ist eine Küche mit Gaskocher eingerichtet. Im Tagesraum kann man mal wieder auf richtigen Stühlen an einem echten Tisch sitzen. Interessante Begegnungen mit anderen Reisenden ergeben einen informativen Austausch.

Gegenüber hält ein Laden verschiedene Leckereien bereit, wie zum Beispiel Marmelade, Brötchen und Kaffee. Elena hat schon ein duftendes Frühstück bereitet, bis ich aufstehe. Der morgendliche Beschluß lautet: Hier bleiben wir für eine Weile. Während Elena Wäsche wäscht, liest, mit Leuten redet und Briefe schreibt, erledige ich einige Reparaturen an den Fahrrädern und am Zelt. Die Nähte müssen neu abgedichtet und die ganze Plane imprägniert werden. Der Reißverschluß läßt sich nicht mehr schließen. In der Stadt mache ich einen Laden aus, der einen neuen Reißverschluß einnähen soll. Als ich hinkomme, ist niemand da, später heißt es, ich könne am Abend die fertige Reparatur abholen. Doch leider ist da immer noch der Zipp kaputt.

Fisch ist billig. Für das 1-Kilo-Stück, fertig gebraten, bezahlen wir ungefähr 4,50 DM. Dafür ist er dann aber auch scharf wie die Hölle. Das Restaurant ist schmutzig, die frischen Teller noch fettig, aber das Essen schmeckt gut.

Draußen ist der Himmel geplatzt. Es regnet wie aus Kübeln. Der Strom fällt aus, und wir speisen bei Kerzenlicht. Wieder zu Hause am Zelt angelangt, müssen wir den Notstand ausrufen. Die Luftmatratzen schwimmen uns schon entgegen, das ganze Zelt ist geflutet.

Wir ziehen für den Rest der Nacht unters Dach. In Lahore bleiben viele Autos im Wasser stecken, Straßen werden zu Flüssen, weil die Gullis mit Dreck verstopft sind. Wir sehen uns die Stadt an. Mehr noch als Tempel und Moscheen interessieren uns die Straßen und Plätze, wo das geschäftige Leben stattfindet. In einer Straße sind die Krankenhäuser und zahlreiche Arztpraxen angesiedelt. Sie sehen schon von außen wie schmutzige Werkshallen aus. In manchen Höfen werden Bambusstangen verkauft, in anderen sitzen Männer und klopfen Felsbrocken in faustgroße Stücke.

Girlandenverkäufer wedeln mit ihrer bunten Ware, denn bald ist der Ramadan zu Ende, was nach der langen Fastenzeit ordentlich gefeiert wird.

In einer Straße fließt Blut. Die Hühnermetzger haben sich hier eingerichtet. Alle sitzen nebeneinander. Mit einem feststehenden Messer schneiden sie dem Geflügel die Kehlen durch und halten das sterbende und zappelnde Tier mit einem Fuß am Boden fest. Schon ist das nächste dran. Dann werden sie gerupft und zerkleinert, es ist ein barbarisches Geschäft. Die Hühner sind alle schmutzigweiß, jedoch mit stumpfen, abgebrochenen Federn, weil die Drahtkäfige bis zum Bersten voll sind. Für die Tiere ist der Tod eine Erlösung. Es stinkt widerlich in dieser Gegend, und der blutverschmierte Schauplatz ist nichts für Zartbesaitete. Bettler holen sich die abgehackten Hühnerbeine und die Köpfe, die auch verstreut auf der Straße herumliegen. Fliegen überall.

Mit einer Spiegelscherbe, einem Kamm und einer rostigen Schere hat sich an der Ecke ein Friseur eingerichtet. ›Luxussalons‹ verfügen noch über einen Stuhl, die einfachere Volksversion begnügt sich mit dem Bordstein. Drumherum quirlt der Straßenverkehr. Fanfarenhupende Busse bahnen sich den Weg durch blau qualmende Kabinenroller, Radfahrer, Fußgänger, Esel- und Pferdekarren. Dazu trillert ein Polizist hoffnungslos auf der Kreuzung herum, mehr als Dekoration.

Ein Papageienverkäufer trägt an einer Stange grüne Papageien, die in Bündeln an den Beinen gefesselt herunterbaumeln. Die Straßen und Häuser sind sehr schmutzig und heruntergekommen.

Elena:
Die letzten Tage habe ich viele Briefe geschrieben und ein Tonband für zu Hause besprochen. Wir gehen zur Post. Insgesamt müssen 90 Briefmarken auf die Briefe. Es gibt nur Marken für 4, 5 oder 7 Rupies. Da heißt es lecken, bis einem die Zunge heraushängt. Beim Zoll wieder das gleiche Einnäh-Auspack-Einnäh-Spiel. Schon nach zwei Stunden sind wir wieder auf der Straße, und das bei bevorzugter Abfertigung.

An einem der vielen Schuhstände im Basar komme ich einfach nicht vorbei. Peter ist schon ein Stückchen vorausgebummelt. Die Schühchen sind ein Traum aus Blau und Gold mit Riemchen – und billig. Einmal etwas anderes, als meine groben Treter. Leider halten sie nur den Nachhauseweg mit dem Tuck-Tuck aus, bereits am Eingang zur Heilsarmee reißen die Riemen.

Gerne nutzen wir die Gemeinschaftsküche. Endlich können wir unseren Speiseplan mal wieder abwechslungsreicher gestalten. Blumenkohl und Nudeln mit Soße, Spaghetti und andere Sachen kommen uns wie paradiesische Götterspeisen vor nach wochenlanger kulinarischer Not.

Wir müssen uns um das Visum für Indien kümmern. Dazu muß man nach Islamabad zur Indischen Botschaft. Unsere Sachen können in einem abgeschlossenen Raum verstaut werden, und andertags fahren wir mit einem Minibus für 0,30 DM zum Bahnhof. Für die Schlafsäcke und das Nötigste haben wir nur einen Rucksack dabei. Die Fahrt geht durch üble Slums, später durch Felder hindurch. In manchen Fenstern fehlt die Scheibe, es klappert und rüttelt, aber es fährt. In den Gepäcknetzen schlafen Leute. Inzwischen regnet es zu den Fenstern herein. Nach sechs Stunden Bahnfahrt stehen wir in der Hauptstadt von Pakistan. Islamabad wurde auf dem Reißbrett entworfen und erst 1961 gegründet. Keine gewachsenen Stadtteile, keine urigen Basare, sondern klare Quadrate zeichnen diese Stadt aus, großzügig und langweilig.

Faisal Masjid, die größte Moschee der Welt, steht hier vor einer Bergkulisse. Sie faßt 15.000 Menschen und beherbergt ein islamisches Forschungszentrum, eine Bibliothek und ein Auditorium. Gekostet hat der moderne Bau 50 Millionen US-Dollar. Es beginnt der übliche Akt der Hotelsuche. Im Tourist Camp gibt es nur einen kahlen Betonfußboden und einen bekifften Verwalter, woanders dürfen nur Pakistani ihr Haupt betten. In der Jugendherberge verwehrt man uns den Einlaß, weil unsere Mitgliedsausweise seit einem Monat abgelaufen sind. Entgegen der internationalen Jugendherbergsregeln werden uns keine neuen Ausweise verkauft. Der Herbergsvater zeigte trotz hereinbrechender Dunkelheit kein Erbarmen. In einem der vielen Quadrate der Stadt finden wir nach langem Suchen ein Zimmer für acht Mark. Die Stadt ist unpersönlich und kahl. Es gibt hier keine Eselskarren und keine Tuck-Tucks. Man wohnt in Islamabad zum Beispiel nicht in der Benazir-Bhutto-Straße, sondern in F10/G9-11.

Mit einem Minibus fahren wir am nächsten Tag ins Botschaftsviertel. Der indische Visabeamte ist unfreundlich und sich seiner Macht voll bewußt. Eine Widerrede, und er läßt uns nicht nach Indien. Also schön still sein. Wir brauchen von der Deutschen Botschaft eine Note, die die Echtheit unserer Pässe bestätigt, also tippeln wir dorthin. Zum Glück liegt sie in der Nähe. An den Wänden hängen Schloß Schwanstein und der Schwarzwald. Ach wie schön, da kommen doch gleich heimatliche Gefühle hoch. In vier Tagen ist das Visum fertig.

Peter:

»So lange bleiben wir doch nicht in dieser Quadratschachtel!« sage ich zu Elena. Auch sie will raus aus Islamabad. Die nächste Stadt, in die es fast nahtlos übergeht, ist Rawalpindi. Hier brummt es wie gewohnt. Einem Tip vom Schwarzen Brett in Lahore folgend, checken wir im Hotel ›Rawalpindi Popular Inn‹ ein. Der Busschaffner hatte uns das Aussteigesignal zu früh gegeben, so daß wir noch gute 2 km zu Fuß gehen durften. Für 5 DM bekommt man dort ein sauberes Doppelzimmer. Der Wirt ist ein Schlitzohr, und man sollte bei aller gebotenen Freundschaft aufpassen, nicht übervorteilt zu werden. Als Begrüßungsgeschenk gibt es ein Stückchen Haschisch ...

Der Supermarkt gegenüber ist auch mit europäischen Waren gut sortiert.

Am Abend sitzen wir mit einem Schweizer zusammen, der über interessante mystische Erlebnisse in Indien berichtet. Er hat das Gefühl, auf dem Weg zur Erleuchtung schon weit fortgeschritten zu sein. Trotzdem verstehen wir uns auf Anhieb gut und fahren mit dem Bus zusammen nach Peshawar. Kennen wir den Fahrstil der pakistanischen Busfahrer schon als Radfahrer, so ist das nichts im Vergleich dazu, als Passagier im Bus zu sitzen. Um die herbeitrödelnden Fahrgäste auf Trab zu bringen, fährt der Bus wie üblich immer wieder ein Stückchen los und markiert so den Start.

Ein Schaffner ruft hektisch die anzufahrenden Stationen aus. Drinnen werden Süßigkeiten, Datteln und Getränke verkauft oder ein Bettler trägt sein Leben in Liedform vor.

Während der Fahrt klettert der Schaffner zum Fenster hinaus aufs Dach, um bei den Dachfahrern abzukassieren. Das Armaturenbrett ist voller Spiegel, Lämpchen, beleuchteter Plastikblumen und Aufkleber. Da kann auch schon mal neben Krishna und Koransprüchen Jesus hängen, wenn's nur bunt ist. Musik ist fast so wichtig wie Diesel, und zwar so laut wie möglich. Also, los geht's. Die Sitze sind eng, ich stoße mir dauernd die Knie an, und die Überholmanöver sind so waghalsig, daß man besser nicht hinsieht.

Mit unserem Schweizer Bekannten wohnen wir in Peshawar im ›Tourist Inn Hotel‹ für 1,50 DM pro Nacht und Person. Es ist eine einfache Klause, aber es gibt eine heiße Dusche, und die Leute dort sind o.k. In der Gemeinschaftsküche kann man sich selbst etwas kochen. Der Hotelbesitzer ist auf seine Landsleute nicht gut zu sprechen. Pakistanis nimmt er jedenfalls keine auf, lieber trainiert er Kampfwachteln.

So ein Vogel kostet um 30 DM und muß jeden Tag ein bis zwei Stunden von Hand zu Hand hüpfen, um die Beinmuskulatur zu stärken. Dann geht es wieder in den Käfig.

Ähnlich geht es auch seinen sechs Töchtern. Mit Beginn der Pubertät dürfen sie das Haus nur noch in Begleitung verlassen. Von der Mutter werden sie in Belangen der Haushaltsführung unterrichtet und auf die bald bevorstehende Ehe vorbereitet, die von den Eltern nach Gesichtspunkten der Vermögensvermehrung gestiftet wird. Geheiratet wird der, dessen Familie Ansehen und Wohlstand bringt. Nach hiesiger Ansicht ist die Liebe als Heiratsbasis zu vergänglich, die Partnerschaft auf ›solider‹ Basis wird bevorzugt, im Zweifelsfall zwangsweise.

Ein junger Mann erzählte uns, daß er seit langem in ein Mädchen verliebt sei, das er aber nicht heiraten dürfe, weil seine Familie nicht standesgemäß ist. Stattdessen muß er eine junge Frau heiraten, die er noch nie gesehen hat. Selbstverständlich wird von den Familien als Beweis der Fruchtbarkeit bald nach der Eheschließung die erste Schwangerschaft erwartet. Tritt sie nicht ein, folgt mit steigender Intensität der psychische Druck der Familie.

Unweit von Peshawar liegt der Kyberpass, der nach Afghanistan führt. Dort oben gibt es auch eine Fabrik, die Kalaschnikows nachbaut. Für 300 Mark kann jeder eine kaufen.

In unserem Hotel kann man schön ausspannen, manchmal kochen wir mit anderen Travellern etwas gemeinsam. Leider treffen wir immer wieder Touristen, die nicht an Land und Leuten interessiert sind, sondern nur am örtlichen Rauschgiftangebot. Sie dösen tagelang vor sich hin und fliegen dann nach Hause. Seltsam!

Dauernd hier herumzuhängen ist uns zu dröge. Für 30 Mark pro Person buchen wir einen Flug ins Hindukusch-Gebirge. Am nächsten Tag trägt uns eine 40-sitzige Fokker zwischen den verschneiten Gipfeln der um 3.000 m hohen Berge hindurch. Die Landung verfolge ich vom Cockpit aus, und als die Maschine steht, steigen wir in Chitral aus.

Elena:
Mit einem Jeep fahren wir in den Ort. Ich sitze mit einigen vermummten Männern im Führerhaus, Peter steht auf der hinteren Stoßstange. Zuerst hätte die Fahrt – Sonderangebot für uns – 500 Rupies kosten sollen, wir zahlen 5, wie alle anderen auch, und steigen ein. Kalte, glasklare Luft pfeift uns um die Ohren, bis der Jeep in der Ortsmitte zum Stehen kommt. Chitral macht den Eindruck eines Goldgräberstädtchens irgendwo in Alaska.

Die Stadt besteht in der Hauptsache aus einer Straße, in der die verschiedensten Geschäfte angesiedelt sind, und wenn ich Geschäfte sage, meine ich Bretterbuden, die roh zusammengezimmert sind. Die Bevölkerung wohnt dahinter, oder an den Berghängen. Zunächst bin ich der Blickfang vieler dunkler Männeraugen, denn ihre eigenen Frauen haben sie in die Häuser verbannt. Später sehen wir abends mal schnell eine total verhüllte Gestalt von Haus zu Haus huschen, natürlich in Begleitung von Ehemann oder Bruder.

Unser erster Gang führt gleich zum Büro der Pakistan International Airline, um den Rückflug für Ende der Woche klarzumachen. Noch ist der Himmel strahlend blau, und der Tirich Mir leuchtet mit seiner weißen Kappe. Bei einem Bummel durch die Geschäftsstraße kaufen wir Brot, Käse, Mandarinen und Marmelade ein. Überall sehen wir nur Männer, die mit Schals, dicken Hosen und Umhängen vermummt sind. Sie rotzen und spucken, daß es mir graust.

Frische, noch blutende Schafsköpfe liegen beim Metzger aus, abgezogene Ziegen baumeln daneben. Um einen aufgeschnittenen Blechkanister, in dem glühende Kohlen sind, kauern drei Männer. Im Hintergrund stehen und liegen bunte Stoffballen, um sie herum auf dem Boden Nähmaschinen. Die Schneider arbeiten hier.

Säckeweise gibt es Bohnen und Mehl zu kaufen, oder Henna. Eine Gruppe Männer steht an einer anderen Bude und diskutiert zusammen. Die zu begutachtenden Teile gehen von Hand zu Hand. Man kauft Schuhe für die Gemahlin zu Hause, roten Nagellack und etwas Rouge, bei der Kälte eigentlich unnötig. Nebenan stehen jede Menge Gewehre.

Der Ladeninhaber zerklopft mit dem Hammer verschiedene Brocken. Schießpulver, das naß geworden ist. Gegenüber mahlt einer in einer Steinkuhle eine braune Masse und vermengt sie mit Wasser zu einem braunen Brei. Hier handelt es sich um eine Kautabakfabrik.

Kleinlaster aus China bringen neue Waren, denn die Grenze zum Reich der Mitte ist nicht weit. Trotz der Autos erinnert so manches an mittelalterliche Technik. »Der nächste Jeep fährt in fünf Minuten ab!« schreit ein Mann auf dem Platz in der Ortsmitte. Es geht nach Bamburate, und da wollen wir mit. Bei der angegebenen Zeit dreht es sich allerdings um pakistanische Gummiminuten, denn es dauert dann doch noch eine halbe Stunde. Um den Platz gibt es eine Bank, einige kleine Hotels und eine Verkehrsinsel für die Obrigkeit, wenn zur ›Rush-hour‹ bei 20 Autos der Verkehr zu regeln ist. Viele Kinder in allen Größen arbeiten in jeder Branche mit. In der Autowerkstatt am Ortsrand ist es so schwarz wie im Kohlenkeller der Hölle. Hier wird Altöl zum Heizen verwendet.

Umweltschutz? Was ist das? Nie gehört. Hier hat man andere Sorgen.

Mit lautem Hupen geht es los. Alle Mitfahrenden stehen auf der Ladefläche. Hier kommt noch ein Sack Zwiebeln dazu und Kohlköpfe, eine Kiste hat auch noch Platz. Ich bin die einzige Frau, die frei herumlaufen darf. Der eisige Wind schneidet ins Gesicht, so daß ich mich mit dem Schal vermumme. Vorne beim Fahrer hätte ich auch sitzen können, doch das hätte von diesem leicht mißverstanden werden können. So bleibe ich bei Peter. Trotzdem drückt sich ein Jüngling mit Akne ständig gegen mich, bis Peter sich direkt hinter mich stellt und somit abschirmt. Pickelgesicht sucht nun das Gespräch mit Peter, aber das einzige, was er von ihm wissen will, ist, ob ich seine Frau sei. Hätte Peter Freundin gesagt, wäre das für Pickelgesicht das Signal für ›Bahn frei und Anbaggern‹ gewesen. Nur die Ehefrau wird respektiert, entsprechend ist Peters Antwort. Die Fahrt mit dem überlasteten Jeep verläuft schaukelnd durch winzige Dörfchen und unter tief herabhängenden Felsen und Schieferplatten hindurch. Manchmal ist die Straße gerade so breit wie das Auto. Links schabt der Fels am Blech, rechts gurgelt der Mastuj, allerdings 30 m tiefer.

Nach zwei Stunden stoppt das Auto in Bamburate. Die aus Matsch geformten Spurrillen sind gefroren, es ist mit $-8°\,C$ lausig kalt. Wir stehen vor dem ›Peace-Hotel‹. Hätte der Besitzer es uns nicht gesagt, wir wären nicht auf die Idee gekommen, daß es sich um ein Hotel handeln könnte. Später sehen wir noch eine weitere Bude namens ›Holiday Inn‹, doch sie ist mit Brettern zugenagelt. Der Wirt unserer Kate will zuerst 150 Rupies, was etwa 7,50 DM entspricht. Wir einigen uns auf den hier üblichen Winterpreis von 60 Rupies. Der Raum ist gemauert, besitzt zwei Betten, einen Ofen und ein rohes Holzregal. Das ›Badezimmer‹ hat ein Loch im Boden als Toilette und einen Abfluß für die Dusche, die aber nicht funktioniert. Strom gibt es keinen, das Holz für den Ofen hackt man sich selber. Dabei besteht die Kunst darin, das gehackte Holz schneller in die eigene Hütte zu tragen, als es der Wirt für sich beiseite schaffen kann. Ganz gelingt es uns nicht. Während wir mit Armen voller Holzscheite zu unserem Zimmer gehen, holt sich unser Hotelier auch gleich noch einen Vorrat für sein Haus.

Im Bullerofen mache ich erstmal Feuer. Langsam wird es draußen dunkel, der Schein der Petroleumfunzel und die Wärme des knackenden, fauchenden Holzes lassen Gemütlichkeit in die Hütte ziehen, leider aber auch dicken Rauch. Draußen ist es sehr still, nur der nahe Fluß wälzt sich rauschend und blubbernd über die Felsen in seinem Bett.

Hier, in diesem und in den benachbarten Tälern, leben die Kalash, was bei den Moslems ›die schwarzen Ungläubigen‹ bedeutet. Sie bilden einen Volksstamm aus zirka 3.500 Leuten. Ihre Herkunft geht auf die Soldaten Alexanders des Großen zurück. Mitten in dieser streng islamischen Welt pflegen sie ihre eigene Religion, derzufolge ihr Gott Chodia auf einer hohen Bergspitze thront. Auch eine eigene Sprache zeichnet sie aus, eine Mischung aus Sanskrit, Persisch und Griechisch.

In der Nacht gegen 2 Uhr gellt schaurig ein langgezogener Schrei durch das Tal. Mit einem Ruck fahren wir in unseren Betten auf und stürmen zur Tür. Ein Wolf war das nicht! Draußen umfängt uns nur dunkle Nacht. Majestätisch erhebt sich vor uns der Bergzug, hinter dem Afghanistan liegt, das seit langem heiß umkämpfte Land. Über uns der kristallklare Sternenhimmel. Da, wieder ein Schrei! Er verklingt heiser durch die Täler, irgendwie krampft sich bei dem Wehlaut das Herz zusammen. Aber wir können nichts erkennen, sind uns nicht mal sicher, ob es sich bei dem Rufer um einen Menschen oder ein Tier handelt. Fröstelnd kriechen wir in die warmen Betten zurück.

Elena im Hotelzimmer in Bamburate, Pakistan. Der Wirt klaute ständig das von Peter gehackte Feuerholz.

Morgens sehen wir zahlreiche Frauen in ein Seitental gehen. Sie tragen lange, schwarze Kleider und auf dem Kopf eine Art Schleppe, ganz mit Kaurimuscheln, Knöpfen und Perlen verziert. Alle tragen ihr schwarzes Haar in drei Zöpfe geflochten. Einige Männer gehen gemächlich im Abstand hinter den Frauen her, sie tragen westliche Hosen und Jacken. Die Menschen nikken uns freundlich lächelnd zu, und manche sprechen uns in ihrer Sprache an. Ihre Gesichter sind vom Ruß geschwärzt, ihre Augen gerötet. Wir erfahren, daß im Tal während der Nacht eine Frau gestorben ist. Der Klageschrei kam von ihrem Vater, der das Unglück auf diese Art den Verwandten und Freunden in den anderen Tälern mitteilte. Wir sind zur Beerdigungszeremonie für die Tote am Nachmittag eingeladen.

Beim Spazierengehen winken uns ein paar junge Mädchen in ihr großes Elternhaus, das wie die anderen auch aus rohem, vom Ruß geschwärzten Holz ist, mit einem großen Balkon an der

Frontseite. Vereinzelt sind die Balken mit kunstvollen Schnitzereien verziert. Die Kinder bestaunen uns mit großen Augen, unter den Nasen furchen sich dicke Rotzbahnen. Manche der Jungen flüchten vor uns, um gleich darauf mit ihren Kumpels kichernd hinter einer Ecke hervorzulugen, um zu sehen, was wir Fremden machen. Ein paar unserer mitgebrachten Luftballons lassen die Befangenheit jedoch schnell verschwinden, und bald tobt eine Kinderschar lachend um uns herum.

Nur durch die Türöffnung fällt Tageslicht herein, nachts erhellen rußende Funzeln spärlich die Wohnräume. Ein einfacher Blechofen knistert vor sich hin und wirft den Feuerschein an die Decke, Fensteröffnungen gibt es nicht. Eines der Mädchen spricht etwas Englisch und erzählt uns, daß sie 13 Jahre alt ist und mit 20 Jahren heiraten wird. Im Gegensatz zu den Moslems dürfen sich die Mädchen den Mann ihrer Wahl hier selbst aussuchen. In dem Raum gibt es nur eine fellbezogene Sitzbank, zwei Hocker und eine schwarzbraune Holztruhe. Ein weiteres Mädchen kommt dazu und lacht uns offen an. Wie erfrischend das auf uns wirkt nach den scheuen, verhüllten Frauen im Islam! Als wir uns verabschieden und auf die Straße gehen, lachen uns die anderen Bewohner der Siedlung freundlich zu.

Die Frauen haben besondere Riten für ihre Körperpflege. Unter den Steinen am Fluß sind ihre Kämme versteckt. Während der Zeit des Monatszyklus gehen sie in eine speziell dafür errichtete Hütte am Fluß, wo sie unter sich sind. Das Essen wird ihnen durch eine Luke gereicht, ansonsten vermeiden sie den Kontakt mit anderen während dieser Zeit. Kinderreichtum ist auch bei den Kalash von Bedeutung. Sollte in einem Jahr bei einer Frau die Schwangerschaft ausbleiben, so kann sie sich eines ›Bodolak‹, eines jungen Mannes, bedienen. Dieser wird dafür mit besonders gutem Essen gestärkt und lebt weitab vom Dorf in den Bergen. In der Mythologie der Kalashleute spielen auch die Schamanen eine große Rolle.

Die Männer bringen Tieropfer an einem geheimen Platz dar;

Die Kalash hatten großen Spaß mit unseren aus Deutschland mitgebrachten Luftballons.

die Kinder werden mit dem Blut einer Ziege getauft, wenn sie ihre ersten Kleider erhalten. Gerne hätten wir das Neujahrsfest miterlebt, wenn die Alten auf den Bergen sitzen und bei einem ganz bestimmten Sonnenstand das neue Jahr ausrufen. Dann erhellen viele Fackeln die Nacht, es werden Ziegenopfer gebracht, die Dorfbewohner tanzen und feiern die ganze Nacht.

Am Nachmittag suchen wir das Haus auf, wo der Leichnam aufgebahrt ist. Einige Frauen stehen zusammen vor dem langen Blockhaus und trösten die Mutter der Toten, viele Verwandte und Freunde kommen oder gehen. Zum Begrüßungsritual gehört, daß man sich gegenseitig die Zopfspitzen küßt, bei älteren Respektspersonen auch die Hand. Der Mann, der uns vorhin so viel Interessantes berichtete, ist auch da und führt uns in einen dunklen Raum. Kehliges Wehklagen einer älteren Frau dringt daraus hervor, das uns an die Klagegesänge von Indianern erinnert.

Unsere Augen müssen sich erst an das fahle Licht, das zur Tür hereinfällt, gewöhnen. Um den Ofen in der Mitte des Zimmers hocken einige Frauen, ein paar Männer stehen in der Ecke. Verhaltenes Schluchzen ist zu hören. Vor uns liegt auf ihrem Bett die Verstorbene. Sie war 27 Jahre alt und hatte fünf Monate lang Bauchschmerzen. Das flackernde Licht aus dem Ofen beleuchtet ihr orangefarbenes Kleid, auf dem Kopf hat die Tote eine runde Kappe mit langen, bunten Federn daran, an den Füßen genähte Schuhe aus Ziegenleder, die vorne schnabelförmig zulaufen. Am Kopfende des Bettes sitzt die Klagefrau und singt Lieder, die vom Leben der jungen Toten berichten. Die schluchzenden Laute sind ergreifend. Immer wieder kommen und gehen trauernde Frauen und Männer.

Als wir uns leise zurückziehen, werden Peter und ich in einen anderen Raum nebenan gebeten, um Tee zu trinken. Schweigend sitzen wir in einem Kreis um den Ofen, jeder mit einer Tasse heißem, gesüßtem Milchtee in der Hand. Frauen wie Männer schieben sich immer mal wieder eine Tabakrolle, vermischt mit berauschenden Zusätzen, in die Backentasche. Über die Mundschleimhaut dringen die Wirkstoffe in die Blutbahn. Ihre Bewegungen sind langsam, viele Leute dösen vor sich hin. Eine Mutter stillt ihr Kind. Als sie anfängt, einen grauen, zähen Brei für das Abendessen anzurühren, verabschieden wir uns.

Noch lange spreche ich mit Peter über die beeindruckenden Erlebnisse, bis spät in der Nacht sehen wir die tanzenden Lichter der Heimkehrenden im Schnee, lauschen ihren knirschenden Schritten auf dem vereisten Weg.

Die Kalash kennen keine Erdbestattung. Die Holzsärge werden irgendwo in einem Tal auf den Boden gestellt und der Zeit überlassen, auch entlang der Straße sehen wir manchmal Särge, die mit Steinen und Blumen bedeckt sind.

In den nächsten Tagen treffen wir immer wieder auf die freundlichen Menschen mit den offen lachenden Gesichtern. Sie sprechen uns in ihrer Sprache an, und obwohl wir sie nicht verstehen können, bleibt von diesen ›Gesprächen‹ doch irgendwie ein gutes Gefühl zurück. Irgendwie. Oft tragen die Frauen schwere Säcke oder Brennholz. Während die Moslems im 20 km entfernten Chitral Esel als Lasttiere benutzen, ist diese Tierart hier in den Schluchten des Hindukush unüblich. Auf den flachen Dächern der einfachen Häuser grasen Schafe. Im Sommer trocknet man Samen und Früchte vor dem Haus. Am Flußufer dreht sich ein Mann allein laut singend und tanzend in der Sonne. Mit geschlossenen Augen hebt er glücklich lachend sein Gesicht dem wärmenden Licht entgegen.

Gerne würden wir noch länger hierbleiben, doch das Visum für Indien ist sicher schon fertig und wartet in Islamabad auf uns. Die Menschen hier wirken auf uns zufrieden mit sich und der Natur, in der sie leben. Mit etwas Wehmut im Herzen nehmen wir Abschied.

Auf dem gleichen Weg wie zuvor geht es zurück nach Chitral. Im Büro der PIA heißt es: ›cancelled‹. Bis auf weiteres sind die Flüge nach Peshawar gestrichen. Die Wolken zwischen den Bergen hängen für einen Sichtflug zu tief, und Radar besitzt das Flugzeug nicht. Der Landweg ist bis zum Frühjahr wegen der großen Schneemassen unpassierbar. Jetzt haben wir den Salat – eingeschneit!

Peter:
Zum Glück haben wir es nicht so eilig. In einem billigen Hotel mieten wir uns ein. Die glühende Kohle im herbeigestellten ›Kanisterofen‹ verbraucht den Sauerstoff im Zimmer und macht uns heftige Kopfschmerzen. Stellen wir ihn ins Freie, wird es sofort eisig kalt.

Bei dieser elenden Kälte laufen wir die Hauptstraße zum x-ten Mal rauf und runter, reden mit Händlern, die uns schon kennen, und abends gehen wir Linsensuppe oder Hammelspießchen essen. Das Restaurant ist eine Lehmhöhle, mit Balken und

Brettern wurden Podeste errichtet, auf denen man sich im Schneidersitz niederläßt. Ab und zu fällt der Strom aus. Ansonsten schaltet der Wirt für uns die englischsprachigen Fernsehnachrichten ein. Manchmal gehen wir in den Bergen spazieren. Mit Gewehren bewaffnete Männer begegnen uns, denn die Grenze zu Afghanistan ist nur einen Steinwurf entfernt, das umstrittene Kabul liegt in etwa 250 km Entfernung. Dem Metzger schaue ich beim Ziegenschlachten zu, dem Schriftenmaler bei der Erstellung eines Transparentes. Überall sieht man Männer und Kinder zusammenstehen, die das Eierspiel spielen. Man schlägt sich ein rohes Hühnerei gegen den Eckzahn, um die härteste Stelle herauszufinden. Dann schlägt man mit dem eigenen Ei das Ei des Herausforderers und versucht, es zu zerschlagen, ohne daß das eigene kaputtgeht. Im Hof unserer Herberge haben wir einen kleinen Schneemann gebaut.

Die Leute betrachten ihn mit zwiespältigen Gefühlen, weil man sich im Islam eigentlich keine Abbildung von Menschen machen darf, aber einige müssen doch darüber lachen. Jeden Morgen ist unser erster Gang zum PIA-Büro. 20 bis 30 Leute warten auf den Flug, täglich werden es mehr. Da kommt die Nachricht, daß alle Flüge vorläufig abgesagt wurden. Am Nachmittag schneit es. Wir begraben die Hoffnung, hier bald rauszukommen. Der Zimmervermieter bietet an, mich als verschleierte Frau verkleidet per LKW bei Nacht über die Berge zu fahren. Die Route würde allerdings über afghanisches Gebiet führen. Dafür haben wir aber kein Visum, und ein Menschenleben zählt dort nicht unbedingt viel, zumal dort Bürgerkrieg ist. Ende der 80er Jahre gab es bei einem Streit zwischen Schiiten, die in den Bergen leben, und den Sunniten, die um Chitral wohnen, zwei strenggläubige islamische Gruppen, über zwanzig Tote. Der Anlaß waren Unstimmigkeiten über die Länge des Ramadans. Eines Tages schaffen wir es, mit dem überladenen Jeep zum Flugplatz zu fahren, statt zu laufen, doch gegen Mittag sind wir wieder in unserem eisigen Hotelzimmer. Nebel liegt zwischen den Bergen; die Maschine kann Chitral nicht anfliegen.

Elena:
Auf dem Flughafen ergibt sich während der Wartezeit ein witziges Gespräch mit einem älteren Moslem. Es geht um seine Frage, warum die westlichen Frauen ihren Männern nicht untertan sind. Allah hat zuerst den Mann erschaffen und ihm dann die Frau als Dienerin dazugegeben, meint er. Als ich ihm sage, daß es aber ohne die Frau gar keinen Mann gäbe, runzelt er nachdenklich die Stirn. Was war zuerst da: Das Huhn – oder das Ei? Das Thema scheint auch die Umstehenden mehr und mehr zu interessieren, zumal ich noch die Vorzüge einer gleichberechtigten Partnerschaft anführe, die meines Erachtens das Diener-Herrschafts-Verhältnis bei weitem an Vorteilen überbietet. Interessanterweise scheinen die Männer diesem Gedanken nicht abgeneigt zu sein, einige nicken mir nachdenklich zu.

Viele haben hier westliche Videofilme gesehen, in denen die Frauen hauptsächlich als selbstsichere, lockere Wesen dargestellt werden, die oftmals scheinbar ihre Männer dominieren. Zumindest wird das hier so interpretiert. Wohin das führen kann, sehen sie dann in den vielen importierten Sexfilmen. Solche Verhältnisse wollen sie hier nicht haben. Die Auswirkungen dieser Filme bekommen dann unter anderem Frauen wie ich zu spüren, die beim Einkauf im Basar die Brust mit verschränkten Armen gegen ›Grapscher‹ schützen muß, Peter als Rückenschutz dicht hinter mir, obwohl ich bis zu den Ohren hochgeschlossen gekleidet bin.

Nach Ansicht vieler Moslems nehmen es die Touristinnen nicht so genau, da kann man schon mal zugreifen. Und wenn ich mir so manche leicht bekleidete Touristin ansehe, die sich über alle islamischen Anstandsregeln in puncto Kleidung einfach hinwegsetzt, überkommt mich die Wut. Viele Toilettentüren sind wie ein Nudelsieb durchbohrt. Stopft man Papier in die

Löcher, wird es auf der anderen Seite wieder rausgezogen. Wir verlangen in Deutschland, daß sich ›unsere‹ Ausländer den kulturellen Regeln anpassen. Sollten wir Touristen das nicht auch tun und uns vor Betreten eines anderen Landes dafür interessieren, wie man sich dort kleidet und was sich nicht gehört? Es wäre ein Ansatzpunkt, um Mißverständnissen vorzubeugen.

Peter:
Mit dem Vermieter und seinen Freunden spiele ich Sitar, ›Zitterspielen‹ wäre näherliegend bei der Kälte ... Allmählich geht uns das gewechselte Geld aus, und Reiseschecks werden hier nicht getauscht. Endlich landet nach fast zwei Wochen die kleine Fokker. Trotz Flugtickets entbrennt plötzlich ein Streit um die Plätze. Mittlerweile haben sich viele Passagiere angesammelt, die das bevorstehende Fest zum Ende des Ramadans mit ihren Familien in der Ebene feiern wollen. Getuschel und Bestechung sind in vollem Gange, wir können nur mit Mühe und Strenge unseren bezahlten Platz behaupten. Als die Maschine abhebt, sind einige Sitze doppelt belegt, man hat die Menschen kurzerhand aufeinandergesetzt ... Ach, wir freuen uns, als wir nach 50 Minuten Flug über die verschneite Bergwelt des Hindukusch in Peshawar landen. Es ist sehr warm hier, umso mehr, als wir mit drei Hosen übereinander, zwei Hemden und dicken Jacken polarmäßig ausgestattet sind. Zügig geht es weiter nach Rawalpindi. Mit dem knapp über dem Gefrierpunkt liegenden Wasser wollten wir uns in Chitral nicht die Haare waschen und freuen uns nun sehr über die warme Dusche.

Am nächsten Tag holen wir das Visum ab, dann fahren wir zurück nach Lahore zu unserer ›Basisstation‹ bei der Heilsarmee. Die Leute sind sehr freundlich und höflich. Trotz des eingeschlossenen Gepäcks wurde unser Fernglas daraus entwendet, vermutlich von einem anderen Touristen, der dort auch sein Gepäck verwahrt hatte. Einige Tage bleiben wir noch hier und erleben das Ende der Fastenzeit Ramadan. Dabei gibt es jedes

Jahr einige Tote, weil man halt gern etwas in die Luft schießt, die Kugeln aber irgendwo herunterfallen und jemandem ein Loch in den Schädel schlagen, zudem fallen nicht wenige Kinder beim Drachensteigenlassen von den Flachdächern der Wohnblocks.

Auf einer schlechten Straße rollen wir mit unseren Rädern zur Stadt hinaus. Bald führt der Weg durch ein Wäldchen, eine Hochzeitsgesellschaft begegnet uns. Der weißgekleidete Bräutigam sitzt mit Turban auf einem weißen Pferd, Tänzer gehen voraus. In einem Dorf spielt eine Kapelle, in schwarzen Hosen und roten Uniformjacken. Das Prunkstück ist ein Dudelsack. Als ich sie fotografiere, stellen sich alle Mann in Positur und freuen sich sehr darüber. In Tümpeln stehen Wasserbüffel, man kann ihnen das Wohlbehagen ansehen. So erreichen wir die Grenze des zwölften Landes auf unserer langen Reise.

12.
Überzeugungen:
Bei Mutter Teresa und dem Dalai Lama
INDIEN (März – April 1995)

Peter:
Der indische Grenzposten ist schön angelegt mit Blumen, weißen Mäuerchen, weißen Elefanten und Goldverzierungen. Die Beamten tragen Turbane in kräftigen Farben und mächtige Schnauzbärte, manche sind ganz in herrliches Blau gekleidet und sehen sehr würdevoll aus. Die Einreiseformalitäten werden freundlich und höflich abgewickelt. Wir tauschen unsere pakistanischen Rupies eins zu eins in indische ein. 1 DM sind 20 Rupies, wie gehabt. Die Straße ist gut und führt durch einen Wald. Viele Vögel gibt es hier, in manchen Baumwipfeln entdecken wir die Nester von Geiern. Nur wenige Fahrrad-Rikschas sind unterwegs, sonst ist es ruhig.

Auf einem Waldweg essen Elena und ich vorbereitete Brote und besinnen uns erstmal. Wir sind in Indien, in diesem großen, sagenhaften Land. Mit den Fahrrädern bis hierher, und bis jetzt sind wir, von einigen Blessuren abgesehen, gut durchgekommen. Wir verstehen uns weiterhin gut, auch wenn es ab und zu mal einen Streit gibt. Wir sind richtig von Glück erfüllt und spüren unsere Zusammengehörigkeit ganz intensiv. Ich bin stolz auf Elena und ihre Leistung, freue mich, daß sie praktisch ohne zu zögern mich auf dieser Mammut-Tour begleitet. Auch über unsere Freiheit sind wir jeden Tag erneut begeistert. Nicht zurück müssen, sondern immer wieder neue, unbekannte Länder unter die Reifen nehmen zu können macht die Reise ungemein spannend.

Am Straßenrand – auch hier gilt Linksverkehr – stehen kleine Tempelchen. In einer Nische stehen Heiligenfiguren aus der indischen Religionslehre, aber auch Jesus finden wir abgebildet vor. Am Abend sind wir in Amritsar in einem kleinen Hotel untergebracht für 120 Rupies, was ungefähr 6 DM entspricht. Im Hotel werden keine US-Dollars angenommen, so fahren wir am anderen Tag zu einer Bank, um Schecks zu tauschen. Das ist nicht ganz einfach, weil nur ganz bestimmte Geldinstitute dafür in Frage kommen. Die Kunst besteht darin, diese herauszufinden. Viele Leute, die wir danach fragen, gehen einfach weiter, ohne sich um uns zu kümmern, oder schütteln verschämt lachend den Kopf. Die Frauen machen erfreulicherweise einen offenen, freien Eindruck, zumindest in den Städten. Viele fahren Moped. Die Börse in Bombay ist heute geschlossen und deshalb kein aktueller Währungsstand zu erfahren. Na, wir werden irgendwo ein paar Dollars tauschen können. Das Gassengewirr um das Gandhi-Tor ist gewaltig, aber man fährt hier langsamer und nicht so aggressiv wie in Pakistan. Ein Luftballonverkäufer und ein Rollerfahrer lotsen uns zum Heiligtum der Sikhs, dem Goldenen Tempel von Amritsar. Wir ahnen noch nicht, daß wir schon bald in eine fremde, mystische Welt eintauchen werden …

Durch einen Torbogen hindurch gelangen wir in das Areal. Links sind die Pilgerunterkünfte. Es sind einfache, kahle und dunkle Kammern, in der Mitte das runde kleine Waschhaus für die Körperreinigung, an dessen Außenwänden ringsum Wasserhähne angebracht sind. Das Verwaltungsgebäude umfaßt den ganzen Platz. Den Mittelpunkt der Anlage bildet der Tempel, der in einem großen Wasserbecken steht und über eine Brücke erreichbar ist. Über dem ganzen Gelände schwebt eine Sphärenmusik, deren Ursprung im Tempel ist.

Wie wir mit den Rädern so vor der Pilgerherberge stehen, kommt ein Mann auf uns zu. Stattlich sieht er aus mit seinem leuchtend blauen Turban und seinem buschigen Bart. Freundlich lädt er uns ein, hier zu wohnen.

»Ja, aber gerne!« rufen wir erfreut.

Wir bekommen einen der Räume zugewiesen, in dem zwei Pritschen stehen. Durch eine Luke über der Tür fällt etwas Licht herein, in einer Nische nistet eine Taube mit zwei Jungvögeln. Wenn wir aus der Tür treten, stehen wir unter den Arkaden, die den ganzen Waschplatz umgeben. Diskret schauen wir zu, wie die Turbane abgewickelt werden und darunter lange, schwarze, manchmal auch graue oder weiße Haare zum Vorschein kommen.

»Eine der Regeln von uns Sikhs schreibt vor, daß wir uns niemals die Haare schneiden«, erklärt uns Herr Jaspal Singh, der Manager des Tempels, der sich zu uns setzt.

»Vier andere Symbole sind, daß jeder von uns einen Holzkamm, den Kangha, einen eisernen Armreifen, den Kara, die Kachcha, eine kurze Unterhose, und das Kirpan, ein Schwert oder Krummdolch, bei sich trägt.«

»Wie wird man denn ein Sikh?« will Elena wissen.

»Grundsätzlich kann jeder Mensch, der unsere Prinzipien befolgt, ein Sikh werden. Dazu gehört eine Lebensführung nach den Regeln, wie sie die zehn Gurus aufgestellt haben.«

»Das ist ja sehr interessant. Wie ist diese Religion denn entstanden?« frage ich den Manager.

»Der Sikhismus wurde vom Guru Nanak gegründet. Dieser wurde 1469 in der Nähe von Lahore im heutigen Pakistan geboren. Guru bedeutet Lehrer, und Guru Nanak lehrte seine Anhänger, wie man ein spirituelles Leben führen kann, ohne sich von den weltlichen Dingen zurückzuziehen. Die damals schon bestehenden Religionen waren ihm zu dogmatisch und götzenhaft. Guru Nanak folgten neun weitere Gurus. Granth Sahib, der vierte Guru, entwarf die Hymnen und Gebete, der fünfte Guru, Arjan Dev, erstellte 1601 bis 1604 daraus die Heilige Schrift, unser Buch.«

»Wie sieht das Leben eines gläubigen Sikhs im Alltag aus?« ist Elenas Frage.

»Nun, es wird von einem Sikh erwartet, daß er jeden Tag vor Sonnenaufgang aufsteht, nach den Waschungen meditiert und an Gott denkt. Jeden Tag muß er in den Gurdwara, den Tempel, gehen. Alle Formen des Rausches sind verboten, ebenso der Genuß von Fleisch, das von Moslems zubereitet wurde.

Unsere Frauen haben die gleichen Rechte wie wir Männer. Die Geburt einer Tochter sehen wir nicht als Unglück an. Sie kennen keinen Schleier, ebenso ist die Scheidung und die Mitgift nicht erlaubt.

Allerdings darf eine Witwe auch wieder heiraten, die Ehe ist eine Sache der Ehre und wird sehr ernst genommen. Guru Granth sagte: ›Man wird nicht zu Mann und Frau, indem man einfach nebeneinander sitzt. Nur diejenigen, die einen Geist teilen können, können Mann und Frau sein.‹«

Wir sehen zu, wie die Turbane kunstvoll gewickelt werden. Zunächst rollt man die Haare zu einem Knoten auf dem Hinterkopf zusammen. Darüber kommt ein Haarnetz, dann ein oranges Tuch, und darauf wird der Turban gelegt, wobei es verschiedene Wickeltechniken gibt. Wir bringen einige Regeln des Christentums ins Gespräch.

»Der Sikhismus lehnt die Ideologie vom Pessimusmus ab. Er lehrt Optimismus und Hoffnung. Wir halten nicht die andere Wange hin, wenn uns einer schlägt. Wenn alle Mittel versagt haben, ist es berechtigt, das Schwert zu ziehen«, sagt Mister Jaspar Singh.

Die Musik lockt uns, den Tempel anzusehen, doch vorher will uns unser Gastgeber noch die ›Guru Ka Langar‹ zeigen, die Gemeinschaftsküche. Diese Einrichtung ist Bestandteil eines jeden Tempels und ein Symbol von Brüderlichkeit und Gleichheit. Jeder Mensch, ungeachtet seiner Religion oder seines Standes, kann hier kostenlos essen. Wir werden dem Koch vorgestellt. Heute gibt es Linsen, genauer gesagt, es gibt fast immer Linsen, wenn es nicht gerade mal Bohnen gibt.

Nach jeder Speisung wird der große Eßraum abgeschlossen

und ausgefegt. Vor den sechs Eingängen stehen schon hungrige Menschengruppen, die auf Einlaß warten. Kaum ist geöffnet, stürmen die Leute lachend und lärmend in Richtung der langen Kokosläufer, die ausgelegt sind. Behinderte humpeln hinterher, einige Blinde werden geführt oder tasten sich voran.

Der Mann neben mir sagt: »Setz dich, Bruder!«

Männer, Frauen und Kinder sitzen in langen Reihen nebeneinander. Junge, Alte, Arme, Reiche, Gesunde und Kranke. Die Essenausgabe erfolgt schnell, rationell und einfach. Ein Helfer teilt Blechteller aus, ihm folgt der Fladenbrotverteiler. Aus einem Eimer werden mit einer Kelle besagte Linsen verteilt, ein weiterer Eimer enthält Wasser. Nach einem kurzen, gemeinsamen Gebet wird gegessen. Das Brot ersetzt den Löffel, wer möchte, erhält einen Nachschlag. Es mögen jedesmal ungefähr 200 Leute gleichzeitig versorgt werden, die Küche ist rund um die Uhr geöffnet, jeden Tag. Die freiwilligen Spenden der Gläubigen machen diese wichtige Hilfe möglich. Nach dem Essen legt jeder Gast seinen Teller an einen dafür bestimmten Platz und geht. Der Koch wünscht sich von uns eine Ansichtskarte, die wir ihm auch versprechen. Er ist eigentlich bei einer Bank als Angestellter beschäftigt, arbeitet aber mehrere Nachmittage in der Woche ehrenamtlich hier in der Küche. Vor dem Speisesaal stehen Boxen, in die wir unsere Spende legen.

Am weißen Wasserbecken tummeln sich Familien, die mit Eimern Wasser schöpfen und sich damit gegenseitig übergießen. Ein großes, fröhliches Geplantsche ist im Gange. Einige trinken auch das als heilig geltende Wasser, das den Tempel umgibt. Die im Sinne des Wortes wunderbare Musik liegt leicht über der Szenerie und unterstreicht die meditative Atmosphäre. Über eine weiße Brücke erreichen wir den Eingang des Tempels.

Elena:
Bevor man den eigentlichen Tempelraum betritt, kauft man für wenige Rupies ›Karah Parshad‹, eine braune, teigige Süßigkeit,

die aus Grieß, Mehl, Zucker und Wasser hergestellt wird. Man erhält sie in ein Laubblatt gelegt, manchmal auch in einer eßbaren Waffelschale, mit einem Blatt abgedeckt. Am Tempeleingang gibt man diese symbolische Opfergabe ab, wenn man sie nicht selber essen möchte.

Der Innenraum des Tempels ist nicht sehr groß. In ihm drängen sich etwa 100 Menschen. In der Mitte umgrenzt eine niedere Absperrung den Raum, in dem der ›Granthi‹ im Schneidersitz auf dem Bodenteppich sitzt, umgeben von bunten Kissen. Er führt den täglichen Gottesdienst. Vor ihm liegt das Heilige Buch. Im Sikhismus gibt es keine Priesterklasse, jeder darf den Gottesdienst führen. Die Gläubigen kommen und gehen.

Links sitzen ›Ragis‹, die Musiker und Hymnensänger. Es sind drei Männer, die ebenfalls auf dem Boden sitzen und auf Instrumenten spielen, die Akkordeons ähneln. Sie stehen auf dem Boden, sind ganz aus Holz und mit einem Balg und Tonknöpfen versehen. Der Klang ist aber eher der eines Harmoniums. Das Tasteninstrument steht auf dem Boden wie eine kleine Truhe. Der hintere Teil bildet den Blasebalg, während sich auf der Oberseite die Tasten befinden. Das Singen der ›Kirhan‹, der Lobpreisungen, wird von den Musikern wechselseitig übernommen. Einer der drei trommelt auf kleinen Bongos.

Nach jeweils einigen Minuten wippt der ›Granthi‹ mit ausgestrecktem, erhobenem Arm mit einem weißen Haarwedel nach links, dann langsam nach rechts, um dann wieder in seine Ruhestellung zurückzukehren. Viele der Anwesenden meditieren. Die entspannende Atmosphäre und die beruhigende, nie vorher vernommene Musik erfüllen auch uns mit Ruhe und Besinnlichkeit. So sitzen wir fast zwei Stunden und merken nicht, wie die Zeit vergeht. Noch heute hören wir gerne die Sphärenklänge, die wir auf Tonband aufgenommen haben. Noch heute übt sie den gleichen Zauber auf uns aus.

Am Abend ist Peter bei einer anderen Zeremonie dabei und berichtet mir anschließend: »Unter Gesängen tragen Männer eine Sänfte mit Glasscheiben und Gardinen in den Tempel. Das Heilige Buch wird zur Nachtruhe gebracht. Ehrerbietig wird die Sänfte mit dem Buch vor einen kleinen Tempel getragen. Wieder singt man Lieder, Frauen und Männer gleichermaßen. In dem Tempel steht ein richtiges, breites Bett, in das das Heilige Buch dann gelegt wird. Noch einmal wird gesungen, dabei umkreisen die Anwesenden das Bett. Das Licht wird gelöscht, gute Nacht, Buch! Der Tempel ist jetzt angestrahlt. Sein warmer, rötlichgoldener Glanz spiegelt sich im Wasser wider, darüber steht eine dünne Mondsichel.«

Wir gehen zusammen durch die nächtlichen Straßen von Amritsar. Vor dem Gelände verkaufen die Händler Souvenirs. Man findet Holzkämme aus gut riechendem Sandelholz, Säbel, Messer und eiserne Armreifen. Weiße, mandeläugige Kühe streifen gemächlich durch die Straßen. In der Nähe hören wir heftiges Trommeln und Glockengeläute. In einem Hindutempel ist Gebetszeit. Der Raum ist innen schwarz; ein junger Mann schlägt schnell und gleichmäßig eine alte Trommel, im gleichen Takt ein anderer eine Glocke. Eine rußende Flamme kokelt vor sich hin. Es sind nur wenige Gläubige um diese Zeit im Raum. Der Hinduismus kennt mehrere Götter, die sich aber zu einer Einheit fügen. Die wichtigsten sind Brahma, der Schöpfer, der die Welt im Auftrag von Shiva oder Vishnu schuf. Sein Begleittier ist der Schwan.

Vishnu ist auch ein Schöpfergott und Erhalter der Welt. Er kommt in verschiedenen Erscheinungsformen wie Löwe, Schildkröte oder Fisch vor. Er wird mit vier Armen dargestellt und hält die Attribute Keule, Hornmuschel, Lotosblume oder Diskus. Garuda, der Phantasievogel, ist sein Begleittier. Seine Gemahlin Lakshmi ist die Göttin der Schönheit, der Liebe und des Glücks. Elefanten gießen ihr mit dem Rüssel Wasser über den Kopf.

Als Gott der Schöpfung, der Erhaltung und Zerstörung wird Shiva verehrt. Die Bandbreite seiner Erscheinungsformen erstreckt sich vom wohlwollenden Geber bis zum vernichtenden Gott. Er wird einst den Weltuntergang herbeiführen. Oft wird er im Phallussymbol als Zeugungsgott verehrt. Sein Begleittier ist der Bulle Namdi.

Der Gott mit dem Elefantenkopf wird von einer Ratte begleitet und steht für die Weisheit. Sein Name ist Ganesha. Skanda wird der Kriegsgott genannt und Kama der Liebesgott. Auf einem Büffel reitet der Todesgott Yama. Für uns ist es im Moment schwierig, hierbei den Überblick zu bewahren.

Ziel des gläubigen Hindus ist es, ungeachtet dieser Götter, das Ende aller Wiedergeburten und das Eingehen ins Moksha zu erreichen. Die Summe aller Taten wird nach ihrem Glauben nicht im Jenseits, nicht im Himmel oder in der Hölle vergolten, sondern in einem nächsten Leben. Staunend nehmen wir all das Neue auf. Wie gut, daß wir miteinander reden können! Alleine wären die vielen Eindrücke schwer zu verarbeiten.

Als wir in der Nacht zurückkommen, liegen unter den Arkaden vor unserer Kammertür viele Pilger in Decken gehüllt auf dem Boden und schlafen, einige unterhalten sich leise. Am anderen Tag sehen wir uns einen weiteren, größeren Hindutempel an. Er ist praktisch eine Kopie des Goldenen Tempels der Sikhs. Auch er steht in einem Wasserbecken; seine Bauart ist ähnlich dem der Sikhs. Jeder Gläubige schlägt beim Betreten eine Glokke. Drinnen sind die verschiedenen Götter, in buntschillernde Gewänder gehüllt, in Glasvitrinen ausgestellt, von kaltem Neonlicht erhellt. Die Ehrfurcht der Gläubigen beeindruckt uns.

Hier werden Räucherwaren als Opfer dargebracht. Räucherstäbchen und fingerdicke, schwarze Rauchstengel werden vor dem Tempel verkauft. Die ganze Anlage ist längst nicht so sauber wie im Goldenen Tempel. Schmutz liegt überall, Abfälle werfen die Besucher achtlos auf den Boden.

Als wir wieder in der Pilgerherberge des Goldenen Tempels sind, kommen nacheinander drei Leute von der Verwaltung, um sich zu erkundigen, ob es uns gut geht und ob wir etwas zu beanstanden hätten. Der dritte ist der Manager, der uns Tee bringt. Man trinkt den Tee hier wie in Pakistan mit viel Milch, außerdem aber noch mit Ingwer gewürzt, was mir sehr gut schmeckt, Peter weniger.

Mister Jaspal Singh lädt uns für den Abend zu sich nach Hause zum Essen ein. Wir sollen seine Familie kennenlernen. Er wohnt gleich in der Nähe des Tempels, in einem älteren Haus. Seine Frau und seine Tochter begrüßen uns herzlich und freuen sich über das Gebäck, das wir mitgebracht haben. Frau Singh hat Chapati vorbereitet, Brotfladen mit passiertem Gemüse und scharfer Joghurtsoße. Dazu gibt es Tee. Die Speisen sind für unsere Zungen sehr scharf gewürzt und somit gewöhnungsbedürftig, aber trotzdem sehr gut. Wir erzählen von unseren Reiseerlebnissen und von unseren Familien in Deutschland.

Frau Singh bringt Fotos, und wir sehen uns ihre Hochzeitsbilder und die von Familienangehörigen an. Die ganze Familie spricht Englisch, und so können wir uns gut verständigen. Frau Singh meint nun, ich bräuchte als Frau unbedingt lackierte Fingernägel – schwups, steht ein feuerwehrrotes Fläschchen vor mir. Sie besteht darauf, mir den Lack persönlich aufzutragen, zur Begeisterung ihrer Familie. Stimmt, hier tragen die meisten Frauen und Mädchen roten Nagellack, allerdings ist er meistens abgesplittert, oder die Nägel wurden nicht richtig gesäubert und weisen rote Farbreste auf. Meine Hinweise, daß ich doch zu meiner Kleidung schlecht roten Nagellack tragen kann, fruchten nichts. Ich werde lackiert und damit basta. Hier gehört es sich so für eine Frau.

Da wir gerade so schön beim Rausputzen sind, bekommt Peter von Mister Singh einen Turban aus orangenem Tuch verpaßt, den man erst nach Erreichen der Manneswürde tragen darf, wie wir von ihm erfahren. Zum Zeichen der Bruderschaft und Anerkennung streift der Manager des Goldenen Tempels auch noch seinen metallenen Armreifen, eines der Symbole des Sikhs, von seinem Arm und auf Peters rechtes Handgelenk.

»Hiermit bist du mein Bruder, Peter!« sagt er zum Abschied.

Es ist schon spät, als wir wieder in unsere Kammer kommen; die Taube mit ihren Jungen schläft schon. Erschöpft, aber froh sinken wir in unsere Schlafsäcke.

Am nächsten Morgen wollen wir zur Weiterreise aufbrechen, doch Jaspal läßt zuvor noch ein Empfehlungsschreiben für uns verfassen, das uns in ganz Indien den Zugang zu allen Sikhtempeln erleichtern soll. Er bittet darin alle anderen Tempelvorsteher darum, uns Hilfe zu leisten, so weit sie können, fürsorglich zusätzlich in Englisch – für uns zum Verständnis. Was sagt man denn dazu? Wir freuen uns natürlich sehr über so viel Entgegenkommen.

Bevor wir die Stadt verlassen, rufe ich noch zu Hause an, damit unsere Leute wissen, wo wir uns befinden und natürlich in aller Kürze die neuesten Nachrichten erfahren.

Die LKW-Fahrer treiben uns auch hier öfters in den Straßengraben. An einer Kreuzung ist ein Unfall passiert. Zwischen mehreren Autos liegt ein verbogenes Moped auf der Straße. Die Polizei ist schon da – und wie! Auf dem Boden liegt ein älterer Mann, der LKW-Fahrer, der den Unfall verschuldet hat. Mehrere Polizisten schlagen mit aller Kraft auf ihn ein und treten ihn in den Rücken. Als sie jedoch sehen, daß Peter die Szene fotografiert, hören sie sofort auf, stellen den Mann auf die Beine, schleppen ihn zum bereitstehenden Polizeiauto und fahren damit weg.

Die Fahrt geht weiter, doch nur bis zu dem Nagel, in den Peter reinfährt. Reifenflicken ist angesagt, wir hatten ja schließlich schon lange keine Panne mehr … Zur weiteren Abwechslung bricht ein paar Kilometer weiter eine Schraube der Lenkerbefestigung an Peters Rad. Unter den aufmerksamen Blicken etwa 50 Umstehender erfolgt die fachmännische Reparatur durch den Industriemeisters Peter.

Am Nachmittag erreichen wir einen Tempel an der Straße.

Schon von weitem hören wir die enorm lauten Gesänge einer aggressiv klingenden Frauenstimme aus dem Lautsprecher auf dem Dach des Gebäudes. Wir steigen von den Rädern und zeigen unsere Empfehlungsschreiben. Sofort heißt man uns willkommen und führt uns hinter das Haus. Dort ist eine Bäckerei, die das tägliche Fladenbrot herstellt. Über der Backstube liegt unser Schlafraum für diese Nacht. Ein junger Mann, der dort wohnt, wird kurzerhand ausquartiert. Peter und ich sagen, daß wir auch zelten könnten oder in der Scheune schlafen, doch nichts da! Unter der Mithilfe vieler Jungen und Männer werden die Gepäcktaschen hochgetragen und die Räder in der Scheune angeschlossen.

Kurz nachdem wir ankamen, schwieg der Lautsprecher – Stromausfall. Doch jetzt ist der Strom wieder da, und ohne Vorwarnung brüllt die Stimme plötzlich durchdringend vom Dach herunter. Die ganze kleine Bude ist voller Männer und Kinder, die alle gespannt sind zu sehen, was wir machen, und sich amüsieren, als ich bei dem Schrei vom Dach erschreckt zusammenfahre. Ich rolle die Schlafsäcke aus und krame frische Kleider aus meiner Tasche, was für die Zuschauer sehr spannend ist. Peter versucht derweil, seine Tagebucheintragungen zu erledigen. Auch das ist sehenswert, schon deswegen, weil viele Leute des Schreibens unkundig sind. Dicht gedrängt stehen sie um ihn herum. Es wird viel gelacht und gealbert, man tippt ihm während des Schreibens auf die Zeilen, oder versucht ganz einfach, gleichzeitig den Inhalt der anderen Buchseiten zu betrachten. Ich frage mal vorsichtig nach einer Toilette, was erneut Heiterkeit auslöst. Nein, diese komischen Fremden aber auch! Die Toilette ist riesig – man zeigt mir rundum die Felder ... Also dann, wir wollten ja sowieso spazierengehen und marschieren los.

Die Lautsprecher dröhnen mit unverminderter Gewalt ins weite Land hinein. An einem Bach stehen viele vierblättrige Kleeblätter. Wir pflücken uns ein paar und wünschen uns drin-

Indische Frauen treffen sich am Dorfrand zum gemeinsamen Brotbacken.

gend einen Stromausfall, doch sie bringen uns kein Glück. Als wir zurück sind, zeigt man uns den Tempel, der teilweise renoviert wird, und die Verstärkeranlage. Die Inder haben ein anderes Verhältnis zur Lautstärke als wir oder einfach bessere Nerven. Zwischen Baugerüsten und Zementsäcken thronen kleine Heiligenfiguren, bunt bemalt und mit vielen Stoffen behängt. Ein alter Mann sitzt an einer Ecke des Altars. Würdevoll nickt er leicht mit dem Kopf und gibt uns lächelnd ein paar Räucherstäbchen, als wir ihm unsere Spende überreichen. Dann werden wir in die Küche geführt, in der einige Frauen gerade beim Fladenbrotbacken sind. Mit erhitzten Gesichtern stehen sie an einem offenen Feuer und rühren in gesüßter, heißer Milch, die wir zusammen mit einem Fladenbrot als Abendessen bekommen. In dem halbdunklen Raum sehen wir im flackernden Feuerschein rohe Holzbalken und Lehmwände. In der Mitte sind einige Steintröge aufgestellt. Ein paar Kinder springen grinsend um uns herum.

Zurück in unserem Zimmer, versuchen wir zu schlafen. Wir bemühen uns, uns auf den Lärm einzustellen, aber es gelingt uns nicht. Erst nachts um zwei Uhr schweigt die Stimme, doch um vier geht es wieder los. Wir fühlen uns total gestreßt und zerschlagen. Die freundlichen Leute bringen uns Tee und etwas von der Grießpaste. Um 7.30 Uhr sind wir mit unseren Rädern auf der Straße und beschließen: In Zukunft kein Sikh-Tempel mehr zum Schlafen.

Peter und ich fahren auf einer ruhigen Eukalyptus-Allee. Auf den Feldern laufen Pfaue herum, manche hocken in den Bäumen. In der Nähe von Dörfern sehen wir oft viele und imponierend große Geier auf Bäumen und Mauern hocken. Ein Mann auf einem Fahrrad fährt an uns vorbei, in einer Hand hält er ein komplettes Knochengerippe von einem Schaf oder einer Ziege.

»Ihm nach!« sagt Peter. »Ich will sehen, was der damit macht!«

Außerhalb des Dorfes, durch das wir gerade fahren, fährt der Mann zu einer Baumgruppe. Dort liegen schon viele solcher Gerippe, Knochen liegen verstreut umher. Er wird schon von vielen Augen beobachtet. Fünfzig bis sechzig Geier erwarten den Mann. Kaum hat er sich von dem Knochenberg entfernt, hopsen die großen Vögel mit ausgebreiteten Schwingen dorthin und machen ihre Arbeit. Das Skelett wird fein säuberlich abgenagt. Aus den von Fleischresten befreiten Knochen wird später Leim oder Seife gemacht.

Viele der Dörfer sind aus Lehm gebaut. Affen turnen auf Mäuerchen herum, von den Feldern holen die Bauern die Getreideernte ein. Mit Sicheln werden die Halme bündelweise abgeschnitten, mit Schnur zusammengebunden und auf den Köpfen nach Hause balanciert. Lange Reihen wippender Büschel kommen uns auf der Straße entgegen. Oft laufen die Leute mehrere Kilometer bis zu ihrem Dorf. Mit Dreschflegeln, wie zu Opas

Zeiten, wird das Korn aus den Hülsen getrieben. Die Körner und die Spreu werden in einen flachen Korb gegeben, dann läßt der Bauer den Inhalt auf den Boden rieseln. Der Wind weht die leichten Hülsen zur Seite, die Körner sammeln sich zu seinen Füßen an. Einfachste Getreidemühlen aus flachen Mahlsteinen werden von Ochsen angetrieben, im Dorfteich stehen Frauen beim Wäschewaschen.

Braunhäutige Kinder rennen bei unserem Erscheinen davon. Manche, um ihre Kumpels zu alarmieren, manche aber auch aus Furcht. Als Peter anhält, um mit der Landkarte in der Hand einen jungen Mann nach dem Weg zu fragen, stürzt dieser in Panik mit entsetztem Gesichtsausdruck ins nächste Haus und rettet sich hinter eine Tür. An den Hauswänden hat die Regierung zwei einfache Zeichnungen anbringen lassen. Die Dorfbewohner werden damit angewiesen, ihre Notdurft nicht auf der Straße zu erledigen. Oft sehen wir deutlich und direkt, daß sie sich nicht daran halten. Während die ›Geschäfte‹ laufen, grüßen sie uns freundlich beim Vorüberfahren. Wir sind nun in der Provinz Haryana, in einer Gegend, in der vor allem Hindus wohnen.

Auf unserem Weg treffen wir auf ein ›Baghwan-Meditations-Center‹. Für die fürstliche Summe von 600 Rupien hätte man uns ein Zimmer vermietet, was ungefähr 30 DM entspricht. Und das in Indien, wo ein Arbeiter soviel im ganzen Monat verdient.

Am Abend finden wir einen Hindutempel und bekommen dort ein schönes Zimmer mit Dusche, Balkon und funktionierendem Deckenventilator für die übliche Tempelspende. Auch hier bietet man uns kostenloses Essen an, doch wir haben mit der indischen Küche so unsere Probleme. Peter wird schon seit Tagen von Magen-Darm-Krämpfen geplagt und fühlt sich schwach. Der viele Chili im Essen droht, uns alle Geschmacksknospen im Mund abzusengen. Zwei junge Männer kommen mit uns ins Gespräch. Zuerst flüstern sie noch schüchtern mit-

Kuhfladen werden in der Sonne getrocknet und dann als Bau- oder Brennmaterial genutzt bzw. gegen Waren getauscht.

einander, bis einer seinen Mut zusammennimmt und uns anspricht. Sie wollen einiges über Deutschland wissen und sind ganz Ohr. Wir sollten sogar sofort zu ihnen nach Hause umziehen, doch wir sind total erledigt und wollen früh ins Bett. Die Lautsprecherstimme, die es auch hier gibt, ist erträglich. Diese Chance wollen wir nutzen.

»Liegt Deutschland in Amerika? Gibt es dort Hindus? Habt Ihr Tempel? Was kosten eure Räder bei euch zu Hause? Was verdient ein Ingenieur?«

Wir erzählen von unserem Land, der wirtschaftlichen und politischen Lage, von schneebedeckten Bergen im Winter und grünen Tälern. Gerne würden sie unser Land einmal besuchen.

Der neue Tag ist etwas kühler als bisher. In der Sonne messen wir am Nachmittag sonst gute 50° C, im Kalender steht März. Los geht's, Delhi wartet auf uns. An einer Stelle fallen uns in den

Bäumen extrem viele Geier auf, manche Bäume sind regelrecht voll von ihnen. Einige wurden überfahren beim Versuch, einen zuvor überfahrenen Artgenossen zu verspeisen.

Wir können nichts Häßliches an den großen Vögeln erkennen. Daß sie sich von Aas ernähren, ist sehr nützlich, besonders hier in dem heißen Klima. Sicher, schillernde Paradiesvögel sind sie nicht, doch sie sind als Totengräber durch ihre nackten Hälse und die kräftigen Schnäbel zweckmäßig ausgerüstet. Und sie machen ihren Job gut. Bestialischer Gestank bahnt sich den Weg in unsere Nasen. Es stinkt penetrant nach Aas und Verwesung. Einige hundert Meter weiter entdecken wir die Ursache – eine Leimfabrik.

»Komm, das sehen wir uns an!«

Rechts der Straße steht hinter Bäumen ein graues Gemäuer. Auf den Mauern sitzen dicht an dicht Hunderte von Geiern. Im Außenbereich der Fabrik sind ringsum die Behausungen der Arbeiter untergebracht. Es sind eher finstere Höhlen als Wohnungen, ganze Familien arbeiten in dieser Fabrik. Das System ist so angelegt, daß die Werksleitung einerseits an die Leute Kredite und Unterkünfte vergibt, andererseits so niedrige Löhne bezahlt, daß die Arbeiter aus diesem Kreislauf nie herauskommen. Sie sind praktisch Leibeigene, ohne Schulbildung und ohne Wissen um ihre Rechte. Auch die Zukunft der Kinder ist vorgegeben. Wir bitten den Verwalter, die Fabrik ansehen zu dürfen, doch er will uns nicht einlassen. Da hilft auch kein Presseausweis, jetzt schon gar nicht mehr.

Peter hat an seinem Rad eine Kobra aus Plastik angebracht. Ein kleines Mädchen verbeugt sich ehrerbietig mit gefalteten Händen vor ihr. Durch einen Spalt des Fabriktores sehen wir Berge von Knochen und toten Tieren im Hof liegen. Wir verlassen den trostlosen Ort und radeln nachdenklich die langgezogene Landstraße entlang. Nach 93 km machen wir für heute Schluß. In der Stadt, die wir erreicht haben, gibt es keine Pilgerherberge, so suchen wir uns ein Hotel. Leider sind diese fast immer nur über eine steile Treppe zu erreichen, so daß Peter die Räder und das Gepäck hochtragen muß. Von drei Wirtschaftsjournalisten, die auch dort wohnen, werden wir zum Essen eingeladen und gehen in ein Hotel in der Nähe. Es gibt Fladenbrot mit verschiedenen Soßen und gebratenes Huhn, alles scharf wie die Hölle. Der Hotelier lädt Peter zum Whisky ein. Nach dem ersten Glas wehrt Peter ab, als der Spender nochmals nachschenken will. Trotzdem tut er es. Zum Schluß soll Peter dann zwei Whisky bezahlen, so ganz selbstverständlich.

Um unser Zimmer im Hotel zu erreichen, müssen wir einen Schlafsaal mit zirka 15 Männern darin durchqueren. Fast jeder sitzt brav mit angelegtem Schlafanzug auf seinem Bett. Die Zimmerwand zum Schlafsaal hin ist wie ein Käse mit Gucklöchern versehen. Das kennen wir schon, seit wir Deutschland verlassen haben. Ich verstopfe sie mit Klopapier. Plötzlich macht sich in einem der Löcher das Papier von der anderen Seite her selbständig, es wird herausgezogen. Daraufhin stecke ich ein Räucherstäbchen rein. Prompt wird auch das von drüben wieder rausgezogen. Das ist doch nun wirklich eine ausgewachsene Frechheit! Peter rast zur Tür und macht Krach.

Mit den unschuldigsten Blicken, die sie zustande bringen, schauen die Männer uns an. Jeder blickt auf den anderen, keiner will es gewesen sein, und überhaupt sehen sie die Löcher jetzt zum ersten Mal. Nachdem wir ihnen die Peepshow vermiest haben, ist Schweigen in der Runde. Die Löcher bleiben abgedichtet. Wir sind Fremde in diesem Land und respektieren kulturelle und religiöse Besonderheiten, doch wir sind auch Gäste, und unsere Rechte sollten auch respektiert werden.

Die Nacht ist unruhig. Lautes Reden, Musik und Türschlagen zu später Stunde sind normal. Das Fenster kann man nicht schließen, weil ein ›Supertechniker‹ bei geöffnetem Fenster einen Halter für die Klimaanlage montiert hat. Jetzt verhindert das Blech die Schließung. Draußen kreischt der Lautsprecher eines Tempels, drinnen der Fernseher. Die stickige Luft wird nur mühsam von einem Ventilator zerstückelt, und Dutzende Moskitos trachten nach Blut. Endlich verstummen die technischen Geräusche, einige Männer schnarchen laut. Die Wände sind eigentlich bessere Sichtblenden.

Doch da – ein Kratzen ist zu vernehmen – dann wieder Stille. Erneut beginnt es an der Lochwand. Sollte ein dreister Spanner ...? Peter steht auf und kontrolliert die Papierstöpsel in der Wand. Alles o.k. Kaum liegt er still im Bett, raschelt wieder Papier. Im Lichtkegel der Taschenlampe kommt eine Ratte zum Vorschein, die so peu á peu unsere Vorräte abtransportiert. Wie sie so im Scheinwerferlicht steht, pfeift sie zweimal ganz laut und verschwindet wie ein Blitz. Alle Fluchtwege, zentimetergroße Spalten und Löcher, werden lokalisiert und mit Plastiktüten, Wasserflaschen, Büchern und dem Vorhang verstopft. Nach ein paar Minuten zupft es von außen an den Stoffbarrikaden. Peter schleicht wie Winnetou auf Kriegspfaden an die Tür, doch indische Ratten sind sehr aufgeweckte Tierchen. Ich habe Posten in der Dusche bezogen, eigentlich nur, um zuzuschauen, da galoppiert der Nager an mir vorbei. Das Pfeifen geht uns durch und durch, wir dürfen sie nicht in Panik bringen, sonst greift sie an. Das Tier wirft im Schein der Taschenlampe Schatten, so groß wie ein Elefant, macht Männchen und rennt wieder auf mich zu, den keuchenden Peter hart hinter sich. Scheppernd fällt die Seifendose zu Boden. Peter rumpelt bäuchlings auf die Kacheln, den tödlichen Schlappen in der Hand. Das Ungeheuer biegt scharf rechts ab und entschwindet zum Türloch hinaus. Draußen pfeift sie empört die Verwandtschaft zusammen, drinnen muß ich mich hinsetzen vor lauter Lachen über Peters verdutztes Gesicht. Mein Rattenfänger von Eschnapur ...

In dieser Nacht gibt es wohl keine Ruhe mehr. Es ist 3 Uhr. Erst, als wir den Vorhangstoff dick mit Pfeffer eingepudert haben, finden wir ein paar Stunden Schlaf, doch schon bald weckt uns der erste Lautsprecher. Ein neuer Tag erwartet uns. Es ist nicht immer schön, auf Reisen zu sein.

Am Nachmittag mißt Peter 50,3° C in der Sonne. Die heutige Fahrt war ereignislos, die Teerstraße verlief schnurgerade. Seitlich davon stand Wald, unterbrochen von Wassergräben und Tümpeln, die nicht nur wie Kloaken aussahen, sondern auch genauso rochen. Und das einige Kilometer weit. So lange konnten wir die Luft nicht anhalten. Sanftäugige Wasserbüffel mit langen Wimpern und Kraniche standen in anderen Wasserlöchern.

Oft wurden wir von indischen Radfahrern mit fast heraushängender Zunge überholt, die dann knapp vor uns herradelten und uns damit ausbremsten. Nicht sehr witzig auf Dauer ... Manche Fahrer begleiteten uns ein Stück für ein kleines Schwätzchen. Motorroller, auf denen eine vier- oder sogar fünfköpfige Familie hockt, irgendwie, sind in Indien keine Seltenheit. Stahlwerke bliesen schwarzen und roten Qualm aus. Ein Mann belud einen LKW mit Glasscherben, in Badeschlappen und mit einem Strohkörbchen, statt einer Schaufel. Nirgendwo sahen wir Kipplaster oder Gabelstapler. Handarbeit ist weit verbreitet und billig. Bei fast 1 Milliarde Menschen in Indien ist das kein Wunder.

Immer noch genieße ich das Herzklopfen, das ich immer wieder seit dem Start in Deutschland spüre. Diese Reise ist aufregend und einfach toll, vor allem auch, weil Peter so ein guter Reisepartner und verläßlicher Freund ist. Außerdem versteht er es immer wieder, mich zum Lachen zu bringen. Das ist wohl eines der wichtigsten Dinge in einer Beziehung.

Peter:
Eigentlich wollten wir ja heute noch weiter fahren, doch wie wir eben durch das Städtchen fahren, sehen wir rechts einen rosa gestrichenen Tempel. Für 60 Rupien gibt man uns hier ein sauberes Zimmer. Also bleiben wir. Elena kramt in ihren Taschen,

schreibt Tagebuch oder näht. Es ist unglaublich. Fast täglich gibt es etwas zu reparieren. Meistens sind es nur Kleinigkeiten, aber dennoch. In der Zwischenzeit gehe ich einkaufen. Zuerst muß ich herausfinden, wo es was gibt. Kleine, kioskähnliche Lädchen ersetzen hier den uns bekannten Supermarkt. Das Angebot ist für uns im Konsumrausch lebende Europäer nicht überwältigend. Es gibt Seife, Shampoo, Hautcreme, Sardinen, Kugelschreiber, Kaugummi und Toastbrot. Dieses ist oft verschimmelt und immer bröselig. Mit etwas Glück finde ich noch Cheddarkäse in einer Dose. Beim Gemüsehändler kaufe ich kleine, süße Bananen, Orangen und einige Kartoffeln.

Neben der Straße ist die Erde aufgeweicht, große Pfützen spiegeln das Abendlicht in zartem Rosa wider. Die morastige Fläche liegt voller Abfälle der verschiedensten Art. Dazwischen suchen weiße Kühe, borstige Wildschweine mit Frischlingen und Hunde, die von der Räude und der Staupe schon halb zerfressen sind, nach Eßbarem.

Zerlumpte Zigarettenverkäufer im Kindergartenalter haben dazwischen ihre Kartonladentische aufgestellt. Frauen in leuchtend farbigen Saris bilden einen angenehmen Kontrast zu dem Schmutz. Auf der Stirn tragen die Hindufrauen einen aufgeklebten Punkt oder ein Ornament, manchmal eine kleine Schlangendarstellung.

Was mich unruhig stutzen läßt, sind Verkaufsstände, wo grellbuntes Farbpulver angeboten wird, und Wasserspritzen im Format ›Magnum‹. Kinder proben von Balkonen herunter und aus Hauseingängen heraus schon mal den Ernstfall. Anderntags sollten wir mehr erfahren.

Der Morgen ist frisch, der Himmel unschuldig blau, als wir uns auf die Sättel schwingen. Nichts Böses ahnend, pedalieren Elena und ich die Straße entlang, doch viele Augen beobachten uns schon. Das Schicksal kommt uns zunächst in Gestalt von drei Halbwüchsigen entgegen. Als wir mit ihnen auf gleicher Höhe sind, greift einer von ihnen in seine Tasche und – klatsch!

Was vorher in Elenas Gesicht sonnengebräunt war, ist plötzlich piepgelb.

»Uaahh!« ruft Elena aus dem Gelb hervor, die Rasselbande türmt fröhlich, und ich lache. Doch nur solange, bis mich eine Ladung Quietschegrün erwischt. Kreidepulver mahlt zwischen den Zähnen, geschmacksfrei, aber grün.

»Nix wie weg hier!«, rufe ich Elena zu und stürme los. Hinter mir steigt Elena in die Pedale, einen zappelnden Traum aus Gelb erblicke ich im Rückspiegel.

An der Stadtgrenze wähnen wir uns etwas in Sicherheit, doch von einem vorbeifahrenden Tuck-Tuck, den dreirädrigen Kabinenrollern, feuert ein fröhlicher Inder eine Salve Purpur ab, und gleich danach schickt uns die dreiköpfige Besatzung eines Motorrollers Aquamarin und Schneeweiß herüber.

»Happy Holy!«, brüllt es zu uns herüber, was die Lungen hergeben. Ja klar, heute wird hier der Frühlingsanfang gefeiert. Wenn ich uns so ansehe, glaube ich's. Wir sehen aus wie eine fahrbare Almwiese. In den Nasenlöchern, in den Ohren, im Mund und in den Haaren steckt alles voller ›Happy Holy‹. Was soll man da machen? Da müssen wir durch.

An einer Raststätte versuchen wir, uns zu reinigen, aber die Wasserhähne auf der Toilette sind nur 10 cm über dem Fußboden angebracht. Mittels eines Bechers versucht Elena, sich die Haare zu waschen. Eine akrobatische Meisterleistung … Das feine Pulver sitzt in den Poren, in den Hautfalten und in den Nähten der Kleider. Noch Wochen später sollten wir in den Ritzen an unseren Rädern die Spuren vom ›Happy Holy‹-Fest finden. Mit nassen T-Shirts fahren wir weiter. Sie trocknen im Nu.

Eigentlich sehen wir uns als Weltreisende, doch wie die Nachfahren Marco Polos schauen wir heute nicht aus, eher wie ein Gemälde von Chagall. Vor einer Getränkebude werden wir von einer Gruppe junger Männer mit großem Hallo als die idealen Opfer empfangen. Ich nehme die Flucht nach vorne und fahre direkt auf sie zu. Die Leute tanzen, singen, und einige sind auch betrunken. Sie reiben begeistert Violett und Feuerwehrrot in mein Gesicht.

»O Shiva, laß diesen Tag vorübergehen!« denke ich in einem raschen Stoßgebet und lache. Was soll's!

Wieder auf Fahrt, kommt uns ein Pferdefuhrwerk entgegen. Auf der Pritsche sitzen eine Menge grölender Männer. Plötzlich ist das ganze Gefährt verschwunden. Der Kutscher hat das Pferd links die Böschung hinunter dirigiert, und das Tier folgte. Wir fahren hin, um zu helfen. Das Pferd liegt unter der Deichsel eingeklemmt am Boden, die Augen quellen voller Panik aus seinem Kopf. Viele der Männer sind betrunken, lallen und lachen blöde. Der Kutscher löst das Geschirr, so daß wir die Deichsel zur Seite ziehen können. Sofort steht das Pferd auf, doch anstatt es zu beruhigen, schlägt der Mann noch auf das zitternde Tier ein. Wir gehen dazwischen und halten ihn von weiteren Mißhandlungen ab. Nachdem das Pferd wieder angeschirrt wurde, setzen die Ausflügler die Fahrt fort. Staatliche Einrichtungen sind heute geschlossen, aber die Alkoholbuden haben Hochsaison. Ihre ganze Vorderfront ist vergittert. Man trinkt Whisky aus der Flasche.

Die Tempel der Sikhs werden seltener, die der Hindus häufiger, zu unserer Freude. Wir beurteilen die Gebetsstätten mehr nach einer ruhigen Übernachtungsmöglichkeit als nach religiösen Gesichtspunkten. In den Tempeln der Sikhs herrschen die Farben weiß, orange und gold vor. Die Bemalungen sind sauber und akkurat ausgeführt, es finden sich keine Abbildungen der Gurus. In den Hindutempeln dagegen werden viele Farben verwendet. Die verschiedenen Erscheinungsformen von Shiva, Vishnu und Brahma werden bunt dargestellt, manche Tempel sind im Innenraum aber auch schwarz gestrichen. Die Gottheiten sind orange überpinselt. An einem unserer Übernachtungstempel sehen wir eine ältere Frau, die mit ihrem ganzen Hausrat aus Lumpen und Töpfen auf der Straße lebt. Sie schimpft dauernd vor sich hin, hebt den Rock und verrichtet ihre Notdurft direkt vor uns.

Ab und zu laden uns Passanten zu einem Ingwertee ein, aus purer Freundlichkeit, aber auch, damit sie in Ruhe uns und die Räder betrachten können. Ich habe genug von dem ewigen Toastbrot mit Käse und erstehe an einem Imbißstand eine halbe, gekochte Kartoffeln mit gehacktem Ei.

»No Chili, please!« rufe ich schnell, als der Verkäufer in Windeseile meinen Snack zubereitet. Zu spät!

»O.k., o.k.!« grinst der Mann und streicht mir, ach, was sage ich – er häufelt geradezu die feuerrote Paste auf die Kartoffel und strahlt dabei vor Freude übers ganze Gesicht.

Inder sind sehr freundlich, lachen herzlich, sagen immer ›O.k., o.k.‹ – und machen dann, was sie wollen.

Vorsichtig lecke ich an der Kartoffel, nehme allen Mut zusammen und beiße ab. Flammen lodern aus meinem Mund, die Zunge brennt wie Feuer. Wasser tropft aus der Nase, gleich darauf werden die hervorquellenden Augen geflutet. Dabei habe ich noch die Sparversion erhalten! Wir haben Leute beobachtet, die sich die Feuerpaste löffelweise aufs Essen häuften. Unsere Geschmacksknospen geben höchsten Alarm. Eines weiß ich sicher: Heute Abend gibt es bei uns wieder fades Toastbrot mit Cheddarkäse!

Es ist Nachmittag, als wir in Delhi ankommen. Wir wollen noch heute die Stadtmitte erreichen, die Sonne liegt schon als roter Ball über den Industrieanlagen und den Slums der großen Vorstadt. In einem Büro weist uns ein Angestellter freundlich den Weg zum ›Tourist Camp‹, einer großen Campinganlage in der Stadt. Sein Chef zeichnet schnell eine Straßenskizze, spendiert zwei Limonaden und gibt uns seine Visitenkarte.

»Falls ihr Hilfe braucht!«

Jetzt müssen wir aber los, bevor es endgültig dunkel wird.

Elendshütten aus Lumpen, Kartons und Blech stehen entlang der Ausfallstraße. Zerlumpte Gestalten kauern vor rußigen Feuerchen, in denen eine Blechbüchse mit Essen steht. Andere liegen neben meterhohen, qualmenden Abfallhaufen oder am Straßengraben. Das immer chaotischere Verkehrsgewühl nimmt uns mit unseren Rädern auf. Funktionierende Straßenlaternen sind eine Seltenheit. Zahlreiche Autofahrer ziehen es vor, ohne Licht herumzusausen. Von Mopeds, Rikschas, Fußgängern, heiligen Kühen, Schweinen und Hunden ganz zu schweigen – und wir wie immer mittendrin. Ab und zu gähnen uns enorm tiefe Schlaglöcher entgegen, oder ein Gullideckel fehlt und gibt den Blick frei in ein schwarzes Loch.

Endlich erreichen wir das Camp. Der nächtliche Trip durch die Millionenstadt hat die Nerven fast zerbröselt. Die Anlage macht einen guten Eindruck. Wir mieten uns für knapp 6 DM ein winziges Holzhüttchen mit zwei Betten. Die Räder klemmen wir hochkant hinter das Kopfteil, die Gepäcktaschen passen unter die rostigen Eisenbetten. Die Matratzen haben mehrere Brandlöcher, undefinierbare Flecken berichten von einer bewegten Vergangenheit.

Ich fühle mich müde, fiebrig und krank. Elena fängt eine riesige, schwarze Spinne und entläßt sie ins Freie. Im Licht des nächsten Tages betrachtet, ist das ein Platz, wo man gut einige Zeit ausspannen kann. Um unsere Hütte stehen ein ehemaliger Mannschaftswagen der Bundeswehr und ein Omnibus, die zu Wohnmobilen ausgebaut wurden von einer Gruppe junger Deutscher aus Berlin und Hamburg. Das Gelände ist mit Büschen, Bäumen und Kieswegen hübsch angelegt. Elena fährt mit dem Rad zu American Express, um die Post zu holen. Ich räume derweil die Taschen auf, dann setze ich mich ins Restaurant, schreibe Briefe, studiere die Landkarte und esse frischen Joghurt. Es ist einfach nur schön, hier im Schatten. Elena bringt einen dicken Packen Post. Viele Leute verfolgen unsere Tour von Portugal, England, Österreich und Deutschland aus und nehmen regen Anteil an unseren Abenteuern. Für uns ist der Postempfang jedesmal ein Fest.

Gegen Abend huschen nur wenige Meter vor uns auf einem niederen Erdhügel große Ratten umher. Sie sind ohne Übertreibung etwa so groß wie Dackel, haben schwarzes, glänzendes Fell. Gedämpft pfeifen sie miteinander und laufen emsig herum. Bis gegen 23 Uhr sitze ich bei Neonlicht vor dem inzwischen geschlossenen Restaurant, Elena ist schon in der Hütte und liest. Es ist angenehm warm, die nackten Füße stecken in Sandalen. Durch ein schabendes Gefühl an einer Zehe schrecke ich plötzlich aus meinen Gedanken auf. Ruckartig ziehe ich das Bein zurück und sehe gerade noch, wie eine riesige Ratte ohne besondere Eile davonläuft. Sie hat versucht, mich anzuknabbern. Ich lege die Beine auf einen Stuhl hoch. Die Ratten kommen immer näher auf der Suche nach Nahrung, die hier in großer Menge herumliegt. Wenn das Restaurant um 22 Uhr schließt, bleiben die Teller mit Speiseresten der letzten Gäste bis zum Morgen stehen. Die Ratten und Katzen räumen dann schon mal ab. Eigentlich sind die Ratten nicht häßlich, ihr Fell ist glatt und glänzend. Pro Landeseinwohner rechnet man zwei Ratten, was ungefähr zwei Milliarden Nagern entspricht. Es gibt Tempel, in denen sie zu Hauf vorkommen und als heilige Tiere verehrt werden.

Am nächsten Tag ein neuer Angriff. Eine Katze springt auf den Tisch und klaut von Elenas Teller während des Essens einen Hähnchenschlegel. Die Attacke erfolgt blitzschnell und geübt.

Wir nehmen uns eine der zahlreichen Fahrradrikschas, bunte, dreirädrige Fahrzeuge, die für schmale, indische Popos gebaut sind, und lassen uns ins Zentrum fahren. In der ›Chandni Chowk‹, der Straße, wo sich zu Zeiten des Kaisers Shajahan im 17. Jahrhundert die Silber- und Stoffhändler niederließen, steigen wir aus.

Elena und ich befinden uns in einem schier unsagbaren Gewühl aus Motorfahrzeugen, Ochsen- und Pferdekarren, Rikschas und Menschen. Vor den Läden haben Händler noch zusätzlich Verkaufsstände aufgebaut, wo man fast alles bekommt, was man sich denken kann. Parfums, Uhren, Fotoapparate und Radiorecorder mit bekannten Herstellernamen sind hier immer plumpe Fälschungen aus China oder Korea. In den Seitengassen sitzen die Schneider zwischen schillernden Stoffballen vor ihren Nähmaschinen. Wir kaufen uns irgendwo süßes Gebäck. Uns zieht das Gewimmel immer wieder von neuem an. Hier tobt das pure Leben – mehr Fotomotive, als ich aufnehmen kann. Glücklicherweise sind die Inder überhaupt nicht kamerascheu.

Der in der Straße liegende Sikhtempel ›Gurudwara Sis Ganj‹ wird innen teilweise renoviert. Ein LKW brachte Sand, aber er steht etwa 200 m vom Tempel entfernt. Wie ein Endlosband laufen Männer mit Turbanen und sandgefüllten Maisstrohkörbchen auf dem Kopf über Dielen, Bretter und Gerüstteile in den Tempel. Andere kommen mit leeren Körbchen heraus. Schaufel für Schaufel wird so die ganze Sandladung zur Baustelle transportiert. Als Techniker denke ich sofort an einen Verbesserungsvorschlag.

»Typisch deutsch«, grinst Elena, und hat damit vermutlich recht. Vieles, was uns begegnet, können wir mit unseren europäischen Köpfen schlecht einordnen.

Die Armut ist bedrückend groß und sticht einem fast von überall her ins Auge. Blinde, Verkrüppelte, aussätzig Siechende kauern an Häuserecken und bitten um ein Almosen. Um ihre dürren Körper hängen Lumpen, ein Stock lehnt neben den Ausgemergelten, manchmal steht ein zerbeulter Blechnapf dabei, mit dem sie sich Essensreste aus Restaurants oder aus dem Müll holen. Oft sehen wir ganze Familien, die zusammen mit Hunden, Kühen und Schweinen in den Abfallhaufen nach Eßbarem wühlen.

Von eitrigen Geschwüren, in denen Fliegenmaden sitzen und oftmals gezeichnet von Lepra, fristen sie ihr jämmerliches Leben. Viele Menschen sterben auf der Straße. Zwar gibt es Hilfsorganisationen, doch es ist ein Kampf gegen Windmühlenflügel. Weil ein soziales Netz fast völlig fehlt, gilt auch hier Kinderreichtum immer noch als Lebensversicherung.

Eine Kuh bedient sich bei einem offenen Restaurant in Dehli selbst ...

Dazu kommt, daß das Kastensystem nach wie vor – obwohl seit der indischen Verfassung 1948 eliminiert – existiert. Der gesellschaftliche Stand, der berufliche Weg und somit das ganze Leben wird durch die jeweilige Zugehörigkeit zu einer Kaste vorbestimmt. Die Unterschiede sind fein gegliedert. So unterscheidet man 2.000–4.000 Kasten und Unterkasten.

Die oberste Schicht bilden die Brahmanen der Priesterkaste, die Kaste der Adligen heißt ›Kschatriyas‹, ›Vaischyas‹ die der Kaufleute, und über die ›Sudras‹, die Kaste der unterworfenen Bauern, führt das System hinunter zu den Unberührbaren. Die Kasten regeln die Gesellschaftsordnung innerhalb eines Dorfes. Sie stehen innerhalb der verschiedenen Ebenen miteinander in Verbindung und ergänzen sich, zumindest in beruflicher Hinsicht.

Ein Brahmane wird einen Handwerker, der einer niederen Kaste angehört, zu sich rufen lassen, wenn er ihn braucht. Umgekehrt würde aber dieser Brahmane die Wohnung des Handwerkers nicht betreten. Der gesellschaftliche Stand einer Kaste ist in Beziehung zum Grad der Unreinheit zu sehen. Mit großer

Unreinheit behaftet sind zum Beispiel Leute, die mit Leichen zu tun haben.

So können Verunreinigungen innerhalb einer Kaste übertragen werden, etwa durch das Berühren des Schattens einer niedrigstehenden Person oder durch einen Blick. Solche Makel können gesühnt werden, die Reinigung ist aber langwierig und nicht billig. Mahatma Gandhi wollte seinerzeit den Stand der Unberührbaren abschaffen. Er nannte sie ›Kinder Gottes‹.

Am Nachmittag laufen wir durch die Burgfeste des ›Roten Forts‹, das am Ende der Straße liegt. Kaiser Shajahan ließ die Anlage errichten, als er die Hauptstadt von Agra nach Delhi verlegte. Es gibt zahlreiche Paläste, Pavillons, Türme und Türmchen zu sehen. Der weiße Marmorthron steht noch, der Pfauenthron aus purem Gold, mit Diamanten und Perlen geschmückt, wurde als Kriegsbeute 1734 n. Chr. nach Persien gebracht. Das konnten auch die 16 m hohen Sandsteinmauern, die das Fort umgeben, nicht verhindern.

Tags darauf wollen wir zum ›Raj Ghat‹, wo sich am Ufer des Yamuna die Ehrenmäler von Indira Gandhi, ihres Sohnes Rajiv und von Mohandas Karamchand Gandhi befinden. Seine Anhänger nannten ihn ›Mahatma‹, was ›große Seele‹ bedeutet. Gandhi wurde am 2. Oktober 1869 in Porbandar im Staate Bombay geboren, einer hohen Händlerkaste angehörend. Dadurch war es ihm auch möglich, in London und Bombay Jura zu studieren. Eigentlich wollte der junge Gandhi lieber Arzt werden, doch da sein Vater bereits als Premierminister in verschiedenen Fürstentümern eingesetzt war, befand seine Familie, daß er, anstatt Leichen zu zerlegen, doch besser Rechtsanwalt werden solle. Als Rechtsbeistand für eine Handelsgesellschaft kam Gandhi zunächst nach Südafrika, wo er die Rassenvorurteile, unter denen seine Landsleute dort zu leiden hatten, am eigenen Leib zu spüren bekam. Bald war er der Anwalt der Unterdrückten und Rechtlosen.

Als 1914 der Erste Weltkrieg ausbrach, kehrte Gandhi nach Indien zurück. Sein künftiges Leben stellte die ›große Seele‹ in den Dienst für Gerechtigkeit und Menschlichkeit, durch gewaltlosen Widerstand gegen die Kolonialmacht England. Von 1920 bis 1934 leitete er als Präsident den indischen Kongreß. Zahlreiche Protestmärsche, Hungerstreiks und die Aufforderungen zu zivilem Ungehorsam zogen ebenso zahlreiche Verhaftungen nach sich, was den starken Willen des Volksführers jedoch nicht brechen konnte. Gandhi war der Ansicht, daß anständige Menschen in schlechten Zeiten im Gefängnis sitzen. Albert Einstein wird später sagen: »Künftige Generationen werden es vielleicht kaum glaubhaft finden, daß ein Mensch wie dieser jemals in Fleisch und Blut auf dieser Erde einherwandelte.« (4)

Am 20. Januar 1947 überlebte Gandhi ein Bombenattentat in New Delhi, zehn Tage später starb der große, kleine Mann an den Schüssen, die ein Hindufanatiker auf ihn abgab.

Was uns etwas erstaunt, ist die Tatsache, daß der Rikschafahrer, der uns zum Ehrenmal fahren soll, mit dem Namen Mahatma Gandhi nichts anzufangen weiß. Auf die verschiedensten Weisen versuchen wir ihm, unser Fahrtziel zu verdeutlichen, er fährt uns aber zum Roten Fort. Erst durch die zahlreichen Auskünfte, die wir von Passanten erhalten, gelingt es, die Gedenkstätte zu erreichen. Bald schon sollten wir dorthin zurückkehren, in Anwesenheit einer anderen ›großen Seele‹.

Die Moschee Qutb-ub-Din Aibak steht in einem großzügig angelegten Park. Sie wurde aus den Trümmern zerstörter Hindutempel gebaut. Ihr Name bedeutet ›Moschee der Macht des Islam‹. Noch bemerkenswerter als die schönen Skulpturen an den Mauern finden wir eine Säule, die im Hof steht. Sie ist ungefähr 7 m hoch und aus Eisen. Das Verblüffende daran ist jedoch, daß die Eisensäule, obwohl sie aus dem 5. Jh. n. Chr. stammt, keinerlei Spuren von Rost aufweist. Es gibt Sachverständige, die die Entstehung des metallenen Zeitdokuments auf einen noch weiter zurückliegenden Zeitpunkt datieren. Wozu wurde sie einst errichtet? Heute dient sie einem spaßigen Zeitvertreib. Wer, mit dem Rücken zur Säule stehend, sie so umfassen kann, daß die Fingerspitzen sich berühren, dem wird besonderes Glück verheißen.

Im Stadtteil New Delhi, von den Engländern großzügig gestaltet, stehen die nobleren Bauten und die teureren Hotels. Viele der Häuser sind weiß gestrichen. Vom Connaught Place aus, der als blumenreicher Park mit funktionierendem Springbrunnen angelegt ist, führen neun große Straßen weg. Unter den Arkaden finden wir zahlreiche Geschäfte, Restaurants, herrlichen Milchshake und schließlich unseren Freund Andreas beim Feilschen. Wir kennen ihn vom Tourist Camp. Er kommt wie wir aus Freiburg, ist aber in Sachen Antiquitäten unterwegs. Am Abend fliegt er nach Frankfurt und nimmt freundlicherweise einige Sachen für uns mit. Beim Bummeln entdeckt Elena ein Plakat, das den Besuch des Dalai Lama für den morgigen Tag ankündigt. Da müssen wir unbedingt hin, ist unsere einstimmige Meinung.

Im Gedächtnispark Raj Ghat, wo das Ehrenmal von Gandhi liegt, sind am nächsten Vormittag unter Bäumen schattenspendende Zeltdächer aufgebaut. Der grüne Rasen ist orange und dunkelrot getupft, den Kleiderfarben einiger hundert buddhistischer Mönche, die gekommen sind, ihr religiöses Oberhaupt zu sehen.

Seine Heiligkeit, der 14. Dalai Lama, wurde 1935 als Reinkarnation des zuvor verstorbenen 13. Dalai Lama geboren. Um die Wiedergeburt des Dalai Lama zu finden, machen sich Mönche monatelang in tibetischen Dörfern auf die Suche. Anhand der Hinweise, die der Verstorbene vor seinem Tod hinterließ, wird der neue Dalai Lama gefunden. Als La-Mu-Teng-Chu, wie er mit bürgerlichem Namen heißt, als der wiedergeborene Dalai Lama ausgemacht wurde, war er gerade vier Jahre alt. Erst in jahrelanger Schulung hinter Klostermauern in Lhasa lernte der junge Dalai Lama den Umgang mit den Gesetzen des Lamaismus. Er gilt als lebendiger Gott. Heute lebt der Dalai Lama in Dharamsala/Nordindien am Fuße des Himalaya, seit er 1951 und 1959 vor der Übermacht chinesischer Soldaten flüchten mußte, die Tibet überfielen. Seitdem wird die alte, gewachsene Kultur systematisch zerstört.

Der Dalai Lama vertritt eine Sonderform des Buddhismus, den Lamaismus. Im Gegensatz zu anderen Religionen steht nicht die Frage nach Gott im Vordergrund, sondern die Befreiung aus dem leidvollen irdischen Leben. Verblendung, Mißgunst und das Streben nach materieller Wunscherfüllung sind einige Ursachen, die eine ständige Wiedergeburt in eine von fünf Daseinsformen bedingen. Anschaulich wird dieser Kreislauf durch das ›Tibetische Lebensrad‹, in dem sich ein Schwein, eine Schlange und ein Hahn in den Schwanz beißen und das Rad in Gang halten. Um auf das Wesentliche und zu sich selbst zu kommen, ist das Erlangen von innerer Leere erforderlich. Meditiationen, Mantras und Mandalas sind Hilfsmittel, um diesen Zustand zu erreichen.

Das Ziel, die Entwicklung einer friedfertigen Lebensführung Mensch und Tier gegenüber, Liebe, Geduld und Toleranz lebt der 14. Dalai Lama in seiner liebenswürdigen Art überzeugend vor. Waren seine Vorgänger mehr den religiösen Fragen zugewandt, so steht der jetzige Dalai Lama mitten im Leben und ist sehr an den politischen und weltanschaulichen Dingen interessiert. Aus der Lehre Buddhas stammen die Worte: »Tat wam si!« Das heißt, du bist ich. Verinnerlicht man sich diesen Inhalt, führt er sicherlich zu mehr Verständnis füreinander. Interessant ist es auch, die Tragweite dieser Zeile für sein eigenes Leben zu erforschen.

Ich mische mich unter die Pressefotografen, Elena hat das Bandgerät und ist für den Ton verantwortlich. Unter einem Baldachin sitzen Würdenträger des Islam, des Christentums, des Sikhismus oder des Parsismus. Die Anhänger dieser letzten Religion

Ein buddhistischer Mönch wartet vor einer Veranstaltung auf den Dalai Lama.

kommen ursprünglich aus Persien und pflegen die Heiligkeit des Feuers, weswegen sie – um das Feuer nicht zu verunreinigen –, ihre Toten nicht verbrennen. Die Verstorbenen werden auf die ›Türme des Schweigens‹ gelegt, wo sie von Geiern gefressen werden. Von zwei bewaffneten Soldaten abgesehen, gibt es keinerlei Absperrungen oder Hundertschaften von Sicherheitsleuten. Es ist wohl auch nicht nötig, denn alle Besucher verhalten sich sehr ruhig. Aus den Lautsprechern ertönen Gebete in einem seltsamen, tiefen Singsang.

Erwartungsvolles Raunen setzt ein mit dem Erscheinen einer kleinen Gruppe von Menschen. Aus ihrer Mitte heraus geht seine Heiligkeit, der 14. Dalai Lama, zur Bühne und setzt sich auf ein Kissen. Die Mönche applaudieren, aber ohne besondere Euphorie, wie man es vielleicht erwartet hätte. Der Dalai Lama begrüßt alle Anwesenden und besonders die Vertreter der verschiedenen Religionen, denn sie sind alle seiner Einladung zum Gebet für den Frieden gefolgt. Eine Aktion, die sich rund um die Welt zieht.

Eine japanische Delegation singt ein Lied, dann spricht der Dalai Lama in tibetischer Sprache. Eine warme Freundlichkeit geht von seiner Person aus. Ein ansteckendes Lächeln umspielt fast ständig seine Mundwinkel, und wenn wir Blickkontakt haben, erblüht es zu einem offenen, fröhlichen Lachen. Am Ende der Veranstaltung besucht der Dalai Lama das Ehrenmal von Mahatma Gandhi. Ich folge ihm mit dem Troß der Pressefotografen.

Auf dem Weg zurück sprechen wir ihn an, berichten kurz, wer wir sind, daß wir uns auf einer Weltreise mit dem Fahrrad befinden und bitten ihn um ein kurzes Gespräch. Freundlich nickt er uns zu, sagt aber, daß er noch heute nach Japan fliegen muß. Eine Stunde später sitzt er bereits im Jet. Wir pflegen jedoch seit damals schriftlichen Kontakt und berichten unterwegs immer wieder mal von unseren Abenteuern. Später schickt er uns ein Buch, in dem er einige Gedanken zum Weltfrieden festgehalten hat. Keine der Weltreligionen, die wir während unserer Reise um den Erdball kennenlernten, lebt die Botschaft der Gewaltfreiheit so überzeugend wie der tibetische Buddhismus.

Mit einigen Deutschen sitzen wir abends im Camp zusammen. Allgemeines Thema sind die Reisen, die alle schon gemacht haben. Elena und ich überlegen uns, ob wir über Nepal, Tibet und China nach Vietnam fahren sollen. Von dort könnten wir versuchen, über Kambodscha nach Thailand zu kommen. Nachdem wir bei den jeweiligen Botschaften herumtelefoniert haben, lassen wir den Plan fallen, werden ihn aber zu einer anderen Zeit aufgreifen. Im Vorbeifahren entdecken wir einen Laden, der Zelte verkauft. Da fällt uns doch gleich wieder unser defekter Reißverschluß am Innenzelt ein. Am Nachmittag bringe ich das Zelt zur Reparatur hin. Der Mann sagt »O.k., o.k.« und daß es morgen fertig sei. Es ist dann aber zur angegebenen Zeit doch nicht fertig, was wahrscheinlich mein Fehler ist, denn wenn es in Indien zum Beispiel 14 Uhr heißt, kann das auch irgendwann vorher oder danach bedeuten. Ich pünktlicher Deutscher habe den Mann halt beim Wort genommen.

Es ist gegen 10 Uhr, als wir zwei Tage später außerhalb Delhis sind. Eine lange Straße führt durch rußigqualmende Industriegebiete, später liegen Felder an der Straße. Am Abend entdecken wir eine kleine Hütte und stellen da unser Zelt rein. Als wir das Innenzelt in die Stangen einknipsen, wollen wir nicht glauben, was wir sehen. Der Schneider in Dehli hatte nach dem Einnähen des Reißverschlusses aus mir unverständlichen Gründen plötzlich noch Stoff übrig. Kurzerhand hat er diesen zu einem Sack zusammengenäht, was zur Folge hat, daß die Aufhängung und der Reißverschluß an dieser Stelle unter großer Spannung stehen. Wir sind sehr wütend und schicken böse Verwünschungen nach Delhi …!
   In den Ritzen der Holzbalken sind Hornissen dabei, sich Nester zu bauen, und die Holzwürmer versuchen, die Hütte zu zerraspeln.

Elena:
Ganz heimlich während der Nacht hat die Luft in Peters Hinterrad den Weg ins Freie gefunden. Noch ist es früh am Morgen, gegen 7 Uhr sind hier noch nicht so viele Leute unterwegs, und wir können ungestört den Schlauch reparieren. Später am Vormittag reißt eine Schraube an Peters vorderem Taschenhalter. In einem Feldweg repariert Peter auch diesen Schaden, ich mache derweil einige Brote zurecht. Wieder mal Cheddarkäse und trokkenes Toastbrot. Es hängt uns schon bald zum Hals heraus. Eine 10 cm kleine Kobra schlängelt sich durchs Gras. Nach ein paar Minuten kommt ein vorbeifahrender Radfahrer zu uns, stellt sich schweigend und lächelnd hin und schaut uns nur an. Bald

kommt noch einer, dann noch zwei und nach 15 Minuten stehen 20 junge Männer um uns und eine junge Mutter mit Kind. Die Frau trägt an den nackten Zehen, die die Spuren harter Feldarbeit zeigen, silberne Ringe. Alle Umstehenden lächeln uns an, viele halten ihre Arme auf dem Rücken verschränkt. Die Männer tragen beigefarbene Hosen, darüber ein Langhemd, manchmal einen Schal um den Kopf. Die Frau ist mit einem bunten Sari gekleidet. Aus den braunen Gesichtern blitzen weiße Zähne und schwarze Augen.

Zwar übt die Gangschaltung, die Klingel und besonders meine Ballhupe einen unüberwindlichen Betätigungszwang auf indische Finger aus, doch nie müssen wir um unser Hab und Gut fürchten. Die Leute sind immer freundlich, höflich und auf ihre Art zurückhaltend. Nachdem jeder mal gehupt und geklingelt hat, verabschieden wir uns und radeln weiter. Eines stellten wir jedoch fest: Ob ich mein schweres Rad herumwuchte, ob mir ein Bein abfällt oder ob sich die Erde auftut – die umstehenden Leute machen keinen Finger krumm, um mir zu helfen. Sie starren uns nur an und lächeln. Mit Peter diskutiere ich oft die für uns schwer zu verstehenden Erlebnisse.

Wir bemerken eine gewisse Lässigkeit, manchmal auch eine verminderte Anteilnahme den Alltagsdingen gegenüber. Da geht eine junge Frau mit ihrem Säugling über eine belebte Straße, ohne sich um die Autos zu kümmern. Ich halte den Atem an, Bremsen quietschen, Autos schliddern. Sie dreht sich noch nicht einmal danach um, sondern geht weiter teilnahmslos ihren Weg.

Wir meinen, die Antwort in der Religion zu finden, die besagt, daß alles Geschehen vorbestimmt ist. Indien ist für uns ein fantastisches, schlimmes und rätselhaftes Land. Unbegreifliche Eindrücke prasseln täglich auf uns ein.

In Mathura werden wir von dem Verwalter eines Hindutempels abgewiesen. Durch die Vermittlung eines freundlichen Passanten stellt sich heraus, daß er befürchtet, wir könnten Bomben und Sprengstoff mit uns führen oder den Tempel anzünden wollen.

Im ›Internationalen Gästehaus‹ des Krishna-Geburtstempels kommen wir für 3 DM unter. Hier wurde Krishna als Inkarnation Vishnus geboren. Er war nach dem Glauben der Hindus mit 16.000 Frauen verheiratet und zeugte 18.000 Kinder. Er wird in schwarz dargestellt. Im Tempel sind zahlreiche Marmorreliefs angebracht, die Götter in ihren verschiedenen Erscheinungsformen abbilden. Aber auch eine Szene mit Mahatma Gandhi ist dargestellt. Ein Mann erklärt uns die unterschiedlichen Bilder, und wir sind immer wieder fasziniert und verwirrt gleichermaßen von der prächtigen Vielzahl der Götter und ihrer Zuständigkeiten. Fotografieren ist hier streng verboten.

Im Tempelgelände und auf der Straße gehören die heiligen weißen Kühe mit ihren sanften Mandelaugen zum gewohnten Bild. Auf Dächern und in Seitenwegen sind zahlreiche, bewaffnete Soldaten postiert. Sie befürchten Krawalle zwischen Hindus und Moslems, wie man uns sagt.

Peter:
2. April 1995:
»Herzlichen Glückwunsch, mein Lieber, es war ein wirklich tolles Jahr mit dir!« Es ist 6 Uhr morgens, als Elenas Worte in mein Ohr flöten.

»Yipppiiiee, heute sind wir genau ein Jahr unterwegs!« entgegne ich erfreut.

Wir nehmen uns in die Arme, lassen das vergangene Jahr, seine Erlebnisse, Menschen und Abenteuer nochmal an uns vorüberziehen. Ohne größere Schrammen haben wir es trotz aller Widrigkeiten mit unseren Fahrrädern bis nach Indien geschafft. Obwohl wir fast ständig zusammen sind, gehen wir uns nicht auf den Geist. Im Gegenteil haben wir noch mehr als vorher das Gefühl tiefer Verbundenheit zueinander. Ein glücklicher Mann bin ich. Frei und auf einer Reise durch die Welt, befinde ich mich außerdem noch in der liebevollen Gesellschaft einer klugen und schönen Frau, die mit mir durch Dick und Dünn geht. Kann man mehr vom Leben verlangen?

Elena:
Dieser Tag hält noch ein besonderes Bonbon für Peter und mich bereit. Kurze Zeit nach unserem Aufbruch arbeiten wir uns am Roten Fort vorbei durch den zähen Verkehr in Agra. Das Ziel ist 75 m hoch und aus weißem Marmor – das Taj Mahal. Wie wir so davorstehen, verschlägt es uns fast den Atem. Man muß es mit eigenen Augen und Empfindungen gesehen haben, um das verstehen zu können. Schah und Großmogul Kaiser Dschahan ließ das größte aus Stein geformte Monument als Ausdruck seiner großen Liebe bauen.

Die Liebe galt Arjumand, seiner Lieblingsfrau, die nach 17 Ehejahren bei der Geburt des 14. Kindes starb. Noch im Jahr ihres Dahinscheidens, als man das Jahr 1631 schrieb, begann man mit der Errichtung.

Die begabtesten Architekten, Steinmetze und Künstler aus Persien, den arabischen Ländern und Indien wurden verpflichtet. 17 bis 22 Jahre danach, die genauen Daten lassen sich heute nicht mehr exakt nachvollziehen, war der Prachtbau fertig. Der Staatshaushalt leider auch, denn der Spaß kostete nach heutiger Umrechnung die Summe von mehr als 1 Milliarde DM. Fast alles in der Anlage ist symmetrisch angelegt. Stehen auf der linken Seite Minarette, findet man sie auch auf der rechten Seite spiegelbildlich wieder. Mosaike, Edelsteine, Lapislazuli, Quarze und edle Hölzer wurden zu äußerst kunstvollen Intarsien verarbeitet. Es gibt, so glaube ich, heute kein Bauwerk auf der Erde, dessen Formgebung so vollendet ist wie dieses im Sinne des Wortes wunderbare Mausoleum.

Hinter dem Taj Mahal fließt breit und träge der Yamuna-Fluß. Gegenüber wollte Kaiser Dschahan das Gegenstück in Schwarz bauen lassen, doch das verhinderte im letzten Moment einer seiner Söhne, der den Vater entthronte und im Roten Fort unter Hausarrest stellte. Er wurde in Gemächern untergebracht, von denen aus er das Taj Mahal sehen konnte. Er soll Tag und Nacht auf das Grab seiner Frau gestarrt haben.

Nach seinem Tod wurde Dschahan im Taj Mahal neben seiner Gattin bestattet. In der Halle stehen zwei Sarkophage – sie sind leer. Das Liebespaar ruht in einem spiegelbildlichen Raum darunter. Die leeren Särge ließ man nur errichten, um weiterhin die Symmetrie zu wahren.

Und heute? Indiens Regierung kümmert sich kaum um den Erhalt des berühmten Monuments, mit dem sie durch Hunderttausende von Touristen jährlich gutes Geld verdient. Eisenhüttenwerke schleudern tonnenweise Schwefeldioxyd in die Luft, was den Stein allmählich zerfrißt. Wie wir hörten, soll sich Großbritannien finanziell für die Restaurierung des Taj Mahal einsetzen.

Wir bleiben bis zum Abend neben dem Wasserbecken sitzen und genießen die Ruhe und das Bild, das sich uns bietet. Freundlich lächelnde, entspannte Menschen gehen barfuß über den englischen Rasen. Grüne Papageien flattern umher, das Licht läßt die weißen Mauern zu beinahe jeder Stunde in einer anderen Farbnuance erscheinen. Im Wasser spiegeln sich die Kuppeln des Grabmals. Meditative Gedanken stellen sich fast von selbst ein.

Am Morgen des folgenden Tages treffen wir auf einen Trauerzug. Vier Männer tragen eine einfache Bahre aus Bambus, darauf liegt ein in Tücher verpackter Körper. Das Tuch ist mit roter Farbe bestäubt, auf dem Kopf liegt ein kleiner Blumenkranz. Die nachfolgende Trauergemeinde besteht nur aus Männern, sie tragen normale Straßenkleidung und singen Lieder. Wir schließen uns an und gelangen bald an den Verbrennungsplatz, der am Ufer des Yamuna liegt. In einem Hof lagern Reisig und dicke Holzknüppel. Zwei tempelähnliche, flache Gebäude aus rotem

Sandstein, die nach allen Seiten hin offen sind, bilden das Krematorium. Aber auch auf der leicht schräg abfallenden Sandfläche befinden sich Feuerstellen. Aus der Glut wehen fettigschwarze und weiße Rauchschwaden über den Platz. Ein Scheiterhaufen ist vor der Fertigstellung. Beindicke, gerade Hölzer wurden aufgeschichtet, der männliche Leichnam, der mit offenen Augen danebenlag, wird jetzt auf das Holz gelegt.

»Erlauben Sie, daß ich ein Foto mache?«, fragt Peter vorsichtig.

Hoch erfreut stimmen alle Umstehenden ein, einer richtet den Toten etwas auf – es entsteht ein lachendes Gruppenbild mit Leiche. Auf meine Frage erfahre ich, daß der Mann krank war, irgendetwas mit dem Magen hatte und schon sehr alt war – nämlich 55 Jahre. Zwei junge Männer, die Söhne des Toten, reiben das Gesicht ihres Vaters mit Butter ein und legen ihm Stücke davon auf die nun geschlossenen Augen. Jemand bringt Holz, das jetzt vor allem auf die Brust des zu Verbrennenden gehäuft wird. Reisig kommt obendrauf, dann nehmen die beiden Söhne ein brennendes Strohbüschel, gehen damit dreimal um den Scheiterhaufen herum und zünden ihn dann an. Die Flammen lodern sofort, große Hitze breitet sich aus.

An einer anderen Stelle scharren Männer mit den Händen die Asche eines Toten in einen flachen Blechnapf und schütten den Inhalt ins Wasser des Yamuna. Ein Blumenkranz wird aufs Wasser gelegt, das am Ufer nur wenige Zentimeter tief ist. Der Fluß kommt aus den Bergen des Himalaya-Massivs und wird wie alle Flüsse in Indien als heilig betrachtet. Weiße Kühe liegen träge widerkäuend am Ufer, später frißt eine den Blumenkranz.

Plötzlich ist großes Geschrei zu hören, Sand spritzt auf. Ein Hund hat einen anderen an der Kehle gepackt und wirbelt ihn mit Tötungsabsicht herum. Peter und einige Inder fahren steinewerfend dazwischen. Laut schreiend jagen sie die Hunde zur Leichenstätte hinaus.

Ein Mann geht zu den verschiedenen, brennenden Holzhaufen und stochert mit einer Bambusstange die Leichname zurecht. Manchmal ragt ein Bein oder ein Arm aus der Glut. Die Männer drumherum unterhalten sich, hocken mit Abstand dabei und warten. Weitere Leichen werden gebracht.

Meistens sind sie erst einen Tag zuvor oder in der Nacht verstorben. Unter den Kuppeldächern sind Eisenroste für die Leichenverbrennungen, ein Scheiterhaufen wird gerade entzündet. Er besteht aus getrockneten Kuhfladen, auf ihm liegt eine tote Frau. Die Familie hat kein Geld für teures Holz.

Peter:
Wir gehen am Fluß entlang. Als wir die rückwärtige Mauer des Taj Mahal erreicht haben, begegnen uns drei Männer. Einer legt ein kleines Stoffbündel auf die Erde. Sie haben eine Schaufel dabei und beginnen, ein Grab zu schaufeln. Dann wickelt ein Mann den Stoff auf. Ein Mädchen von vielleicht vier Jahren liegt darin. Es hat lange, schwarze Haare, an den dürren Ärmchen stecken Armreifen, und die Fingernägel sind rot lackiert.

Kinder werden in der Erde bestattet, arme, unbekannte Tote und heilige Männer werden dem Fluß als ganzer Körper übergeben. Die Männer ziehen dem Mädchen die Kleider aus. Leise weinend fühlt der Vater, ob er nicht doch noch einen Puls am Handgelenk spürt, und biegt die Knie durch, aber da ist kein Lebenszeichen mehr. Er legt das Kind ins Grab. Ein anderer bringt grüne Blätter aus der Umgebung, mit denen das kleine Gesicht des Mädchens bedeckt wird. Sie schaufeln die Grube zu und gehen. In der Nähe gibt es viele kleine Hügel, manche sind unter dem Gras kaum noch zu erkennen.

Elena:
Die heutigen Erlebnisse müssen wir erst einmal verarbeiten. Wir sind davon tief berührt. Manches, was wir gesehen haben, mag in der Erzählung schauerlich klingen, doch wir denken, daß es im Vergleich mit uns bekannten Bestattungsritualen wohl kein Richtig oder Falsch gibt, sondern nur ein Anders.

Ein neuer Tag. Auf einer Nebenstrecke fahren wir ein Stück den Fluß entlang. Die Fahrbahn ist voller Löcher und Wellen. Manchmal liegt ein LKW im Graben oder quer auf der Straße.

Am Nachmittag holt uns ein Radfahrer ein. Hechelnd und lächelnd stellt er die Fragen, woher, wohin und lädt uns dann zu sich nach Hause ein, das liegt im nächsten Dorf. Er trägt ein kariertes Wickeltuch um die Hüften, wie viele hier, und ein helles Hemd und strampelt wie ein Weltmeister auf seinem gangschaltungslosen, schwarzen Rad neben uns her. Kein Blech, das scheppern könnte, kein Teil ist mehr dran, als unbedingt notwendig, um noch von einem Fahr-Rad sprechen zu können. So erreichen wir die Ortschaft. Der Mann zeigt uns ein Haus, in dem wir schlafen können. Erst sollte es kostenlos sein, dann doch nicht, dann geht es überhaupt nicht und dann aber doch. Aber erst später, zuerst müssen wir seine Familie kennenlernen. Unnötig zu erwähnen, daß sich eine fahrradschiebende Menschentraube hinter uns angesammelt hat.

Unser Gastgeber scheint hier eine bekannte Persönlichkeit zu sein, viele grüßen ihn, was er manchmal mit einer Handbewegung erwidert. Wir folgen ihm durch enge Gassen, auf Mauern und Balkonen turnen freche Affenhorden herum, Geckos flüchten in Mauerritzen. Vor einem steinernen Flachbau mit vergitterten Fenstern machen wir Halt. Brahm Datt Sharma, so heißt der Mann, strahlt über beide Backen. Die Räder sollen wir am Fenster anlehnen und ins Haus kommen. Drei, vier Mädchen und Jungs gehen mit uns, die übrigen zirka 60 Menschen gehen bis zur Schwelle oder gucken durch die Gitterstäbe in den Wohnraum. Wie wir erfahren, ist der freundliche Mann ein Brahmanenpriester, und keiner einer niedrigeren Kaste würde es wagen, ohne seine Aufforderung über die Türschwelle zu gehen.

Peter und ich nehmen auf dem Ehebett Platz, und jetzt kommen aus der Nachbarschaft so viele Schaulustige, daß bald das ganze Zimmer voller Leute ist. Wer nicht mehr hineinpaßt, hängt am Gitter. Die Ehefrau von Datt, sie heißt Suman, kommt hinzu. Sie hat sich erst noch einen neuen Sari angezogen. Lächelnd, aber etwas verschämt, steht sie am Türpfosten.

Die Eltern von Datt, er mag um 45 Jahre alt sein, sind auch gekommen, und da gehört es sich nicht, daß die Frau sich neben ihren Mann setzt, erzählt mir Suman später. Doch zu diesem Zeitpunkt hat Datt alle, die nicht zur Familie gehören, aus dem Raum gescheucht. Ich kauere mit Suman vor dem Lehmofen in ihrem Hof und schaue zu, wie sie Fladen bäckt.

Während wir später Tee trinken und Kartoffeln mit Molke essen, huschen Mäuse zwischen unseren Beinen herum, eine Ratte läuft gemütlich über ein Sims. Datts Bruder und Schwester wohnen auch in dem Haus. Jetzt werden alle vor die Tür getrommelt, um endlich Fotos zu machen. Die ganze Zeit hat Datt schon darauf gedrängt. Dabei kommt unsere Sofortbildkamera zum Einsatz. Klick – und großes Hallo, als sich alle auf dem Plastikfoto erscheinen sehen.

»Noch eines! Und noch eins! Mister, Mister, please!!« rufen die Jungen.

Die Menge wird nach dem Fototermin davongescheucht, Datt zeigt uns seinen Privattempel. Bunte Heiligenbildchen, Figuren und ein sehr altes Familienbuch liegen auf einem Tischchen. Peter sagt, das Buch sähe interessant aus. Daraufhin will Datt es ihm höflicherweise schenken, wirkt aber erleichtert, als Peter dankend mit Hinweis auf die schlechte Transportmöglichkeit ablehnt.

Es ist verwunderlich, wie viele Menschen in einem Haus mit drei oder vier Zimmern leben können. In drei Räumen zum Beispiel wohnt je eine Familie, die häufig aus sechs bis zehn Personen besteht. Privatsphäre, wie wir sie kennen, ist unbekannt, tagsüber findet das Leben größtenteils im Freien statt. Einige der Kinder, wir sehen zweimal hin, haben tatsächlich sechs Finger an jeder Hand und genauso viele Zehen an den Füßen. Ein Mädchen hat beide Daumen der Länge nach gespalten.

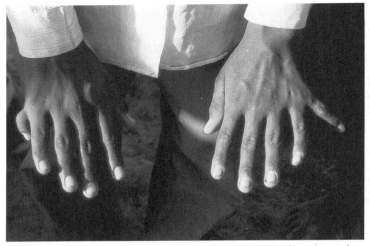

Verkrüppelungen, oder wie hier sechs Finger an einer Hand, sind in Indien keine Seltenheit.

In der Nähe gibt es ein Chemiewerk, erklärt Datt, er glaube aber nicht, daß das damit etwas zu tun hat. Die Leute hier tragen alle einfache Badeschlappen, da stört der sechste Zeh kaum. Richtige Schuhe könnten sie so nicht tragen.

Am Abend sollten wir bei der Familie schlafen, aber wir bedankten uns recht schön für die Einladung. In Begleitung von 30 Leuten und unseres Gönners marschieren wir durch den nächtlichen Ort zu dem anfangs erwähnten Haus. Gasfunzeln flackern in den Verkaufsbuden auf der Dorfstraße. Es ist erst 19 Uhr, doch schon stockfinster. Unterwegs tritt Peter versehentlich in einen Abwassergraben, was alle Begleiter sehr erheitert. Peter weniger.

Das Haus wird aufgeschlossen. Im Innern ist eine unbewohnte, aber komplett eingerichtete Wohnung. Das Haus und die Einrichtung stammen noch aus der englischen Kolonialzeit. Unsere Sachen und die Räder bringen wir ins Schlafzimmer. Uff –

endlich allein! Doch denkste. Datt setzt sich zu uns aufs Bett und will bleiben, bis wir eingeschlafen sind. Wir können ihn davon überzeugen, daß wir es mal alleine versuchen wollen. Morgen früh will er uns aber abholen und auf den Weg bringen. Wir danken Datt nochmals herzlich, dann sind wir allein. Der Raum wird nur durch eine Kerze erhellt. Wir sind total erledigt, so ein Familienanschluß schafft uns. Strom gibt es erst um 21.30 Uhr. Na denn, gute Nacht.

Der Straßenbelag am nächsten Tag macht uns zu Fußgängern. Löcher, Schotter und Dreck zwingen uns, die Räder einige Kilometer weit zu schieben, sonst wären sie wohl einfach zerbröselt. Einige Jungen unterwegs machen sich über uns lustig, vermutlich reißen sie obszöne Witze über mich, ihrem Verhalten nach zu urteilen. Jedoch am Abend in einem Tempel schenken uns andere zwei Ringe. Als Peter an einer Bude eine Limonade trinkt, stellen sich 30 Leute um ihn herum und schauen einfach nur zu. Gegenüber stehen fünf Frauen auf einem Balkon und tun das gleiche. Wir bewohnen ein kleines, kahles Zimmerchen mit dunkelblau gestrichenen Wänden. Nicht nur die Kakerlaken beäugen uns aus ihren Schlupfwinkeln, auch die Nachbarskinder stoßen im Hof ständig das Fenster auf, um uns zu beobachten.

In einem der Dörfer, durch die wir fahren, stehlen wir einem Quacksalber die Schau, nur weil wir auftauchen. Alle Anwesenden wenden sich von seinen Gläsern mit getrockneten Echsen, toten und lebenden Kobras ab und schauen uns und unsere Räder an. Erst als wir den Platz verlassen, kann der Zauber weitergehen. Schlangen gibt es in Indien jede Menge. Oft treffen wir sie in harmlosem Zustand an, weil sie von einem Auto überfahren wurden und tot sind. Viele andere sind jedoch sehr lebendig, und deswegen haben wir es uns schon lange zur Gewohnheit gemacht, den Weg vor und neben uns mit einem Stock abzuklopfen, wenn einer von uns ins Gelände geht. Außerdem ist es ratsam, fest auf den Boden zu treten.

Der Quacksalber hat in Indien einen medizinischen sowie einen unterhaltsamen Effekt.

Schlangen sind sehr empfindsame Tiere und spüren die Erschütterung. Vorsicht ist jedoch immer geboten, der Biß von vielen der Biester ist nämlich teilweise sehr giftig. Da wäre die Paraguda zu nennen, mit ihren schwarzen, weißen oder gelben Streifen. Sie lebt oft in der Nähe von Siedlungen und ernährt sich von Mäusen und Ratten. Wenn sie zubeißt, tut sie das nicht aus zusammengerollter Haltung, und sie erhebt auch nicht den Kopf, sondern schwingt ihn nur hin und her. Die Paraguda ist meistens nachts unterwegs, verlassen würde ich mich aber nicht darauf, denn wir trafen sie auch schon in der Mittagssonne an. Sie wird im Durchschnitt 1,20 bis 1,50 m lang.

Russelviper heißt eine andere Art. Vipern haben meist einen dicken Körper mit flachem Kopf, ihr Biß ist sehr schmerzhaft. Die Russelviper wird bis zu 1,50 m lang, die Sägeschuppenviper dagegen nur zirka 60 cm. Sie ist leicht reizbar und beißt schnell zu. Auch der Biß kleinerer Arten kann tödlich sein. Von den Grubenottern gibt es in Indien etwa zwölf Arten. Man trifft sie in allen Geländeformen an. Einige schlankere Exemplare halten sich ger-ne in Bäumen auf, die mit einem dicken Rumpf mehr am Boden. Wir haben allergrößten Respekt vor diesen Tieren.

Grundsätzlich sind wir der Ansicht, nicht die Schlangen kommen zu uns, sondern wir kommen zu ihnen und achten daher ihren Lebensraum und ihre Verhaltensweisen. Zur Familie der Giftnattern gehört die Kobra. Wenn sie bei Erregung die Nackenhaut seitlich abspreizt, ist sie leicht zu erkennen. In Afrika und im Nahen Osten gibt es mehrere Arten, manche davon leben gerne im oder am Wasser, andere bevorzugen Bäume. Es gibt Kobras, die ihr Gift auf eine Distanz von mehreren Metern verspritzen können. Trifft der Strahl ins Auge, kann es zu Blindheit führen.

In Indien treffen wir öfter auf die Königskobra. Sie ist die größte Giftschlange der Erde und kann bis über 5 m lang werden. Im allgemeinen sind sie nicht besonders aggressiv und erheben immer den Kopf, bevor sie zuschlagen. Sie sind eher langsam, weil sie aber so häufig vorkommen, gibt es jedes Jahr zahlreiche Todesfälle, denn die Inder gehen mit Badeschlappen auch in den Busch. Daß sie als Gottheit verehrt wird, schützt die schöne Schlange allerdings nicht davor, zu Schaukämpfen mit einem Mungo, ihrem Todfeind, für zahlende Touristen gequält zu werden und durch Streß und Verhungern zu Tode zu kommen. Entgegen der in Europa verbreiteten Ansicht wird wohl kaum einer der ›Schlangenbeschwörer‹ sich die Mühe machen, für viel Geld mit seiner Schlange einen weit entfernten Tierarzt aufzusuchen, um ihr Gift der Wissenschaft zur Verfügung zu stellen. Den Tieren werden kurzerhand die Giftzähne heraus gebrochen, oder es wird, wie in Pakistan bereits erwähnt, das Maul zugenäht.

Wenn man sich nicht sehr gut mit den Arten, Unterarten und Verhaltensweisen von Schlangen auskennt, sollte man immer sehr vorsichtig im Umgang mit diesen Reptilien sein. Es gibt kein eindeutiges Erkennungszeichen für Giftschlangen. Manche Arten haben lange Fangzähne, ihr Gift ist meistens nicht tödlich, sondern führt zu Schwellungen und Verätzungen. Schlangen mit kurzen Fangzähnen – und dazu gehört die Kobra – besitzen ein ziemlich todsicheres Gift. Es gibt große, harmlose und kleine, äußerst giftige Schlangen.

Wir haben keine Angst vor diesen Tieren, aber feste Schuhe, einige Grundkenntnisse und eine Portion Vorsicht sind zu empfehlen, wenn man es mit ihnen zu tun hat. Es gab schon Leute, die am Biß einer harmlosen Schlange gestorben sind – am Herzschlag vor lauter Aufregung.

Peter:
Am späten Nachmittag sehen wir an einer Raststätte zu, wie das Licht eingeschaltet wird, wenn es mal Strom gibt. Mit einer langen Bambusstange legt ein Mann zwei Drähte auf die vorbeiführende Oberleitung hinter seiner Bude, und schon ist es hell. Mit einer Gruppe LKW-Fahrer trinken wir Tee. Sie erzählen uns von Gaunern, die sie unterwegs anhalten und Geld verlangen. Einfach so. Vor allem in der Nacht sollen wir vorsichtig sein, aber da fahren wir sowieso nicht, wenn es irgendwie zu vermeiden ist. Wir sagen, man sollte die Polizei informieren, die Fahrer aber lachen lauthals und meinen, Gauner und Polizei sind oftmals das gleiche.

In der Stadt Kanpur stoßen wir auf den König, den heiligsten der indischen Flüsse, den Ganges. Wenn er sich mit dem Brahmaputra vereinigt hat und sich endlich unterhalb von Kalkutta in den Sümpfen von Sunderbuns ins Bengalische Meer ergießt, hat er von seiner Quelle im Himalaya 2.700 km hinter sich gebracht. Dort unten bildet der Ganges mit zahlreichen Armen das größte Delta der Erde. Von der Stadt Fathepur führt uns die Straße 120 km lang schnurgerade durch landwirtschaftliches Gebiet. Hinter Allahabad überqueren wir den Fluß, der sich nun nach Varanasi windet. Die letzten Tage litten wir unter einer Affenhitze. Der Low-Rider, mein Vorderradgepäckträger, ist wieder gebrochen. Mit Schlauchbinder konnte ich ihn reparieren, aber wie lange macht er das noch mit? Ersatz ist hier nirgends zu erwarten, und wer kann schon Aluminium schweißen? Ein bärtiger, kleiner Mann kann. Im Vorbeifahren entdecke ich in einer Kleinstadt eine Autowerkstatt und davor ein Schweißgerät. Nicht die gewohnten gelben und blauen Stahlflaschen für Azetylen und Sauerstoff fallen mir auf, sondern ein weißverkrusteter Behälter mit geflickten Schläuchen. Ein vorsintflutliches Schweißgerät, das mit Karbid gefüllt wird, wobei unter Zugabe von Wasser ein brennbares Gas entsteht. Der Schweißer, hat er mal angefangen zu arbeiten, ist überaus motiviert. Wenn ich nicht aufpasse, schweißt er mir noch das Vorderrad fest und brennt den Reifen ab. Mit geschmolzenem Lötzinn wird die Bruchstelle repariert, einige 100 km hält es sogar.

Die Stadt, in die wir einrollen, nannte man einmal Benares, jetzt heißt sie Varanasi. Sie liegt an einem Bogen des Ganges und ist für die Hindus die Heilige Stadt. Hier ist der Gläubige dem Nirwana vielleicht ein Stückchen näher als anderswo. Und wer es sich leisten kann, kommt zum Sterben hierher. Wir beide sind erst einmal sehr müde und schlafen in unserem großen Hotelzimmer für den Rest des Tages und die ganze Nacht dazu. Natürlich wollen wir uns die Ghats ansehen, die Stufen zum Heiligen Fluß, wo die Gläubigen andächtig mit Blick zur aufgehenden Sonne ins Wasser tauchen. Unser Hotelier vermittelt uns als besonders günstiges Freundschaftsangebot eine Bootsfahrt für nur 60 Rupien. Der Normalpreis hätte 40 Rupien betragen, doch das erfahren wir erst später.

Ein Junge rudert uns langsam an den Stufen vorbei, auf denen viele Menschen stehen und sich auf ruhige Art mit Gangeswasser reinigen. Viele beten dabei, das Gesicht dem Fluß zugewandt. Das morgendliche Licht taucht die Tempel, die Ghats, die Saris der Frauen und sogar das Wasser des Ganges in helles Gold.

Durch das Bad reinigen sich Männer und Frauen von ihren Sünden und sind danach bereit, die Plagen der Welt erneut auf sich zu nehmen. Manche füllen Flaschen und Dosen mit dem heiligen Wasser. Lourdes auf indisch. Unser Boot schaukelt weiter. In der Flußmitte treibt ein toter Wasserbüffel, Geier sitzen darauf. Am Ufer reiht sich Tempel an Tempel. Oben an den Stufen haben sich Sadhus, ›Heilige Männer‹, ihre Zelte aufgebaut. Sie haben sich mit Asche bestäubt und sind teilweise ›luftgekleidet‹, das heißt nackt. Frauen und Männer waschen im Ganges ihre Wäsche, etwas weiter lodern die Feuer. Boote, mit Holzknüppeln beladen, liegen vertäut am Ufer. An den Verbrennungsstätten herrscht bei Tag und Nacht Betrieb.

Nach der Bootsfahrt sehen wir uns die Zeremonie genauer an. Aus den Gassen zwischen den Tempeln werden unablässig Bahren mit Toten gebracht. Sie werden gleich nach der Ankunft in den Ganges getaucht, dann an Land abgelegt, bis die Scheiterhaufen aufgeschichtet sind. Zehn, fünfzehn Feuer brennen gleichzeitig oder werden gerade entzündet, während am Ufer die Asche eines Verstorbenen dem Fluß übergeben wird. Kühe mit Kälbern streichen dazwischen herum. Von der Leiche eines Mannes ragen die Beine und der Kopf aus den Flammen. Es handelt sich nur um einen leeren, nutzlos gewordenen Körper, die Seele ist schon längst – irgendwo. Mit Stangen werden die Leichen ins Zentrum der Glut gestochert. Ich sehe, wie die Hüfte des Toten aufplatzt und sich Flüssigkeit ins Feuer ergießt. Dampf und Rauch wehen über den Platz.

Nicht immer verbrennt der Körper restlos zu Asche, manchmal bleibt ein verkohlter, zäher Klumpen übrig, der mit der Asche in den Fluß geworfen wird. Ein paar Hunde ziehen dieses Etwas an Land, niemand kümmert sich darum. Krachend schlägt ein Mann ins Feuer, daß die Funken hoch aufsteigen. Das Skelett einer Leiche wird zerkleinert, bevor das Feuer ausgeht. Viele barfüßige Männer und Kinder hocken um die Flammen. Ruhig, sachlich, ohne erkennbare Trauer. Ein Reiseführer lotst seine

Die Verbrennungsplätze sind immer am Flußufer angesiedelt. Die heiligen Kühe gehören wie selbstverständlich dazu.

blaßgewordene Reisegruppe am Rand vorbei. Für schwache Nerven ist das hier kein guter Platz. Und ständig werden neue Leichen gebracht, ins Wasser getaucht und so weiter. Seit Jahrtausenden täglich das gleiche Bild.

Wir sehen uns uns einige der vielen alten Tempel an. Der Vishvanath-Tempel ist Shiva, dem Schutzpatron der Stadt, geweiht. Auf seinem Dach wurden 750 kg Gold verarbeitet. Leider sehen wir ihn nur von außen, weil er ausschließlich von Hindus betreten werden darf. Die heiligen Kühe laufen allerdings darin herum oder sehen dösend aus den Fensteröffnungen. Neben dem Tempel steht der ›Brunnen des Wissens‹. Ein Schluck seines Wassers soll Weisheit verleihen.

In den Gassen herrscht ein großes Treiben. Händler mit fahrbaren Obst- und Teeständen, Pilger, Bettler, Kinder und immer wieder Kühe bevölkern die Szene. Der Tempel der Göttin

Anapurna steht in der Nähe; sie ist beauftragt, Varanasi mit genügend Nahrung zu versorgen.

Wir gehen über den Markt. Die verschiedensten, duftenden Gewürze, Gebäck, Obst und Gemüse werden angeboten. Ab und zu rast eine wilde Affenhorde über die Ware, greift sich etwas Obst und Gemüse und flüchtet auf die gegenüberliegenden Fenstersimse. Schimpfende Händler rennen ein Stück knüppelschwingend hinter ihnen her, dann beruhigen sie sich wieder. Die Affen nehmen es mit indischer Gelassenheit hin, sitzen an den Fenstern und kauen genüßlich an ihrer Beute.

Im Süden liegt die große Hindu-Universität, in der 25.000 Studenten ausgebildet werden. Wir sind angetan von dieser Stadt und ihrem Flair.

Natürlich sehen wir auch den Schmutz, den roten Auswurf von Betel, das Ungeziefer und die große Armut, die uns überall begegnet. Nicht wenige Menschen sterben auf der Straße, wo sie gerade liegen. Man holt sie ab und wirft sie – mit Steinen beschwert – in den Fluß.

Größter Reichtum und bitterste Not liegen in Indien oft dicht beieinander. Die Maharadschas und Maharanis gibt es noch. Wenn auch die politische und wirtschaftliche Entwicklung den einstigen Glanz verblassen ließ, so ist doch noch genügend davon übriggeblieben, um einen Lebensstil führen zu können, der unendlich weit über dem Durchschnitt liegt.

Heute sind die einstigen Herrscher der 565 Fürstentümer in der Politik und in internationalen Geschäften tätig. Die 200-Zimmer-Paläste zerbröckeln oder wurden in Hotels umgewandelt. Die Lumpenbehausungen der Ärmsten sind schon längst bis an die Palastmauern vorgequollen. Wurden zur buchstäblich ›goldenen Zeit‹ der Maharadschas, während der britischen Kolonialherrschaft, Rolls Royce gleich dutzendweise geordert, so stehen heute wieder preisgünstigere Karossen im Hof. Einer noch, der Maharadscha von Varanasi, macht alljährlich den Gottkönig fürs Volk. Zum ›Dasahara‹-Fest reitet er auf einem geschmück-

Die Gurus in Varanasi (Benares) haben eine wichtige Rolle als Religions- und Lebensberater.

ten Elefanten durch die Stadt. Bei einer Theatervorführung spielt er den Schöpfergott Rama, und viele der Zuschauer glauben, daß er es tatsächlich auch ist.

Kaum liegt Varanasi hinter uns, habe ich ein Problem. Das linke Pedal an meinem Rad ist erst locker, dann fällt es aus dem Gewinde der Kurbel. Es sieht nicht gut aus, das Gewinde ist ausgerissen. Bei einer der hölzernen Fahrrad-Reparaturbuden schüttelt man nur den Kopf; es ist kein passendes Schneideisen vorhanden, um das Gewinde nachzuschneiden.

»So ein verfluchter Mist!« schimpfe ich.

Ein Stück weit trete ich nur mit dem rechten Pedal, doch so kann ich nicht sitzen und auch nicht fahren. An einer Spedition hat ein Mann eine Idee. Wir wickeln dünnes Blech um das Gewinde und schrauben das Pedal in die Kurbel. Zwar hält nun das

Pedal, doch sowie ich es nur leicht belaste, fällt es wieder heraus. Jetzt habe ich einen guten Einfall. Ich baue die Metallteile vom Pedal ab, so daß nur noch die Achse übrig ist. Die hat vorne ein Gewinde, und ich habe im Gepäck die passenden Unterlegscheiben dazu. Jetzt wird die Achse einfach verkehrt herum montiert, Mutter auf die Innenseite der Kurbel, und es kann weitergehen. Leider ist diese Lösung auch noch nicht so ganz ideal, weil sich immer wieder die Mutter löst, obwohl ich sie eingeklebt und das Gewinde gekerbt habe. Aber wir kommen vorwärts. Elena hat sich erkältet, ihre Nase läuft, und dauernd muß sie hinter einen Busch.

Über eine große, hohe Brücke überqueren wir nochmal den Ganges. Die nächsten Tage fahren wir durch landwirtschaftliches Gebiet, schlafen in einfachsten Pilgerunterkünften und kommen trotz der Hitze gut voran. Manche Tagesetappen sind gänzlich ohne Schatten, dann geht es wieder Alleen entlang. Kühle Getränke sind sehr selten anzutreffen. Die Limonade ist klebrig, das Wasser meistens lauwarm. Natürlich pressen wir es zuerst durch unseren Keramikfilter mit Silberionen, bevor es uns die Kehle runterrinnt.

An einer der Raststätten stehen mehrere LKWs, die mit Stieren beladen sind. Leider sind die nicht heilig – Pech für sie. Die Fahrer erzählen uns, daß sie schon die ganze Nacht unterwegs sind und die Rinder nach Bangladesh müssen. »Rumms!« Da kracht es. Eines der Rinder ist umgefallen, die restlichen auf der Ladefläche werden unruhig. Ich steige auf den LKW und sehe mir das an. Dicht an dicht stehen die Tiere, ohne Futter und ohne Wasser. Einige Helfer rennen ständig zu einem Wasserhahn und machen ein Tuch naß, das sie auf die Stirn des umgefallenen Stieres legen. Ein anderer bringt Wasser in einer abgeschnittenen 1-l-Öldose; noch nicht einmal einen Eimer haben die Leute dabei.

Elena:
Mit unseren Radflaschen und der Feldflasche helfen wir Wasser holen. Kaum kommt das Tier auf die Beine, fällt schon ein anderes um. In den LKWs daneben ist es genauso. Die Truckfahrer kümmern sich nicht darum. Ich spreche sie darauf an, doch sie zucken nur die Schultern, halten den Kopf schräg und lächeln.

Am nächsten Tag kommen wir an eine Stelle, wo die Tiere umgeladen und von anderen Lastwagen weitertransportiert werden. Zwar treibt man hier die Tiere zu einem Fluß, doch einige bleiben entkräftet auf dem Gelände liegen. Die Fahrer schütten gleich kübelweise Wasser über sich.

Es ist schwül-heiß. In einer sehr einfachen Pilgerunterkunft, irgendwo hinter Durgapur, auf der N2, bekommen wir einen leerstehenden Raum.

»Wasser? – No!« sagt der Verwalter.

Er zeigt in den Hof. Dort gibt es einen tiefen Schachtbrunnen, der uns an die Geschichte vom Froschkönig erinnert und auch tatsächlich damit zu tun hat. Peter wirft den Eimer in die Tiefe und als er ihn hochzieht, schwimmen ein paar muntere Kaulquappen darin. Er meint aufmunternd:

»Du mußt das einfach als Gütesiegel für die Wasserqualität sehen!«

Tja, es ist das einzige Wasser, das wir bekommen können. Wir sind ausgedörrt und saufen wie die Gäule. Mit unserer Faltschüssel wasche ich mich, so gut es geht. Vor dem halbgeschlossenen Fensterladen steht heimlich ein junger Mann und beobachtet mich dabei. Als Peter ihn entdeckt, vertreibt er ihn mit einer Eimerladung Wasser. Alles ist heiß, die Luft steht, was den Moskitos aber überhaupt nichts ausmacht. Wegen Schmutz, Ungeziefer und Moskitos haben wir das Innenzelt aufgebaut. Als wir das Zelt schließen, erledigen wir 20 Exemplare im Schein der Taschenlampe, doch in der Nacht müssen wir mal raus. Da werden die toten Kumpels gleich ersetzt.

Nach Sonnenaufgang sind wir auf der Straße. In einer Werkstatt läßt Peter die Mutter an der Pedalachse anlöten. Die Hotelsuche in der nächsten Stadt erweist sich als schwierig. An einem Platz warte ich eine gute Stunde auf Peter, umringt von Schaulustigen.

»Die spinnen, die Inder!«, berichtet er beim Eintreffen.

»Stell dir vor, die schreiben ›Hotel‹ hin, aber es ist nur ein Restaurant. Die halbe Stadt habe ich abgegrast, bevor ich ein Zimmer gefunden habe!«

Na, wenigstens ist ein Ventilator im Zimmer, aber die Freude währt nicht lange – Stromausfall, und der Generator klappt auch zusammen ... Am Abend bestellen wir in einer Gaststätte ein Gericht, aber der Kellner hat uns nicht verstanden, obwohl er die Bestellung auf Englisch wiederholt hat – und bringt eben etwas anderes. Wenigstens bringt er überhaupt etwas. Gelassenheit, große Gelassenheit ist täglich angesagt.

Wir kaufen uns ein Moskitonetz, das wir über die Betten spannen können. Allmählich nähern wir uns Kalkutta, der Hauptstadt von Westbengalen. Einer der wichtigsten Handelshäfen in Asien befindet sich dort. Damals, 1690, gründete der englische Kaufmann Job Charnock eine Handelsniederlassung für die Ostindische Company. Die drei Dörfer Govindapore, Kalikata und Satanati wurden zusammengelegt und so entstand Kalkutta. Später kaufte die britische Regierung noch 38 Dörfer dazu. Händler aus Armenien und Persien kamen, die Stadt weitete sich am Ufer des Hugli schnell aus. Heute schätzt man mehr als 11 Millionen Einwohner. Man spricht Bengali.

Mit dem großen Verkehrsstrom werden Peter und ich auf unseren Fahrrädern in die Stadt geschwemmt. Die Straßen sind voller Löcher und Risse. Kanalschächte liegen offen vor uns, die arme Bevölkerung hat sie als ›Grillgitter‹ verwendet. Das Elend ist hier ganz offensichtlich noch größer, als wir es bisher schon sahen.

Die Gehwege sind teilweise dicht besiedelt mit Behausungen aus allem, was die Müllberge so hergeben. Die Rikschas bestehen aus einem einachsigen Karren, der von einem schmächtigen Mann gezogen wird. Wir fahren in die Stadtmitte.

In der Nähe des Indischen Museums und des Dalhousie Square finden wir in der Sudder Street die ›Salvation Army‹, die Heilsarmee, die Reisenden eine billige Unterkunft bietet und gleichzeitig einen Informationsaustausch ermöglicht. Natürlich sind wir zuerst treppauf, treppab herumgetigert, um das Haus zu finden.

Inzwischen ist es dunkel geworden. An der Mauer des Museums flammen Feuerchen auf. Sie gehören zu den Familien, die auf der Straße leben und hier ihr karges Mahl zubereiten. Der Portier der christlichen Mission wimmelt uns zuerst unwirsch ab.

»Alles belegt!«, sagt er und schiebt die Klappe am Tor wieder zu.

Wir bleiben aber hartnäckig und verweisen auf die Räder, die Uhr und den Nachthimmel. Unwillig läßt er uns in den Hof und siehe da, plötzlich ist doch ein Doppelzimmer frei. Die Räder schieben wir durch den ebenerdigen Tagesraum in unser Zimmer. Der Fensterladen im Bad ist zugenagelt. Es ist sehr düster, was die fetten Kakerlaken an der Wand sicher freut. Das Eisenbett ist durchgelegen und quietscht, aber was kann man für 6 DM die Nacht schon verlangen? Dafür sind die Mäuse und Ratten im Zimmer im Preis schon mit inbegriffen.

Peter installiert das Moskitonetz und eine Wäscheleine, an der wir den Proviant aufhängen. Einen bunten Reiseprospekt pinne ich an die grüngestrichene Wand, zünde ein Räucherstäbchen an, und schon ist es fast gemütlich. Ich habe auf Reisen gelernt, mit Wenigem auch die erbärmlichste Hütte nett zu machen. Im Tagesraum sitzen einige junge Touristen. Manche fahren voll auf den Indien-Kult ab. Sie laufen nur noch barfuß, obwohl sie Schuhe besitzen im Gegensatz zu vielen Indern, tragen Zehen- und Nasenschmuck. Ein junger Deutscher interessiert sich überhaupt nicht für die Leute und die Kultur des Landes. Er ist in Sachen Drogen unterwegs und überlegt, wie er die Ware am besten nach Thailand bringt. Ausgerechnet nach Thailand!

Das Personal in der Heilsarmee-Unterkunft ist unfreundlich und frech. Eine Engländerin beklagt sich schüchtern über Wanzen in ihrer Matratze und bittet um Desinfektion. Der Verwalter hat auch gleich einen Tip für sie:

»Du kannst ja abhauen, wenn es dir nicht paßt!« schreit er die Frau an.

Für die Räder müssen wir täglich Parkgebühr für eine Garage bezahlen, obwohl sie in unserem Zimmer stehen. Alles ist sehr dreckig, aber wir bleiben trotzdem, weil die normalen Hotels ziemlich teuer und auch nicht allzu sauber sind, wie wir hörten. Außerdem erfährt man in den Gesprächen mit den anderen Globetrottern doch so manchen Tip für das nächste Land.

Die Räume bei American Express sind im Gegensatz zur feuchtschwülen Hitze draußen angenehm klimatisiert, das Personal ist wohltuend freundlich und gut informiert. Eine Menge Post wartet schon auf uns – das bedeutet, daß heute wieder ein Festtag für uns ist. Peter will mit dem Lesen der Post immer warten, bis wir im Hotel sind, um die Spannung zu erhöhen, während ich am liebsten noch am Ausgabeschalter die Briefe und Karten lesen will. Meine Eltern versuchen, uns mit in Aussicht gestellten ›Spätzle und Braten‹ nach Hause zu locken. Einige Zeitungsartikel sind über uns in Deutschland erschienen, die in Kopie bei den Briefen liegen. Viele gute Wünsche haben unsere Leute mit in die Kuverts getan. Aber auch sonst banale Informationen wie das Klima zu Hause oder das Alltagsgeschehen bei unseren Freunden interessieren uns sehr. Von unserem Brieffreund Michael Borsdorf, der in Portugal arbeitet, werden wir witzigerweise am besten über das politische Geschehen in Deutschland und Europa auf dem laufenden gehalten. Er macht sich zudem die Mühe, uns Landkarten der nächsten Etappe in Kopie zu schicken, und vermittelt uns Tips aus Büchern anderer Traveller.

Lebhaft nimmt er an unserer Unternehmung teil, und wir freuen uns immer, wenn wir von ihm Post erhalten. Wir tauschen ein paar Reiseschecks in Dollar und Rupien und kaufen neue Schecks dazu.

Kalkutta ist sehr laut, die Abgase durch die Millionen von Kraftfahrzeugen sind entsprechend dünn mit Sauerstoff angereichert. Wir gehen nach Hause und lesen die Post. Um 22 Uhr werde ich vom Verwalter ins Bett geschickt, weil im Tagesraum das Licht und der Ventilator abgestellt werden.

Um zum Botanischen Garten zu kommen, nehmen wir uns ein richtiges Taxi. Tja, wenn das so einfach wäre! Die ersten drei Karossenkutscher wissen schon mal überhaupt nicht, wovon wir sprechen. Ein Sikh mit einem leuchtend gelbem Turban fährt uns dann direkt hin und schaltet ohne Kommentar das sogar funktionierende Taxameter ein. Was ist denn jetzt los? Ja, aber als wir am Ziel sind, verlangt der Chauffeur mehr, als der Apparat anzeigt. Wir protestieren, der Sachverhalt klärt sich jedoch auf. Weil die im Taxameter angegebenen Tarife veraltet sind, gibt es eine Liste, aus der der Aufpreis ersichtlich ist. Was es alles gibt …
›Ficus indica‹ heißt er, und den wollen wir sehen: den größten Banjan-Baum der Welt. Der Park ist schön angelegt, der Ganges, der hier Hugli heißt, fließt daran vorbei, und in manchen Baumhöhlen liegen Götterfiguren und Kerzen. Manchmal sieht man den Wald vor lauter Bäumen nicht, so ergeht es uns mit dem Ficus indica. Der Mutterbaum hat so viele Luftwurzeln gebildet und neue Bäume wachsen lassen, daß er eine Fläche von 7.500 m^2 bedeckt. Er hat einen Umfang von 400 m und erscheint wie ein kleiner Wald. Und doch handelt es sich um nur einen Baum.
Das ›Victoria Memorial‹ aus der Zeit, als die englische Königin auch Kaiserin von Indien war, steht in einem anderen

Park, den wir uns auch ansehen. Einen Tag später sind wir dort, wo einst das Dorf Kalikata stand. Der dortige Kali-Tempel ist der Schutzgöttin Kalkuttas geweiht. Weil heute ein hinduistischer Feiertag ist, sind sehr viele Leute dort. Ein Mönch verteilt Blütenblätter, und alle versuchen, wenigstens eines zu erhaschen.

Mit dem Ausdruck tiefen Glaubens beten die Gläubigen verschiedene Götterfiguren an und legen ihnen Opfer in Form von Blumen oder Früchten zu Füßen. Im Hof wurden Ziegen geopfert. Blut hängt an den Wänden und fließt zwischen den Bodenkacheln. Ein abgeschlagener, gehörnter Ziegenkopf glotzt die Menge an. Man kann Girlanden, Fähnchen und Räucherwerk kaufen.

Der Stadtteil ist einer der ärmsten in Kalkutta. Viele Bettler säumen die Straße, ein zerlumpter Greis fischt sich vorbeischwimmende Reiskörner aus dem schwarzen Wasser im Rinnstein. In unmittelbarer Nähe steht das von Mutter Teresa eingerichtete ›Haus der Sterbenden und Notleidenden‹ oder ›Nirmal Hriday‹.

Wenn man durch die Tür kommt, steht man zunächst in einem Raum, in dem links und rechts je 22 Liegen stehen, die mit sauberen, blauen Laken bezogen sind. Fast alle Betten sind von Männern belegt. Eine freundliche junge Schwester begrüßt uns und gibt Auskunft auf unsere Fragen. Sie führt Peter und mich in einen anderen Raum.

Dort sind die Frauen untergebracht. Alle Patienten werden kostenlos mit einfachen Mitteln versorgt. Manche sind geistig verwirrt, sprechen mit imaginären Personen oder starren an die Wand. Eine runzlige alte Frau kommt lachend auf mich zu und nimmt mich bei der Hand.

Manche genesen und können gehen, andere sterben hier. Das Gesehene beschäftigt uns, als wir wieder auf der Straße stehen. Eine junge Mutter macht die Geste des Essens und zeigt auf den Säugling in ihrem Arm. Ich gebe ihr ein paar Rupien, aber das ist zu wenig! Seit Monaten schon sind wir mit Armut großen Ausmaßes konfrontiert, doch wir können das Elend der Welt nicht stoppen. Ein paar Rupien helfen vielleicht, einen Tag weiterzuleben. Wir beschließen, Mutter Teresa im ›Mutterhaus‹ aufzusuchen und einige Tage hier im Sterbehaus zu arbeiten.

Mit einer Fahrrad-Rikscha fahren wir zum ›Mutterhaus‹, in dem Mutter Teresa lebt und arbeitet und das in einem anderen Stadtteil liegt als das Sterbehaus. Auch so ein komisches Gefühl, diesen Mann wie ein Pferd vor sich herrennen zu sehen, aber durch die Fahrt verdient er wenigstens etwas Geld. Die Adresse kennt er, das ›Mutterhaus‹ ist sehr bekannt. Die Tür steht offen, viele Schwestern in weißen Saris mit blauen Streifen sind mit allen möglichen Arbeiten beschäftigt.

Im Hof wird Wäsche aufgehängt, in der Küche werden Mahlzeiten zubereitet, denn im Haus nebenan ist ein Heim für Waisen, für Kinder, die niemand will, die manchmal morgens vor der Tür abgelegt wurden, weil sie behindert sind. Um unerwünscht zu sein, reicht es manchmal auch, einfach ›nur‹ als Mädchen geboren zu werden.

Wir gehen in den zweiten Stock und treffen Frau Agnes Gonxha Bojaxhiu. Die Welt kennt sie als ›Mutter Teresa‹. Am 26. August 1910 wurde sie geboren. Damals lag ihr Geburtsort Skopje noch in Albanien. Ihr Vater, der starb, als Agnes noch ein Kind war, hatte ein Bauunternehmen. Schon bald schloß sich das junge Mädchen einer Jesuitengemeinde an, was ihr Interesse an der Missionsarbeit weckte. Zunächst führte sie der Weg nach Irland, wo sie die englische Sprache erlernte.

»Hinausgehen und den Menschen das Leben Christi bringen« wollte sie.

So verstand die junge Frau den Sinn ihres Lebens. Die nächste, entscheidende Station, die ihr ganzes zukünftiges Leben bestimmen sollte, wartete in Indien auf sie. In dieses ferne Land kam Frau Gonxha Bojaxhiu im Januar 1929 als Lehrerin der

St.Mary's Highschool – und gleich nach Kalkutta. Am 24. Mai 1931 legte sie ihr Ordensgelübde als Loretoschwester ab und nahm den Namen Teresa an, nach der französischen Ordensschwester Heilige Theresa von Lisieux.

Als Lehrerin unterrichtete Mutter Teresa Geographie und Katechismus; 1944 wurde sie Direktorin der Schule. Inzwischen hatte Mutter Teresa auch die Sprachen Bengali und Hindi gelernt, doch ihre eigentliche Bestimmung hatte sie noch nicht gefunden. Eine Tuberkuloseerkrankung zwang sie, den Lehrberuf nach 19jähriger Tätigkeit aufzugeben. Das Kloster sandte sie nach Darjeeling. In der Eisenbahn dorthin empfing Mutter Teresa die Berufung, den Orden zu verlassen und den Armen zu helfen. Dann, 1948, zwei Jahre nach ihrer Eingebung, bekam sie vom Papst die Erlaubnis, den Orden zu verlassen. Jetzt konnte sie den Weg gehen, der ihr vorbestimmt war.

1952 eröffnete Mutter Teresa ihr erstes Betreuungshaus in Kalkutta. Acht Jahre später gab es in Indien schon 25 dieser Einrichtungen, und inzwischen wurden auf jedem Kontinent Stationen eingerichtet. 1979 erhielt sie den Friedensnobelpreis.

Als wir das Stockwerk betreten, kommt uns Mutter Teresa entgegen. Klein ist sie und leicht gebeugt – die große Frau. Peter und ich geben ihr die Hand, erzählen von unserer Reise und warum wir gekommen sind. Sie lächelt und staunt über unseren weiten Weg. Ich sage, daß wir im Sterbehaus arbeiten wollen, da schreibt sie etwas auf einen Zettel, den sie mir gibt. Wir sollen uns auch Prem Nivas, das Zentrum für Leprakranke in Titagarh, ansehen. Ich erzähle Mutter Teresa, daß wir ein Buch über diese Reise schreiben, und bitte sie um ein Interview, das sie mir freundlicherweise gibt und das wir auf Tonband aufgenommen haben. Unter anderem spricht sie sich auf meine Frage hin entschieden gegen Schwangerschaftsverhütung und Abtreibung aus.

»Jedes Leben ist von Gott gewollt«, sagt sie.

Mit einem Vorortzug fahren wir an den Rand der Stadt, nach Titagarh. Nach einigen Stationen sind wir bei der Klinik angekommen. Der Zug hält. Wir steigen aus und laufen über Gleise und Schotter auf ein paar niedrige Hütten zu, aus denen uns eine Gruppe fröhlich rufender Kinder entgegenspringt und unsere Hände faßt.

»Mister, Mister, come, come!« Die Kinder begleiten uns lachend zur Klinik und bringen uns bis an die Eingangstür. Das Zentrum für Leprakranke besteht aus mehreren in warmem Gelb gestrichenen Flachbauten mit einem Innenhof. Es liegt zwischen den Bahngleisen und war früher ein Schuttplatz. Freundlich werden wir vom Leiter empfangen, der uns durch die gesamte Anlage führt. Wir sehen Zimmer mit mehreren sauberen Betten, in denen akut Erkrankte mit traurigen Gesichtern sitzen. Eine junge, leprakranke Frau stillt ihr neugeborenes Kind. Mit matten, irgendwie erloschenen Augen sieht sie mir voll ins Gesicht. Auf mein Lächeln reagiert sie nicht. Die Frau im Bett neben ihr weint still vor sich hin.

»Diese Webstühle wurden speziell für Leprapatienten konstruiert. Darauf werden Stoffe gemacht, die wir verkaufen, aber auch Handtücher, Laken und Saris, wie sie die Schwestern tragen!« erklärt uns der Leiter.

Wir sind in einem langen Raum, der für die Stoffherstellung vorgesehen ist. An vielen Webstühlen und Spinnrädern sitzen Männer und Frauen mit verstümmelten Gliedmaßen. Bei manchen fehlt die Nase, oder das ganze Gesicht ist entstellt. Aber alle lächeln freundlich, während sie die Wolle zu Garn verarbeiten oder die Fäden zu schönen, glatten Stoffen verweben. Hilfe zur Selbsthilfe wird hier geboten.

Die Kranken erhalten eine Möglichkeit, wieder ihren Lebensunterhalt selbst zu verdienen. Praktizierte Resozialisierung in die Gesellschaft. Während ihrer Arbeitszeit werden ihre Kinder in einem eigens dafür geschaffenen Gebäude liebevoll betreut. Neben dem üppig wuchernden Gemüse- und Blumengarten, der voller leuchtender Früchte und Blüten ist, liegt der nach vorne offene Flachbau, in dem die Kinder von Schwestern betreut werden. Als wir kommen, stellt die Schwester schnell alle Kinder wie die Orgelpfeifen in eine Reihe auf und läßt sie für uns ein Lied singen. Alle Kinder kichern fröhlich, ihre Kleider sind bunt und sauber. An den Wänden sind Zeichnungen, und Basteleien liegen auf dem Boden neben Kinderspielzeugen.

Im medizinischen Behandlungsraum werden Leprakranke von ehemaligen, nun speziell dafür ausgebildeten Patienten betreut und behandelt.

»Manche Eltern bringen uns ihr leprakrankes Kind und versprechen, es abzuholen, sobald es ihm besser geht, doch viele kommen nie wieder«, erzählt unser Begleiter. Dann erklärt er uns die verschiedenen Lepraformen.

»Es gibt die Knotenlepra, die das Gesicht verändert und die Geschlechtsteile, die die Nieren und den Darm angreift. Im Gaumen können sich Löcher bilden, die eine Nahrungsaufnahme unmöglich machen. Dann gibt es noch die Nervenlepra, bei der Gliedmaßen abgestoßen werden durch das Absterben des Nerven- und Blutgefäßsystems.

Übertragen werden die Leprabazillen, die bei einem unterernährten Körper einen guten Nährboden finden, mittels Tröpfchen- und Schmutzinfektion, beispielsweise von Fliegen.«

In der Ambulanz sticht ein Betreuer einem Leprakranken mit einer Schere in den Fußballen. In einem hohen Strahl schießt weißliche Flüssigkeit heraus. Die offene Wunde wird desinfiziert und sorgfältig mit einer Mullbinde verbunden. Dann kommt der nächste Patient dran.

»Pro Monat versorgen wir über tausend Leprafälle. Leider gibt es keine Impfung dagegen. Wichtig ist die rechtzeitige Erkennung der Krankheit!« sagt uns der Leiter.

»Ein- bis zweimal in der Woche kommen Ärzte und operieren. Wir versorgen uns weitgehend eigenständig. Viele der ehemals Kranken arbeiten nun bei uns. Wir haben einen eigenen Gemüseanbau, einen Fischteich, halten Ziegen und Schafe.«

Es ist sehr beeindruckend, was hier alles geschaffen wurde und wie mit einfachen Mitteln eine große Effektivität erzielt wird.

Wir werden an den Eingang des Operationssaales geführt und in einen Informationsraum, an dessen Wänden große Schilder befestigt sind, auf denen das Krankheitsbild anschaulich erklärt wird.

Schließlich zeigen uns ein paar der jüngeren Schwestern die von den Kranken hergestellten Textilien – die weißblauen Saris, Geschirrtücher und Bettlaken. So ein Sari ist gar nicht einfach zu handhaben, finde ich.

Er ist etwa 6 m lang und wird in einer bestimmten Technik um Brust und Hüfte gewickelt und letztlich an der Hüfte versteckt befestigt. Aber die Schwestern sind da anderer Meinung!

Drei junge Schwestern machen sich unter dem Gekicher der anderen einen Spaß daraus, mich in einen der Saris zu wickeln. Es herrschen 40° C Temperatur, und die Menge dichtgewebten Stoffs sowie die sich um mich drängenden Frauen tragen nicht gerade zur Abkühlung bei.

Die lachende Gruppe führt mich anschließend zu einem Spiegel, wo ich mir klein, zerzaust, mit hochrotem Gesicht und schwitzend gegenüberstehe.

»Jetzt siehst du aus wie eine von uns!«, tönt es mehrstimmig hinter und neben mir, und auch Peter meint, daß ich fast wie eine Inderin aussähe.

Peter:
Früh um 8 Uhr stehen wir im Sterbehaus in Kaligaht. Die Schwestern begrüßen uns und weisen uns in die verschiedenen Arbeiten ein. Danach sprechen wir ein gemeinsames Gebet. Elena ist natürlich der Frauenabteilung zugeteilt, ich bin bei den Männern. Es sind noch andere ehrenamtliche Hilfskräfte da,

manche arbeiten schon seit mehreren Monaten hier. Mit einem jungen Polen gehe ich von Bett zu Bett und sehe nach den Patienten. Manche sitzen, manche liegen, alle sind sie irgendwie vom Leben auf der Straße gezeichnet. Einer ist tot. Ein Mann, ungefähr 40 Jahre alt, liegt abgemagert, aber mit aufgequollenem Gesicht auf seinem Bett.

»Er hatte Tuberkulose!« sagt Waczlaw, der Pole.

Niemand macht groß Aufhebens davon. Daß hier jemand stirbt, kommt fast täglich vor. Aber wenn es schon sein muß, dann besser hier als neben einem Müllhaufen. Auf Blechtellern teilen wir das Frühstück aus. Es gibt je eine Banane, Brot und Tee. Dann bringen wir die Männer ins Bad. Wer kann, geht alleine, andere müssen gestützt oder getragen werden. Wir helfen den Männern beim Waschen, einige werden rasiert. Als alle versorgt sind und im Bett liegen, sehen sich die Schwestern die Verbände an, und wir assistieren ihnen dabei. Der Tote vom Vormittag wird von zwei Männern mit einem Lieferwagen abgeholt. Die Kranken werden bei ihrem Eintreffen nach ihrer Religion befragt und im Falle des Todes entsprechend bestattet. Im Laufe des Tages sammle ich Eßschüsseln ein, beziehe Betten mit frischen Laken und wische Durchfall oder Erbrochenes weg. All diese Arbeiten mache ich so selbstverständlich, als hätte ich sie immer schon gemacht. Es ist eigentlich nicht eklig, sondern nur menschlich, und die Arbeit hat einen Sinn.

An einem anderen Tag trage ich einen Greis vom Bad zurück in sein Bett. Der Mann ist leicht und total abgemagert, der Bart und die Stoppelhaare auf dem Kopf sind grau. Aus dunklen, müden Augen schaut mir der alte Mann ins Gesicht. Ich lächle ihn an, da sinkt sein Kopf zur Seite – er ist tot, gestorben in meinen Armen! Ich lege ihn in sein Bett und drücke seine Augen zu.

Elena:
In der Frauenabteilung liegen vor allem ältere Patientinnen. Eine alte Frau schreit jeden Morgen beim Waschen Zeter und

Mordio – zur Gaudi der anderen, die sich darüber amüsieren. Einer Kranken wurde ein Bein amputiert, ihr dürrer Körper ist mit Geschwüren übersät. Sie wird mit Flüssignahrung über die Nase ernährt. Vermutlich hat sie Lepra. Peter und ich unterhalten uns nach dem Dienst viel über die Fragen des Lebens.

Mutter Teresa sagt: »Ich tue einfach, was ich tun kann. Alles andere geht mich nichts an!«

Viele der Schwestern und der Brüder, die hier arbeiten, wollten nur mal ›kurz reinschauen‹. Viele sind aber geblieben oder kommen immer wieder.

Die Volontäre und Schwestern sehen ihre eigentliche Lebensaufgabe darin, anderen zu helfen, und stellen ihre eigenen Bedürfnisse zurück. Ganz und gar freiwillig und mit Freude. Indem man sich selbst vergißt, findet man sich. Engel – gibt's die? Es gibt sie. Wir haben sie kennengelernt!

Peter:
Am letzten Tag der Woche, die wir im Sterbehaus für Notleidende arbeiten, sitzt ein Mann auf seinem Bett. Er ist während der Nacht gekommen oder von jemandem gebracht worden. Beide Hände sind mit Binden umwickelt, die zerfleddert und sehr schmutzig sind, dunkle Flüssigkeit tropft daraus hervor. Eine Schwester nimmt die Binde von der rechten Hand ab. Es kommen Finger zum Vorschein, die auf die dreifache Dicke angeschwollen sind. Schuld sind viele Schmuckringe aus Blech und eine schlimme Infektion durch unbehandelte Verletzungen. Für den Moment wird die Hand gereinigt und frisch verbunden, bis der Arzt am Nachmittag kommt. Nun die linke Hand. Als die Binden abgenommen werden, verzieht der Mann schmerzvoll das Gesicht und stöhnt auf. Ich halte ihm den Arm und streichle ihn. Was wir jetzt entdecken, hält man in Europa wohl kaum für möglich.

In die Hand ist vom Mittelfinger aus ein riesiges Loch gefressen, wie eine Tasche, bis zur Mitte des Handtellers hin. Vom

Mittelfinger ragt nur noch der Knochen des unteren Glieds heraus. Die Sehnen und Knochen am Handrücken sind zerstört, das Fleisch ist grau und verfault. Die Schwester gießt Alkohol in die schreckliche Wunde. Hellgelbe Maden kriechen daraus hervor. Stück für Stück klaubt sie mit einer Pinzette die Tiere aus der Hand, und am Schluß liegen 52 Maden in der Schale. Auch der Zeigefinger ist teilweise skelettiert. Die verbliebenen Finger stecken voller bunter Ringe. Das ist der Alltag im ›Nirmal Hriday‹.

Die Idee, mit einem Schiff weiterzukommen, haben wir noch nicht aufgegeben. Viele Fußmärsche durch Kalkutta haben wir hinter uns und dabei zahlreiche Reedereien und Schiffsagenturen von innen gesehen, an die uns der Hafenmeister verwiesen hat. Aber anscheinend fährt niemand nach Thailand, wo wir hinwollen; auf jeden Fall weiß keiner richtig Bescheid und keiner fühlt sich zuständig. Man schickt uns zurück zum Hafenmeister, aber der ist weggegangen und hat seinen Stellvertreter mitgenommen.

»Morgen um 9 öffnen wir wieder, doch vor 11 Uhr dürfen Sie hier niemanden erwarten!« hören wir vom Pförtner.

»Ja, zum Donnerwetter, wohin fahren denn die ganzen Frachter, die wir da draußen liegen sehen?« frage ich Elena, aber sie weiß es auch nicht. Wir haben jedenfalls keine Lust mehr auf aussichtslose Diskussionen. Gerne würden wir auf eigener Achse über Myanmar nach Thailand fahren, doch die Regierung im früheren Burma fürchtet, Individualtouristen könnten zuviel Unruhe ins Land bringen, denn mit der Umsetzung von Menschenrechten steht es dort nicht zum besten. Also wieder fliegen.

Elena:
Am Abend beim Essen lese ich Peter aus der Zeitung, dem »Telegraph« vor. Nicht weit von unserem Domizil entfernt ist die Anlegestelle für die Fähre, die über den Hugli führt. Dort ist gestern die Gangway zusammengebrochen, auf der zig Menschen standen. Einige junge Leute sprangen ins Wasser, um die Ertrinkenden zu retten.

Dann kam die Polizei – und was machte die? Die Ordnungshüter trillerten die Lebensretter an Land und begannen mit einer Ausweiskontrolle. Einige Leute waren noch unter den Brückenteilen eingeklemmt, ein Kranwagen konnte im Moment leider nicht beschafft werden. Das Ergebnis: Viele Schwerverletzte und mindestens 18 Tote, genau konnte das die Zeitung noch nicht sagen, weil viele von der Strömung abgetrieben wurden. Tage später fand man noch Leichen am Hugli-Ufer. Die Brücke stürzte zusammen, weil jemand Stück für Stück Holz und Eisenträger unterhalb des Landungsstegs abmontiert hatte und die verantwortliche Wartungsfirma sich nicht darum kümmerte.

Das Leitungswasser in mehreren Dörfern ist mit Arsen verseucht, meldet ein anderer Bericht, Tausende Menschen wurden dadurch vergiftet, und tollwütige Hunde bissen 50 Personen. Der ganz normale Wahnsinn also.

Wir gehen zur Hauptpost, um einige Briefe und ein Päckchen nach Hause zu schicken. In einem Winkel auf dem Boden hocken zehn Briefträger im Kreis. In ihrer Mitte liegt ein Berg von Briefen, und jeder von ihnen fischt sich einen heraus. Ist der Brief für seinen Bezirk, wirft er ihn auf ein Häufchen hinter sich, ist er es nicht, segelt er zurück auf den Berg. Ein paar der Briefe trudeln unter einen Schrank, aber niemand kümmert sich darum.

Auf dem Rückweg kommen wir an einer Apotheke vorbei – oder ist es ein Schnapsladen? Jedenfalls kann man da im rechten Teil Whisky und Zigaretten bekommen, an der linken Theke gibt es die passenden Kopfschmerztabletten dazu.

Die Rikschaläufer vor der Heilsarmee verlangen am Nachmittag horrende Preise von zirka 5 Dollar, sonst wollen sie uns nicht transportieren. Dann eben nicht. Nachmittags ist Ruhezeit. Man hat genug verdient, um bis morgen überleben zu können.

Wieder einmal müssen wir die Löcher in unserer Zimmertür verstopfen. Als wir nach Hause kommen, flitzt eine Ratte aus unserem Gemach heraus, aber nur eine kleine – die großen passen nicht durch die Löcher und pfeifen draußen. Die zerklatschten Kakerlaken mit den Maßen 2 x 5 cm zählen wir nicht mehr.

Mutter Teresa stirbt am 5. September 1997 – die Welt hat eine große Frau und Persönlichkeit verloren.

Unser Flugzeug in Richtung Bangkok soll um 10.30 Uhr abheben. Das heißt früh aufstehen, denn bis zum Flughafen sind es gute 10 km. Unsere Räder werden mit dem Übergepäck kostenlos transportiert – nach Rücksprache mit dem Manager. Nachdem wir uns von unserem Reserveproviant und einigen Kleidern getrennt haben, bringen wir es immer noch auf zusammen 82 kg Übergepäck, obwohl wir schon mehrere Kleidungsstücke übereinander angezogen haben trotz der Hitze. Und jedes Rad wiegt rund 20 kg zusätzlich.

Thailand, Malaysia, Indonesien und Australien liegen noch vor uns, und das ist noch lange nicht alles. Südafrika und das riesige Brasilien, die Panamericana und Chile, Peru und dann immer weiter. Haben wir bisher schon viele Abenteuer überlebt, neue Freunde gefunden und unvergeßliche Erlebnisse gesammelt, so sollten wir doch noch eine Steigerung erleben. Grandiose Naturerlebnisse warteten auf uns, aber auch die Konfrontation mit Gewalt und die massive Bedrohung unseres Lebens sollten wir noch erfahren. Davon mehr in unserem Buch »RAD-ABENTEUER WELT. Band 2: Von Bangkok über Sydney, Rio und New York nach Freiburg«.

Die schnarrende Stimme aus dem Lautsprecher ruft unseren Flug auf – es geht los!

DANKE!

Diese Reise haben wir nicht nur für uns und unsere Ziele gemacht!

Wir machten sie auch für all jene Menschen, die aus irgendeinem Grund nicht selber reisen können oder wollen. Von vielen dieser Menschen, die zum Teil aus unserem Freundes- und Bekanntenkreis in Deutschland stammen, aber auch von all jenen, die sich während unserer langen Reise für unsere abenteuerliche Unternehmung interessierten und bis heute den Kontakt nicht abbrechen ließen, die uns zeigten, was Gastfreundschaft bedeutet – für all diese Menschen waren wir unterwegs und widmen ihnen dieses Buch als Dankeschön.

Wir bedanken uns auf diesem Wege nochmals sehr für Rat und Tat, für finanzielle und materielle Unterstützung, für das große Vertrauen, das uns daheim und weltweit entgegengebracht wurde, und für die herzliche Offenheit, mit der wir in fremde Familien aufgenommen wurden, die wir aber auch in vielen Deutschen Botschaften und Kulturinstituten fanden. Nicht zu vergessen die Journalisten, die geholfen haben, unsere Gedanken zu Umweltschutz und Freundschaft zwischen fremden Kulturen zu verbreiten.

Spezieller Dank gebührt:

Seiner Heiligkeit dem Dalai Lama,
Mutter Teresa,
Ihrer Majestät Königin Noor von Jordanien,
Minister Abd El-Moneim Omara,
Gouverneur Fakr El-Din,
Bundespräsident Prof. Dr. Roman Herzog,
Siegfried & Roy –
und natürlich unseren Sponsoren, den Firmen:
lm-electronic, Ortlieb,
Metzeler,
Sport-Berger,
Katadyn,
Continental und Rohloff.

Literaturnachweis

1) Janosch: Oh, wie schön ist Panama. 1978, Beltz Verlag, Weinheim und Basel, Programm Beltz & Gelberg, Weinheim.

2) Sevinc, Nurten: Troia. 1992, A Turizm Yayinlari Ltd. Sti. Istanbul/Türkei.

3) Bodley, R.V.C.: Es ruft die Sahara (Wind in the Sahara), Mirabell Verlag Wien/Zell a.S./St.Gallen.

4) Rau, Heimo: GANDHI mono 172, Copyright 1970 by Rowohlt Taschenbuch Verlag GmbH, Reinbek.

5) Rüdiger Nehberg: Über den Atlantik und durch den Dschungel. 1995, Davi Yanomami vor der Vollversammlung der Vereinten Nationen, 10.12.1992. Ernst Kabel Verlag GmbH, München.

NATIONAL GEOGRAPHIC TASCHENBÜCHER
VON FREDERKING & THALER

DAS RAD-ABENTEUER WELT GEHT WEITER ...

REISEN · MENSCHEN · ABENTEUER

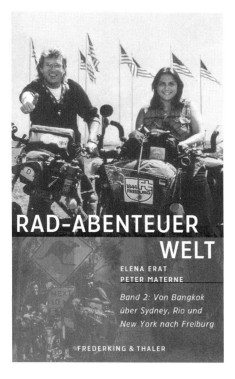

Elena Erat /
Peter Materne
Rad-Abenteuer Welt
Band 2:
Von Bangkok über
Sydney, Rio und
New York nach
Freiburg
ISBN 978-3-89405-139-6

Die Weltumrundung per Fahrrad geht weiter – und führt die Reisenden u. a. in ein buddhistisches Kloster, in den brasilianischen Regenwald, nach New York und, nach über 2 Jahren und 1001 Abenteuern, zurück ins idyllische Freiburg.

So spannend wie die Welt.

NATIONAL GEOGRAPHIC
FREDERKING & THALER
www.frederking-thaler.de

NATIONAL GEOGRAPHIC TASCHENBÜCHER
VON FREDERKING & THALER

ABENTEUER IM GEPÄCK

REISEN · MENSCHEN · ABENTEUER

Oss Kröher
Das Morgenland ist weit
Die erste Motorradreise vom Rhein zum Ganges
ISBN 978-3-89405-165-5

Deutschland, 1951: Zwei junge, wagemutige Männer wollen raus aus dem Nachkriegsmuff. Mit einem Beiwagengespann machen sie sich auf den Weg nach Indien. Ein spritziger Bericht voll mitreißender Aufbruchsfreude.

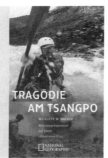

Wickliffe W. Walker
Tragödie am Tsangpo
Wildwasserexpedition auf Tibets verbotenem Fluss
ISBN 978-3-89405-177-8

Unfassbare 2.700 Höhenmeter stürzt sich der Tsangpo in Tibet durch eine der wildesten Schluchten der Welt. Die Erstbefahrung gelang nur um den Preis eines Toten. Ein ungemein packender Expeditionsbericht.

Christian E. Hannig
Unter den Schwingen des Condor
Rad-Abenteuer zwischen Anden und Pazifik
ISBN 978-3-89405-133-4

Mit dem Fahrrad ins Abenteuer: Auf seiner Fahrt von Bolivien über die Anden bis nach Lima schließt der Autor Freundschaft mit Indios, gerät in einen Rebellenaufstand und begibt sich auf die geheimnisvollen Spuren der Inka.

So spannend wie die Welt.

NATIONAL GEOGRAPHIC
FREDERKING & THALER
www.frederking-thaler.de

**NATIONAL GEOGRAPHIC TASCHENBÜCHER
VON FREDERKING & THALER**

FRAUEN UNTERWEGS

Michele Slung
Unter Kannibalen
Und andere Abenteuerberichte von Frauen
ISBN 978-3-89405-175-4

Von der Wienerin Ida Pfeiffer, die im 19. Jahrhundert die Welt umrundete, über die Fliegerin Amelia Earhart und die Primatenforscherin Biruté Galdikas spannt sich dieser Reigen – Biografien von 16 mutigen und abenteuerlustigen Frauen.

Carmen Rohrbach
Im Reich der Königin von Saba
Auf Karawanenwegen im Jemen
ISBN 978-3-89405-179-2

Nach Erfahrungen auf allen Kontinenten erfüllt sich die Abenteurerin Carmen Rohrbach den Traum ihrer Kindheit: Allein durch den geheimnisvollen Jemen. Mit viel Intuition und Hintergrundwissen schildert sie das Leben der Menschen, vor allem der Frauen.

Josie Dew
Tour de Nippon
Mit dem Fahrrad allein durch Japan
ISBN 978-3-89405-174-7

Josie Dew ist nicht unterzukriegen: Seit Jahren radelt die Engländerin durch die Welt und berichtet davon auf humorvolle Weise. Diesmal erkundet sie Japan – und ihre Schilderungen von Land und Leuten sind so spannend wie ihre Reiseerlebnisse.

So spannend wie die Welt.

**NATIONAL GEOGRAPHIC
FREDERKING & THALER**
www.frederking-thaler.de

REISEN · MENSCHEN · ABENTEUER

NATIONAL GEOGRAPHIC TASCHENBÜCHER
VON FREDERKING & THALER

GO DOWN UNDER!

REISEN · MENSCHEN · ABENTEUER

Michèle Decoust
Träume auf roter Erde
Eine Begegnung mit Australien
ISBN 978-3-89405-141-9

Michèle Decoust kehrt nach Australien zurück, dem Ziel ihrer Sehnsucht und ihrer Träume. Diesmal dringt sie mit dem Jeep bis ins Gebiet der Aborigines vor. Erst hier lernt sie dieses Land wirklich zu verstehen …

Roff Smith
Eiskaltes Bier und Krokodile
Mit dem Fahrrad durch Australien
ISBN 978-3-89405-180-8

Nach 15 Jahren in Australien stellt der Amerikaner Roff Smith fest, dass er das Land weder richtig kennt noch liebt. Eine Entscheidung steht an. Er kündigt, packt ein Rad und macht sich auf den Weg: Einmal rundherum. Doch das ist bekanntlich ein ganzer Kontinent …

John B. Haviland/Roger Hart
Rückkehr zu den Ahnen
Ein Aborigine erzählt …
ISBN 978-3-89405-171-6

Australien, ganz unten: Die Geschichte des letzten Überlebenden eines Aborigine-Clans, der von den Weißen ausgelöscht wurde. Aus Erinnerungen, Gesprächen, Mythen, Diskussionen entsteht das faszinierende Bild einer untergegangenen Welt, ihrer Sprache, ihrer Kultur.

So spannend wie die Welt.

NATIONAL GEOGRAPHIC
FREDERKING & THALER
www.frederking-thaler.de